南亚研究丛书·薛克翘文集（一）

本文集主编　姜景奎

中国与南亚文化交流志

RECORDS OF CULTURAL EXCHANGES BETWEEN
CHINA AND SOUTH ASIA

薛克翘　著

中国大百科全书出版社

图书在版编目（CIP）数据

中国与南亚文化交流志 / 薛克翘著. -- 北京：中
国大百科全书出版社，2018.1
　ISBN 978-7-5202-0210-7

　Ⅰ.①中… 　Ⅱ.①薛… 　Ⅲ.①文化交流－文化史－中
国、南亚　Ⅳ.①K203②K350.03

　中国版本图书馆CIP数据核字（2017）第286746号

　　　　责任编辑：滕振微
　　　　封面设计：春天书装工作室
　　　　责任印制：邹景峰

中国大百科全书出版社　出版发行

（北京阜成门北大街17号　　邮政编码：100037　　电话：010-68315606）
网址：http://www.ecph.com.cn
新华书店经销
北京杰瑞腾达科技发展有限公司排版
北京汇瑞嘉合文化发展有限公司印刷
开本：710毫米×1000毫米　1/16　印张：25　字数：420千字
2018年1月第1版　　2018年1月第1次印刷
ISBN 978-7-5202-0210-7
定价：62.00元
本书如有印装质量问题，可与出版社联系调换

南亚研究丛书编委会

丛书前言

　　自古以来，南亚地区就是丝绸之路的要冲，是东西方物质文化和精神文化交流的中间站。中国和南亚又是山水相连的近邻，其直接交流的历史异常悠久，而且内容丰富。当前，中国与南亚各国领导人之间的互访频繁，国家关系紧密、合作空前良好。中国与南亚各国的民间交往也空前活跃，经贸往来、旅游开发，前景广阔。我们需要彼此了解、加深友谊。因此，不论从历史的角度看，还是从现实的角度看，深入开展对南亚各国的研究都显得格外重要。

　　恰在此时，中国大百科全书出版社决定出版一套《南亚研究丛书》，这是具有远见卓识之举。受出版社委托，由吾人出面组织这套丛书，不胜荣幸。吾人者，五人也，按印度的传统，可以叫作"般遮耶多"（Pancayata，今译潘查雅特），即五人会议或五人小组。由五人小组负责组织稿件、审查质量、决定取舍。

　　经与出版社协商，这套丛书拟出版两个系列：一是研究系列，二是翻译系列。吾人欢迎学风严谨、有独创性的研究专著和文集，也欢迎文笔流畅、具有出版价值的翻译作品。专著和译著的内容可以包括南亚学的方方面面，如历史、地理、宗教、哲学、语言、文字、文学、艺术、社会，以及政治、经济，等等。

长河浩荡，不弃一涓一滴；高山嵬嵬，不遗一草一石；广厦千寻，有赖一砖一瓦。愿吾人的工作有助于中国南亚学研究的深入，增进国人对南亚文化的了解和认识，促进中国与南亚各国人民间的友谊。

有不足之处，还望读者指教。

《南亚研究丛书》编审五人小组

2014 年 10 月 28 日

自序

首先要感谢中国大百科全书出版社的领导和编辑同志们。尤其是龚莉社长、马汝军副总编和滕振微主任，他们在编辑《中印文化交流百科全书》之初就决定开设《南亚研究丛书》这个平台，也给了我出版文集的机会。四年来，几位领导对我给予热情的鼓励和有力的支持，编辑同志们也不厌其烦地予以指正和磋商，心感身受，岂感谢二字所能表达。

二要感谢北京大学姜景奎教授。是他提出将我的部分著作编辑成文集在此平台刊出，并为之作序。我原想，出文集固然好，但那应是身后之事，如能在有限的生年再出几个像样点的成果，再出文集也许更好。但景奎再三动员，说有这样一个平台，机不可失，我便活了心。其实我也知道，在我身后，若非景奎，不会再有人提起出版我文集的事，也不会再有出版社愿意为我出文集了。经他与出版社领导沟通，终成此事，让我提前享受到出文集的快感。此心此情，亦非感谢二字所能表达。

三要感谢多年的同学、同事和好友刘建教授，他愿意为我的文集写篇长序。我们从相识到相知，已经38年。他不仅了解我读研究生、工作及退休后的情况，熟悉我的想法和心情，也熟悉我的作品。他曾编辑、审读、修改和翻译我的作品达数十万字，从来都认真细致，热心真诚。我们中国有个传统，讲究交友之道，向来推崇友善、友诤、友多助、友多闻，刘建就

1

是我这样的挚友。平生能得如是者一二，已是大幸。此情此谊，亦非感谢二字所能表达。

两位教授和好友的序言，使我免去了王婆卖瓜之烦。而关于文集中所收内容，我想多说几句。

《中国与南亚文化交流志》写于20世纪90年代前期，出版于1998年（上海人民出版社《中华文化通志·中外文化交流典》）。出版时，不知是主编还是编辑删掉了我写的后记，这次补上，因为后记中我表明了对老师们和同学们的感恩心迹，而这种心迹和态度是需要传承的。原书的"总序"和"内容提要"此次不再采用。本书共分11章，根据有关史料和考古实证，对上自秦汉，下至20世纪80年代中国与南亚文化交流的事实作了分门别类的记叙和分析。而其中的主要部分，则与我后来的著作《中国印度文化交流史》有所重合。我之所以愿意将它列入文集，是因为其中还有涉及南亚其他国家的内容，也许对后来的研究者会有所帮助。此次再版，除了对个别文字做了订正外，其余部分未作任何修改和调整。

《中印文学比较研究》（外二种）是我研究生毕业后早期成果的汇集。其中，《中印文学比较研究》一书出版于2003年（昆仑出版社），但其绝大部分内容均写于20世纪80年代。最初是以文章的形式发表于《南亚研究》等杂志，后连缀成篇，居然涉及汉魏以来中国文学发展的各个时期。这正说明，在古代，印度文学主要是通过佛教的媒介影响中国文学的；自从印度佛教传入中国，便对中国文学发生了影响；中国文学的各个发展阶段都受到佛教的影响；直到近现代，虽然中印文学交流的领域已经大大扩展，但佛教的影响仍然存在，因为佛教已成为中国文化的一部分，已深深地扎根于人们的头脑中。另外两种，《剪灯新话及其他》也写于80年代，最初以小册子的形式出版于1992年（辽宁教育出版社《古小说评介丛书》）。《西洋记评介》作于90年代中期，最初名为《西洋记》，亦以小册子的形式出版于1999年

（春风文艺出版社《插图本中国文学小丛书》）。敝帚自珍，如今读起这3种作品的文字，虽然常常觉得有得意之笔，但毕竟是较早的作品，也难免有唐突武断之处。今再版，照旧托出，仅供读者参考。

《中印文化交流史》原作于2004～2007年，完成于2007年8月。最初以《中国印度文化交流史》为题，作为《东方文化集成》的一种，由昆仑出版社出版于2008年初。由于此前曾写过《佛教与中国文化》和《中国与南亚文化交流志》两书，所以此书的撰写已经有了基本的纲要和素材，加上电脑文字搬家的便利，仅用三四年的时间便告完成。此次再版，对一些地方作了大段的裁剪，也对一些具体问题作了修订。希望它比原先的版本更好一点。

《印度民间文学》一书是我2007年应北京大学张玉安和陈岗龙教授之邀而作，2008年完稿，最初作为《东方民间文学丛书》之一出版于2008年12月（宁夏人民出版社）。根据当时出版社编辑的要求，此书的写作既要体现学术价值，又要有一定的知识性和趣味性。虽然当时尽力而为，但仍难以达到那种学术性与趣味性完美结合的高度。此次再版，未作改动。作为我国目前为止唯一一部关于印度民间文学的带有一定学术性的专著，也许对读者有点用处。书后的附件，也算是印度民间文学的重要内容，摘自我主编的《东方神话传说》第四卷（北京大学出版社，1999年版）。其中，《罗摩的故事》最初由我根据中文和印地文资料编写。《摩诃婆罗多的故事》最初由张钟群学长根据中外文资料编写，此次我又将它改编缩写。《黑天的故事》原先也是由钟群学长依据《诃利世系》编译，此次我又在此基础上加以改编、缩写。所以，在这里要特别感谢钟群学长。《黑天的故事》来自《诃利世系》，是钟群学长首次将它编译出来，详细地介绍给国人。这个故事的价值不仅在于它是印度民间文学研究的重要资料，而且，它对于印度教的研究也具有重要意义，甚至我们还能从中发现某些古代印度史的痕迹。《黑天的故事》里，也不乏比较文学研究的资料，那些神奇的法宝，那些斗法的情节，那些怪异的神魔，包括它们的坐骑，都很容易让我们联想到中国神魔小说中的一些情节。正因为它具有多方面的价值，所以，这次要特别把它附在书后。

《象步凌空——我看印度》算是一部散文集，或者说是一本普及性读物，最初由世界知识出版社出版于2010年。这次再版，没有改动，因为我觉得书中的内容和有关提法至今并未过时，依然有一定的知识性和可读性。

《走近释迦牟尼》收录了我独著与合著的4个剧本。其中，电影文学剧本《玄奘》发表最早（《电影创作》，1985年第2期），距今已经整整30年了。发表之后，我与合作者高树茂（笔名木君）便一面争取拍摄，一面多方征求意见，并不断修改。为寻求与印度合拍的机会，1985年，请刘建和王槐挺先生将剧本译为英文，并通过各种途径送往印度。在不断修改过程中，还曾请教过中国佛教协会佛教文化研究所所长吴立民先生和赵朴老的秘书李家振先生，并根据他们的意见于1994年作了第六次修改。现在看来，这个30年前的剧本未免幼稚，修改后的剧本也未能达到令人满意的程度。尽管如此，我仍然敝帚自珍，因为它既是一个见证，又是一个鞭策。它见证的是我30年来研究玄奘的过程，它鞭策着我像玄奘那样锲而不舍地工作。就在修改《玄奘》的同时，高树茂再次提出动议，合写另一个电影剧本《五世达赖喇嘛》，经过一段时间的学习和准备，这个剧本也于20世纪80年代末完成了。又经过长时间的周折，在没有得到拍摄机会的情况下，于2003年将它发表在《新剧本》上。2003年，我接到一个邀请，写一部七集专题片《走近释迦牟尼》。经过一番努力，终于在当年写出。该片由华艺音像有限公司与印度英迪拉·甘地基金会合作拍摄于2005年。不久即翻译成英文在中印两国电视台同时播放。影片拍摄和制作过程中对剧本有一些改动，但这里刊出的仍然是改动前的本子。1996年，受一家影视公司负责人的委托，我又写了一部25集的电视专题片《中华国粹——围棋文化》。但写完之后便泥牛入海，再无消息。尽管这是一部不成熟的剧本，但将它发表出来，也许会有益于社会。如果有哪位导演、制片人或出品人觉得可以以此为基础，写出一部电视片，更是求之不得。

《印地语文学史》两卷，是在《印度中世纪宗教文学》（昆仑出版社，2011年版）和《印度近现代文学》（昆仑出版社，2014年版）基础上剪裁、增补而成，非我独力之作，除景奎外，尚有北京大学唐仁虎、郭童、姜永红、魏丽明、王靖，以及洛阳解放军外国语学院廖波等先生的作品。此前，刘安武先生曾著《印度印地语文学史》一书。作为前辈学者的著作，我们晚辈曾悉心阅读，受益颇多。我们现将学习心得进一步整理扩充，并大幅度增加了现当代部分的比重，以期有益于后来者，有益于相关学科的建设。

除了以上7部书外，还有4部著作（《印度密教》、《神魔小说与印度密教》、《印度文化论辑》、《印度古代文化史》）和3部译著被列入文集。这后6部书，各有说明，不再赘言。

这14部书，是我到目前为止的主要著作。

薛克翘

2016年元月于京东太阳宫

序一

好几年前就有了编辑《薛克翘文集》的想法。

薛克翘先生参加过我的硕士学位论文评阅和博士学位论文答辩。不过，与他的合作始于21世纪初，当时他作为"印度中世纪宗教文学"的课题负责人邀请我和印度学者Rakesh Vats教授参与，之后又有"印度近现代文学"的合作，2012年开始《中印文化交流百科全书》的合作，目前正在合作的是"中印经典和当代作品互译出版项目"，以及"南亚研究丛书"。算起来，这类近距离的合作已十年有余。在之前接触和之后合作的过程中，我从薛克翘先生那里学到很多。在我看来，薛克翘先生为学为人兼优，堪称中国印度学/南亚学研究领域的卓越者。

薛克翘先生平时话少，属于有话则多无话则少的人。他看似不爱"闲话"，聊起来也会滔滔不绝，得看话题。谈学术谈创作，永远有结束不了的议论。跟他聊学术，你会发现，原来学术也可以海阔天空……薛克翘先生实在，爱抽烟，喜甜食，这些对身体无益，但因自由潇洒的性情，其害处似乎又被稀释到最小。由于师母近年的"管束"，他也"收敛"了不少，"节制"了许多。我曾建议他完全戒除，他说还不到时间。哈哈，难道要到90岁以后？薛克翘先生谦虚，学养深厚，却从不目中无人，对小辈饱含提携之心。我从读硕士研究生开始就得益于他的指导，现在看当时的文字议论，颇显幼稚，自觉难为情，却不记得他说过什么负面的言语，反而记得他的鼓励和肯定。现在，对于我的硕士研究生和博士研究生，他也持同样态度，愈显长者风范。

在学术领域，薛克翘先生是我最佩服的学者之一。先生本科就读于北京大学东语系印地语专业，硕士就读于中国社会科学院研究生院南亚系，与印度研究/南亚研究直接关联。本科毕业后，他一直在中国社会科学院南亚研究所/亚太研究所从事印度文化和中印文化交流的研究工作，成果丰硕。2005年5月退休之前，他出版有专著6部、译著5部、工具书2部、普及读物3部、文学创作2部、学术论文70余篇；退休后至今，他发表专著6部、译著2部、工具书2部、普及读物3部、文学创作2部、学术论文40篇，行将出版的专著4部、译著2部……他仍在耕耘，我们会不断看到他的新成果。

在我看来，薛克翘先生在印度研究方面的学术贡献主要体现在三个方面：其一，印度文学及中印比较文学的研究。这方面以专著《印度近现代文学》（合著）、《印度中世纪宗教文学》（合著）、《印度民间文学》以及《中印文学比较研究》为代表，辅以《评普拉萨德的大诗〈迦马耶尼〉》、《最早的印地语苏非传奇长诗〈月女传〉》、《印度独立后印地语诗歌流派简评》等学术论文。《中印文学比较研究》是他在这一领域的代表成果之代表，该著从汉代文学到当代文学，又从当代文学到少数民族文学，全面研究了中印文学的互动、影响。其中的《印度佛教文学的传入》、《读〈拾遗记〉杂谈》、《从王度的〈古镜记〉说起》、《中印鹦鹉故事因缘》、《变文六议》、《〈太平广记〉的贡献》、《〈西游记〉与〈西域记〉》、《鲁迅在印度四例》、《比尔巴与阿凡提》等篇章尤令人拍案叫绝，作者从点滴议起，把中印文学放到极微极小的层面，以实在鲜活的事例探讨中印文学的关系，论述了佛教在中印文学交流中的媒介作用、中国文学中的印度佛教因素以及中印当代文学的相对平行双向的交流模式。其二，印度文化及中印文化交流的研究。薛克翘先生在这一领域的代表作有《中国与南亚文化交流志》和《中国印度文化交流史》等。这一研究在中印两国都是显学，关注者甚多，研究成果颇丰。研究者中的佼佼者有中华人民共和国建立以前的梁启超、向达、张星烺、许崇灏等前辈，有建国后不久即成名的季羡林、金克木、常任侠等大家，有改革开放后取得成就的刘安武、林承节、耿引曾、王宏纬等先生。薛克翘先生是"后起之秀"，他凭借自己深厚的语言及文化功底（古汉语、印地语、英语及佛学等），搜集研究了相关成果，在自己的著作中，前人论及的他研究了，前人没有论及的他也考察了。《中国印度文化交流史》的第七章和"后记"值得提及，前者探讨的是中华人民共和国建立后至2002年前后中印文化交流的内容，后者则把这一内容一直延续到2007年年中。可以看出，作者搜集了大量相关材料，并科学整理、合理使用，为中印文化交流史增添了全新的一页。其三，印度密教及其与中国神魔小说关系的研究。这似乎是薛克翘先生退休以后的重点研究领域，他先后发表了《印度佛教金刚乘诗歌浅谈》、《印度密教大师萨罗诃及其证道歌》、《关于印度佛教金刚乘八十四悉陀》、《金刚乘悉陀修行诗试解》、《印度佛教金刚乘成就师坎诃巴》、《也谈神怪小说与密教的关涉——〈聊斋志异〉中印文学源流研究》、《印度佛教金刚乘主要道场考》、《牛护是否是金刚悉陀》等学术论文，并即将出版专著《印度密教》和《神魔小说与印度密教》，可谓中国学者在这方面最为扎实的学术贡献。《印度密教》从印度文献入手，使用了印度中世纪金刚乘成就师的诗作、印度教的《火神往世书》和《女神薄伽梵往世书》以及印度民间故事总集《故事海》等，对密教和印度教的关系做了多方面的探讨和阐述，为国内相关研究之先。《神魔小说与印度密教》以《西游记》、《封神演义》和《华光天王传》等为研究文本，解决了前人没有关注或没有解决的问题，许多考证别开生面，打破了神魔小说研究的僵局，开拓了中国古小说研究的视野。

除研究著述外，薛克翘先生对印度文学的翻译也值得书写。他的译文有史诗（节译），如《古印度吠陀时代和列国时代史料选辑》（合译）；有小说，如《檀香树》（中篇）、《还我相思债》（长篇）、《谁之罪》（中篇）、《雷努小说选》（长短篇合集）、《人生旅途没有返回的车票》（短篇）等；有诗歌，如《伯勒萨德诗选》；有评传，如《普列姆昌德传》（合译）等。这些著作的原文大都是印地语，这恰是薛先生的长处，他精通印地语，汉语功底深厚，故译作文字精练到位，对原文及印度文化理解透彻，没有模棱之处，传达了原作的意境，展现了翻译的精准。印度现当代作品汉译不多，薛先生的翻译鼓励促进后学跟进，对丰富和发展这一领域大有裨益。

《中印文化交流百科全书》、《简明南亚中亚百科全书》、《简明东亚百科全书》等是薛克翘先生主编或参与编写的工具书类著述。笔者也参与了《中印文化交流百科全书》的编写工作，深知薛克翘先生的贡献和创新，他是全书主编，也是分支主编，还是执笔者。从组织团队，到编写条目，到审定条目，他不拘巨细，事必躬亲。此外，该书有部分较长的概述条是他自己撰写的，印方建议冠合写或不写著者，他都从大局出发，予以同意认可，表现了大家之风及大学者之雅量。这些著述，名为工具书，但其中表现出来的学术价值和专业水准都是非同寻常的。

薛克翘先生具作家气质，他在文学创作方面也有不少实践，已经发表电影文学剧本《玄奘》（合著）和《五世达赖喇嘛》（合著）、专题片剧本《走近释迦牟尼》（7集）及散文集《象步凌空——我看印度》等4部作品，另有大型系列片《中华国粹——围棋文化》（25集）还没有发表。2015年年初，他与动漫公司签约，其《玄奘》将被制成大型游戏软件，进军动漫市场。此外，他还应约撰写50集电视连续剧脚本《大唐玄奘》，即将踏入电视剧领域。专业知识与文化市场相结合，这是薛克翘先生的另一贡献。先生"文气冲天"，对于中印文化交流市场的冲击可谓独到。与"进军"文化市场相类似，薛克翘先生对知识普及也有兴趣，他先后发表了相关著述8部，如《围棋故事精萃》、《世界智谋故事精粹》（合主编）、《东方趣事佳话集》（主编）、《东方神话传说》（合主编）、《佛教与中国古代科技》、《中国围棋史话》等。作为后学，我可以想象得到薛先生爱好围棋，却想象不到他会撰写相关著述！

因此，薛克翘先生的笔墨不仅用于专业研究方面，还用于文化普及方面，一者显示先生知识博大精深，二者显示先生素养泽被后世，乃真君子也。

退休之后十余年，先生笔耕不辍。祈望先生劳作时不忘健康，以长寿辅之文章。

就年庚而言，薛克翘先生于2015年逢七十华诞。值此吉祥时机，出《薛克翘文集》十数册，志古稀，飨读者。

谢中国大百科全书出版社玉成此事。

是为序。

姜景奎

于印度加尔各答

2015年12月29日

序二

　　薛克翘先生是中国南亚学界素负盛名的学者，以研究中印文化关系而著称。近40年来，他在这一领域勤苦耕耘，硕果累累。即将面世的多卷本《薛克翘文集》是他半生主要著述的一个集成。由于文集中的一些作品系首次付梓，因此又可将它们视为中印文化关系研究领域的新收获。能先睹这部文集并应命作序，快何如之？

　　黑格尔在《历史哲学·东方世界·印度》开篇指出："印度，同中国一样，是一个既现代又古老的神奇国度，一个始终一成不变而又获得至为完善的自我发展的神奇国度。它一直是富于想象力的人们的热望之地，而且对我们而言似乎还是一个仙境，一个魔界。与只是呈现至为平实的'知性'的中国不同，印度是幻想与感性之域。"（笔者据电子图书馆英文版自译）黑格尔的论断，表明印度对他具有一种特殊的魅力，历来受到学术界的重视和传扬。在他看来，印度是一个新旧文化并存的国家，是一种自成体系的伟大文明，也是一个具有鲜明地域特色的世界。

　　印度与中国同为文明古国。1999年7月5日上午，季羡林先生在印度文学院授予其名誉院士学衔的仪式上发表演说，高度评价了中印文化交流的历史意义。他说："自远古以来，中国与印度就一直是好邻邦和好朋友。甚至在先秦时期，即在东周时期，我们已经能够在诸如《战国策》和《国语》

这样一些中国典籍中，主要是在神话和民间传说中，找到印度影响的一些蛛丝马迹。在屈原的诗歌中，特别是在《天问》中，我们也可以发现印度的一些影响，主要是神话方面的影响。在天文学中，我们同样可以找到中国和印度的相互影响。中国的著名发明，如造纸术、印刷术、火药、指南针等，从中国传到包括印度在内的其他国家。中国的纸和丝以及丝织品，经由丝绸之路从中国传到印度。与此同时，中国南方的海上丝绸之路也是功不可没的。在佛教从印度传入中国后，在近两千年的岁月中，印度文化源源不断地涌入中国。在各种不同学术领域中，都可以发现印度的影响。佛教在中国人民中风行起来。一言以蔽之，中印之间的文化交流有着十分悠久的历史，而这种交流促进了我们两国的社会进步，加强了我们的友谊，并给两国带来了福祉。在人类历史上，这是一个在任何别的地方都不曾发现的绝无仅有的例证。"（《南亚研究》1999年第2期）

印度文化在众多领域的辉煌成就，使之在整个世界文明中占有极其重要的地位。同时，印度文明又具有极强的辐射力，数千年来对亚洲邻国乃至世界产生了深刻的影响，为丰富人类文化和社会进步做出了卓越贡献。

作为我们最重要的邻国，印度与中国的文化交流，至少已有两千余年的历史。在许多世代，在所有外来文化中，只有印度文化对中国文化的影响最为持久和广泛。在漫长的岁月里，印度文化的许多成果，已渐次融入中国文化之中。因此，不只一代学者认为，要厘清中国文化的源流，就必须学习和研究印度文化；要弘扬传统文化和建设现代文化，也不应忽视印度文化的借镜作用。研究印度文化，深入探讨中印文化交流历史的意义，不仅有助于认识和了解今天的印度，也有益于中国民族文化复兴的大业。

在数千年的历程中，印度和中国有过不少类似的发展阶段。释迦牟尼在印度创立佛教之时，孔子在中国创立了儒家学说。印度在佛教问世之时异说纷呈，中国在春秋战国时期百家并起。阿育王统一印度不久之后，秦始皇开始统一中国。印度的笈多王朝与中国的唐朝先后成为两国政治、经济、文学、艺术、科学、技术等全面发展的黄金时代。印度的莫卧儿帝国与中国的清王朝在全盛时期占世界经济总量的一半。20世纪40年代末，印度共和国与中华人民共和国相继诞生。20世纪后期，中印两国先后推行经济改革，目前正在同时崛起。此外，两国在人口规模、发展程度等基本国情方面也存在着明显的相似之处。半个多世纪以来，无论是中国还是印度，都发生了旷古未有的深刻变化。

中国和印度两国，曾被称为"遥远的近邻"。然而，无论是崇山峻岭还是汪洋大海，都未能阻断两国人民及政府之间两个层次的双向往还。在印度古代史诗《摩诃婆罗多》（公元前4世纪~公元4世纪）和印度古代法论名著《摩奴法论》中，都曾提到中国，称之为"支那"（Cina）。根据印度学者玛妲玉推测，可能早在公元前5世纪，印度人即已知道并珍视中国丝绸。《大劫疏》和《摩诃婆罗多》中都出现过cinamsuka（中国丝绸）一词。约成书于公元前4世纪（一说公元前2世纪~公元3世纪）的印度古代政治学名著《利论》，亦有关于中国丝绸的记载。这些文献证明，尽管史乘记载阙如，但中印两国之间的丝绸贸易实际上可能早已开始。

据《史记·大宛列传》记载，张骞在公元前2世纪后期，初步凿通从中原通往西域的丝绸之路，并派副使前往印度。根据《三国志·魏书·东夷传》裴松之注引《魏略·西戎传》，在西汉哀帝元寿元年（公元前2年），即有"博士弟子景卢受大月氏王使伊存口授《浮屠经》"之事（《浮屠经》即佛经）。学术界对此说虽有不同意见，但佛陀降生的传说及其教义，至迟应于此时传入中国。据《后汉书》等典籍记载，永平七年（64），明帝曾梦见金人并向群臣索解。太学闻人傅毅对曰："西方有神名曰佛，其形长丈六尺而黄金色。"明帝于是遣郎中蔡愔、博士弟子秦景等使于印度，"问佛道法"。翌年，楚王英皈依佛教，造成轰动。永平十年（67），蔡愔等与印度僧人摄摩腾、竺法兰以白马驮经及造像抵达洛阳。翌年，明帝敕造白马寺，标志着佛教正式传入中国。汉地营造佛寺由此开始。时至今日，佛寺犹遍布城邑及无数村落。明帝对佛法东渐及中印文化交流起了关键性推动作用。

汉魏以降，中印两国以佛教为指归的文化交流全面展开。两国僧人联袂接踵，络绎于途。商人们也沿着丝绸之路频繁流动，开展经贸活动。印度的天文历算、医药、建筑、绘画、雕塑等科学知识和艺术样式以及物产随之传入中国。大量佛经由中印两国高僧合作或独立译成汉文。他们在译经的同时，总结并提出翻译理论，开创了翻译学。隋代译经家彦琮的"八备"说至今犹有现实意义。中国由此形成译介国外典籍的传统，至今长盛不衰。

起源于印度的石窟寺，经由新疆的克孜尔、甘肃的敦煌、陕西的麦积山、山西的云冈、河南的龙门，一路向东延伸，形成一条悠长而壮观的佛教艺术带。它们是中印文化交流的实证和象征，至今依然吸引着无数游人前往观瞻。

三国吴赤乌十年（247），西域僧人康僧会抵达吴都建业（今南京），吴王孙权为其敕建建初寺，使之成为江南首座佛寺。与寺院伴生的佛塔在汉末亦已开始出现。

南北朝时期，在洛阳和建业南北两大佛教中心，寺庙如雨后春笋般拔地而起。《魏书·释老志》记载："自洛中搆白马寺，盛饰图画，画迹甚妙，为四方式。凡官塔制度，犹依天竺旧状而重搆之，从一级至三、五、七、九。世人相承，谓之'浮图'，或云'佛图'。晋世，洛中佛图有四十二所矣。"《南史·郭祖深传》则记载："都下佛寺五百余所，穷极宏丽，僧尼十余万，资产丰沃。所在郡县，不可胜言。"杜牧《江南春》诗云："千里莺啼绿映红，水村山郭酒旗风。南朝四百八十寺，多少楼台烟雨中。"由此可见，时至晚唐，在风景秀丽的江南，佛教寺庙依然夺人眼目。

除帝王敕建皇家寺院外，僧尼、居士也群策群力，不甘落后。《续高僧传》描述了建康寺庙林立的盛况："钟山帝里，宝刹相临；都邑名寺，七百余所。"印度僧人参与了某些寺院的营造。宋熙寺即传为天竺僧伽罗多哆所造。从名字看，此位能够造寺的僧人当为东印度孟加拉人。罽宾寺、天竺寺等寺则专为印度来华僧人而建。富豪舍宅建刹成风。

北魏兴建寺塔之众，不亚于南朝。据《魏书·释老志》，自兴光至太和年间（454~499），"京城内寺新旧且百所，僧尼二千余人，四方诸寺六千四百七十八，僧尼七万七千二百五十八人"。"至延昌（512~515）中，天下州郡僧尼寺，积有一万三千七百二十七所。"到神龟年间（518~520），佛寺增至三万余所，蔚为壮观。

北魏杨衒之撰《洛阳伽蓝记》，以记述北魏时期寺塔营造之盛而著称。据此书记载，晋永嘉年间（307~312），此地仅有寺四十二所；北魏元宏迁都洛阳后，数十年间寺庙增至一千余所。佛寺之多，甲于天下。一时之间，洛城内外，"昭提栉比，宝塔骈罗，争写天上之姿，竞摩山中之影，金刹与灵台比高，广殿共阿房等壮"。熙平元年（516），胡太后敕造永宁寺，中立九级木构佛塔一座，"高九十丈。有刹复高十丈，合去地一千尺。去京师百里遥已见之"。另有"僧房楼观一千余间，雕梁粉壁，青璅绮疏，难得而言"。瑶光寺有五级佛塔一座，"去地五十丈，仙掌凌云，铎垂云表，作工之妙，美埒永宁"。这些美轮美奂、富丽堂皇的佛教建筑曾令洛城熠熠生辉。

在中印两国的文化交流中，高僧、学者起了至为重要的作用。他们是一代代舍身求法和传播真谛之人。朱士行少怀远悟，出家之后，专务经典，讲《道行经》，心生疑惑，遂矢志捐身，西行求取大本。他于三国魏甘露五年（260）从今西安出发，涉流沙，抵于阗。当时于阗多印度侨民，流行佛法。他虽未曾踏上印度本土，却是汉地僧人西行求经的先行者。此后，宋云、法显等数十人次第前往印度。盛唐时期，玄奘、义净先后奔赴并长期居留印度，成为举世闻名的历史佳话。这些高僧不但取经、译经，而且留下了堪称千古奇书的著作。这些著作是研究中印文化交流的珍贵文献,也是记载印度文明历程的重要典籍。

与此同时，尽管关山难越，道阻且长，西域也不断有佛僧和商旅等不畏艰险，前来中国。据《高僧传》记载，在摄摩腾和竺法兰于公元1世纪前来洛阳之后，从吴黄武三年（224）至北周天和年间（566~572），以印度为主的西域来华名僧即达44位。他们的足迹广布于大江南北。其中鸠摩罗什等高僧成为译经大家。中印僧人在合作译经之余，时赴王宫或僧寺讲经弘法。有时采用合讲方式。例如，佛图澄与弟子道安讲经时，前者主讲，后者复述。所聚僧众，往往数以百计。译经与讲学，推进了佛教在宫廷和民间的传播。

随着佛教东渐，印度音乐样式及技法，乃至音韵学知识等也逐渐传入中国。例如，在北周（557~581）与隋（581~618）之际，由于战乱而礼崩乐坏，七声音阶失传。"七声之内，三声乖应，每恒求访，终莫能通。"（《隋书·音乐志》）周武帝时，龟兹乐师苏祇婆传入源于印度的五旦七调理论，沛公郑译"习而弹之，始得七声之正"（《隋书·音乐志》）。此乃中国音乐史上的大事。至于音韵学的兴起，对魏晋南北朝时的骈文、五言诗和唐代律诗的发达，则起了积极的促进作用。

隋唐之际，中国与印度无论在政府层面还是民间层面的交往均达到高潮。隋开皇（581~600）初，文帝杨坚"雅信佛法"。唐太宗三遣使臣访印，鼎力支持玄奘译经弘法，并撰《大唐三藏圣教序》，褒扬玄奘"引慈云于西极，注法雨于东垂"的不朽功业。印度佛教逐渐在唐代完成本土化的进程。与此同时，佛教经尼泊尔传入西藏并获得巨大成功。松赞干布在位时期，曾派遣数十位学者前往尼泊尔和印度学习梵语、佛经及其他典籍。

此时，佛教在中国达于鼎盛时期。天文历算之学，颇受政府重视。包括天文学家在内的西域僧俗，前来中国者不可胜数。他们将印度的天文学、数学、医学等科学知识传入中国。在唐代开元六年（718），印度天文学家瞿昙悉达任司天台太史监，受命编译印度的《九执历》并编撰《开元占经》。《开元占经》介绍了印度的"算字法样"，即数字写法，称"其字皆一举札而成"，便于书写。"每空位处，恒安一点"，首次引入零的书写符号，即一个圆点"·"。这就说明，书写便捷的印度-阿拉伯数字至少在开元年间已传入中国。

从北宋至明季（10~17世纪），中印文化交流虽然势头弱于公元1千纪，但总体依然处于繁盛时期。随着佛教于2千纪初在印度衰微，中印之间由求法和传法为主要动力的文化交流逐渐停息。不过，中印之间的海上交通和贸易开始发展起来。

中印两国之间以佛教为主要媒介的艺术交流的价值，历来为文化或艺术学者所重。中国历史学家柳诒徵在其编著的《中国文化史》（1932，1948）中表示，自汉以降，为中国文化中衰时期，"种族衰落，时呈扰乱分割之状……于此时期，有一大事足记者，即印度之文化输入于吾国，而使吾国社会思想以及文艺、美术、建筑等皆生种种之变化"。他在该书的多个章节中扼要阐述了印度文化对中国文化的作用、影响和意义。印度历史学家高善必在《印度古代文化与文明史纲》（1965）第五章中则说，没有在印度影响之下发展起来的佛教主题，缅甸、泰国、朝鲜、日本与包括西藏在内的中国的艺术和建筑，乃至世界艺术，都会逊色许多。事实确乎如此。中印艺术交流，成为人类文化交流史上独一无二的光辉范例。

在文学方面，中印两国交光互影，例证极多，不胜枚举。印度文学对中国文学的影响与佛经的汉译和传播如影随形，几乎同步发生。中国古代文人学者大多阅读佛经，熟悉佛教，并有与高僧结交的风习。于是，佛经中蕴含的大量充满智慧、哲理和趣味的故事不胫而走。从六朝志怪小说、唐宋传奇到明清小说，从僧禅诗歌至变文、戏剧，从文学理论到文学样式，从古至今，印度文学对中国文学的影响是多方面的。几经嬗变，不少印度故事业已中国化，以致一般读者难以辨明。"曹冲称象"就是这方面的一个典型例子。20世纪以来，泰戈尔等印度作家的作品在中国的风行，鲁迅等中国作家作品在印度的流传，都是自古以来中印文学交流传统的延续。

元明之际，中印海上交通获得巨大发展。蒙元统治中国虽不足百年，但与印度互动频繁，保持了良好的外交关系。明初，中国政府即不断派遣使者前往东南亚和南亚地区。永乐元年（1403），明廷遣中官尹庆前往印度西南部的古里及柯枝两国。从永乐三年（1405）至宣德八年（1433），郑和奉使七下西洋，造访30余国，其中包括古里、柯枝、阿拔巴丹、甘巴里、榜葛剌等印度诸国，成为明初国家盛事和世界航海史上的壮举。郑和随行人员马欢、费信、巩珍分别撰写《瀛涯胜览》、《星槎胜览》和《西洋番国志》，留下对印度诸国的生动记录，成为研究中古时期中印文化交流的重要文献。

与此同时，印度诸国亦与明廷互动频繁，保持了密切关系。据《皇明象胥录》卷七"榜葛剌"条载，明永乐二年（1404），国王蔼牙思丁遣使朝贡，六年（1408）上金叶表。永乐七年（1409），蔼牙思丁再度遣使朝贡，从者230余人，永乐皇帝赏赐甚厚。随后，蔼牙思丁连年入贡，旨在积极同中国修好。蔼牙思丁逝世后，其子赛勿丁（赛佛丁）继位为王，于永乐十二年（1414）遣使奉表来华，贡麒麟（长颈鹿）及名马方物。永乐十三年（1415），侯显赍诏使其国，王与妃、大臣皆有赐。

明朝的强盛甚至使得榜葛剌国王在遭遇邻国入侵时前来寻求帮助，而郑和七下西洋也得到了榜葛剌国的巨大支持。郑和宝船体积大，吃水深，无法沿沙洲众多的恒河口长驱直入榜葛剌国腹地。经榜葛剌国慨然应允，明朝得以在吉大港设立官厂，使之成为郑和船队的基地。海上交通的开拓和发展，促进了中印两国的贸易和人员往来。在印度的一些博物馆中，可以看到中国宋元明清的大量瓷器乃至中国商人赠送印度商人的礼品。

郑和在第七次下西洋归途中病逝于今印度马拉巴尔海岸的古里。这场持续28年的航海活动终结后，中印两国的海上交通逐渐减少。西方殖民者入侵南亚次大陆以来，中国与印度的往来受到阻隔，文化交流活动趋弱，海上贸易渐为葡萄牙人、荷兰人和英国人所掌控。在清代的一些著述中，留下了有关中印交往的记载。清代嘉应州（治今广东梅州）人谢清高，18岁随外商海船出洋，游历多国，习其语言，记其地理、风俗和物产等。他航海14年始告返国。他以自己的阅历和传闻的海外诸国情况口述而成的《海录》卷上即有关于孟加拉的详细记载。后来魏源（1794~1857）编著《海国图志》就直接采用了《海录》中的不少材料。

19世纪中叶，印度完全沦为英国的殖民地。清朝亦日趋衰朽，内忧外患频仍。20世纪上半叶，在争取民族独立和革命的斗争中，两国人民相互同情，相互支持。两国的有识之士努力了解对方，保持了互动关系。光绪五年（1879），学者黄懋材受官方派遣考察印度。这是近代史上官方派遣赴印考察第一人。他归国后著有《印度札记》、《游历刍言》、《西徼水道》等书，增进了中国对印度的了解。

20世纪以来，中印文化交流逐渐呈现全新的格局，获得了全面的发展。章炳麟、陈独秀、鲁迅、苏曼殊等大家都对印度文化表现了浓厚的兴趣。章炳麟流亡日本期间与印度革命者有所过从，表示了对印度民族独立斗争的支持。陈独秀对佛教和印度学均有一定造诣。鲁迅对印度古代文学十分推崇。他在1907年写的《摩罗诗力说》中盛赞印度古代吠陀文献"瑰丽幽夐"，梵文史诗《摩诃婆罗多》和《罗摩衍那》"亦至美妙"，并推许印度古代大诗人迦梨陀娑"以传奇鸣世，间染抒情之篇"。他在1926年写的《〈痴花蠖〉题记》中又说:"天竺寓言之富,如大林深泉。"苏曼殊译述印度故事,编译梵文语法书籍,为开中国现代梵文研究先河第一人。

1913年,印度大诗人泰戈尔获得诺贝尔文学奖,对于中国现代诗歌的产生和发展产生了积极的影响。他在1916年预言中国终将崛起。他在1924年访问中国,盛赞中国文化的丰富和瑰丽以及中印之间源远流长的友好关系。他发现中印两国的先辈用生命缔造的珍贵友谊一直延续了下来。他呼吁中国人民"重新开启交流的渠道",希望"中国走近印度,印度走近中国"。围绕泰戈尔访华,中国掀起一场泰戈尔热,成为中印现代文化交流史上的一桩大事。1937年,在泰戈尔的主持下,在谭云山的努力下,国际大学中国学院举行落成典礼,成为印度第一个学习并研究中国语言、文学和文化的中心。中国作家许地山、画家徐悲鸿等先后应邀在该学院讲学。1946年,北京大学东方语言系成立,教学内容包括印度语言文学。

1950年,中国与印度建立外交关系。中印文化交流从此进入一个全面发展的新时代。虽然两国关系曾因边界问题而出现波折,但两个伟大的民族终竟走向理性与合作之路。

从张骞凿通西域到谭云山协助泰戈尔创办印度国际大学中国学院,从印度僧人摄摩腾和竺法兰以白马驮经前来洛阳到柯棣华大夫为中国人民的抗日战争献出宝贵生命,无数志士仁人在两千余年间共同摹绘了中印文化交流的恢宏历史长卷。

学术界开始对中印文化交流历史自觉研究的时间并不算长。梁启超曾撰写《佛教之初步输入》、《中国印度之交通》、《翻译文学与佛典》和《印度与中国文化之亲属的关系》等文章,从多个角度深入考察和分析了印度文化对中国的影响。胡适曾写过《中国的印度化:一种文化借鉴的个案研究》等涉及中印文化交流的论文。他在《西游记考证》一文中,提出孙悟空形象源于印度史诗《罗摩衍那》中的神猴哈奴曼之说。鲁迅除盛赞印度古代文学外，还在《中国小说史略》中揭示了一些中国古代小说与佛教的渊源关系。艺术考古学家、东方艺术史家常任侠曾在印度国际大学讲授中国文化史，于1955年出版《中印艺术因缘》，勾勒了中印艺术交流的历史。台湾学者裴普贤（糜文开夫人）写过《中印文学关系研究》一书（1968）。此书虽篇幅不算太长，却大致梳理了中印两国文学交互影响的脉络，尤其是中国文学所受印度文学影响的各个主要方面。台湾佛教学者东初长老撰有专著《中印佛教交通史》（1968），论述了中印佛教交流和融合的历史进程。香港学者饶宗颐撰有《中印文化关系史论集——悉昙学绪论》（1990），对中印文化交流进行了深入探讨。

中国大陆向为中印文化交流史研究的重镇。佛教史家汤用彤著有《汉魏两晋南北朝佛教史》（1938）、《隋唐佛教史稿》（1982），探讨了印度佛教传入中国的历史及其对中国思想文化的影响。季羡林先生对中印文化关系进行了多方面的深入研究。20世纪50年代以来，他陆续出版了《中印文化关系史论集》（1957）、《中印文化关系史论文集》（1982）、《佛教与中印文化交流》（1990）、《中印文化交流史》（1993）、《蔗糖史》（1998）等著作，对中印文化交流史研究产生了深远影响和示范作用。金克木先生在中印文化交流研究领域也做出了突出的贡献。他撰写的《中印人民友谊史话》（1957）追溯了中印两国人民两千余年友好交往历史中的一些主要人物和事件，阐述了印度在科学、语言、文学、艺术、佛教等方面对中国的主要影响。他的《梵语文学史》（1964）、《印度文化论集》（1983）、《比较文化论集》（1984）等著述均涉及中印比较文学研究。林承节先生的《中印人民友好关系史：一八五一——一九四九》（1993）以资料的丰富和内容的新颖而著称。张星烺编注的《中西交通史料汇编》第六册初版于20世纪30年代，后曾不断再版，聚集了从两汉至明代的大量涉及中印交通的史料。耿引曾先生的《汉文南亚史料学》（1990）具有很强的史料性。她主持编写的两卷本

《中国载籍中南亚史料汇编》(1994)对中印文化交流史的研究具有极大的参考价值。还有不少学者及其著作，对中印文化交流史研究做出了重要贡献，恕不一一胪陈。

印度学者师觉月也为中印文化交流史研究做出了引人瞩目的贡献。他的代表作《印度与中国：千年文化关系》(1944)记载了中印文化交流的历史，探讨了中国文化在印度的流传和影响，在国际学术界产生了重要影响。阿马迪亚·森在其有关中印文化交流历史的重要论文《中国与印度》(2004，收入其论文集《惯于争鸣的印度人》)中即曾参考并引证师觉月的这部著作。

20世纪70年代末以来，中印关系逐渐得到全面恢复和提高。在两国几乎同时崛起的时代背景下，中印文化关系史的研究获得良好机遇。然而，在前辈学者业已取得巨大成就的情况下，能够独辟蹊径，进行深入系统的研究，发人所未发，取得新成果，不但需要学术功力，也需要学术勇气，更需要坚持不懈的精神。

20世纪80年代初，季羡林先生发表重要论文《印度文学在中国》。他在文首按语中说，希望"能有更多的人在这方面（中印文学交流研究）做更多的工作。这方面的材料很多，倘加以搜集、整理与研究，会对增强中印两国人民的友谊，促进两国人民的互相了解起很大的作用"。当时，我与薛克翘都在北京大学读研究生。记得他在读过此文后曾对我说，他有心响应先生的号召，笃志从事中印比较文学的研究。后来，他逐步将自己的学术领域从中印比较文学研究拓展到中印文化关系史研究。30余年来，他手不释卷，笔耕不辍，撰写了百余篇以学术论文为主的文章，十余部专著，翻译了若干印度现当代印地语文学作品，主编了两卷本《中印文化交流百科全书》等重要工具书。这些成果数量不菲，质量尤令人称许。他在中印文化交流领域的著作不仅在国内学术界受到激赏，而且在印度等国家和地区产生了影响。

这部文集收入薛克翘先生过去30余年来在中印文化交流史方面的主要著作:《中国与南亚文化交流志》(1998)、《中印文学比较研究》(2003)、《印地语文学史》(合著)、《中国印度文化交流史》(2008)、《印度民间文学》(2008)、《象步凌空——我看印度》(2010)、《印度密教》、《神魔小说与印度密教》、《印度文化论辑》、《印度古代文化史》。前6种此前曾由不同出版社印行,后4种则是近年来完成或整理出来的著作。

《中国与南亚文化交流志》是《中华文化通志·中外文化交流典》之一。这是一部史志性质的专著,对秦汉至20世纪80年代的中国与南亚文化交流的史实作了分门别类的记述,涉及宗教哲学、文学、艺术、民俗的交流,也兼顾了物产和科技的交流,归纳了各个历史时期中国与南亚文化交流的特点。虽然兼及南亚诸国,但重点在于中国与印度的文化交流概貌。行文简明,具有工具书价值。

《中印文学比较研究》在学科上属于比较文学范畴。研究比较文学,至少需要熟悉比较对象国家的语言和文学传统及有关文学理论。歌德关于"世界文学"的主张蕴含了比较文学的思想。作为一门学科,比较文学于19世纪后期兴起于欧洲。20世纪上半叶,注重影响研究的法国学派居于主导地位。第二次世界大战结束后,比较文学以美国为中心获得长足发展。美国学派将平行研究的概念和方法纳入比较文学的研究领域。我在20世纪80年代末期初到美国留学时,很快就感受到了一股浓郁的比较文学研究气氛。许多大学开设比较文学系。大学书店属于比较文学范畴的经典作品汗牛充栋。学生至少需要懂两门外语,需要读大量原著。我当时在课余开始翻译英国作家E. M. 福斯特的名著《印度之行》,这是比较文学系学生的必读书。我发现书店有读书笔记性质的配套读物,只有原著篇幅的五六分之一,却能让学生在短时间内认知该书的学术要点。目前,以美国为主的一些比较文学学者认为，比较文学也是一种文化研究。有的学者甚至认为，比较文学即比较文化学的概念。随着全球化的发展，美国学派的研究范围正在变得多样化，除欧美主要语言文学外，也在将其他地区的主要语言文学纳入研究范畴。德国学派也曾产生重要影响。1895年，德国学者本法伊在其为《五卷书》德译本撰写的前言中指出，欧洲文学的某些题材直接来源于印度故事，涉及东西方比较文学。虽然中国、印度的传统文学体系引起比较文学学者的兴趣和重视，但西方学者在中印比较文学方面很难深入研究并有所建树，因为同时掌握古代汉语和梵语或至少一门印度现代语言的西方学者十分罕见。

20世纪70年代末，在季羡林先生和乐黛云先生的积极倡导下，比较文学在中国本土尤其是北京大学开始兴旺起来。薛克翘先生就是在这个学术背景下开始中印比较文学研究的，《中印文学比较研究》成为他在这一领域的力作。这部专著系统梳理了上自汉魏六朝下迄近现代中印文学交流和融合的历史，揭示了印度文学在语汇、修辞、题材、体裁乃至审美取向等方面对中国文学的深刻影响，归纳了中印文学交流的主要特点。这部具有学术原创性的专著，倘若能够译成英文出版，当成为国际比较文学界的一部填补空白之作。

如果说前人和薛克翘本人早期研究的一个侧重点是中印比较文学，那么后者的《中国印度文化交流史》则是一部涵盖中印之间两千余年来文化交流各个层面的专史性著作。该书以全景式方法概括总结了各个历史时期中印文化交流的情况，以娓娓动人的笔法描述了许多重要历史事件和人物，并对之做出独立的分析和精当的评价。薛克翘将中印文化交流划分为精神文明交流和物质文明交流两大类，分别论述了各个历史时期中印两国在经济贸易、宗教哲学、科学技术、文学艺术、民间风俗等领域的互动情况，并客观地对其特点和变化予以论证。书末还设专章介绍了20世纪下半叶中华人民共和国和印度共和国规模空前的文化交流活动。这部厚重的著作超越前人之处在于它的系统性和全面性。除学术性外，该书还具有极强的可读性，在引人入胜之余令人大开眼界。

《神魔小说与印度密教》是薛克翘先生退休后的一部新作。鲁迅在《中国小说史略》中即将《西游记》定义为"神魔小说"。那么，中国的神魔小说从何而来，与印度文化有什么关系？我所看到的一些颇具盛名的中国文学史和中国小说史专著对此几乎不予落墨。前人所撰文章倒是有论及《西游记》与印度史诗《罗摩衍那》的关系的，但都不曾涉及它与密教的关系。因此，薛克翘的《神魔小说与印度密教》属于一部极富原创性的专著。此书从一个过去遭人忽视的视角出发，突破了传统神魔小说研究的局限，一扫中国古典小说研究陈陈相因的学术范式。书中的许多考证、探索和论断都别开生面。例如，作者在对《西游记》、《封神演义》和《华光天王传》与密教关系的研究中，通过对有关人物、神通和法宝的考释，使中国神魔小说的研究得以深入，从而解决了前人忽略或不曾解决的许多问题。书中独到的见解异彩纷呈。例如，作者对《西游记》中的"瑜伽之正宗"、"金刚琢"、"金襕袈裟"、"车迟国"、"五行山"、"五方揭谛"、"铁扇公主与红孩儿"、"白龙马"、"木叉"等的考证，对《封神演义》中的"接引道人"、"毗芦仙"、"惧留孙"、"准提道人"、"韦护"、"孔雀明王"、"杨任"、"马元"、"番天印"、"五龙轮"等的考证，以及对《华光天王传》中"华光"、"三眼火神"、"五显灵官"、"风火轮"、"三角金砖"等的考证，读来均有令人耳目一新之感。

收入这部文集的《印度密教》是一部与《神魔小说与印度密教》具有学术相关性的专著。密教（Tantra），亦称密宗、秘密佛教、真言宗、金刚乘等，是一个佛教宗派，至少萌发于公元5世纪之前，兴盛于8~14世纪，对晚期佛教和印度教均产生了影响，对藏传佛教的走向起了重要作用，与汉传佛教的发展也有一定关系。

在笈多帝国和戒日王的曷利沙帝国先后崩解之后，印度出现分裂局面。一些新的王国兴起，各自控制大量属国。在这一社会发生剧烈变化的时期，10世纪或11世纪，密教传遍印度，连侵入印度的伊斯兰教也受到密教的某些影响。随后，密教传入东亚和东南亚的不少国家。

从19世纪开始，一些西方的印度学学者开始关注密教。英国东方学学者约翰·伍德罗夫是西方第一个认真研究密宗的学者，被尊为这一学科的奠基人。一些比较宗教学和印度学学者，例如奥地利学者利奥波德·菲舍尔、罗马尼亚学者米尔恰·埃利亚德、意大利学者尤利乌斯·埃沃拉、瑞士学者卡尔·荣格、意大利学者朱塞佩·图奇、德国学者海因里希·齐默尔，继而对密宗产生浓厚兴趣并从事相关研究。

其实，密教思想及其密仪在三国时期即已传入中国。8世纪时，印度密教高僧善无畏在长安被唐玄宗尊为国师。中国天文学家一行通晓梵文，亲承讲传，并与其合作翻译密教经典，在从事天文学和数学研究的同时，成为一名密教高僧。元世祖忽必烈笃信藏传佛教，践祚之初即极端重视宗教事务，命藏传佛教萨迦派五祖、国师八思巴·罗哲坚赞在吐蕃造黄金塔。尼泊尔建筑师、雕塑家阿尼哥应召先后在大都和上都营造了众多藏传佛教寺院与巨量密宗法像，带来了属于尼波罗（尼泊尔）—波罗（东印度佛教王朝，750~1150）风格的艺术样式。今北京妙应寺（俗称白塔寺）释迦舍利灵通宝塔（俗称白塔）就是这样一座密教佛塔。至元十三年（1276），八思巴命阿尼哥在涿州建护国寺，内塑密教摩诃葛剌（Mahakala，大黑天神）之像，使之面朝南宋都城临安。摩诃葛剌系藏传佛教护法神之一。忽必烈亦视之为蒙元君主的保护神，深信此神会保佑元军，使之所向披靡，战无不胜。三年之后，他果然灭掉南宋。

中国具有开展印度密教研究得天独厚的条件。然而，近代以来，由于种种原因，中国学术界在这一方面建树不多。在一段时间之内，佛教研究陷入困境，遑论密教研究。因此，西方学者捷足先登，日本学者亦遥遥领先。

周一良先生在20世纪40年代发表《中国的怛特罗》一文，是中国学者开展密宗研究的标志。台湾学者张曼涛主编的《现代佛教学术丛刊》中收录密教专集4部。汤用彤先生的《隋唐佛教史稿》和黄心川先生的《印度哲学史》（1989）等著作均设专门章节介绍和探讨密教哲学思想。中国密教学者吕建福在《法音》1989年第1期发表《关于汉传密教研究中的几个问题》一文，介绍了这些情况并对当时新出的一些相关著述的浮躁学风提出批评。吕建福本人则著有《中国密教史》一书。在密宗研究方面，李南研究员近年来在《南亚研究》发表了不少颇见学术功力的论文。

要对中国密教进行深入研究，就必须对印度密教追根溯源。薛克翘先生的《印度密教》就是这样一部具有开拓性的专著。他为撰写此书，曾在印度大力搜求图书资料。此书最为鲜明的特点就是从印度文献入手，利用大量新资料对密教与印度教的关系作了多方面的阐述和论证。例如，他利用中世纪金刚乘成就师的诗作分析密教思想和修行方式，利用印度教《火神往世书》阐释密教的修行法及成就法，利用《女神薄伽梵往世书》的材料解读密教女神的地位和作用，利用包含丰富民间文学成分的印度古代诗体故事总集《故事海》中的材料考证密教神明的由来。这部著作拓宽了中国密教研究的领域，为中国的密教研究做出了宝贵贡献。

通过以上分析不难看出，《中印文学比较研究》、《中国印度文化交流史》、《神魔小说与印度密教》和《印度密教》堪称薛克翘先生的4部代表作。它们相互联系又各自独立，均属呕心沥血之作，对中国乃至国际相关领域的学术研究做出了具有独特价值的贡献。

这些著作的共同特点是，资料丰富，推理缜密，逻辑性强，富于创见。

除深厚的古代汉语学养和包括印地语及英语的语言能力外，作者通晓佛教典籍，熟悉大量相关文献。没有数十年的读书和搜求功夫，是很难做到这一点的。精思劬学，方能发千古之覆。在学术领域的持续耕耘中，能有如此丰硕的收获，足以令人欣慰。

纵观薛克翘先生的学术生涯，让我想到学术研究中的一种带有世界性的动向。以文化交流史研究为例，宏观研究固然有自身存在的价值，但专史研究乃至微观研究毕竟标志着学术研究的深化和细化。季羡林先生的《蔗糖史》、英国学者简·佩蒂格鲁的《茶的社会史》（*A Social History of Tea*，2001）、美国学者罗伯特·卡普兰的《一无所有：零的自然史》（*Nothing That Is: A Natural History of Zero*，1999）和查尔斯·赛义夫（Charles Seife）的《零：一个危险概念的传记》（*Zero: The Biography of a Dangerous Idea*，2000）等，都是这方面的范例。

薛克翘先生曾创作《玄奘》（1985）和《五世达赖喇嘛》（2003）两部电影文学剧本。《玄奘》问世后，中国电影界有人表示愿与印度合拍这部电影。为此，翻译家王槐挺与我合力将该剧本译成英文。这部电影剧本展现了作者的文学才华。然而，他的学术著述却形成了一种冲淡洗练的语言风格。这就使他的著作产生了一种娓娓道来而能引人入胜的效应，表现出一种独特的美学追求。

薛克翘先生出生于大连，少年时代在黄海与渤海交界之处度过。1964年报考北京大学中文系，却被调剂到东语系学习印地语。不过，对于天资聪颖的人而言，无论学习任何专业都只会增益自己的能力。1969年大学毕业后，由于当时的大学业已关门，社会科学研究机构基本停业，他被分配到边远地区工作。不过，他没有春风秋月等闲度，而是排除干扰，利用这段时间读了大量杂书。改革开放后，他于1979年考入中国社会科学院研究生院南亚系做研究生。当时，中国社会科学院与北京大学合办的南亚研究所设在北京大学六院。我们都在北京大学学习，分别住在北京大学16楼的楼上楼下，因而日夕过从，不时切磋学问。研究生毕业后，我们成为同一个研究室的同事。在漫长而又如白驹过隙的30余年间，作为同学、同事和至交，我对他的学术道路和成就了然于胸。即使在退休之后，他依然焚膏继晷，笔耕不辍。无论时代如何变化，他都能保持学术定力，心无旁骛，始终坚持自己的学术追求。他惜时如金，从来不愿将时间耗费在无谓的会议和应酬上。他是一位纯粹的学人。微斯人，吾谁与归？

2016年1月，在第24届新德里世界书展期间，中国作为主宾国与印方联合举办了多种活动。印度辨喜国际基金会知名研究员T. C. A. 兰加查里在《苏尔诗海》中文版首发式上发言时用英文吟诵了一首汉代乐府民歌："上邪！我欲与君相知，长命无绝衰。山无棱，江水为竭，冬雷震震，夏雨雪，天地合，乃敢与君绝！"作为山水相连的邻邦，作为文化渊源关系殊深的两大文明古国，作为处于相似发展阶段的两大新兴经济体，中印两国只有真诚合作与友好相处，才能实现共同繁荣。在这样的时代背景下，研究中国与印度的文化交流，具有不可低估的学术意义。

白乐天在"新排十五卷诗成"之后，心里产生一种豪迈的感觉，因而志得意满，赋诗抒怀。薛克翘先生在去岁年届七旬之时对我说，"我觉得我的学术生命刚刚开始"。此言可谓心雄万夫。在他的多卷本文集行将出版之际，他足以自豪，我也为有这样的同道而骄傲，故乐而为这部文集作序。

中国社会科学院亚太与全球战略研究院研究员 刘建

2016年3月8日于京师园

目 录

第一章

南亚诸国及历史文化概述

第一节　南亚的名义与主要国家

我们今天称之为南亚（The South Asia）的地方，位于亚洲的中南部，北接中国的新疆、西藏两个自治区，南达印度洋赤道线一带，东临孟加拉湾，西濒阿拉伯海，其西北大陆与阿富汗和伊朗两国接壤，其东北大陆与东南亚的缅甸相连。南亚现包括印度（India）、巴基斯坦（Pakistan）、孟加拉国（Bangladesh）、斯里兰卡（Srilanka）、尼泊尔（Nepal）、马尔代夫（Maldives）、不丹（Bhutan）和锡金（Sikkim）[①]等国家。其中，印度面积最大，为 2 974 700 平方千米；巴基斯坦次之，为 803 944 平方千米。其余依次为：尼泊尔，141 400 平方千米；孟加拉国，142 776 平方千米；斯里兰卡，65 610 平方千米；不丹，46 100 平方千米；锡金，7 100 平方千米；马尔代夫，298 平方千米[②]。

一、印度

印度，在中国古代典籍中有多种译名，如身毒、天竺、贤豆、忻都、婆罗门国、欣都思、印毒、印都、印特伽、盈丢等[③]。《后汉书·西域传》曰："天竺国一名身毒，在月氏之东南数千里。俗与月氏同，而卑湿暑热。其国临大水。乘象而战。其人弱于月氏，修浮图道，不杀伐，遂以成俗。从月氏、高附国以

[①]　锡金于1975年被纳入印度，成为印度的一个邦。

[②]　以上数据分别依据《最新实用世界地图册》（北京：中国地图出版社，1993年版）和《简明不列颠百科全书》（北京：中国大百科全书出版社，1985~1986年版）。

[③]　冯承钧等：《西域地名》，北京：中华书局，1985年版，第35页。

西，南至西海，东至磐起国，皆身毒之地。身毒有别城数百，城置长。别国数十，国置王。虽各小异，而俱以身毒为名，其时皆属月氏。月氏杀其王而置将，令统其人。"这段文字对印度地理位置和地域范围的描述基本准确，同时又记载了当时北印度被月氏人征服的史实。文中之"大水"当指印度河和恒河；"西海"当指印度洋，以其在中国之西而称；"磐起国"当指今印度东北地之阿萨姆邦和孟加拉国一带。这是中国古籍中最早、最准确记载南亚次大陆名义与地望的史料。唐玄奘《大唐西域记》卷二《印度总述》曰："详夫天竺之称，异议纠纷，旧云身毒，或曰贤豆，今从正音，宜云印度。印度之人，随地称国，殊方异俗，遥举总名，语其所美，谓之印度。"自玄奘为印度正名后，后人多有沿用者，遂至乎今。正如玄奘所言，印度古代小国林立，"随地称国"，印度乃是其"总名"。因此，古人又称印度为"五印度"、"五天竺"，或简称"五印"、"五天"，即东西南北中印度之总称。至于今日印度版图内各地区的古称，实在太多太杂，故不予列举。

今印度全称"印度共和国"，首都新德里。其北部与中国、尼泊尔、不丹相连；西部与巴基斯坦接壤；东部与缅甸、孟加拉国交界；南部是印度半岛。按其地形特点可分为四大地形区：①北部高山区，位于喜马拉雅山脉的南麓，宽约150~300千米，平均海拔4 000米。②南部高原区，又称德干高原，面积约160万平方千米，平均海拔约300~1 000米，是北抵温德亚山脉、西起西高止山、东达东高止山的三角形地区。③中部平原区，指北部高山区与南部高原区之间的狭长地带，由恒河、耶木那河、布拉马普特拉河（雅鲁藏布江下游）冲积而成，东西长约1 600千米，南北宽约240~320千米，面积约70万平方千米。④海岸与岛屿区，由西侧阿拉伯海滨和东侧孟加拉湾海滨低地及安达曼、尼科巴等群岛组成。

二、巴基斯坦

巴基斯坦在1947年"印巴分治"前属印度之一部分，中国古籍（包括汉译佛经）所记现属巴基斯坦的古国名称主要有以下几个：①健陀罗国，或译犍驮罗、健驮逻、乾陀罗、乾陀国、犍陀卫、乾陀卫、犍陀越、业波罗、业波等，或意译为持地国、香遍国、香行国、香风国、香洁国等。其地处今巴基斯坦北部以白沙瓦为中心的大片地区。②乌仗那国，又译为乌苌、乌场、乌长那、乌长、邬荼、郁地引那、越底国、乌你也囊、乌填囊、优填、优填囊等。地处今巴基斯坦最北端之斯瓦特河流域。③咀叉始罗国，又作特叉尸利、德差伊罗、奢叉尸罗、竺刹尸罗、得叉尸罗等，其古城遗址在今拉瓦尔品第西北。④信度国，又译作新头、辛头、信他、新陶、辛都等①。本为河名，即印度河；后因河而称国，即是印度一名之所由来。但从狭义讲，信度国则专指今巴基斯坦中部之印度河中下游地区。今巴基斯坦全称为"巴基斯坦伊斯兰共和国"，首都伊斯兰堡。其北部与中国相连，东面是印度，西北部是阿富汗，西南与伊朗接壤，南临阿拉伯海。全境可分为六个地形区：①北部山区，即喜马拉雅山脉西北端的山区。②山前高原，包括白沙瓦到伊斯兰堡一带和旁遮普地区。③印度河平原，即印度河中下游两岸地区。④俾路支高原，印度河西侧的高原地带。⑤西部边境山地，北起兴都库什山、南至西部沿海的狭长地带。⑥沙漠区，东南侧与印度接壤的狭长地带。

三、孟加拉国

孟加拉国于1972年立国。1947年至立国前属巴基斯坦，通称东巴基斯坦。1947年以前则属于印度。中国古籍中关于孟加拉国的早期记载较少，除了前引《后汉书》的文字中提到的磐起国与孟加拉国有一定联系外，晋代法显在《法显传》中提到的多摩梨帝国（在今印度西孟加拉邦境内之塔姆鲁克）也许与孟加拉国的西部边界地区有一定联系。玄奘《大唐西域记》卷一〇所记之三摩咀吒国，即在今孟加拉国境内。孟加拉一词在中国古籍中出现较晚，南宋赵汝适《诸蕃志》卷上提到鹏茄罗，元人汪大渊《岛夷志略》列有《朋加剌》条，明以后又译作榜葛剌（《瀛涯胜览》、《星槎胜览》、《郑和航海图》、《明史》）、网礁腊、民呀（《海国闻见录》）等，皆指今孟加拉国和印度之西孟加拉邦一带。今孟加拉国全称"孟加拉人民共和国"，首都达卡。孟加拉国的西、北、东三面为印度所环抱，东南一隅与缅甸接壤，南临孟加拉湾。其地主要是平原和低地，东部有锡尔赫特丘陵，恒河入海口外有若干岛屿。

四、尼泊尔

尼泊尔，中国古籍中又译作尼波罗、泥波罗、尼八剌、泥婆罗等②。由于佛祖释迦牟尼出生地迦毗罗卫即在今尼泊尔之西境与印度接壤处，故迦毗罗卫比

---

① 以上古地名参见冯承钧等：《西域地名》，北京：中华书局，1985年版。
② 参见冯承钧等：《西域地名》，北京：中华书局，1985年版，第13页。

尼泊尔更为我国古人所知。迦毗罗卫在古籍中，尤其在汉译佛经中，异译甚多，如音译有迦维罗阅、迦维罗卫、迦夷、罗维、维卫、迦毗罗、迦比罗婆修斗、劫比罗伐窣堵、迦毗罗拔兜等，意译有苍城、苍住处、黄赤城、妙德城、香头居城、赤泽国等[①]。今尼泊尔全称为"尼泊尔王国"，首都加德满都。尼泊尔地处喜马拉雅山脉南麓，北面与中国西藏相连接，东面是锡金，西面与南面是印度。尼泊尔境内除了高山就是高原和峡谷，可分为大喜马拉雅山区、马哈帕拉特山和河谷盆地、楚里亚低山丘陵和南部特莱低地四个自然地理区。

五、斯里兰卡

斯里兰卡，位居印度半岛之南，印度洋中之岛国。印度古籍中称该岛为楞伽，即"兰卡"。又名其国曰僧伽罗或私诃叠。中国古籍中有多种异译：斯调国、私诃条、僧诃罗、私诃罗、僧加刺、新合纳的音、新檀、细兰、悉兰池、西兰山、细轮叠、西仑、西岭、锡兰，等等；或意译为师（狮）子国、执师子国、铜邑国、赤铜邑、宝渚、宝洲，等等[②]。今斯里兰卡全称为"斯里兰卡民主社会主义共和国"，首都科伦坡。境内以高地为主，高地四周为山岭和河谷构成的过渡地带，过渡地带以外除了西南部，均为沿海低地。

六、马尔代夫

马尔代夫是印度洋中的群岛，分布于赤道南北两侧。中国古籍中亦有多种称谓，如北溜（《岛夷志略》）、溜山国（《明史》《瀛涯胜览》）、溜洋国（《星槎胜览》）等，这些都是元明以后的记载。今马尔代夫全名为"马尔代夫共和国"，首都马累。全国由1 800多个珊瑚岛和沙洲组成，约有200个岛上有人居住。

第二节　南亚的历史与文化

所谓古代南亚的文化，实际上主要是指古代印度的文化。印度是世界四大文明的发祥地之一，古印度文化十分发达。以印度为中心，印度文化向四周辐射，波及中亚、西亚、东亚和东南亚等地，形成了一个巨大的印度文化圈。

---

① 参见冯承钧等：《西域地名》，北京：中华书局，1985年版，第43页。
② 同上，第85页。

一、印度河文明

大约在20万年前，次大陆的土地上已经有人类活动的迹象了。在公元前3500年前后，在今巴基斯坦俾路支和信德两省已有了定居的农业小村落。1946年以后，考古学家在今巴基斯坦境内的摩亨佐达罗和哈拉帕等地发现并陆续发掘出城市文明的遗址，学界称之为"印度河流域文明"，又叫作"哈拉帕文明"。哈拉帕文明的时间为公元前2300年至前1750年。印度河文明在公元前1750年前后突然中断，其原因至今不详。据学者们推测，其中最主要的原因可能是外来野蛮民族的入侵，而这个外来野蛮民族很可能就是于公元前2千纪中期大量涌入印度的雅利安人。

二、吠陀文化

关于印度雅利安人的早期历史资料主要保存在吠陀文献当中。吠陀共有四部，即《梨俱吠陀》、《夜柔吠陀》、《沙摩吠陀》和《阿达婆吠陀》。它们可能是印欧语系各民族的最古老的文学遗产，也是研究雅利安人远古历史的宝贵文献。这四部吠陀被称为"本集"，另外还有附属于它们的各种名目的"梵书"、"森林书"和"奥义书"等。四部本集和这些附属的作品合称为"吠陀文献"。历史学家们根据吠陀文献提供的证据，把公元前1500年至前600年定为印度历史上的"吠陀时代"。吠陀时代分为前后两个时期：吠陀前期自公元前1500年至前1000年，是《梨俱吠陀》中大部分诗歌完成创作的时期；吠陀后期自公元前1000年至前600年，其余的吠陀文献，即三部吠陀、"梵书"和一些早期的"奥义书"基本上都属于这一时期。

从《梨俱吠陀》可知，早期进入印度的雅利安人最初居住在印度河流域，过着半游牧半农耕的生活。在来到印度的初期，雅利安人已经划分出三个等级：贵族、祭司和平民。到吠陀前期的末尾，印度雅利安人的社会进一步分化为四个等级：婆罗门、刹帝利、吠舍和首陀罗。

《梨俱吠陀》所歌颂的天神主要有天帝因陀罗（Indra）、火神阿耆尼（Agni）、水神伐楼那（Varuna）、太阳神苏利耶（Surya）和风神伐由（Vayu）。这些天神在以后的印度教神话、佛教神话和耆那教神话中都不时地出现，扮演着各自的角色。

这里必须提一下奥义书哲学，因为它是印度教传统哲学思想的源头，在印度的影响极其深远，而且具有世界（包括中国）影响。奥义书哲学的最主要内容可以概括为两点，即"梵我一如"和"轮回解脱"。奥义书哲学的这种理论为后世许多哲学流派所吸收，成为一种在世界具有广泛影响的理论。佛教接受了这一思想，并把它进一步烦琐化、体系化。

三、列国时代与沙门思潮

在吠陀时代结束以后，印度历史进入了列国时代。列国时代又称佛陀（Buddha）时代，从公元前600年起，到公元前321年孔雀王朝建立止，大约经历了200多年时间。在公元前6世纪至前5世纪，印度北方出现了列国纷争的局面，思想界也出现了百家争鸣的局面。这有点像同期中国的情况。

吠陀时代的末期，铁器已经广泛使用于印度北方的广大地区。由于生产力的普遍提高，使得剩余产品日益增多，这就大大促进了商业的发达和以城市为中心的国家的建立。于是，在列国时代的早期，印度北方出现了一大批城镇，出现了16个比较强大的国家。16国中，最初是迦尸最为强大，后来摩揭陀国渐渐兴起，成为最强大的国家。当时各个国家的政治体制很不一样，既有君主专制的政体、共和制的政体，还有一国二主的二头政治体制。因此，在制度文化方面，列国时代呈现出多样化的局面，这大概也是当时思想界能够十分活跃的一个政治背景。

印度沙门思潮的兴起，是对传统婆罗门教思想体系的严峻挑战。"沙门"，本意是修行者、苦行者，指出家人，通常特指佛教出家人。沙门思潮是指当时出现的非婆罗门教正统派思潮，主要有佛教和"六师"哲学。它们的共同特点是，反对婆罗门教的吠陀天启、祭祀万能和婆罗门至上的三大理论支柱，主张种姓平等。

四、孔雀王朝的历史文化

印度孔雀王朝建立于公元前321年（一说公元前324年），结束于公元前180年前后。公元前326年，欧洲马其顿国亚历山大（Alaxander）东征到印度河流域，企图将那片辽阔而富庶的土地并入马其顿帝国的版图。但亚历山大没有在印度河流域久留，而是很快就撤回到巴比伦城，并于公元前323年死在那里。他在离开印度之前，在印度河流域留下了一批驻军，并委任了一些希腊人做那里的地方行政长官。从此，印度西北部便有一批希腊移民定居下来，古老的希腊文化也从那个时期对印度发生了重大影响。

当印度河流域被希腊人占领的时候，北印度正处在一片混乱之中。一个叫游陀罗·笈多（Chandra Gupta）的人夺取了王位，于公元前321年登基。据传说，游陀罗·笈多（又译作"月护"）出身于孔雀家族，所以又被称为"月护·孔雀"，他所建立的王朝被称为孔雀王朝。游陀罗·笈多死，其子宾头沙罗（Bindusara）继位。宾头沙罗死，子阿育王（Asoka）继位，成为印度历史上一代著名的帝王。阿育王在位约37年，进一步扩大了孔雀帝国的版图，有效地治理了国家。孔雀家族成员的统治历时130多年，于公元前187年解体。阿育王起先可能是个婆罗门教徒，但后来皈依了佛教。据佛教传说，他曾委派使节到南亚和东南亚等地传教，甚至派他的儿子去斯里兰卡传教；在他的支持下，佛教的第三次结集在首都华氏城举行；他还造了许多佛塔，据说有84 000座。

阿育王每十年到全国视察一次，把他的法（达摩）旨刻在石柱和岩壁上。著名的阿育王石柱不仅是他法旨的载体，而且是印度公元前最精美的艺术品。其中最具有代表意义的是现藏贝拿勒斯鹿野苑博物馆的一个柱头。这个柱头作为印度民族精神和古老文明的象征而成为印度共和国的国徽图案。

五、公元前后的印度文化

从孔雀王朝瓦解到笈多王朝建立（公元前180~公元319年），印度历史上再次出现大分裂的局面。这一时期在政治上的突出特点是，外来民族不断从西北部向印度入侵。公元前3世纪末前2世纪初，希腊人多次深入印度境内作战，著名的弥兰陀（Milinda）国王就是个希腊人，他在公元前155年至前130年统治着旁遮普地区。直到公元前1世纪中叶，印度境内仍有几个希腊人统治的小王国。继而，塞种人也进入印度，并建立了王国。公元1世纪，在中亚建立了强大帝国的月氏人首领丘就却率军南下，占领了今阿富汗和巴基斯坦的北部地区。丘就却的继承人阎膏珍灭掉旁遮普的塞种人政权，又向东推进，攻占了恒河中下游地区，并将首都迁到富楼沙（又译布路沙布逻，今巴基斯坦白沙瓦）。这个横跨中亚和南亚的庞大帝国被称为贵霜帝国。贵霜帝国最有名的帝王是迦腻色迦（Kaniska），他大力赞助佛教，修建了巨大的佛塔，举行了佛教的第四次结集。在他之后，贵霜帝国便逐渐衰落了。

《罗摩衍那》和《摩诃婆罗多》是印度的两大史诗，也是印度教的圣典。它们的成书过程大约在公元前4世纪到公元4世纪的800年间。《罗摩衍那》共分7篇，24 000颂（诗节），以主人公罗摩（Rama）娶妻、失妻、寻妻、团圆的故事为主线，串联了许多上古的神话传说、民间故事，以及伦理道德说教等。主人公罗摩被认为是大神毗湿奴（Visnu）的化身，因而至今受到印度教徒的崇拜。《罗摩衍那》的故事曾随佛经传入中国，并对中国文学发生过影响。《摩诃婆罗多》共18篇，近10万颂（诗节），相当于古希腊荷马两大史诗之和的8倍。这部大史诗的主干故事是两个家族为争夺王位而进行大战，但实际上这部分内容所占篇幅还不到全书的一半，其余大部分篇幅则包罗万象，既有上古的神话传说、民间故事、寓言、童话等，也有许多文人的非文学作品，如政治、经济、军事、哲学、伦理道德等方面的内容，说它是印度古代社会文化的一部百科全书一点也不过分。

"往世书"的字面意思是"古代的事"，实际上是一些古代神话传说。这些神话传说与吠陀时代的神话传说有一定的联系，但也有很大的不同：它们的产生时代在吠陀时代之后；书中所描写的主要神灵不是吠陀神话中的主神；它们与两大史诗密切配合，内容上彼此呼应，即你中有我、我中有你。总之，往世书是婆罗门教新的发展阶段（印度教）的辅教之书。

从列国时代开始，由于印度社会经济生活的变化和沙门思潮的兴起，传统的婆罗门教受到强烈的冲击。婆罗门教要想保住自己的地位，就必须进行改革。由于史料的缺乏，我们不知道当时是否有过较大规模的改革运动，但发展与变化却是明显的。此时的婆罗门教（印度教）有三大主神，即梵天（Brahma）、毗湿奴和湿婆（Siva）。这三大神在吠陀神话中虽然也出现过，但地位都不显赫，而在史诗和往世书神话中，他们跃居众神之首。其中原因，大概与社会发展和民族融合有关。原先吠陀神话中的主神，如因陀罗、伐楼那、阿耆尼、伐由、苏利耶等，虽然仍被经常提及，但地位已经大大下降。往世书的成书过程大约在公元前2世纪以后到公元11世纪的一千多年时间。往世书有多种，通常有"十八大往世书"和"十八小往世书"之说。其中"十八大往世书"影响较大。史诗和往世书与广大印度教徒的生活息息相关，也融于印度社会文化的每一个领域。因而它们对佛教和耆那教都有影响。

从佛陀时代到这一时期，印度的佛教文学得到长足的发展。首先，早期的佛教典籍中保存了大量的民间故事，它们是佛教徒从民间搜集来，被加工后收入佛典的。例如《佛本生经》，其中包括民间故事、寓言等共547个。其许多故事在我国很早就有汉文翻译。其次，早期佛经中有相当一部分为诗体，不乏优秀之作。公元1世纪的长篇叙事诗《佛所行赞》被誉为当时梵语诗歌的典范。这部诗作也被译成汉文。此诗的作者是迦腻色迦时代的佛教徒马鸣（Asvaghosa）。此外，早期佛典中还有许多文学性很强的作品，多数都被译成了汉文和藏文。

早在公元前2世纪中叶，在今印度中央邦的巴尔胡特就建起了一座大塔。此塔如今已荡然无存，留下的只有一段围塔的栏杆和一段门框，上面刻有佛传故事和本生故事各种场面的精美浮雕。阿育王时，在今中央邦的桑奇地方建有一座大塔，公元1世纪又行扩建，并在大塔周围建起石雕栏杆和石雕门，上面雕有各类人物和动物花草，其连环画式的本生故事和佛传故事浮雕非常细致生动。

古代健陀罗地区曾长期处于希腊人统治之下，所以那里必然要受到古希腊和古罗马文化的影响。健陀罗艺术就是在这种背景下产生的。它是印度本土雕刻艺术与古希腊罗马雕刻艺术相结合的产物。健陀罗艺术的主要作品是佛的雕像。其主要特点是：注意人体各部分的比例；面部轮廓很像阿波罗（Apollo）神像；身披紧身透明裟裟。健陀罗艺术是在贵霜时代前后，即公元前1世纪至公元5世纪形成并流行的，其分布地域以今巴基斯坦北部的塔克西拉一带为中心，北部的阿富汗和东部的克什米尔等地均有发现。而其影响之大，则远远超出西北印度和中亚的范围，远达东南亚、中国，甚至日本。

六、笈多王朝的历史文化

印度历史上的笈多时代开始于公元319或320年，约结束于6世纪中期。这是印度古代文化全面繁荣的历史时期，有"黄金时代"之称。笈多王朝的建立者是旃陀罗·笈多（月护）一世（Chandra Gupta Ⅰ）。约于公元325年，其子沙摩陀罗·笈多（Samudra Gupta）即位。他光大了父业，是一个诗人，也是文学艺术的赞助者。佛教典籍还多次提到他对佛教的赞助。他的继承者是旃陀罗·笈多二世（Chandra Gupta Ⅱ），即印度历史上著名的"超日王"（Vikramaditya）。他也是学术和文学艺术的支持者，据说被奉为典范的梵语诗人迦梨陀娑（Kalidasa）就是他宫廷的"九宝"之一。中国晋代高僧法显在超日王时代访问了印度。5世纪晚期，笈多王朝可能出现了分裂，国势也逐渐衰落。

印度教、佛教和耆那教是笈多时代的三大宗教。印度教在当时仍然占统治地位，它的教义和教法规范着社会上绝大多数人的生活习俗。

笈多时期的大小乘佛教在印度都有一定影响，而且也都划分出一些支派。尤其是大乘，出现了龙树（Nagarjuna）、无著（Asanga）、世亲（Vasudeva）和陈那（Dignaga）等著名佛学大师。除了大小乘以外，金刚乘（密宗）也在这一时期发展起来，并开始向中国等地传播。

耆那教在这一时期也有所发展。313年，耆那教徒在马土拉和伐拉比举行了两次大规模结集。453年在伐拉比再次结集，并整理了耆那教经典。耆那教在这一时期还开始了偶像崇拜，一些著名的大雄石雕像就完成于这时。

印度古典哲学在笈多时期取得了显著成绩。著名的"六派哲学"就形成于此时。它们是：吠檀多派、瑜伽派、胜论派、数论派、弥曼差派和正理派。其中，对后世影响最大的是吠檀多派，它是从奥义书哲学直接发展而来，主要阐释世界的本原以及"梵"和"我"的关系。

笈多时期的科学和文艺都有显著的发展。

在科学方面，此时印度的天文学和数学都有杰出的成就。5世纪时，一个名叫圣使（Aryabhata）的人写了一部天文学和数学著作《圣使集》。此书共分四章，第四章里，他提出了地球围绕太阳公转和地球自转的先进见解。他认为，地球是圆的，日食和月食都因地球的阴影而出现，并非神话中所说的魔鬼罗睺（Rahu）吞食日月。他还首次使用十进位制于天文学计算。根据他的计算，一年不是366天，而是365.259 1天。在他之后不久，另一个天文学家彘日（Varahamihira）于公元505年写出《五原理》一书。此书是针对在他以前即存在并流传的五部天文学著作而写的，旨在弘扬古代的天文学传统。彘日之后，笈多时代的第三位天文学家和数学家是梵藏（Aryagupta）。他写过一部名为《梵论》的天文学著作，37年后又写出《残食篇》和《禅星》两部名著。据说，他曾指出地球对物体的引力。笈多时代以前，印度的医学已有很大的发展。有两部医书非常著名，即《折罗迦本集》和《妙闻本集》。这两部书在笈多时代流传很广，近代曾发现过当时的手抄本。当时的著名医学家龙树（Nagarjuna）是佛教密咒大师，中国《隋书·经籍志三》中所记《龙树菩萨药方》、《龙树菩萨和香法》、《龙树菩萨养性方》等，大抵都与他有关。

笈多时期最有名的诗人和剧作家是迦梨陀娑，他的代表诗作是长诗《云使》，代表剧作为《沙恭达罗》。这一时期还出现了一批著名的诗人和剧作家，形成了印度古典梵语文学时期的众星捧月之势。其中，在世界上影响较大的有首陀罗迦（Sudraka）的10幕长剧《小泥车》，伐致呵利（Bhartrhari）的诗集

《三百咏》等。在民间文学方面，著名的古代寓言故事集《五卷书》也在这一时期得到进一步扩充和完善，并出现了多种散文体改写本。此外，两大史诗中若干晚期部分，一些往世书的重要内容，可能都是在这一时期补入的。

笈多时代的绘画艺术以南印度马哈拉施特拉邦的阿旃陀石窟壁画为代表。阿旃陀第1、2、16、18和19窟中都残留有笈多时代的绘画作品，其艺术技巧已十分高超。那一时期雕塑艺术的成就更为突出。鹿野苑出土的一尊佛陀初转法轮的雕像，不仅造型匀称、比例合理，而且神态逼真、深沉慈祥。同一时期的印度教雕塑以毗湿奴及其各种化身的形象为主。如北方邦德奥加尔的毗湿奴神庙里毗湿奴卧像，生动地表现了往世书中所说的毗湿奴躺在巨蛇身上睡觉的情景。笈多时代的建筑艺术也相当可观，这主要表现在三大教的寺庙和石窟的建造上。当时的寺庙建筑主要有以下特点：庙宇的主体建于一宽大的台基上；四面有阶梯通上台基；初期的寺庙多为平顶，后期的多为尖顶；庙宇的外墙一般不加装饰；庙内中心部分为安置神像的龛室；龛室有雕饰庄严华丽的石门石柱；庙顶四角有四根石柱支撑，石柱上亦有烦琐的雕饰；庙宇的前部多有门厅、石柱。

七、戒日王前后的印度文化

公元606年，戒日王（Siladitya）于曲女城（今北方邦卡瑙季）即位。他在位41年，唐玄奘访印时会见了他，并在《大唐西域记》中记载了他的身世和文治武功。戒日王去世后，印度再度陷于分裂状态，直至13世纪。

这一时期的宗教变化很大。佛教已丧失了昔日的地位，急剧衰落，到13世纪穆斯林在北印度取得统治地位后，佛教便从印度本土上消失了。7世纪，当玄奘和义净访问印度时，佛教衰落的迹象已十分明显，许多地方的佛寺已经荒废，佛教僧人的数量已经减少。但当时还有戒贤（Silabhadra）这样德高望重的佛学大师，有那烂陀这样规模宏大的佛学中心，有戒日王这样的热心赞助者。而与此同时，佛教密宗兴盛了一个时期，并对中国内地和西藏的佛教有很大影响。此时，佛教已有被印度教吸收和包容的迹象，佛陀在往世书中被说成是毗湿奴的化身之一。

耆那教在同一个时期里也呈衰落趋势，但还没有像佛教那样迅速消失，在一些地区仍然相当流行，而且还不时得到一些国王的支持。

印度教这一时期在印度占优势。湿婆派在北方得到帝王们的有力支持而迅速发展。8世纪倾，著名的商羯罗大师（Sankracarya）进一步阐发吠檀多哲学的梵我一如理论，提出"纯粹一元论"（即"不二论"）的学说。他为印度教的改革做出了巨大贡献。毗湿奴派的发展也很迅速，南方和北方都建有许多寺庙，也出现了一批著名的理论家和实践家。其最主要的代表人物是11~12世纪时的罗摩努奢（Ramanuja）。他针对商羯罗的纯粹一元论提出了"限制不二论"的学说，主张通过虔诚达到解脱的目的。

这一时期，印度的语言发生了变化。梵语仍然是宫廷语言，各地方言越来越走向成熟。梵语的文学作品仍然是大量的，并且有许多都保存了下来。印度古代民间故事的产量极高，这一时期也不例外。11世纪克什米尔人月天（Somadeva）根据一部俗语民间故事集《伟大的故事》改写出梵语诗体巨著《故事海》。这一时期还出现了一批梵文小说。10~12世纪，古典梵语文学的创作已经走向衰落，代之而起的是用各地方言写成的作品。

在艺术方面，印度教建筑在这一时期分为三大派，即马拉塔、奥里萨和卡那提克派。马拉塔派的建筑可以今马哈拉施特拉邦爱罗拉石窟及其寺庙为代表。奥里萨派可以今奥里萨邦普里的早期印度教寺庙为代表。卡那提克派可以今泰米尔纳德邦坦焦尔市的大维摩那寺为代表。11~13世纪，耆那教在一些国王和大臣的赞助下，在今拉贾斯坦邦的阿布山、维马拉沙及特贾帕拉等地建立了一些著名庙宇。

伴随着各地的庙宇建筑，形形色色的雕刻艺术品也在寺庙中被创作出来。这一时期的雕刻可以湿婆派寺庙的雕像为代表。8~9世纪间建造的爱罗拉石窟和孟买附近象岛的湿婆神庙里都有一些精美的湿婆与雪山神女（Parvati）雕像。在马德拉斯附近，有8世纪建造于马瓦利普兰的湿婆神庙，其巨大的"恒河女神下凡"摩崖浮雕是旷世珍品，其神像和人物、动物、精怪等形象无不精细生动。

八、穆斯林统治时期的印度历史文化

穆斯林进入南亚次大陆的时间很早，公元644年即有来自西亚的穆斯林在印度西北边境一带居住，712年在今巴基斯坦俾路支地区即有穆斯林建立的小王国。此后，中亚突厥穆斯林时常进入印度境内。1206年，穆斯林在德里建立了苏丹国，终于使印度的历史发生了一次重大的转折。1206~1526年是印度历史上的德里苏丹国时期。德里苏丹的统治范围一般仅限于北方，有时甚至只是德里及其周围地区。但是，这一时期有大批中亚和西亚的穆斯林涌入印度定居，而他们又属于若干个不同民族，他们带来了各自的文化，从而使印度又开始了一次大规模的民族和文化的融合。1526年，来自中亚的莫卧儿人巴布尔（Babur）攻占了德里，印度历史上的莫卧儿王朝从此开始。1555年，巴布尔的孙子阿克巴（Akbar）继承王位，成为印度历史上又一个伟大帝王。他在位50年，大大扩展了莫卧儿王朝的版图，建立起一整套有效的行政管理体制，对印度教徒实行宽容政策，发展了社会生产力。阿克巴以后的大约100年时间里，莫卧儿帝国的版图进一步扩大，社会比较稳定，经济得以繁荣，文化事业有所发展。18世纪初年开始，莫卧儿帝国走向衰落。1857年，莫卧儿王朝最终解体。

德里苏丹国时期，印度各地虽然战乱不已，但城市经济却较为繁荣，水陆贸易都相当发达。一些手工业如纺纱、造纸、冶金等，都有很大的发展。宗教方面，印度教与伊斯兰教并存，印度教徒中的上层分子极力严格种姓制度，以此对抗穆斯林文化；穆斯林中的上层分子则以统治阶级自居，强行推行穆斯林文化；两教下层的民众由于广泛接触，互相学习，于对方文化各有吸收。

莫卧儿王朝前期的几个帝王比较重视教育，在各地兴办了一些学校和学院。印度教的传统教育也在进行。自从穆斯林政权在印度确立以后，印度才算有了真正意义上的历史著作，德里苏丹时期有之，莫卧儿时期则更多。仅阿克巴时代，重要的历史著作就有七八部。阿克巴还曾下令翻译一些重要的梵语著作，于是，《摩诃婆罗多》的一些篇章被译成波斯文并被编成一部名为《战争史》的书，《罗摩衍那》也被全部译成波斯文。其后的历代莫卧儿帝王都有宫廷御用史学家。

这一时期的文学仍然是为宗教服务的。最突出的两部印地语文学作品是苏尔达斯（Surdasa）的《苏尔诗海》和杜勒西达斯（Tursidasa）的《罗摩功行之湖》。其他地区也出现了不少以各自方言写成的作品，不过多数是对史诗和往世书神话故事的翻译或改写。乌尔都语形成于德里苏丹时期，并很快成为北方的通用语言。此时，乌尔都语文学也发展起来，出现了许多诗人和诗作。

莫卧儿时期的艺术以建筑和绘画最有成就。那时建起了一大批清真寺、帝王和贵族的陵墓以及城堡、宫殿等。这些建筑以几何形院落或台基、带尖圆穹顶的主体建筑物、对称的布局和精密的镶嵌工艺为显著特色。其最优秀的代表是今北方邦阿格拉市的泰姬陵。莫卧儿王朝的细密画有着自己独特的风格。那时的宫廷里必有专职画师，他们把波斯绘画技巧传入印度，使印度出现了一个新的绘画流派。

九、近现代印度文化

在莫卧儿王朝的前期，欧洲人已进入印度经商，最初是葡萄牙人，接着是英国人、荷兰人、法国人、瑞典人，等等。到18世纪中期，英国人的势力大增，终于击败法国人而逐渐取得了印度贸易的垄断地位。英国人借助于军事力量日益扩大其势力范围，引发了1857年的印度民族大起义。结果，英国人取得了最后胜利，把整个印度变成了英国的殖民地。随后，在英国国内，印度事务便由英国女王委任的印度事务大臣总揽；在印度，则由女王任命的副王全权处理印度事务，并在此基础上建立了议会制度。名义上，印度人可以通过考试而进入政府部门，但实际上这种机会甚少，更谈不上参政议政了。前期，印度人民为争取自己的合法权益进行了不懈的斗争；后期，这种斗争便升华为民族独立运动，直至1947年获得独立。

独立前，印度的经济命脉完全控制在英国人手里。英国人在印度兴修铁路、开办工厂，把西方先进的工业文明带进了印度，同时他们利用这些先进的文明对印度人民进行野蛮的剥削。印度人民虽然拥有古老的文明，但此时却处于贫穷和愚昧之中，处于被统治被奴役的地位。英国人也把西方的教育带进了印度，在那里开办各种学校，传授各种知识。他们还先后办起了医院、孤儿院等慈善设施。应当说，印度社会在这一时期是大大地繁荣了，进步了。这一进步是印度人民用血汗和生命换来的。

十、斯里兰卡、尼泊尔和马尔代夫的历史文化

1. 斯里兰卡的历史文化

斯里兰卡与印度隔海相望，两者间最近的距离只有35千米。这就决定了斯里兰卡的历史和文化势必要受到印度的影响。事实上，斯里兰卡的政治、经济、民族、种姓、宗教、习俗等无不与印度各个时期的历史文化发生千丝万缕的联系。但斯里兰卡与印度又始终保持着一定的距离，有其相对的独立性，因此它的古代文化又有着不同于印度的若干特点。

在公元前1000年以前，斯里兰卡已有原始居民居住。学者们认为，这些原始居民即是维达人的祖先，他们属于澳大利亚人种。大约在公元前500年前后，印度雅利安人渡海来到岛上定居，一部分维达人退居森林，还有一部分人逐渐与雅利安人融合，形成了僧伽罗民族。斯里兰卡有文字可考的历史大约就从这个时期开始。一般认为，斯里兰卡的历史大致可以分为如下几个时期：

（1）维贾耶王朝

约从公元前483年至公元65年是斯里兰卡的维贾耶王朝时期。据说僧伽罗人的祖先维贾耶（Vijaya）来到岛上以后，征服了土著人，建立了该王朝。当时的土著人信奉多神，而来自印度半岛的移民信奉婆罗门教。公元前3世纪，印度孔雀王朝阿育王派其子摩哂陀（Mahinda）来岛传播佛教，得到当时僧伽罗王的支持。佛教的传播比较顺利，到公元前2世纪，僧伽罗人基本上都接受了佛教。从此，佛教文化一直在僧伽罗人的生活中占主导地位，以至于今。大约在公元前1世纪，佛教三藏经典被记录整理成书。在这一时期的前期，僧伽罗人在农业方面已经取得了很大成就，其标志是大型水利工程的修建。从这一时期开始，印度半岛上的居民不时有人移居斯里兰卡，也不时发生武力冲突。

（2）兰巴建纳王朝和摩利耶王朝

公元65年，维贾耶王朝灭亡。一个叫伐沙巴（Vasabha）的兰巴建纳人夺取王位，建立了兰巴建纳王朝。他在位期间，大力发展农业，兴修水利工程。他还是佛教的支持者，修建了许多寺庙。在此后的几个世纪里，国内时而太平时而战乱。到410年，斯里兰卡历史上又出现了一个著名国王摩诃那摩（Mahanama）。他在位时，斯里兰卡兴建了一批大建筑物，出现了大批艺术作品，水利工程和对外贸易都有所发展，并使斯里兰卡的宗教和文化影响到东南亚一些地区。他还曾派遣使节到中国。摩诃摩那于432年去世，随后，南印度的潘地亚人入侵斯里兰卡，并篡夺了王位。摩利耶家族的达都舍那（Datusena）经多年作战，于459年击败潘地亚人，建立了摩利耶王朝。达都舍那修建了18座水库，大力发展农业，促进了斯里兰卡的贸易。此时的建筑与绘画艺术也得到很大进步。522年，兰巴建纳人尸罗迦罗（Silakala）趁摩利耶宫廷内乱之机夺取王位，重建兰巴建纳王朝。535年，目犍连二世（Moggallana II）登位，再度兴修水利，发展农业。573年，摩利耶家族夺回王位。684年，摩那梵摩（Manavamma）在南印度帕拉瓦人的支持下夺取王位，另建王朝，史称第二兰巴建纳王朝。此后的几个世纪，该王朝与南印度的潘地亚、帕拉瓦和朱罗三国每有瓜葛，并互有攻伐。1017年，朱罗人攻入首都，兰巴建纳王朝覆灭。这一时期的文学艺术有很大发展。约成书于4世纪的《岛史》和6世纪的《大史》是两部大型英雄史诗式的编年史，都用巴利文写成。阿努拉达普拉的伊苏鲁牟尼耶寺是斯里兰卡最古老的建筑之一，其著名浮雕《情侣》代表了当时雕刻艺术的高超水平。那里还有一些著名寺院，多数是在这一时期建造的。在波隆纳鲁瓦城西71公里的悉祇利耶城，5世纪时，人们竟在183米高的悬崖顶上建造了宫殿、水池等，其西岩上有21幅壁画，所画人物都是真人一样大小的少女，生动而传神。

（3）波隆纳鲁瓦王朝和檀巴德尼耶王朝

1055年，僧伽罗贵族维贾耶巴忽（Vijayabaha）在鲁忽纳称王，史称维贾耶巴忽一世。他于1070年击败朱罗人，收复阿努拉达普拉故都，后又迁都波隆纳鲁瓦。1153年，波罗迦罗摩巴忽（Parakramabahu）攻取波隆纳鲁瓦，平定内乱，统一全国，并大兴水利，有力地推动了农业的发展，使斯里兰卡的古代社会达到鼎盛时期。他去世以后，统治马来亚和东印度群岛的羯陵伽人在朝廷得势，并夺取王位，统治达50年之久，史称羯陵伽王朝时期。1214年，马来人入侵，攻占首都，波隆纳鲁瓦王朝解体。1232年，又一位叫维贾耶巴忽的僧伽罗人在檀巴德尼耶建立了王朝，并打击羯陵伽人和马来人的势力。1256年，其子波罗迦罗摩巴忽二世（Vijayabahu Ⅱ）击败马来人。此后，约13或14世纪，南印度的泰米尔人在斯里兰卡北端建立了贾夫纳王国，使岛上形成了两大民族分南北居住的局面。从此，斯里兰卡的经济衰落，内乱不已。这一时期是僧伽罗语文学的黄金时代，出现了许多诗歌和散文作品，多数都与佛教有关，如各种佛本生故事等。属于这一时期的雕刻作品有波隆纳鲁瓦伽尔寺三尊一组的巨型雕像、雅帕胡瓦佛牙寺的各种石雕等。

（4）甘波罗王朝和科提王朝

约1335年，维贾耶巴忽五世（Vijayabahu Ⅴ）在库鲁内加拉建立王国，继而迁都甘波罗，史称甘波罗王朝。此后，该王国与西部沿海的罗依加摩、北方的贾夫纳王国三足鼎立，战事不断。1412年，波罗迦罗摩巴忽六世（Parakramabahu Ⅵ）在科提建立了新王朝，史称科提王朝。1450年前后，波罗迦罗摩巴忽六世进攻贾夫纳王国获胜，统一了斯里兰卡。他崇尚佛教，爱好文艺，使斯里兰卡再度出现繁荣。他去世以后，斯里兰卡又走向衰落，出现分裂割据状态。

1505年，葡萄牙船队来到科伦坡，后迫使科提国王签订通商条约。1518年，葡萄牙人除了在斯里兰卡享有贸易特权外，还在科伦坡修筑了炮台。他们利用科提王室的内部矛盾，逐步控制了科提王朝。1591年，葡萄牙人又控制了贾夫纳王国。1597年，科提王朝的最后一个国王去世，科提成了葡萄牙人的天下。

（5）葡萄牙、荷兰和英国人的统治

葡萄牙人控制了科提和贾夫纳以后，他们掌握了沿海地区。他们掠夺当地资源，推行天主教，激起了人民的反抗。1474年，康提王国从科提王国中分裂出来，后来，康提王国逐渐成为反抗葡萄牙人统治的根据地。1562~1638年，僧伽罗人多次给殖民者以沉重打击，但始终没有把葡萄牙人彻底赶走。为此，他们开始寻求荷兰人帮助。荷兰军队于1638年在亭可马里登陆，赶走了那里的葡萄牙人。又于1640年攻占了内贡博和加勒两个港口。1652年，康提人收复了大片失地。1656年，科伦坡的葡萄牙人投降，但荷兰人背信弃义，取代葡萄牙人占领了科伦坡。康提人不得不撤回山区。1658年，葡萄牙人丧失了他们在斯里兰卡的最后一个据点贾夫纳。

1658年，荷兰军队占领贾夫纳，开始了对斯里兰卡沿海地区的统治。1736年，山区的康提王国对荷宣战。1765年，荷兰军攻入康提，无功而还。1766年，荷兰人与康提王国签订协议，使其对沿海地区的统治合法化。1796年，英国东印度公司的军队击败荷兰人，抢夺到沿海的殖民地，荷兰人对斯里兰卡的统治宣告结束。

英国人在沿海取得胜利后，又寻衅进攻康提，遭到强烈反击。英国人使用阴谋手段，终于1815年颠覆康提王国，开始了对斯里兰卡的全面统治。他们在斯里兰卡推行种植园经济，剥夺了农民的土地，又从南印度招来大批泰米尔人劳工，先后办起咖啡园、茶园、橡胶园和椰子园，进行残酷的掠夺。英国人在斯里兰卡开办起学校，设置传教机构，使基督教在斯里兰卡得以传播。英国人的统治一直持续到1948年。

（6）独立后的斯里兰卡

在经过长期的斗争以后，1947年，英国同意斯里兰卡作为英联邦的一个自治领而独立。1948年，斯里兰卡正式宣布独立，其时国名锡兰，1972年5月改名为斯里兰卡。独立后的斯里兰卡政体上采取立法、司法和行政三权分立的原则，对外奉行不结盟的外交政策。工业、农业、旅游业及文化事业等均得到迅速发展。

2. 尼泊尔的历史文化

在印度吠陀和史诗文献中经常提起一个叫基罗泰的民族，他们生活于今尼泊尔一带的山区，可能即是尼泊尔的史前居民之一。在佛陀时代，尼泊尔谷地由基罗泰人建立的王朝统治着，据说当时的国王已是第七代统治者，名叫耆多陀底（Jitedasti）。约公元前265年，阿育王曾到过尼泊尔地区，在佛陀的出生地立有石柱。尼泊尔的历史通常被分为古代、中世纪、近代三个阶段：

（1）古代史

尼泊尔的可靠历史大约从李查维（汉译佛经中作离车、栗占毗、利车、离奢、黎昌，等等）人的统治时期开始。李查维人在佛陀时代居住在吠舍离（属今印度比哈尔邦），其首领名妙华（Supuspa），为阿奢世（Ajatasatru）王所败，走至尼泊尔，建立李查维王朝。5世纪，马纳·德瓦（Mana Deva）统治尼泊尔地区，尼泊尔封建社会的历史从此开始。7世纪鸯输·伐摩（Amushu Varma）统治时期，尼泊尔与我国建立了密切关系。鸯输·伐摩把女儿尺尊（Bhrikuti）公主嫁给吐蕃松赞干布为妻。他使尼泊尔的文化事业得到发展，曾建成一座著名的凯拉斯库特大厦。玄奘曾记载过他的情况。在他之后，又有几代比较著名的国王与中国的唐朝和西藏保持了良好的关系。当时尼泊尔既有佛教信仰，又有印度教信仰。

（2）中世纪史

12世纪，马拉王朝在尼泊尔兴起。13世纪，马拉王朝统治了尼泊尔。贾耶斯提蒂·马拉（Jayasthiti Mala, 1382~1422年）是马拉王朝最负盛名的国王，他使印度教的种姓制度在尼泊尔牢固确立起来。此后，尼泊尔兴盛了一个时期。到15世纪，由于王室内部的矛盾，尼泊尔谷地分裂出三个马拉王国，分别统治巴德岗、帕坦和加德满都三个地区。16~18世纪，这三个地区都出现了一些著名的建筑，如巴德岗五十五窗王宫、尼亚塔婆拉大寺，帕坦的黑天（Krisna）神庙，加德满都的哈努曼（Hanuman）门，等等。这一时期，印度教在尼泊尔占主导地位，佛教也有一定影响。特别是穆斯林统治了印度北部地区之后，尼泊尔成了印度教徒和佛教徒的避难所，而伊斯兰教文化也或多或少地对这一地区产生了影响。

（3）近代史

18世纪，廓尔喀人强大起来，并于1768和1769年逐个灭掉了马拉家族的三个王国。廓尔喀人的首领是普里特维·纳拉扬·沙阿（Prithvi Narayana Shah, 1723~1775年），他于1742年当上廓尔喀王国的国王，经数十年的奋斗，终于建成了一个独立而强大的尼泊尔。他也因此被认为是尼泊尔王国的开国君主。此后，英国人向尼泊尔发动了一系列进攻，迫使尼泊尔于1816年同英国签订了不平等条约。1846年，拉纳家族的人在英国人的支持下窃取国家大权，开始了尼泊尔王国的首相专制时代。

1923年，英国人承认尼泊尔独立。1947年，英国人在南亚失势。1951年，国王特里布文（Tribhuvan）在印度人和尼泊尔大会党的支持下迫使首相交出权力，使尼泊尔成为名副其实的王国。

在文化方面，从这一时期开始，出现了用尼泊尔文写作的诗人，也出现了一批有影响的作品。但尼泊尔文学的真正繁荣，还是在进入20世纪以后。

3. 马尔代夫的历史文化

因为没有文字记载，马尔代夫的早期历史十分模糊，只能靠某些考古资料进行推断。中期的历史，也主要靠外国旅行者的零散记录才能勾画出一个轮廓。一般认为，马尔代夫的历史可以追溯到公元前3世纪，当时已有印度和斯里兰卡的移民来这个岛国居住，他们信奉佛教，建造过一些佛教寺庙，雕造过佛像。

公元2~6世纪，西方的一些书籍对马尔代夫有零星记载。从这些记载中可知，古希腊、罗马、波斯的商人和旅行者曾到过马尔代夫，马尔代夫也曾向外派遣过使节。7世纪以后，到马尔代夫的阿拉伯人日益增多，大约从那时起，马尔代夫人的社会和文化开始有了巨大的转变，伊斯兰教开始逐步取代佛教，并最终成为他们的主要信仰。

1153年，马尔代夫历史上的第一个穆斯林王朝——马累王朝建立。从此，马尔代夫的居民基本上全部改信伊斯兰教。该王朝的统治一直持续到1388年。著名阿拉伯旅行家伊本·白图泰（Ibn Batuta）曾于14世纪中叶来到马尔代夫，他在游记中写道："群岛上的居民，全是虔诚清廉的穆斯林。""当地人以鱼为主食……此种鱼干运销印度、中国和也门。"[1]

1388~1558年是马尔代夫历史上的第二个穆斯林王朝——希拉利王朝时期。在此期间，马尔代夫人民曾击退葡萄牙人和南印度海盗的多次入侵。但葡萄牙人还是于1558~1573年在马尔代夫进行了15年的殖民统治。

1573~1692年是乌蒂姆王朝时期。该王朝的开国苏丹不仅领导人民赶走侵略者，还在建国后实行了一系列改革，统一了货币和文字，建立了一支常规军。

此后，经第四王朝（1700~1705年）和第五王朝（1705~1759年），马尔代夫的最后一个王朝——胡拉王朝于1759年建立。该王朝一直到1968年才告结束。在这二百多年中，荷兰、法国和英国等外来势力屡次侵犯马尔代夫。这

---

[1] 马金鹏译：《伊本·白图泰游记》，银川：宁夏人民出版社，1985年版，第498页。

一时期最重要的人物是穆罕默德·阿明（Muhammad Amin），他曾在1953年创立了马尔代夫的第一共和国，改革了教育制度，并在文学和语言方面做出了贡献，被尊为马尔代夫的"民族之父"。马尔代夫于1965年最终摆脱了英国的控制，宣告独立，1968年成立了共和国。

第三节　有关问题的说明

中国与南亚的文化交流，历史悠久，内容丰富。撰写本志，实有难以胜任之感。因此，书中必然有不少问题。

第一，关于本志的起止时间。中国与南亚文化交流的起点必然很早，但早到何时，恐怕永远是个谜。学界对此有各种估计和推测，有的提出在周代，有的认为在商代，无疑都有一定的理由和依据，但目前尚难以形成一致的意见。因此，本志从最古老的可靠记载——《史记》中的有关记载开始，以避免枝蔓。而截止时间，则在20世纪的80年代。

第二，关于本志的内容。由于内容繁杂，撰写时只能摘要取类，分为物质文明、科学技术、宗教哲学、文学、艺术、民俗六大方面。力求反映全般，但又不可能巨细无遗。因此，许多细节难免遗漏，特别是近现代发生的许多史实，不可能全部列入。

第三，关于资料问题。中国自古以来就注重历史记录，因此史籍中资料丰富，记载也基本可靠。但南亚方面的情形不同，印度古代不重视历史记录，大量文献属于历史传说，偶有蛛丝马迹，但绝非信史。由于南亚方面史料的不足，往往造成一种印象，仿佛中国与南亚的文化交流主要是南亚文化向中国流入，而中国文化却极少流向南亚。这显然是违背客观规律的。但在没有充分资料的情况下，本志所反映的古代内容势必以南亚文化流入中国为主，情之所迫，无可奈何。

第四，关于书中一些问题的观点。对于历史上发生的任何事物，后世学者都可能有各种不同的看法，见仁见智，在所难免。但各种观点中只有一种是真理或更近乎真理。因此，笔者力求本志中史料可靠、观点正确，凡是前人研究的成说，必加反复审视，或直接引用，或加以辨正，或另立新说。但视野所及，不过咫尺，故采用成说较多，而所谓"辨正立新"也可能是无知妄说。读者自有分析判断。

第二章
中国与南亚文化交流简史

第一节　中国与南亚文化交流的历史分期与特点

在人类古代的四大文明中，包括中国的古代文明和印度的古代文明。这两大文明各成体系，紧密毗邻，又都经受住了天灾人祸的侵袭，得以延续和发展，得以相互交流和借鉴，这是人类文明史上绝无仅有的范例。这两大文化体系都博大精深、源远流长，这两大文化体系的交流历时之久、规模之大、影响之深，也是人类文化交流史上罕有其匹的奇迹。鉴于这两大文化交流历史的长期性和复杂性，在撰写本志之前，有必要对中国与南亚文化交流的历史与分期问题作一简要介绍和说明。

以往，学者们在介绍中国与南亚（尤其是印度）文化交流的历史时，一般都以中国的朝代为纲，然后分门别类，罗列材料，阐述观点。这无疑是正确的。例如，方豪先生的《中西交通史》[①]（其中包括中国与南亚的交通）分为四篇：第一篇《史前至秦汉魏晋南北朝》，第二篇《隋唐五代及宋》，第三篇《蒙元及明》，第四篇《明清之际中西文化交流史》；每篇下又分若干章节。由于不是专写中国与南亚的文化交流史，所以很难照顾中国与南亚文化交流的各个环节及其特点。许崇灏的《中印历代关系史略》[②]是中国中印关系史方面的早期专著，也是按朝代顺序介绍中国与南亚文化交流史的典型例子。金克木的《中印人民友谊史话》[③]虽标明"友谊"和"史话"字样，实则亦是中印文化交流史的

①　长沙：岳麓书社，1987年版。
②　重庆：独立出版社，1942年版。
③　北京：中国青年出版社，1957年版。

专著，尤其是在分期介绍中印关系的同时还归纳出各个时期两国交往的主要特点，是弥足珍贵的。按照他的意见，中国与印度友好交往的历史可大致分为以下五个阶段：第一阶段相当于中国的秦汉时代，这一时期中国与印度友好交往的主要特点是开辟通道，初步接触；第二阶段相当于中国魏晋南北朝时期，其主要特点是印度佛教大规模东传；第三阶段相当于中国隋唐五代时期，其主要特点是政府间往来频繁，中印友谊达到一个高峰；第四阶段相当于中国宋元明时期，其主要特点是海上交通日益增多，商业贸易盛况空前；第五阶段是近代，相当于中国1840年第一次鸦片战争之后至1945年抗日战争胜利，其主要特点是两国人民在反帝斗争中相互同情，相互支持。从友好交往的角度看，这样划分中印关系史的各个时期并总结其主要特点，无疑是恰当而合理的。

季羡林的《中印文化交流史》①是近年新作。书中将中印文化交流的历史分为七个阶段：①"滥觞（汉朝以前）"；②"活跃（后汉三国 25~280年）"；③"鼎盛（两晋南北朝隋唐 265~907年）"；④"衰微（宋元 960~1368年）"；⑤"复苏（明 1368~1644年）"；⑥"大转变（明末清初）"；⑦"涓涓细流（清代、近代、现代）"。在谈到文化交流的规律时，他认为，"我们首先要区分物质文化的交流和精神文化的交流，这二者的规律是完全不一样的"。相对来说，物质文化交流比较简单，而精神文化交流则十分复杂。精神文化交流"至少要经过五个阶段：撞击—吸收—改造—融合—同化"。"在中印文化交流史上，这五个阶段，尽管难免有的地方有交光互影的情况，大体轮廓是比较清楚的"。②于是，他在书中将中印文化交流的活跃期，即后汉三国时代定为中印两种精神文化的撞击和吸收阶段；将鼎盛期，即两晋南北朝隋唐时代定为两种文化的改造和融合阶段；将衰微期，即宋元时代定为两种文化的同化阶段。由此可见，他在中印文化交流史的分期和各个时期特点的总结方面做了开创性的工作。首先，他把中印文化交流的历史划分为七个时期，照顾其特点而不拘泥于时间的长短，独树一帜、自成一家。其次，把各时期的特点高度凝练地以二至四字加以概括，准确而生动，这也是前人没有做过的。第三，将文化交流的规律运用于中印文化交流史的分期，并使之与各时期的特点相得益彰，这更是前人没有做过的。这就给我们提供了一个范例，指明了一个方向，即中国与南亚文化交流的历史分期必须与各个时期的特点相一致，而各个时期的特点又必须

---

① 新华出版社，1991年版。

② 季羡林：《中印文化交流史》，北京：新华出版社，1991年版，第3、4页。

反映出中国与南亚文化交流的规律。

第二节　中国与南亚文化交流的历史沿革

中国与南亚文化交流的起点肯定在公元前2世纪以前，这是人们的一致意见。然而，确切的时间已经无法考定。《史记·大宛列传》记载，张骞于汉武帝建元年间（前140~前135年）奉命出使西域，13年后回国，他在大夏国看到了中国蜀地出产的蜀布和邛竹杖，当地人说，这是从身毒国贩卖来的。这条材料是中国与南亚文化交流的最早最可靠的文字记载。从《史记》而下，中国历代史书对中国与南亚文化交流的记载便绵绵不绝，迄未间断。

一、关于"支那"

方豪《中西交通史》第一篇第四章第二节《支那名称之起源》中谈到了下列情况：①欧洲人称中国，英文作China，法文作Chine，意大利文作Cina，等等，皆出于拉丁文Sina；②希腊地理学家托勒密（Ptolemy）的地理书中有Sinae及Seres两名；③1655年，卫匡国（Martin Martini）在阿姆斯特丹刊印其《中华新图》，首次提出支那一名为"秦"之译音；④1912年，法国人伯希和著文力主"支那"即秦之译音说，并指出，欧洲人称"支那"与印度人所称实同出一源；⑤有人不同意"支那"即秦之译音说，另主他说，但未能持久。

季羡林在《中印文化交流史》第二部分说：Cina"这个字的汉译很多，其中最流行的为大家所熟知的是'支那'，一看就知道是音译。汉文原文是什么呢？迄今众说纷纭，莫衷一是。我个人，还有其他一些中外学者，比较同意法国学者伯希和的意见，他认为这个字来自中国的'秦'字，但是，比秦始皇统一中国时间要早一些，总在公元前三世纪中叶以前"。他在别的著作中也谈到过"支那"即秦的译音问题。

香港饶宗颐也说："Cina一字所代表的意义，向来被认为是'秦'的对音。"[1]并就此问题作过详细考证。

南亚的古代民族有可能从两个方向知道秦这一名称，即从中国的西北方和西南方。先说西北方。据《史记·秦本纪》，秦穆公时（前623年），"秦用由余

---

① 饶宗颐：《蜀布与Cinapatta——论早期中、印、缅之交通》，《梵学集》，上海：上海古籍出版社，1993年版。

谋伐戎王，益国十二，开地千里，遂霸西戎"。秦的名声有可能从此传向中亚，并由中亚传至南亚。战国时，匈奴人、月氏人、乌孙人都与秦国相邻过，也都有可能成为秦这一国号的传播媒介。再说西南方。据《史记》之《秦本纪》和《秦始皇本纪》，秦将司马错于公元前316年伐蜀，灭之。又于前301年平定蜀侯之乱。嬴政继秦王位时，"秦地已并巴、蜀"。近世的许多考古资料证明，蜀人在春秋战国时期即与外界有若干物质交流关系，那么，他们在蜀地归秦以后，到南亚一带活动，并把秦的国号传给古代印度人，就是很自然的了。

印度方面，最早记载"支那"这一名称的典籍是孔雀王朝初期考底利耶（Kautilya）的《政事论》。关于考底利耶其人其书，学界历来有所聚讼，但在没有确凿证据以前，人们仍认为他是《政事论》的作者，其书作于公元前4世纪。如此，则印度古人在中国秦朝以前既以秦称中国，且与中国有丝的贸易。

既然"支那"就是秦的音译，那就说明，中国与南亚的文化交流在秦朝甚至秦统一中国之前就已经具备了某种规模，那时的交往可能是在民间进行的物质贸易。

二、汉代中国与南亚文化交流的通道

汉代中国与南亚文化交流的通道有三条：西域道、滇缅道和南海道。

1. 西域道

西域道的开通，当在张骞通西域以后。但是，并不排除在西汉以前即有此道存在。张骞两使西域，所行之路即西域道。其时，匈奴为汉朝西北大患，占据西域要冲。自武帝以降，经昭、宣、元、成等几代皇帝采取征伐、和亲、置郡、屯田等种种手段，基本上控制了西域道，使之成为今天所说的"丝绸之路"。汉代的西域道分南北两道。《史记·大宛列传》中说："初，贰师起敦煌西，以为人多，道上国不能食，乃分为数军，从南北道。"《汉书》的《西域传》和《陈汤传》中也提到了南北道。一般认为，从敦煌向西，出玉门关、阳关到鄯善，由鄯善沿塔里木盆地的北缘经焉耆、龟兹等地越过葱岭的路线为北道，而由鄯善沿塔里木盆地的南缘经于阗、莎车等地越过葱岭的路线为南道。

由于西域道的开通，汉朝派往南亚的使节日益增多。《史记·大宛列传》记载，张骞第二次出使西域时，曾在乌孙派副使到身毒。"自博望侯骞死后……而汉始筑令居以西，初置酒泉郡以通西北国。因益发使抵安息、奄蔡、黎轩、条枝、身毒国。而天子好宛马，使者相望于道。诸使外国一辈大者数百，少者百余人，人所赍操大放博望侯时。其后益习而衰少焉。汉率一岁中使多者十余，少者五六辈，远者八九岁，近者数岁而反。"这样庞大的使团，这样频繁的出使，汉人对南亚的了解自然会日益增多。《汉书·西域传》记载了当时南亚一些地区的情况，其中以罽宾最详："罽宾国，王治循鲜城，去长安万二千二百里。不属都护。户口胜兵多，大国也。东北至都护治所六千八百四十里，东至乌秅国二千二百五十里，东北至难兜国九日行，西北与大月氏、西南与乌弋山离接。"这段文字记载了罽宾国的地理情况。"罽宾地平，温和，有目宿，杂草奇木，檀、槐、梓、竹、漆。种五谷、蒲陶诸果，粪治园田。地下湿，生稻，冬食生菜。其民巧，雕文刻镂，治宫室，织罽，刺文绣，好治食。有金银铜锡，以为器。市列。以金银为钱，文为骑马，幕为人面。出封牛、水牛、象、大狗、沐猴、孔爵、珠玑、珊瑚、虎魄、璧流离。它畜与诸国同。"这段文字记载了罽宾国的物产。"自武帝始通罽宾，自以绝远，汉兵不能至，其王乌头劳数剽杀汉使。乌头劳死，子代立，遣使奉献。汉使关都尉文忠送其使。王复欲害忠，忠觉之，乃与容屈王子阴末赴共合谋，攻罽宾，杀其王，立阴末赴为罽宾王，授印绶。后军侯赵德使罽宾，与阴末赴相失，阴末赴锁琅当德，杀副已下七十余人，遣使者上书谢。孝元帝以绝域不录，放其使者于县度，绝而不通。成帝时，复遣使献，谢罪……罽宾实利赏赐贾市，其使数年而壹至云。"这段文字记载了罽宾与汉朝的关系。关于汉代罽宾的地理位置，学界有诸多争论，一般认为，在今克什米尔一带，可能还包括健陀罗等地。从当地的物产看，封牛、大象、猴子、孔雀等均系印度特产，至今犹然。至于文中提到的乌秅国、悬度国，也有一些学者认为是在今巴基斯坦境内[①]。

东汉时，班超在西域经营达30年之久（公元73~102年），对维持西域道的交通起到积极作用。这一时期，中国人对南亚的了解比西汉时更进一步，其间的文化交流也较以前为频繁。《后汉书·西域传》有这样几条材料值得注意：第一条是关于天竺国的材料，前文已经征引过一部分，准确地描述了当时印度的地理位置、气候、宗教、习俗、政治变迁等情况，继而又写道："土出象、犀、玳瑁、金、银、铜、铁、铅、锡，西与大秦通，有大秦珍物。又有细布、好氍毹、诸香、石蜜、胡椒、姜、黑盐。""和帝时，数遣使贡献，后西域反畔，乃绝。至桓帝延熹二年、四年，频从日南徼外来献。""世传明帝梦见金人，长

---

① 马雍：《巴基斯坦北部所见"大魏"使者的岩刻题记》，《南亚研究》1984年第4期。

大，顶有光明，以问群臣。或曰：'西方有神，名曰佛，其形长丈六尺而黄金色。'帝于是遣使天竺问佛道法，遂于中国图画形像焉。楚王英始信其术，中国因此颇有奉其道者。后桓帝好神，数祀浮图、老子，百姓稍有奉者，后遂转盛。"这三段文字分别叙述了天竺国的物产、与中国的交往和佛教初传中原的情况。第二条是关于大月氏的，其文曰："大月氏国居蓝氏城，西接安息，四十九日行，东去长史所居六千五百三十七里，去洛阳万六千三百七十里。户十万，口四十万，胜兵十余万人。初，月氏为匈奴所灭，遂迁于大夏，分其国为休密、双靡、贵霜、肸顿、都密，凡五部翕侯。后百余岁，贵霜翕侯丘就却攻灭四翕侯，自立为王，国号贵霜。侵安息，取高附地。又灭濮达、罽宾，悉有其国。丘就却年八十余死，子阎膏珍代为王。复灭天竺，置将一人监领之。月氏自此之后，最为富盛，诸国称之皆曰贵霜王。汉本其故号，言大月氏云。"此前《汉书·西域传》中已有关于月氏的记载，而这条材料则更进一步记载了月氏人建立贵霜帝国的情况，对于重建这一时期南亚和中亚的历史极为珍贵。由于印度北方和中亚的广大地区正处于丝绸之路的中间站，即东西方文化的交会点上，因而月氏人凭借得天独厚的地理条件，为促进中西文化交流及中国与南亚的文化交流做出了贡献。如希腊罗马文化的东渐和佛教文化向中亚、中国内地的传播等，在很大程度上得益于月氏人的赞助。

《三国志·魏书·乌丸鲜卑东夷传》裴松之注引鱼豢《魏略·西戎传》曰："西域诸国，汉初开其道，时有三十六，后分为五十余。从建武以来，更相吞灭，于今有二十道。从敦煌玉门关入西域，前有二道，今有三道。从玉门关西出，经婼羌转西，越葱岭，经县度，入大月氏，为南道。从玉门关西出，发都护井，回三陇沙北头，经居卢仓，从沙西井转西北，过龙堆，到故楼兰，转西诣龟兹，至葱岭，为中道。从玉门关西北出，经横坑，辟三陇沙及龙堆，出五船北，到车师界戊己校尉所治高昌，转西与中道合龟兹，为新道。"这里指出了西域道在汉代，尤其是东汉时的变迁。"罽宾国、大夏国、高附国、天竺国皆并属大月氏。"描绘出当时贵霜帝国版图的大体范围。"临儿国，浮屠经云其国王生浮屠……此国在天竺城中。"临儿国当指佛陀出生地蓝毗尼。"汉哀帝元寿元年，博士弟子景卢受大月氏王使伊存口授浮屠经"。这是佛教通过月氏人向汉地传播的重要史料。

西域道是当时中国与南亚进行文化交流的主要通道。

2. 滇缅道

据《史记·西南夷列传》："及元狩元年，博望侯张骞使大夏来，言居大夏时见蜀布、邛竹杖，使问所从来，曰'从东南身毒国，可数千里，得蜀贾人市'。或闻邛西可二千里有身毒国。骞因盛言大夏在汉西南，慕中国，患匈奴隔其道，诚通蜀，身毒国道便近，有利无害。于是天子乃令王然于、柏始昌、吕越人等，使间出西夷西，指求身毒国。至滇，滇王尝羌乃留，为求道西十余辈。岁余，皆闭昆明，莫能通身毒国。"同一事件，《大宛列传》所记稍详，并说"闻其西可千余里有乘象国，名曰滇越，而蜀贾奸出物者或至焉"。由此可知，早在张骞通西域之前，滇缅道即已存在，民间的贸易活动早已进行。这与印度人称中国为秦恰好相互印证。汉武帝虽然没有打通此道，但民间的交往可能仍在进行。因为当地人虽阻杀官方使节，却不一定拦截商人，商人可以为他们带来利益。

东汉时，这条道路仍然承担着促进中国与南亚文化交流的使命。《后汉书·南蛮西南夷列传》记曰："永宁元年，掸国王雍由调复遣使者诣阙朝贺，献乐及幻人，能变化吐火，自支解，易牛马头。又善跳丸，数乃至千。自言我海西人。海西即大秦也，掸国西南通大秦。"掸国通大秦，印度是其必经之路。《三国志》裴松之注引鱼豢《魏略·西戎传》曰："盘越国一名汉越王，在天竺东南数千里，与益部相近，其人小与中国人等，蜀人贾似至焉。"盘越国即《史记》中提到的乘象国、滇越和《后汉书》中的磐起国，约在今印度阿萨姆邦和孟加拉国一带。饶宗颐、汶江均曾著文加以详考[1]，足以服人。《西戎传》又曰："车离国一名礼惟特，一名沛隶王，在天竺东南三千余里，其地卑湿暑热。其王治沙奇城，有别城数十，人民怯弱，月氏、天竺击服之。其地东西南北数千里，人民男女皆长一丈八尺，乘象、橐驼以战，今月氏役税之。"《后汉书·西域传》的记载与此略同。车离国在今印度沿海科罗曼德尔一带。如果比较推定无误，车离国亦有可能是通过滇缅道为中国人所认识。"大秦道既从海北陆通，又循海而南，与交趾七郡外夷比，又有水道通益州、永昌，故永昌出异物。"大秦从水道通益州、永昌，多半也要经南亚由滇缅道而来。这与《后汉书》所记"海西幻人"条得以相互印证。另外，《华阳国志·南中志》记永昌郡为明帝所置，其地有"身毒之民"。这就更加证实了这条通道的重要作用。

总之，滇缅道开辟的时间很早，它是中国与南亚文化交流的重要渠道之一，

---

① 汶江：《滇越考》，《中华文史论丛》1980年第2期。

不仅在汉代发挥了重要作用，而且在以后乃至今日，都是一条不可忽视的路线。

3. 南海道

《汉书·地理志》曰："自日南障塞、徐闻、合浦船行可五月，有都元国；又船行可四月，有邑卢没国；又船行可二十余日，有谌离国；步行可十余日，有夫甘都卢国。自夫甘都卢国船行可二月余，有黄支国，民俗与珠崖相类。其州广大，户口多，多异物，自武帝以来皆献见。有译长，属黄门，与应募者俱入海市明珠、璧流离、奇石异物，赍黄金杂缯而往。所至国皆禀食为耦，蛮夷贾船，转送致之。亦利交易，剽杀人。又苦逢风波溺死，不者数年来还。大珠至围二寸以下。平帝元始中，王莽辅政，欲耀威德，厚遗黄支王，令遣使献生犀牛。自黄支船行可八月，到皮宗；船行可二月，到日南、象林界云。黄支之南，有已程不国，汉之译使自此还矣。"能为多数中外学者所接受的看法是，文中的黄支即今南印度泰米尔纳德邦马德拉斯附近的康契普拉姆（Kanchipuram），即玄奘《大唐西域记》中的建志补罗（Kancipura）[1]。而已程不国，则有学者以为是斯里兰卡[2]。仅从这段文字看，如果没有多次航海的经验，便不可能得出这样一条清晰航线和这样一份确切的时间表。这说明，西汉时期中国与南亚的海上通道已经确立，它的起点在日南，终点在黄支或已程不国。汉朝的使者到黄支去，黄支也有使者或商人到汉地来。当时的汉朝译使没有专船，要由外国的商船转送，沿途风险很大，但有利可图。即使一路顺利，来回至少也要近两年的时间。

东汉时，南海道上中国与南亚的文化交流仍然不断。《后汉书·西域传》记天竺国曰："和帝时，数遣使贡献，后西域反畔，乃绝。至桓帝延熹二年、四年，频从日南徼外来献。"在陆路不通的情况下充分利用水路，足见交往心情的迫切。

从以上三条通道的情况看，在两汉时代，中国与南亚的文化交流可分为两个时期：西汉时期，重点在物质文明的交流和交流渠道的探索；东汉时期，在

---

[1] 参见藤田丰八：《前汉时代西南海上交通之记录》，何建民译：《中国南海古代交通丛考》，上海：商务印书馆，1936年版；费琅著、冯承钧译：《昆仑及南海古代航行考》，中华书局，1957年版；冯承钧：《中国南洋古代交通史》，上海：商务印书馆，1937年版。

[2] 苏继顷：《〈汉书·地理志〉已程不国即锡兰说》，《南洋学报》第5卷第2期；韩振华：《公元二世纪至公元一世纪间中国与印度东南亚的海上交通——〈汉书·地理志〉粤地条末段浅释》，《厦门大学学报》1957年第2期。

物质文明交流的同时开始了精神文明的交流，而精神文明交流的主要事件是佛教传入中国的中原地区。

三、两晋南北朝时期中国与南亚的文化交流

季羡林在《中印文化交流史》中把两晋南北朝至隋唐这一时期定为中印文化交流的鼎盛期，是完全合理的。但由于这一时期相当漫长，内容丰富，故本书分为两晋南北朝时期和隋唐五代时期两部分介绍。

两晋南北朝时期，中国与南亚的文化交流已全面展开，双方的人员往来频繁，贸易活动增多，彼此间的了解逐步加深。然而，其最显著的特点是佛教文化的大规模东传。此外，政府间的往来也是这一时期中国与南亚文化交流的特点之一。

1. 政府间的往来

《晋书·四夷传》未记南亚事，唯大秦国条下曰："安息、天竺人与之交市于海中，其利百倍。"但《苻坚传》中却提到，苻坚平定北方以后，"凡六十有二王，皆遣使贡其方物。"其中有"天竺献火浣布"。苻坚很重视西域的经营，也控制了富庶的蜀地。应当说，晋时西北和西南的交通都不曾断绝。当时僧人的往来更能证明这一点。《南史·夷貊传》、《梁书·诸夷传》均记晋义熙初（405）师子国遣使献玉像事。其使当从海上来。

刘宋元嘉五年（428），有两份来自南亚的国书保存在《宋书·夷蛮传》里，分别是天竺迦毗黎国国王月爱和师子国国王刹利摩诃南致宋文帝的。梁武帝天监元年（502）和大通元年（527），又分别有印度屈多王和师子国伽叶伽罗诃梨邪致梁武帝的国书保存在《梁书·诸夷传》中。这些国书的言辞恳切，表达了强烈的通好愿望。此外，正史中还记载了不少南亚诸国遣使贡献的事例，如：

《宋书》记曰："太宗泰始二年，又遣使贡献，以其使主竺扶大、竺阿弥并为建威将军。"师子国于元嘉十二年（434）"又复遣使奉献。"

《魏书》各本纪中又有若干记载，今据张星烺《中西交通史料汇编》第六册和耿引曾《汉文南亚史料学》第25~27页[1]压缩并补充如下：

正平元年（451）春正月，罽宾。

---

① 张星烺：《中西交通史料汇编》第六册，北京：中华书局，1979年版；耿引曾：《汉文南亚史料学》，北京：北京大学出版社，1990年版。

兴安二年（453）冬十二月，罽宾等。

太和元年（477）九月，车多罗、西天竺、舍卫。

景明三年（502），罽宾、婆罗奈、乌苌、阿喻陀、不仑（疑即勃律）、南天竺。

景明四年（503）四月，南天竺献辟支佛牙。

正始四年（507）六月，社兰达那罗（疑即贾朗达尔，Jalandhara）、舍弥（双靡）、比罗直（疑即俾路支）；

        九月，南天竺；

        十一月，阿舆陀；

        十二月，钵仑（疑即勃律）、乾达。

永平元年（508）二月，南天竺；

        七月，罽宾。

永平二年（509）正月，辛豆（疑即信德）；

        三月，磨豆罗（疑即马图拉，Mathura）。

        十月，波罗（疑即勃律）。

永平三年（510）九月，乌苌。

永平四年（511）正月，阿悦陀；

        三月，乌苌、乾达；

        六月，乾达、伽使密、不流沙（疑即弗楼沙）；

        八月，伽使密、不流沙；

        九月，波罗、莫伽陀、俱萨罗、舍弥；

        十月，乌苌、乾达。

延昌三年（514）十一月，南天竺。

熙平二年（517）正月，罽宾；七月，罽宾。

神龟元年（518）四月，舍摩（疑即舍弥）；七月，乌苌。

正光二年（521）五月，乌苌。

以上所列，仅为可以确定或初步可断定于南亚的国家。但《魏书》中尚记有若干一时难以考定的国名，其中有些可能属于南亚。

从这里可以看出，南亚来华的使者（可能包括相当一部分商人）很多，称得上"相望于途"了。但是，汉文典籍中对中国派往南亚的使者却较少记录，为什么？原因可能有三：①这一时期不像汉代，派出的官方使者不多；

②历代皇帝以中央大国帝王自居，将外来的"贡献"大书于史，多少也是一种心理满足，而对外派的使者则往往忽略不计；③对一些商人冒充使者的情况，朝廷可能心中有数，给予赏赐而不派使者护送和回访。事实上，中国政府派使者去南亚的事还是有的，《魏书》卷一〇二有明确记载。

2. 南亚僧人来华传教高潮

正如季羡林先生所说："根据中国历史的记载，最早崇信佛法的人，不是平民老百姓，而是宫廷贵族或者大官僚。"①东汉时的情况正是如此。到了三国时，已经有许多平民百姓信了佛教。佛教文化在与中国传统文化的撞击中逐步在中国站稳了脚跟。于是，南亚佛教徒来华传教的第一个高潮便在魏晋南北朝时期形成了。据《高僧传》所载，这一时期来华的南亚僧人主要有：罽宾人僧伽跋澄、僧伽提婆、僧伽罗叉、僧伽难陀、昙摩耶舍、弗若多罗、卑摩罗叉、佛陀耶舍、佛驮什、昙摩密多、求那跋摩，天竺人竺叔兰、竺佛调、耆域、昙摩掘多、鸠摩罗什（生于龟兹，父为天竺人）、佛驮斯那、僧伽跋摩、僧伽达多、昙柯迦罗、昙无谶、求那跋陀罗、求那毗地、菩提达摩、勒那跋提、菩提流支、拘那罗陀、那连提黎耶舍、阇那崛多，尼泊尔人佛驮跋陀罗，师子国八比丘、婆罗门，等等②。这些僧人来华，不仅翻译佛经、宣传佛法，而且他们中有许多人都具备多方面的知识，如天文、历算、医药、建筑、绘画、雕塑等，他们也把这些知识带进中国，传授开来。

南亚僧人的大量来华说明，中华民族以其巨大的文化包容力接受和吸收着来自南亚的佛教文化。

3. 求法运动的兴起

在吸收和接受南亚文化的同时，中国人也感受到了南亚文化的博大精深，感受到了西天佛国的巨大吸引力。于是，一些中国僧人开始掀起一场西行求法运动。从微观上讲，他们不远万里、不畏艰辛，甚至不怕付出生命的代价，体现了一种追求真理的精神，一种对信仰的虔诚；从宏观上讲，这也是两种文化在撞击—吸收—改造—融合过程中的必然现象，因为只有通过深入的了解、反复的切磋才能达到深层次的沟通，才能达到完美和谐的融合，而撞击和改造的过程必然是痛苦的。因此，从文化交流的意义上讲，西行求法运动的掀起不仅

---

① 季羡林:《中印文化交流史》，北京：新华出版社，1991年版，第29页。
② 参见张星烺:《中西交通史料汇编》第六册，北京：中华书局，1979年版；耿引曾:《汉文南亚史料学》，北京：北京大学出版社，1990年版，第45~47页。

仅是宗教信徒的个人行为，而是一种民族进取意识的显现；求法者的使命不仅仅在于取回几部"真经"，而且还在于民族文化的改造和发扬。

两晋南北朝期间去印度取经的僧人，据张星烺《中西交通史料汇编》第六册，主要有：朱士行、法显、智严、宝云、慧睿、智猛、竺法护、昙无竭、康法朗、慧览、宋云、惠生等。其实，中国去印度的求法僧人远不只这些，而与这些人同去的求法者，有的命丧途中，有的留在西土，也都是可歌可泣的民族脊梁。

在诸多的求法者中，法显最为重要。他于399年从长安出发，西渡流沙，翻越葱岭，进入印度。在印巡礼游学多年，又乘船南渡斯里兰卡。然后经海路自南洋返国，于414年在青州登陆。他把自己的旅行见闻写入《佛国记》（又名《法显传》）一书。此书为研究当时中国与南亚的水陆交通、西域诸国的历史地理及民族与宗教等提供了详实的第一手资料。因而，法显不仅是中国佛教史上求法运动的伟大先行者，而且也是中国与南亚文化交流史上的巨人。在他之后，一个声势浩大的求法运动高潮逐步酝酿形成。

四、隋唐五代时期中国与南亚的文化交流

在经过长期分裂之后，中国自隋朝开始又一次走向统一。两晋南北朝时期的分裂实际上是民族大融合的前奏，而隋唐时代的统一则使中华民族文化得以升华。在这次民族文化的升华过程中，中国与南亚的文化交流也达到了空前未有的高峰。

唐代，经过太宗李世民的贞观之治，中华国力已十分强大。唐代奉行的是对外开放政策，西域的通道基本上畅通无阻。西域胡人来华经商、定居，甚至可以在朝廷做官。而唐朝的使者也不断被派往西域。由于佛教的关系，唐朝与南亚诸国间的交流也日益增多，不仅佛教僧侣来往频繁，政府间的交往也达到了一个崭新的阶段。唐蕃古道的开辟，使中国与南亚的文化交流更为开阔。这一时期的交流特点主要表现为两点，即求法运动的高涨和政府间接触的频繁。

1. 求法运动的高涨

继法显之后，西行求法者不绝于途，至唐代而达巅峰时期。据义净的《大唐西域求法高僧传》记载，从太宗贞观十五年（641年）到武后天授二年（691年），仅五十年的时间里，就有四十余位唐朝僧人去印度取经。而义净的统计肯定是不完全的。在641年之前和691年之后，隋唐五代去西天求法的僧人尚多，如著名者玄奘、慧日、含光、悟空、智宣等，更不在此数之内。

三藏法师玄奘是唐代求法运动的伟大代表。他于贞观元年自长安首途西行，过河西走廊和八百里莫贺延碛，经伊吾、高昌、焉耆、龟兹等地，翻越凌山天险，辗转进入印度。在印期间，他一面巡礼圣迹，一面讲经学法，在佛学中心那烂陀寺住学五年，又周游五印度，遍览名胜，广求高师。饱学之后，重返那烂陀，升坛开讲，名震五天。继而参加戒日王法会，被大乘人尊为"大乘天"，被小乘人尊为"解脱天"。贞观十九年携佛经657部、佛像若干躯，载誉回抵长安。次年，撰成《大唐西域记》12卷，书中记叙了西域138个国家和地区的历史、地理、宗教、民俗、语言、文字等情况，为研究古代中亚和南亚历史文化提供了极为宝贵的资料。玄奘在朝廷的支持下办起了规模巨大的译经场，倾其后半生精力，译出佛经74部，1 335卷。

玄奘是中国与南亚文化交流史上的第一伟人。季羡林对他的功绩作了全面评价，并归纳为六句话："他是唐代著名的高僧，佛教唯心主义理论家，不畏艰险的旅行者，卓越的翻译大师，舍生求法的典型，中印友好的化身。"[①]

唐代求法运动的高涨，促进了中国与南亚的文化交流，并使中国文化与印度文化的融合加快了速度。佛教禅宗的出现，标志着印度佛教的中国化过程已经完成。在经过长期痛苦的文化整合以后，佛教文化已经成为中国文化的一个有机部分而深入人心，从而在人生观念、思维方式、道德标准、价值取向、生活习俗等各个方面发挥着无形的作用。

这一时期南亚来华的僧人，张星烺据《宋高僧传》和《佛祖统纪》整理名单如次[②]：达摩笈多、波罗颇迦罗蜜多罗、那提三藏、若那跋陀罗、佛陀多罗、佛陀波利、尊法、无极高、地婆诃罗、慧智、宝思惟、菩提流志、极量、善无畏、金刚智、不空金刚、利涉、智慧、牟尼室利、莲华、释天竺、般若、钵怛罗等。其中，善无畏、金刚智和不空影响较大。他们在开元年间来唐，很受皇帝和重臣的优待，翻译了大批佛教密宗经典，对密宗在中国的传播起了很大的推动作用。

2. 政府间接触频繁

隋代，炀帝曾遣使西域。《隋书·西域传》曰："遣侍御史韦节、司隶从事杜行满使于西蕃诸国。至罽宾，得玛瑙杯；王舍城，得佛经……"

唐代，中国与南亚诸国间的官方接触很多，《旧唐书》、《新唐书》、《通典》、

① 季羡林：《大唐西域记校注·前言》，北京：中华书局，1985年版。

② 张星烺：《中西交通史料汇编》第六册，北京：中华书局，1979年版，第159~202页。

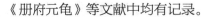

《册府元龟》等文献中均有记录。

（1）唐与天竺

《旧唐书·西戎传》有如下记载："贞观十五年，尸罗逸多自称摩伽佗王，遣使朝贡，太宗降玺书慰问，尸罗逸多大惊……乃膜拜而受诏书，因遣使朝贡。太宗以其地远，礼之甚厚，复遣卫尉丞李义表报使。""贞观十年（按：当为十九年之误），沙门玄奘至其国，将梵本经论六百余部而归。先是遣右率府长史王玄策使天竺，其四天竺国王咸遣使朝贡。""有伽没路国，其俗开东门以向日。王玄策至，其王发使贡以奇珍异物及地图，因请老子像及《道德经》。""那揭陀国……贞观二十年，遣使贡方物。"又记，天授二年（691），五天竺王并来朝贡；景龙四年，南天竺遣使来朝，景云元年（710），复遣使贡方物；开元二年（714），西天竺遣使贡方物；八年，南天竺遣使献五色能言鹦鹉，九月，遣使来朝；十九年十月，中天竺国王遣其大德僧来朝，二十九年三月，中天竺王子李承恩来朝；天宝中，累遣使来。《册府元龟》卷九七〇、九七一所记开元年间事较此为详。

（2）唐与泥婆罗国

《旧唐书·西戎传》记曰："泥婆罗国，在吐蕃西……那陵提婆之父，为其叔父所篡，那陵提婆逃难于外，吐蕃因而纳焉，克复其位，遂羁属吐蕃。贞观中，卫尉丞李义表往使天竺，途经其国，那陵提婆见之大喜……其后王玄策为天竺所掠，泥婆罗发骑与吐蕃共破天竺有功。永徽二年，其王尸利那连陀罗又遣使朝贡。"《新唐书·西域传》所记与此大同。

（3）唐与罽宾

《旧唐书·西戎传》记曰：贞观十一年（637），遣使献名马；十六年，又遣使献褥特鼠；显庆三年（658），访其国俗改其城为修鲜都督府；龙朔初，授其王修鲜等十一州诸军事兼修鲜都督；开元七年（719），遣使来朝；二十七年，其老王上表请以子嗣位，许之，仍降使册命；天宝四载（745），又册其子勃匐准为袭罽宾及乌苌国王，仍授左骁卫将军；乾元元年（758），又遣使朝贡。《新唐书》、《册府元龟》均有相应记载，互有详略，可以为补。但唐时罽宾之地主要在今阿富汗境内。

（4）唐与迦湿弥罗

《新唐书·西域传下》记曰："开元初，遣使者朝。"《册府元龟》卷九六四曰："开元八年八月，遣使册个失密国王真陀罗秘利为个失密国王。"卷九七五记，开元二十一年（733）闰三月，个失密王遣大德僧来献表。卷九六四复记，开元二十一年四月，册个失密国王木多笔为其本国王。

（5）唐与师子国

《新唐书·西域传下》记："总章三年，遣使者来朝。"《册府元龟》卷九七一记，天宝五载、九载，师子国二次朝献。

（6）唐与大小勃律

勃律，玄奘《大唐西域记》作钵露罗，在今克什米尔西北部，今属巴基斯坦控制区。《新唐书》又分大小勃律，大勃律即今之巴尔蒂斯坦（Baltistan），小勃律在亚辛（Yasin）河流域，盖由原先之勃律分裂而成。

《旧唐书·西戎传》记曰："又有勃律国，在罽宾、吐蕃之间。开元中频遣使朝献。八年，册其王苏麟陀逸之为勃律国王，朝贡不绝。二十二年，为吐蕃所破。"《新唐书·西域传下》记曰："大勃律，或曰布露。直吐蕃西，与小勃律接，西邻北天竺、乌苌。地宜郁金。役属吐蕃。万岁通天逮开元时，三遣使者朝，故册其君苏弗舍利支离泥为王。死，又册苏邻陀逸之嗣王，凡再遣大首领贡方物。"小勃律，"开元初，王没谨忙来朝，玄宗以儿子畜之，以其地为绥远军……诏册为小勃律王。""没谨忙死，子难泥立。死，兄麻来兮立。死，苏失利之立"。天宝六载，因苏失利之为吐蕃控制，不朝，诏高仙芝伐之。仙芝执小勃律王及其妻归京师，改其国号"归仁"，置归仁军。

总之，唐代以强盛的国势奠定了与南亚诸国展开密切交往的基础，特别是开元、天宝年间，呈现出"万国来朝"的局面。由于安西四镇的设置和经营，使中国与南亚诸国间联系畅通，文化交流顺利进行。

五、宋元明时期中国与南亚的文化交流

宋元明三代，中国与南亚的文化交流仍处在高潮时期。这一时期，由佛教所带动的文化交流逐渐衰微，求法运动亦渐趋终结，代之而起的是海上交通和贸易的发达，而这一点是汉唐时代无法比拟的。下面从三方面简要介绍。

1. 求法运动的尾声

晚唐和五代的一个半世纪里，南亚僧人来华者甚少。北宋早期，据《佛祖统纪》记载，从太祖开宝五年（972）到仁宗皇祐五年（1053）的80余年时间里，又有一批南亚僧人来华译经传道，此后便再无消息。这一时期，中国僧人赴西天取经的运动也出现了"回光返照"现象。据《佛祖统纪》卷四三，乾德

四年（966），太祖下诏往西竺求法，应诏者157人。这种由皇帝倡议、官方组织的庞大求法团，在历史上第一次出现，同时也是最后一次。但《宋史·外国传六》天竺国条所记与此不同："乾德三年，沧州僧道圆自西域还……太祖召问所历风俗山川道里，一一能记。四年，僧行勤等一百五十七人诣阙上言，愿至西域求佛书，许之。"仿佛是僧人自发的行动。范成大《吴船录》则写道："继业三藏姓王氏，耀州人，隶东京天寿院。乾德二年，诏沙门三百人入天竺，求舍利及贝多叶书。业预遣中。"其中年份与人数同前二书所记相背，但"诏"和"遣"字则证明《佛祖统纪》的记载是可靠的。《吴船录》将继业在西域的行程记录下来，使后人得知当年那个庞大僧团中某些人的活动路线。继业"至开宝九年始归寺"，历时12年。而亦有人至太平兴国年间返回，如《佛祖统纪》卷四三所记之光远。宋代求法运动中还有一情况值得注意，即有二往、三往西天者，如《佛祖统纪》卷四三之法遇、卷四五之怀问。这说明当时的交通比较便利。但因11世纪时穆斯林已进入印度，印度佛教已濒于灭绝，故至仁宗时代，中国历史上历时6个世纪、牵动亿万人心弦的求法运动基本终结。

2. 海上交通和贸易的发达

宋代，南亚有自海路来华的僧人，如《宋史·外国传六》曰："至道二年八月，有天竺僧随舶至海岸。"当时南天竺的使者和僧人来华一般都取水路。《佛祖统纪》卷四四记载，大中祥符八年（1015），"南海注辇国遣使来贡，进天竺梵经。其使言四十年以来，海无风涛，意中国有圣人出世。"赵汝适《诸蕃志》卷上曰："雍熙间，有僧罗护哪航海而至，自言天竺国人。番商以其胡僧，竞持金缯珍宝以施，僧一不有，买隙地建佛刹于泉之城南，今宝林院是也。"注辇国即南印度的朱罗（梵文作Cola），玄奘《大唐西域记》作珠利耶（Colya），本为一小国，宋初发展成南印度的一个强大国家。《宋史·外国传五》记大中祥符八年事甚详，且有其国王罗茶罗乍所上表文，从表文可知，南印度人所知宋朝消息，也由海路商人传递。周去非《岭外代答》卷二曰："神宗熙宁十年六月，此国亦贡方物。上遣内侍劳问之，乃此国也。"宋时在南印度西海岸南端，有一个叫故临（Kaulam，今作Quilon，奎隆）的地方，亦与中国颇有海上交通。《岭外代答》卷二记曰："故临国与大食相迩。广舶四十日到蓝里住冬，次年再发舶，约一月始达。""中国舶商欲往大食必自故临易小舟而往。"另外，《诸蕃志》所记南毗国（印度西部沿海一带）、细兰国（今斯里兰卡）、晏陀蛮国（安大曼群岛）等地，似亦与中国有贸易往来或有误航而至者。总之，由于宋时西北地区经常为西夏等民族控制，宋人只好通过海上与南亚人打交道。宋时沿海有广州、泉州、杭州、明州等大港，外商云集，其中南亚商人亦有不少。而此时去南亚的中国商人也很可观。据元人汪大渊《岛夷志略·土塔》云："居八丹之平原，木石围绕，有土砖塔，高数丈。汉字书云：'咸淳三年八月毕工。'传闻中国之人其年旅彼，为书于石以刻之，至今不灭焉。"

早在元朝建立之前，成吉思汗就曾远征印度（1219~1224），虽无功而返，但蒙古人在印度留下的历史痕迹却是难以磨灭的，中亚的大片地区在蒙古人的控制之下。1271年，元朝建立，蒙古人对印度的情况仍记忆犹新。其时，中国与南亚诸国间的陆上交通已无大的人为障碍。故《元史》卷一二五有克什米尔人铁哥的传记，卷二〇三《方技传》有尼泊尔人阿尼哥的传记。他们都在元朝为官。元朝虽然只有不到百年的历史，但在海上交通方面的记载却不少于前代。如《元史·外夷传》记印度及斯里兰卡等国曰："海外诸蕃国，惟马八儿与俱蓝足以纲领诸国，而俱蓝又为马八儿后障，自泉州至其国约十万里。其国至阿不合大王城，水路得便风，约十五日可到，比余国最大。世祖至元间，行中书省左丞唆都等奉玺书十通，诏谕诸蕃。未几，占城、马八儿国俱奉表称藩，余俱蓝诸国未下。""十六年十二月，遣广东招讨司达鲁花赤杨庭璧招俱蓝。十七年三月，至其国。国主必纳的……言来岁遣使入贡。十月，授哈撒儿海牙俱蓝国宣慰使，偕庭璧再往招谕。十八年三月，自泉州入海，行三月，抵僧伽耶山……四月，至马八儿国……以风阻不至俱蓝，遂还。""十九年二月，抵俱蓝国。国主及其相马合麻等迎拜玺书。三月，遣其臣祝阿里沙忙里八的入贡……二十年，马八儿国遣僧撮及班入朝……二十三年，海外诸蕃国以杨庭璧奉诏招谕至是皆来降。"文中，马八儿（Maabar）即印度半岛之东南沿海；俱蓝即前文之故临；僧伽耶山即斯里兰卡。《元史》卷一三一《亦黑迷失传》曰：至元二十一年（1284），命亦黑迷失"使海外僧迦剌国，观佛钵舍利，赐以玉带、衣服、鞍辔。二十二年，自海上还"。僧迦剌国即僧伽罗国，即斯里兰卡。《世祖本纪》记曰：至元二十八年冬十一月，遣左吉奉使新合剌的音；二十九年冬十月，信合纳帖音国遣使入觐。此处的新合剌的音和信合纳帖音国均为巴利语Simhala-dipa之音译，即僧伽罗岛。《元史》中记载尚多，不复引。此外，元代汪大渊曾两度随船至南洋考察，其第一次出海曾到过南亚许多地方，回国后于1349年撰成《岛夷志略》一书。书中对南亚各地记载颇详，对了解元朝与南亚的海上文化交流极有帮助。阿拉伯旅行家伊本·白图泰（1304~1377）于

1333年经中亚地区进入印度，在德里苏丹穆罕默德·沙的宫廷为官，后又被任命为特使出使中国。其旅行见闻由他人笔录成书，通常称为《伊本·白图泰游记》，详细记叙了他在中亚、印度和中国等地的旅行经过。尽管人们怀疑他是否真的到过中国，但他在南印度沿海所见的情况，很多都与《元史》、《岛夷志略》中的记载相符。他记叙喀里古特城（Calicut，《岛夷志略》之古里佛，明代称为古里，今称卡利卡特，在印度西海岸）说："中国、爪哇、锡兰以及兹贝·埋赫勒人，以及也门、波斯人都至此地，真是各方商人会萃之地。"①接着他还详细介绍了中国船只的大小、帆数、水手及造船地点（广州和泉州）、造船方法、船内设备等，反映了元代人的航海能力及其与南亚等地人的贸易情况。早在元世祖忽必烈时代，意大利人马可·波罗（Marco Polo，1254~1324）就来到元庭，供职达17年之久（1275~1292），回国后，经他口述而整理成的《东方见闻录》（即《马可·波罗游记》）一书在1299年前后问世。他在元朝供职期间，曾奉命到中国各地及南洋、南亚等地出差，见闻广博。书之第2卷第81章谈到福州："许多商船驶达这个港口。印度商人带着各色品种的珍珠宝石，运来这里出售，获得巨大的利润。这条江（闽江）离刺桐（泉州）港不远，河水流往海洋。从印度来的船只沿江而上，一直开到泉州市。"②其第3卷第15章讲到斯里兰卡时说，1284年（至正二十一年），大汗忽必烈曾派使团前去索要佛牙，与《元史》所记大体吻合。

明代，中国的航海事业又进一步发展，出现了郑和七下西洋的壮举。据《明史》卷三〇四《郑和传》："成祖疑惠帝亡海外，欲踪迹之，且欲耀兵异域，示中国富强。永乐三年六月命和及其侪王景弘等通使西洋。将士卒二万七千八百余人，多赍金币。造大舶，修四十四丈、广十八丈者六十二。自苏州刘家河泛海至福建，复自福建五虎门扬帆，首达占城，以次遍历诸番国，宣天子诏，因给赐其君长，不服则以武慑之。五年九月，和等还，诸国使者随和朝见。""六年九月再往锡兰山。""十年十一月复命和等往使，至苏门答剌。""十四年冬，满剌加、古里等十九国咸遣使朝贡。辞还，复命和等偕往，赐其君长。""十九年春复往，明年八月还。二十二年正月，旧港酋长施济孙请袭宣慰使职，和赍敕印往赐之。""宣德五年六月，帝以践阼岁久，而诸番国远者犹未朝贡，于是和、景弘复奉命历忽鲁谟斯等十七国而还。"郑和七下西洋，

① 《伊本·白图泰游记》，银川：宁夏人民出版社，1985年版，第481~491页。
② 《马可·波罗游记》，福州：福建科技出版社，1981年版，第191页。

所历30余国，其中有南亚国家和地区若干。曾随郑和下西洋的费信、马欢、巩珍三人回国后分别写出《星槎胜览》、《瀛涯胜览》和《西洋番国志》三部书。书中详细记载了下西洋时所历各国的情况，是研究中国与南亚文化交流的重要文献。与郑和同时，侯显也曾多次奉命出使南亚诸国。他主要是从陆路前往，但也有从海路前往的记录。《明史》卷三〇四《侯显传》记曰："（永乐）十三年七月，帝欲通榜葛剌诸国，复命显率舟师以行，其国即东印度之地，去中国绝远。其王赛佛丁遣使贡麒麟及诸方物。"《瀛涯胜览》、《明史》卷三二六《外国传七》所记略同。据《星槎胜览》、《瀛涯胜览》和《明史》等书，明代与中国（大多通过海路，少数通过陆路）发生联系的南亚国家或地区有：尼八剌国（尼泊尔）、底里（德里）、沼纳朴儿（Jaunpur，在今印度北方邦）、榜葛剌（今孟加拉国与印度西孟加拉邦）、阿难功德国（Annagoondy，在今南印度卡纳塔克邦）、柯枝（今南印度西海岸之柯钦）、小葛兰（今南印度西海岸之奎隆）、大葛兰（今奎隆或其以南地区）、加异勒（今南印度南海岸之卡亚尔）、甘把里（今印度泰米尔纳德邦之科因巴托尔）、西洋琐里（在今印度西南海岸）、琐里（在今印度西南海岸）、锡兰（斯里兰卡）、溜山（今马尔代夫群岛和拉克代夫群岛）、古里、翠兰山（今尼科巴群岛）、按笃蛮（安达曼群岛）等。明代后期，中国与南亚的文化交流主要体现在商品贸易上，而在贸易中起主导作用的则是欧洲殖民者，因为当时的中国已经显出落伍的迹象，而西方列强则纷纷东来，控制了南洋的海上交通。1557年，葡萄牙人在澳门立足，并以此为据点进行其欧洲—南亚—东亚的贸易。1571年，西班牙人占领马尼拉，开始其著名的马尼拉大帆船贸易，这一贸易也多少与南亚有些关系。荷兰的东印度公司从17世纪初便开始寻求同中国贸易。1622年，荷兰人进攻澳门失败，转而占据澎湖岛。1624年，他们又被击败，转而占领台湾南部。他们边贸易边从事劫掠活动，在欧洲—南亚—中国间牟取暴利。

六、清至民国时期中国与南亚的文化交流

从明朝后期一直到清和民国时期，中国与南亚的文化交流已不如从前那样轰轰烈烈。季羡林把这一时期的中印文化交流特征描绘为"大转折"和"涓涓细流"。他在《中印文化交流史》第七部分结尾和第八部分开头说："我们中国同西方的交通对象一一更换。我们不得不丢开昔日文化交流的伙伴，被迫眼睛看着欧洲，另寻新欢了。简而言之，这就是我说的'大转折'。""明清之际开始

的大转折，改变了中外文化交流的'流'的性质。中国同欧洲的交流，成了一股激流，而同有传统交流关系的亚洲国家的交流，则成为一股涓涓细流，没有中断，但不强烈，大有若断若续之概。"

从清朝建立到鸦片战争之前，中国与南亚诸国几乎没有官方的直接交往，只是从陈伦炯的《海国闻见录》（1730年刊出）和谢清高口述、杨炳南笔录的《海录》（1820年刊出）等书中知道，中国人在近200年时间里并没有忘记南亚，也还有人到那里去旅行考察。当然，中国西藏和新疆等边境地区与南亚各国的经常性民间往来，以及商人、民工等到那一带做生意、谋生甚至定居的可能仍大有人在，只是这方面的文字记载不多罢了。如果吸毒也是一种"文化"的话，那么，这一时期鸦片从印度大量输入中国，则是英国人一手促成的。两次鸦片战争便由此爆发了。鸦片战争以后，中国开始了受列强宰割的时代，而南亚诸国也基本上变成了英国的殖民地。

20世纪初，康有为在《印度游记·序》中说："今则海道大通，自粤来卡拉吉打（加尔各答）者，月有汽船六艘，海波不兴，如枕上过。粤之木工、履工集于印者数千人。吏于卫藏或商人多假途出入，岁月相望，视如门户，然而无一人记印度之教俗、文字、宫室、器用，发其祖父子孙，镜其得失别派，以资国人之考镜采择，以增益于我文明……"①说明至少在1901年前后，广东已有定期直驶印度的客轮。南亚的许多华侨，可能多在这一时期流入。

1. 鸦片战争以后中国人对南亚的关注

交往虽已减少，关注尚为深切。鸦片战争前后，中国先进的知识分子以强烈的忧患意识体恤国情，观察世界，其中不乏对南亚次大陆的关注。魏源于1852年完成了百卷巨著《海国图志》，其中第19~22卷介绍了英国人征服印度的过程、英俄对印度的争夺、五印度各国的概况等，第29和第30卷则详细介绍了五印度的历史沿革。"他编著的《海国图志》，决非枯燥的学术研究，而是一部充满了爱国激情的作品。他一方面同情印度人民，另一方面又有唇亡齿寒之悲。此时的英国殖民主义者正如日中天，气焰万丈。对中国的最大的威胁也来自这个国家。所以，魏源的斗争矛头一直是指向英国。"②1866~1910年，中国出了一批涉及印度的书，有自著也有翻译，季羡林先生开列的书单如下：

---

① 康有为:《康南海自编年谱》，北京：中华书局，1992年版，第12、19页。
② 季羡林:《中印文化交流史》，北京：新华出版社，1991年版，第168页。

1866 年	斌　椿《乘查笔记》
1871 年	王　芝《渔瀛胪志》
1877 年	丁韪良《中国闻见录新编》
1878 年	黄懋材《印度札记》
1881 年	张德彝《四述奇》
1883 年	王　韬《韬园文录外编》
1886 年（？）	曾纪泽《使西日记》
	邹代钧《西征日记》
1890 年	薛福成《出使英法义比四国日记》
1891 年	薛福成《出使英法义比四国日记续刻》
1892 年	郑观应《盛世危言》
1893 年	薛福成《庸庵海外文编》
1894 年	《中外舆地图说集成》
1895 年	李提摩太《泰西新史揽要》
1896 年	王之春《使俄日记》
1897 年	麦丁高得力《海国大政记》
1898 年	沈林一《五洲属国纪略》
	龚　柴《五洲图考》
	张煜南《海国公余辑录》
1901 年	吴宗濂《随轺日记》
1902 年	萧应椿《五洲述略》
	载　振《英轺日记》
	武　雄《五大洲志》
1903 年	《万国历史汇编》
1906 年	《万国史略》
	瞿方梅《非园中外地舆歌》
	《地理志略》
1907 年	《印度志》
	《印度新志》
1910 年	王先谦《五洲地理志略》①

---

① 季羡林:《中印文化交流史》,北京:新华出版社,1991 年版,第 169 页。

2. 戊戌变法与印度的前车之鉴

戊戌变法又称"百日维新"，发生于1898年，其主要代表人物为康有为及其弟子梁启超、谭嗣同等。康有为很早就关心印度问题，他在其自编年谱"光绪十年（1884年）"条下写道："早岁读宋元明学案、《朱子语类》，于海幢华林读佛典颇多，上自婆罗门，旁收四教，并为算学，涉猎西学书。"其后，于光绪十六年著《婆罗门教考》①。在戊戌变法之前，他在《京师强学会序》和《保国会序》等文章中曾反复强调，中国要以印度为前车之鉴，尽早实行变法，以免亡国。梁启超也在《论不变法之害》中说："印度，大地最古之国也，守旧不变，夷为英藩矣。"康有为又多次上书光绪，分析印度亡国的原因。1895年5月，他在《上清帝第二书》中说："才智之士多则国强，才智之士少则国弱。土耳其天下陆师第一而见削，印度崇道无为而见亡，此其明效也。"经康有为等人的不懈努力，光绪帝变法维新，但由于西太后为首的保守派势力强大，变法失败。康、梁二人流亡海外。1901年，梁启超发表《灭国新法论》指出，印度亡国乃因英人之"灭国新法"，"英人之灭印度，非以英国之力灭之，而以印度之力灭之也"。"盖当其侵略之始，攻印度人者印度人也，当其戡定之后，监印度人者印度人也"。在同年发表的《瓜分危言》中再度告诫国人，要"视印度及诸亡朝之覆辙"，防止列强"以支那人伐支那人"。同年，康有为避祸槟榔屿，10月底，乘桴浮于海，前往他向往已久的印度。11月初抵达加尔各答，月底卜居大吉岭。他在印居住达一年半，周游各地，并写下《印度游记》和《须弥雪亭诗集》，著名的《大同书》也在此期间整理完毕。他在《印度游记·序》中说："中国人之游印度者，自秦景、法显、三藏、惠云而后千年，至吾为第五人矣。"他对中印文化交流的掌故似乎不十分清楚，加之无资料可查，文中或有与史实相参差处，但从中可以看出，他以"第五人"自居，是怀着一种沉重的历史使命感去周游印度的。1909年6月，游锡兰（今斯里兰卡）。9月，再游印度，赋诗曰："匪兕虎耶游旷野，又何沙矣再西游。庄严净土成淫祀，胜会灵山今冷秋。全印无僧无佛法，有生尽劫尽离忧。本来不作生天想，为拯斯人甘狱囚。"再次流露出我不下地狱谁下地狱的使命感。他一生不忘以印度沦为英国殖民地的历史教训警诫国人，《大同书》开卷即曰："康有为生于大地之上，为英帝印度之岁。"直到1921年，在他致赵恒惕的文中还说："吾国人寡至印度，不知印

---

① 《康南海自编年谱》，北京：中华书局，1992年版，第12、19页。

度之所以亡，而不戒也……中国既有军阀专制，则只有割据之军治，而民治无自而生，故军阀未除，自治二字不必假用……诸公未至印度，不知印度以分裂内争，自亡其国百年之惨也。吾遍游五印度，居之十五月，乃粗知之也。印人苦难万千，不能一二数也。公等必欲举吾中国万里之土，四万万之民，投而为奴，使从印度之后，听人鱼肉，则日倡联省自治之说可也。"[①]

3. 辛亥革命前后的中印革命志士

1905年，为反对美国歧视虐待华工，反对中美华工条约，上海工商界于5月10日举行会议，决定抵制美货，并通电全国。全国各地热烈响应，掀起了一场反美爱国运动。此时的印度正在进行反对英人分割孟加拉的斗争。7月19日，《巴里萨尔之友报》指出："孟加拉能效仿中国人抵制外国货吗？如果他们能做到这点，在他们面前道路已经廓清了。"当时印度民族独立运动的最主要领导人提拉克（B. G. Tilak）也在演讲中以中国的事情鼓舞印度人民，号召学习中国人，"用团结、勇敢和决心战胜他们的高傲的统治者"。12月2日，在马德拉斯士绅会的会议上，发言者纷纷要求国大党以中国的斗争为榜样，把抵制运动推广至马德拉斯。英国殖民者也看出了这一点，在报上说："那些对抵制决议负责的人无疑是受了中国人的榜样的激励。"[②]

辛亥革命的领袖中，孙中山和章太炎是最关心和了解印度问题并与印度革命者颇有交往的二人。孙中山有若干文字谈论印度问题。如在《中国存亡问题》中，他说："印度之经营，乃自一公司始，资本裁七万镑耳。中间有葡萄牙之先进，复遇法、荷之东印度与为竞争。适印度小国互相攻击，而皆借助于外人。克雷夫，印度公司中一书记也，凭其智力，煽构印度诸王，假以资粮器械，已则乘之收其实权。""英之所以为帝国者，在印度不在英伦"；"英国经济之基础，即其国家之命脉，在于印度"；"英国若无印度，即不成为帝国矣"，"大英帝国亦惟有瓦解而已"。时至今日，事实证明了中山先生的预言。1905年，孙中山自欧赴日，在东京成立中国同盟会。其时，印度留日学生日多，并有一些革命者前往。"孙逸仙能把出现在远东许多国家里面的问题综合起来加以研究，这些问题都有许多共同点，孙逸仙因此成了一群来自朝鲜、中国、日本、印度、泰国、

---

① 以上康、梁言论的征引，参见林承节：《中印人民友好关系史：1851~1949》，北京：北京大学出版社，1993年版，第57~69页。

② 唐文权：《东方的觉醒——近代中印民族运动定位观照》，长沙：湖南人民出版社，1991年版，第151~153页。

菲律宾的青年学生的热情鼓动者之一。"辛亥革命后，印度志士仁人给孙中山以很高评价，国大党领袖奥罗宾多·高士和其后的圣雄甘地都把孙中山看作是现代中国的缔造者，把他比作印度的提拉克。当时印度的秘密革命组织中流传着"这位伟大的中国领导人的许多事迹"。1911年孙中山在美国檀香山（火奴鲁鲁）时，会见了印度革命家哈尔·达雅尔。后者于1913年在旧金山（圣弗朗西斯科）成立卡德尔党。同年该党在萨克拉门托举行会议，会议厅里悬挂的世界伟人肖像中，有孙中山、列宁、马志尼和1857年印度民族大起义的领袖章西女王、唐地亚·托比等。孙中山在"二次革命"失败后即东渡日本，1916年回国。在此期间，又有不少印度革命者与他接触。如著名革命家拉·比·鲍斯等，与孙中山有着深厚的友谊。特别是鲍斯，在遭英印政府通缉时逃亡日本，曾得孙中山鼎力相助。他于《革命之印度》一书中回忆道："余抵日后，得与同是亡命于日本之孙文氏订交，荷孙氏之援助，殊非鲜少。当时孙氏对余之安全问题非常焦虑，盖英国政府对余早经悬红购缉，印度之车站警署，均有余之照片标贴示众，余之行踪若一旦为英政府所探知，则必向日政府要求过渡故也。"此后，孙中山回国，因忙于国内事务，没有再与印度友人联络。但他对印度的关注却始终未曾减少。1921年，他在讲演中说："观最近英文报所载，印度人之革命而被英国政府逮捕者，为数达六百余人。可见印度之革命精神，颇有进步，未必终为英国所屈也。"此外，他还在各种场合的演讲中经常提到印度，赞扬印度的觉悟和独立运动的发达。第一次世界大战后，英国洋洋得意，势力显赫，但孙中山却指出："现时像埃及、印度这样的国家，处于英国人大武力压制之下，所以一时不能成功。假若英国一时衰弱了，埃及、印度不要等五年，他们马上就要推翻英国政府，来恢复自己的独立地位。"这一预言同样为历史所证实。1923年，他写道，"受屈人民当联合受屈人民以排横暴"，"在亚洲，则印度、支那为受屈者之中坚"。1924年，泰戈尔来华，孙中山写信给他："我极为希望在您抵华时，能获得亲自迎接您的特殊荣幸。向学者表示敬意乃是我们的古老风尚。但我将欢迎的您，不仅是一个曾为印度文学增添光辉的作家，而且还是一个在辛勤耕耘的土地上播下了人类未来福利和精神成就的种子的杰出劳动者。"1925年，孙中山与世长辞。1927年，国民党和广东革命政府的代表利用布鲁塞尔世界被压迫民族大会之机与尼赫鲁（J. Nehru）接触，以两国民族主义力量的名义发表中印联合宣言，实现了孙中山生前遗愿。1929年，国大党工作委员会通过决议，派代表参加孙中山的葬礼。国大党领导人奇·达斯（C. Das）曾在悼文中赞扬孙中山不仅是中国革命的伟大领袖，也是"亚洲人民之精神领袖"。

　　章太炎早在1902年旅日时即与印度志士交往，研讨两国前途。印度友人曾对章太炎说："诸君来此勉自修学，吾国长已矣，贵国则尚可图也。"1906年章太炎再度赴日，与印度志士结交更广更深，其人有释迦氏、带氏、钵逻罕、保什等。此时他出任《民报》主编，时常著文介绍和评论印度问题。当时他提出中印联合的主张，写出《支那、印度联合法》《答祛民书》两篇文章。1907~1908年，又写出《印度中兴之望》《记印度西婆耆王纪念会事》《印度独立方法》等文章。仅1908年6~10月，《民报》转载印度报刊文章和传单达18篇，章太炎的目的是"使汉族同志得以参观，亦令梵种义声暴著海内"。他在《印度中兴之望》中说："东方文明之国，荦荦大者，独印度与中国耳。言其亲也，则如肺腑；察其势也，则若辅车。不相互抱持而起，终无以屏蔽亚洲。"1907年4月，中印革命者在东京带头创立亚洲和亲会，与会的中国人有章太炎、张继、刘师培、何震、苏曼殊、陶冶公、陈独秀、吕公侠等，印度人有钵锣罕、保什、带氏等，此外尚有日本、越南、缅甸、菲律宾、马来亚、朝鲜等国志士。章太炎亲自为和亲会撰写了《亚洲和亲会约章》，树起了反对帝国主义和"互相扶持，使各国独立"的旗帜。①

4. 民国时期的中印文化交流

　　除了前面涉及的内容，民国期间的中印文化关系中，还有几个人物和事件需要介绍。

　　20世纪20年代以来，甘地（Ganddhi）之名在中国很响亮。据统计，20~40年代，中国出版有关甘地及其主义的书籍达27种，仅罗曼·罗兰的甘地传记就有3个译本，而甘地的自传则有4个译本。当时的《东方杂志》刊登有关文章有六七十篇，并一度辟有《甘地与新印度》的专栏，发文7篇；1948年甘地遭暗杀后，又有纪念文章13篇②。他在中国有如此大的影响，原因之一是中国人民对友好邻邦印度始终怀有深情。而他对中国也给予极大的同情和声援，对中国的未来充满希望。1937年4月14日，泰戈尔创办的国际大学举行中国学

---

　　① 以上三段摘编自林承节、林立：《孙中山与印度革命运动》，《南亚研究》1991年第4期；唐文权：《东方的觉醒——近代中印民族运动定位观照》，长沙：湖南出版社，1991年版，第190~198页。

　　② 参见唐文权：《东方的觉醒——近代中印民族运动定位观照》，长沙：湖南出版社，1991年版，第238页。

院成立典礼，甘地得知消息，提前给泰戈尔写信表示祝贺："愿中国学院作为印中结合的象征。"同时他还给在国际学院工作的谭云山写信："是的，我们确实需要促进中印两国人民的文化联系。你们的努力诚可钦佩。"同月，他在接见中国留学生魏风江时说："中国是个多么伟大的国家呀！我爱中国，我爱中国人民。"7月，当抗日战争爆发的消息传到印度时，他说："中国已经在抵抗日本侵略者了。胜利一定属于中国人民，因为真理在你们一边！"[①]对日本法西斯侵略中国的行径，甘地曾在各种场合多次予以谴责。

泰戈尔是近代以来中国人民最熟悉最爱戴的印度朋友。他早在1881年20岁的时候就很关心中国问题，曾写过一篇激烈谴责英国人到中国贩卖鸦片的文章，叫作《在中国的死亡的贸易》，说："这种贸易和积累财富的方法，只有用客气的口气才能叫作贸易。它简直就是强盗行为。"1916年，他于访日途中驻足新加坡，见到中国的码头工人，从他们身上看到了"蕴藏着的整个中国的巨大力量"。他写道："中国这种巨大的力量，一旦能够在现代化的道路上运行，那就是说，掌握现代科学，那时候在世界上恐怕没有任何力量可以阻拦它的前进。"他对中国怀有极深的感情，在各种书籍、文章中时常谈论中国。而中国方面，自1917年开始介绍他的作品，至今不断，对中国文学的影响极大。1924年4月12日至5月30日，他在中国上海、杭州、南京、济南、北京、太原、汉口等地访问，引起中国政治界、思想界和文艺界的高度重视，报刊上大量发表消息和评论。他所到之处，必作演讲，演讲中则必称中印友好。他说："我不知道是什么缘故，到中国便像回故乡一样！""我可以这样说，印度感觉到同中国是极其亲近的亲属。中国和印度是极老而又极亲的兄弟。""我想继续印度以前到中国来的大师所未竟的事业。""我们永远也忘不掉在古老的年代里建立起来的关系。"1937年七七事变以后，泰戈尔对日本原有的期望破灭了，9月21日，他复电蔡元培说："我和我的人民完完全全同情你们国家。"10月11日，他在报上发表文章，谴责日本轰炸中国城市，支持印度抵制日货的运动。1938年1月9日，印度人民举办支援中国日。6月，泰戈尔发表《致中国人民书》；9月，他连写两封义正词严的信痛斥日本军国主义分子，说："中国是征服不了的，她的文明有无穷无尽的潜力，她的人民不顾一切地忠于国家，空前地团结了起来，正为那个国家创造着一个新的世纪。"泰戈尔为中印文化交流做了许多事。

---

① 魏风江:《在甘地先生家里》,《南亚研究》1985年第1期。

1937年，他在国际大学建立了中国学院。在中国学院，他接待了不少著名的中国学者、作家和艺术家，如许地山、徐悲鸿、徐志摩等。[①]

抗日战争时期，印度派医疗队援华既是这一时期中印友谊的代表性事件，又是一次重要的中印文化交流。1937年，曾帮助过西班牙人民的爱德尔大夫到伦敦，与侨居伦敦的印度进步人士一起为支援中国人民的抗日战争而成立了中印委员会，并着手筹备组织医疗队援华事宜。9月20日，尼赫鲁在致中印委员会的信中写道："我高兴地获悉中印委员会在伦敦成立。中国和印度是世界民族之林中两个古老的国家，它们的文化源远流长，绵延不断，一直可以追溯到历史的黎明时期。数千年来，无数的纽带把印中两国联系在一起，因此每当中国遭受苦难时，就很自然地会引起印度人民的同情……在这被战争蹂躏的世界上，应该记住中国和印度是两个始终主张和平的国家，总有一天她们的声音会响彻人寰。尽管我们自己眼下软弱无力，为中国人民做不了多少事情，但我们的心是和他们在一起的，我们应该竭尽全力地帮助他们。"11月27日，中国八路军总司令朱德将军给印度国大党主席尼赫鲁写信呼吁国际社会支持。当天，尼赫鲁号召印度全国于1938年1月9日举行声援中国日活动。号召得到印度各政党、工会、农民团体，以及全印妇女大会、印度进步作家协会和各界人士的有力支持。尼赫鲁选定爱德尔大夫为援华医疗队队长。8月底，经过选拔的5名医疗队成员在孟买集中，有队长M. M. 爱德尔（中国名字为爱德华）、队员D. S. 柯棣尼斯（中国名字为柯棣华）和B. K. 巴苏（中国名字为巴苏华）等。国大党孟买省委员会为5人举行欢送大会。9月1日，5名战士带着一辆救护车、一辆救护卡车、一架轻便X光机、60箱药品和外科器械登轮出发。1939年2月12日辗转到达延安，中共领袖毛泽东和边区军民热烈欢迎他们。他们在那里做医疗和教学工作达9个月。11月4日，爱德华、柯棣华和巴苏华奔赴前线，12月下旬到达晋东南的武乡县。1940年4月，柯棣华和巴苏华组织了一支巡回医疗队，冒着生命危险在华北地区活动。不久，柯棣华留在阜平白求恩国际和平医院和卫生学校工作，1941年1月任院长。但不幸的是，他于1942年12月9日因病去世。毛泽东于12月29日写道："印度友人柯棣华大夫，远道来华，援助抗日，在延安华北工作五年之久，医治伤员，积劳病逝，全军失一臂助，民族失一友人。柯棣华大夫的国际主义精神，是我们永远不应该忘记的。"巴苏华自1939

---

① 本段摘编自季羡林：《泰戈尔与中国》，《社会科学战线》1979年第2期。

年2月起到延安工作，直至1943年6月回国。印度著名文学家K. A. 阿巴斯（K. A. Abbas）根据巴苏华大夫的日记、口述及其他资料，于1944年出版《还有一个没有回来》一书，生动详细地报道了援华医疗队的情况。此书在印度的影响要超过《西行漫记》，因为它有六种语言的文本在印度各地流传。①

中国著名教育家和社会活动家陶行知先生曾两度访问印度。第一次是在1936年7月，为时仅四五天，他写下了五首诗：《二十万人同进牢》、《阿黑煞的农人》、《不可亲近的人》、《印度三姊妹》和《印度高利贷者》。诗中，他以无限同情的笔致反映了印度人民，特别是印度贱民和妇女的悲惨处境，揭露了印度社会的黑暗现实。1938年8月，他再次访问印度。8月8日到达马德拉斯，10日抵达加尔各答，并拜访国大党主席苏巴斯·钱德拉·鲍斯（Subas Chandra Bose），11日又前往国际大学拜访泰戈尔。8月14日，陶行知拜会了圣雄甘地。这一天是甘地的沉默日，他用笔与陶行知"谈话"。陶行知介绍了自己所在的全国各界救国联合会的情况以及自己所从事的平民教育事业的经历和体会，并邀请甘地访问中国。甘地说："我有朝一日会访问你们的伟大国家，没有什么比这更使我感到愉快了。"甘地约他写一篇关于在中国开展大众教育的文章。陶行知在香港用英文写出了一篇题为《中国的大众教育运动》的文章寄给甘地。此文在10~11月分3次发表在甘地办的《哈里真》杂志上，甘地特地写了按语。

抗日战争时期，尼赫鲁对中国人民的处境一直非常同情，对中国人民的顽强斗争精神深为敬佩。他在1939年7月11日写给毛泽东的信中说："如果国际局势许可，我可能八月底九月初访问中国。若果成行，我非常盼望与您会见，并亲自表达对八路军将士的敬意。"8月22日，尼赫鲁抵达昆明，23日到重庆。国民政府和重庆各界人士以国宾的规格非常隆重地欢迎这位友好使者。蒋介石夫妇设宴招待他。他在重庆会见了国民党的高级官员，还会见了中共驻重庆的高级干部。中共领袖毛泽东于8月27日致电尼赫鲁，欢迎他到延安访问，并感谢他为派遣印度援华医疗队所做的工作。但由于欧洲战事爆发，国内催促尼赫鲁提前回国，他只好回电表示遗憾。访问期间，尼赫鲁曾写出一份《增进中印接触的备忘录》，提出发展关系的7条建议。参考这7条建议，国民党中央根据蒋介石的意见提出《中印合作措施纲要》：交换教授讲学；交换留学生；交换出版物；交换新闻；互派调查、访问和旅游团。进而又提出具体措施：中国方

---

① 本段据《南亚研究》1982年特刊《柯棣华》编写。

面组织佛教访问团赴印；派专家考察印度的工农业；组织访问团去印度作科学考察；派代表参加国大党年会。后来，这些都得以落实。

1942年2月9日，蒋介石夫妇应英印总督林里资哥的邀请抵达新德里，对印度作友好访问，印度各界人士热烈地欢迎了蒋介石一行，各报刊纷纷发表文章表示欢迎。蒋介石在印用大部分时间会见友好人士和参观访问。他会见的重要人物有甘地、尼赫鲁、穆斯林联盟主席真纳、妇女界领袖潘迪特夫人、奈都夫人等。尼赫鲁与蒋介石会见三次，还亲自陪同他去泰戈尔生前创办的国际大学参观。2月21日，蒋介石在回国前发表《告印度人民书》以表明立场。其中说："时至今日，世界和平已为野蛮之侵略暴力所威胁，我中印两国不仅利害悠关，实命运相同。因此我两大民族唯有共同一致，积极参加反侵略阵线，并肩作战，以实现世界真正之和平，竭尽吾人应尽之职责。"并呼吁英国当局"从速赋予印度国民以政治上之实权。"他的声明引起英国人的不满，但印度人民却深受鼓舞。①

七、中华人民共和国与南亚的文化交流

1. 与印度

1949年10月1日中华人民共和国建立。1950年4月1日，与印度建立正式外交关系。从此，中印文化交流进入一个新的时期。这一时期，中印文化交流有两个高潮，分别发生于50年代和70年代末期至80年代。

50年代，两国在政治、经济、文化等方面展开了全面交往。在政治方面，两国在反对帝国主义的旗帜下紧密合作，两国高级领导人多次互访，共同倡导了处理国际关系的五项原则。中印友好协会和印中友好协会分别于1952和1953年成立。从此，中印文化交流蓬勃发展，在科技、宗教、文学、艺术、教育、卫生、体育、新闻等领域，双方的往来和交流都很频繁。其具体内容将在以下各章介绍。

在1962年前后的十多年时间里，中印两国在边界和西藏问题上发生了一系列令人不愉快的事情，两国的文化交流受阻。1973年4月，全印柯棣华大夫纪念委员会主席、中国人民的老朋友B. K. 巴苏华大夫访问中国。次年5月，全印柯棣华大夫纪念委员会访华团来华。1975年2月，中国乒乓球代表团赴印比

① 以上三段摘编自林承节：《中印人民友好关系史——1851~1949》，北京：北京大学出版社，1993年版，第244~254、274~279、371~375页。

赛并进行友好访问。以柯棣华纪念活动和"乒乓外交"为转机，两国于1976年恢复大使级外交关系，并首先在文化领域进行交往，并逐步探索通过外交途径使中印关系正常化办法。1977年10月起，中印间的人员往来激增，几乎每月都有两国人员互访的记录。特别是80年代以来，仅见诸报端的人员往来，每月平均在3起以上。直到80年代中期，两国政府间的外交关系一直发展平缓。两国经济领域的交往和合作在进入80年代以后有较大发展。1982年，中印之间的贸易额14 500万美元，1983 年为6 400万美元，1984年为4 670万美元。1985年11月，两国签订1986年交换价值1亿~1.6亿美元货物的贸易议定书。在文化交流方面（包括科技学术交流），1976年，两国官方和民间进行的重要活动有3起；1977年8起；1978年17起；1979年8起；1980年13起；1981年18起；1982年23起；1983年21起；1984年30起；1985年40起；1986年30起。1976~1986年，中印文化交流的发展速度很快，80年代两国间的交往频率高于历史上任何一个时期。

2. 与巴基斯坦

中华人民共和国与巴基斯坦于1951年5月21日正式建立外交关系。20世纪50年代，两国高级领导人有多次互访。

60年代的中巴关系较50年代有所发展，特别是1962年底中巴边界谈判取得一致意见并发表联合公报以后，两国间的交流更加频繁。

在经济、贸易和科技方面，两国间的合作和交流不断发展。50年代，两国签订并执行了若干起换货贸易合同。科技方面，1953年2月，中华医学代表团访问巴基斯坦；1955年1月，中国科学家代表团访问巴基斯坦；9月，中国参加巴基斯坦国际工业博览会；1956年10月，巴基斯坦科学代表团访问中国；1957年9月，东巴基斯坦经济农业水利考察团访问中国；12月，中国水利考察团访巴。1963年1月，中国与巴基斯坦签订了第一个长期贸易协定，并互给最惠国待遇。1963年8月，两国签订了航空运输协定，并于翌年4月直接通航。中国还向巴基斯坦提供长期贷款和技术援助。中国援建的10多个大中型项目中，有重型机械厂、锻压铸造厂、大型体育综合设施、火力发电站等，而喀喇昆仑公路的修建意义尤其重大。这条公路北起中国新疆喀什，经红其拉甫山口，到巴基斯坦西北边境省的塔科特，全长1 038千米，竣工于1978年6月。1982年8月，红其拉甫山口正式开放，自1986年5月1日起对第三国开放。这对于中巴两国开展贸易和旅游事业、进行文化交流，具有极大意义。因此，喀喇昆仑公路被称为"现代丝绸之路"。1976~1986年，中巴两国的贸易有很大发展。1976年，两国贸易总额为7 500万美元，1980年则增加3.5倍多，为34 000万美元。此后的几年又稳步上升。1982年，两国政府成立了部长级的经济贸易技术合作联合委员会，定期举行会议，以求扩大合作和交流的领域。

1951年9月，巴基斯坦就成立了巴中友好协会。1956年6月，中国也成立了中巴友好协会。1965年3月，中巴文化合作协定签订，两国间的文化交流走向制度化，每隔一段时间就要制订一次文化交流计划。此后，两国在社会、宗教、文学、艺术、学术、教育、卫生、体育、新闻、出版、广播电视等方面，均有良好的合作和交流。

3. **与尼泊尔**

1955年8月1日，中华人民共和国与尼泊尔王国建立正式外交关系。此后中尼两国一直保持着良好的关系，文化交流在不断增多。

中尼两国建交以后，经济、文化等领域的交流十分广泛。中尼间的经济交流从1956年开始。9月20日，两国政府的代表签订了中国西藏地方与尼泊尔之间的通商和交通协定，首先打开边境贸易通道，并把边境贸易纳入政府管理轨道，使之正常化、合法化。10月，两国签订经济援助协定。直到60年代早期，两国政府间的经济关系主要表现为经济援助的形式。1964年5月，中尼两国政府贸易协定和贸易协定的议定书签订。而经济援助的形式仍然存在，一直继续到80年代。这一时期，中国在水利、电力、公路、桥梁、建筑、勘探、制糖、制革、造纸、纺织等方面向尼泊尔提供了经济和技术援助，进行了有效的合作。在文化方面，1956年7~8月，尼泊尔文化代表团率先访华。9月，以周建人为会长的中尼友好协会成立。翌年6月，楚图南率中国文化代表团访尼。从此，两国间的文化交流不断拓展和加深，在医药、宗教、文学、艺术、体育、教育、新闻、出版等领域均有不少交流和合作。

4. **与斯里兰卡**

虽然锡兰政府在1950年年初即表示愿意同中华人民共和国建立外交关系，而且此后两国间一直在进行着相当频繁的经济和文化交流活动，但是，正式建立外交关系却是在1957年2月初。从此，中国和斯里兰卡一直保持着良好的外交关系，而在1957~1965年和70年代以后的两个时期，中斯关系更为密切，文化交流更为频繁。

1957~1965年，两国高级领导人互访不多，但部长级以下的互访较多，而经济、科技、政党、宗教、工会、妇女、青年、文艺、体育、新闻、教育、卫生等方面的人员往来和交流则更多。

70年代初至80年代中期，两国高级领导人互有访问。而两国间的其他人员往来和文化交流却在大量进行。在经济方面，中斯贸易一直在稳步发展。1952年，9月17日~10月6日锡兰派贸易代表团访问中国，签订第一个一般贸易协定，是亚洲第一个冲破美国对华"禁运"政策的国家。11月29日~12月19日，锡兰贸易代表团再度访华，签订了一项中国购买锡兰橡胶和锡兰购买中国大米的五年贸易协定。从此，直到80年代中期的30余年间，中国每年向斯里兰卡出口约20万吨大米，进口约5万吨橡胶。两国还围绕贸易问题实行了关税互惠，加强了航运、造船等领域的合作。此外，两国还在其他经济技术领域进行了有效的合作，如建筑工程、水利工程、车辆技术、纺织印染技术、水产养殖技术等。在科学方面，两国间的医学交流最为突出。两国佛教交流也在这一时期出现了新的局面。其他如文艺、体育、教育、新闻等方面的交流，均较50年代有大幅度增加。

5. 与孟加拉国

1975年10月4日，中国与孟加拉国正式建立外交关系。在中孟建交仅十余年的时间里，两国高级领导人的互访平均每年一次，而且在半数情况下与经济合作相联系。

中孟两国的经济贸易关系可以追溯到1975年建交前夕。1975年5月，参加广州商品交易会的一个孟加拉国贸易代表团同中国签订了4项贸易协定。此后，1976~1978年，两国都有贸易代表团互访。1978年11月，中孟开辟了两国间的海上贸易通道。从1978年开始，两国政府每年签署一个当年或下一年的贸易议定书，到1986年，已经签署了10个贸易议定书。1980年2月，中孟政府在达卡签订一项为期5年的长期贸易协定。这一时期，中国还为孟加拉国提供了一些援助，如无息贷款和援建工程项目等。援建的工程项目有桑得尔邦纺织厂、达卡布里甘加河公路大桥、波拉什尿素化肥厂等。

1979年3月，中国政府科学技术合作代表团访孟，参加首次中孟科技合作会议，签订两国政府科技合作议定书。此后每年签订下一年度的科技合作议定书。1983年，中国经济代表团访孟，两国政府决定成立一个部长级的经济、贸易和科技合作联合委员会。1984年9月，中孟两国经济、贸易和科技合作联合委员会在北京举行首次会议。

社会文化方面，70年代有新闻、妇女、青年、宗教、艺术、体育等领域的多起交流事项。80年代，两国文化交流的领域在原来的基础上进一步扩大，增加了文学、教育、卫生、出版、广播电视等领域。

6. 与不丹、马尔代夫

到1986年，中国与不丹王国一直没有建立正式的外交关系，边界问题虽经三轮会谈，却仍未划定。但两国的关系一直是友好的，从未发生过边界争端，两国间偶尔也有文化交流活动。

1972年10月14日，中华人民共和国与马尔代夫共和国签订了建立外交关系的联合公报。1984年10月24~28日，应李先念主席邀请，马尔代夫共和国总统加尧姆（M. A. Gayoom）访问中国。这是马尔代夫国家元首第一次访华。27日，两国政府经济技术合作协定、关于互免签证和签证费的协定在北京签字。①

---

① 以上第1~6小节据下列资料：郭书兰：《中印关系大事记》（中国社会科学院亚太所，1987年）、《中国与巴基斯坦关系大事记》（《南亚与东南亚资料》1988年第6期）、《中国与尼泊尔关系大事记》（《南亚与东南亚资料》1989年第1期）、《中国与斯里兰卡关系大事记》（《南亚与东南亚资料》1990年第1期）、《中国与不丹、马尔代夫关系大事记》（《南亚研究》1994年第1期），以及郑瑞祥：《传统友谊的新发展——论建交35年来的中巴关系》（《南亚研究》1986年第4期），朱占府：《中印文化交流40年回顾》（《南亚研究》1990年第2期）。

第三章
中国与南亚的物质文明交流

第一节　南亚传入中国的物产

一、汉代

1. 西汉

据《史记·大宛列传》，在张骞通西域之前，人们就知道中国的大西南方有"乘象国，名曰滇越，而蜀贾奸出物者或至焉"。但书中未记"奸出物"为何物，也不知自滇越带回何物。张骞二使西域，曾派副使去身毒，但未记身毒有何物产，也不知身毒方面有何反应。倒是在正史以外的《西京杂记》中有这样一条材料："武帝时，身毒国献连环羁。皆以白玉作之。玛瑙石为勒，白光琉璃为鞍。鞍在暗室中常照十余丈，如昼日。自是长安始盛饰鞍马，竞加雕镂，或一马之饰直百金。"可知，当时装饰在连环羁上的有白玉、玛瑙和琉璃。《三辅黄图》卷三记曰："董偃常卧延清之室。以画石为床，文如锦；紫琉璃为帐；以紫玉为盘，如屈龙，皆用杂宝饰之。侍者于外扇偃，偃曰：'玉石岂须扇而后凉耶？'肯以玉晶为盘，贮冰于膝前。玉晶与冰相洁，侍者谓冰无盘必融湿席，乃拂玉盘坠，冰玉俱碎。玉晶，千涂国所贡也。武帝以此赐偃。"《拾遗记》卷五记同一事稍详，亦曰："此玉精，千涂国所贡也。"看来，这里的玉精和玉晶是一回事，大概即是水晶。千涂，应即是乾陀罗或身毒。

《汉书》中记南亚诸国的"贡献"也不大详细，却详细记载了南亚的物产。如前文引过其《西域传》所记罽宾国物产，其中有些物产无疑会作为商品被贩卖到中国来。又记乌弋山离国曰："乌弋地暑热莽平，其草木、畜产、五谷、果菜、食饮、宫室、市列、钱货、兵器、金珠之属皆与罽宾同，而有桃拔、师子、犀牛。"一般认为，乌弋山离即亚历山大城（Alexandria）的译音。而《汉书》描绘其地理位置，在罽宾以西，安息以东，其物产又与罽宾大同，故乌弋山离国似应在今巴基斯坦北部和阿富汗东部一带。公元前2世纪中期，《那先比丘经》中著名的希腊人国王弥兰陀（Milinda）就统治着这里。罽宾和乌弋山离只是南亚西北部的一片地区，至于中印度，《汉书》并无记载。其《地理志》提到了南方的黄支国，但未记其物产，只是笼统地说："其州广大，户口多，多异物，自武帝以来皆献见。"又说："平帝元始中，王莽辅政，欲耀威德，厚遗黄支王，令遣使献生犀牛。"《平帝纪》也说："元始二年春，黄支国献犀牛。"《王莽传》也有相同记载。这一事件似乎很重大，后世时常有人提起。另外，《西京杂记》卷上记曰："宣帝被收系郡邸狱……系身毒宝镜一枚，大如八铢钱。旧传此镜见妖魅，得佩之者为天神所福，故宣帝从危获济。"这一记载带有神话色彩，真假难辨。

总之，西汉时期中国与南亚诸国间不仅有外交往来，而且已经建立起贸易关系，这一点，可以由南印度发现汉代古钱的事实得到确认[①]。因此，南亚输入中国的物产，一定要比文字记载为多。考古发掘还进一步证明，中国与南亚的贸易关系实际上比文字记载要早得多[②]。

2. 东汉

前文引过《后汉书·西域传》所记天竺国物产，亦颇详，并说"和帝时，数遣使贡献，后西域反叛，乃绝。至桓帝延熹二年、四年，频从日南徼外来献"。这里同样没有记载具体的"贡献"是什么。《洛阳伽蓝记》卷三记曰："白象者，永平二年，乾陀罗国胡王所献。"《后汉书》卷三《章帝纪》曰：章和元年（公元87年），"月氏国遣使献扶拔、师子"。此时月氏人已经征服了南亚西北部地区，所献之物或许即是天竺物产。此外，《西域传》说大秦"与安息、天竺交市于海中，利有十倍……至桓帝延熹九年，大秦王安敦遣使自日南徼外献象牙、犀角、玳瑁，始乃一通焉。其所表贡，并无珍异，疑传者过焉"。有人认为，所谓大秦"使者"，"仅是些民间商业代表，冒用官方名义以利于达到目的；他们贡献的礼物并非产自罗马，而是印度土产。无疑，罗马商人惯常远道东来，在印度销售罗马货物，然后再装载印度物产前去马来亚及更远处。当时的罗马

---

① 饶宗颐：《饶宗颐史学论著选》，上海：上海古籍出版社，1993年版，第239页。

② 童恩正：《略谈秦汉时代成都地区的对外贸易》，《古代西南丝绸之路研究》，成都：四川大学出版社，1990年版。

史中没有任何使团遣往中国或者接待中国使团的蛛丝马迹"。①这是很有道理的。

《华阳国志·南中志》记永昌于东汉明帝时置郡,其地不仅有"身毒之民",且物产丰富,其中不少当属南亚传来者。

二、魏晋南北朝

1. 魏晋

魏晋时期,南亚输入中国的物产中,火浣布的名气最大。《三国志·魏书·三少帝纪》:"景初三年二月,西域重译献火浣布,诏大将军、太尉临试以示百僚。"这里,仅言西域,并未指明为南亚某国。《晋书》卷一一三《苻坚传》记"天竺献火浣布"。关于火浣布,不少书都有记载,除了《后汉书·西域传》中提到大秦国出火浣布外,还有一些杂著,如《异物志》、《博物志》、《列子》、《傅子》、《搜神记》、《神异经》等,都曾提到它;后来《梁书·诸夷传》也曾提到南海一"自然大洲"产火浣布,唐宋类书《艺文类聚》、《太平御览》等也有记载。有的说是树皮织成,有的说是鼠毛织成。西到大秦,东至南海,似乎都是它的产地。其中,《异物志》说出斯调国,与《洛阳伽蓝记》卷四所记同。斯调国即斯里兰卡。

《拾遗记》卷九:"太始十年,有浮支国献望舒草。其色红,叶如荷。近望则如卷荷,远望则如舒荷,团团似盖。亦云月出则叶舒,月没则叶卷。植于宫中,因穿池,广百步,名曰望舒荷池。"张星烺以为"浮支即浮图之讹音,犹言佛国也"。②

火浣布可能是石棉布,望舒草可能是睡莲。

2. 南北朝

《魏书·西域传》记罽宾国物产与《汉书》同,但又增记一些国家。如南天竺国,"有伏丑城,周匝十里,城中出摩尼珠、珊瑚。城东三百里有拔赖城,城中出黄金、白真檀、石蜜、浦萄。土宜五谷。世宗时,其国王婆罗化遣使献骏马、金、银,自此每使朝贡"。迷密国,"正平元年,遣使献一峰黑橐驼"。魏时南亚诸国来华"贡献"情况已见本志第二章,但都不具体。

《宋书》卷九七《夷蛮传》记载,元嘉五年(428),师子国国王刹利摩诃

---

① 赫德森:《丝绸贸易》,《中外关系史译丛》第3辑,上海:上海译文出版社,1986年版,第294页。

② 张星烺:《中西交通史料汇编》第六册,北京:中华书局,1979年版,第29页。

南遣使献牙台像，"至十二年又复遣使贡献"。同年，天竺迦毗黎国国王月爱亦遣使奉表，并献金刚指环、摩勒金环诸宝物、赤白鹦鹉各一头。

《梁书》卷五四《诸夷传》记有中天竺国物产，比历代所记项目有所增加。如貂、火齐、金缕织成、金皮罽、细摩白叠、好裘等，并说："火齐状如云母，色如紫金，有光耀，别之则薄如蝉翼，积之则如纱縠之重沓也。""郁金独出罽宾国，华色正黄而细，与芙蓉华里被莲者相似。"天监初（502或503），中天竺王屈多遣长史竺罗达奉表献琉璃唾壶、杂香、古贝等物。

三、隋唐五代

隋代为期短暂，但《隋书·音乐志》中也有所谓"每岁正月，万国来朝"和"诸夷大献方物"的记载。据《隋书·西域传》："炀帝时，遣侍御史韦节、司隶从事杜行满使于西蕃诸国。至罽宾，得玛瑙杯；王舍城，得佛经；史国，得十舞女、师子皮、火鼠毛而还。"

唐代，南亚诸国"贡献方物"的事件很多，今按时间顺序将有具体名目者粗陈于下：

武德二年（619），罽宾国遣使贡宝带、金锁、水晶盏、颇黎状若酸枣。（《新唐书·西域传》）

贞观十一年（637）六月，罽宾遣使献舍利、名马。（《册府元龟》卷九七〇）

贞观十六年，罽宾国"献褥特鼠，喙尖而尾赤，能食蛇，有被蛇蛰者，鼠辄嗅而尿之，其疮立愈。"（《旧唐书·西戎传》）

贞观十六年，乌苌国遣使献龙脑香。（《全唐文》卷九九九）

贞观二十年前后，天竺摩揭陀王尸罗逸多献火珠及郁金香、菩提树。（《旧唐书·西域传》）

贞观二十一年，泥婆罗国遣使献波棱、酢菜、浑提葱。（《新唐书·西域传》）

贞观二十一年，"摩伽国献菩提树，一名波罗，叶似白杨……伽毗国献郁金香，叶似麦门冬，九月花开，状如芙蓉，其色紫碧，香闻数十步，华而不实，欲种取其根。罽宾国献俱物头花，其花丹白相间，而香远闻。伽失毕国献泥楼钵罗花，叶类荷叶，圆缺，其花色碧而蕊黄，香芳数十步。健达国献佛士叶，一茎五叶，花赤，中心正黄而蕊紫色。泥婆罗国献波菜，类红蓝花，实似蒺藜，或熟之，能益食味；又酢菜，状如菜，阔而长，味如美鲜；苦菜，状如苣，其叶阔，味虽少苦，久食益人；胡芹，状如芹，而味香；浑提葱，其状如葱而白；辛嗅药，其状如兰，凌冬而青，收干作末，味如桂椒，其根能愈气疾"。（《唐会要》卷一〇〇《杂录》）与《旧唐书·西域传》相参观，此条中的摩伽国即摩揭陀国；伽毗国似在天竺，为戒日王之属国。伽失毕似亦应在天竺，其泥楼钵罗花，即古印度著名的青莲，梵文为Nilotpala。健达应即为健陀罗国。

永徽二年（651）十二月，罽宾国遣使献褥池鼠。（《册府元龟》卷九七〇）此褥池鼠应即上文之褥特鼠，即獴，梵文为Nakula，俗语为Naula。

开元八年（720）五月，南天竺国遣使献豹及五色鹦鹉、问日鸟。九月，罽宾国献善马。（《册府元龟》卷九七一）

天宝初（742年或稍后），师子国王尸罗迷迦遣使献大珠、钿金、宝缨、象齿、白氎。（《新唐书·西域传》）

天宝五载（746）正月，师子国王尸逻迷伽遣婆罗门僧灌顶三藏阿目伽跋折罗来朝，献钿金、宝璎珞及贝叶梵写《大般若经》一部，细白氎四十张。闰十月，突骑施、石国、史国、米国、罽宾国各遣使来朝，献绣舞筵、氍毹、红盐、黑盐、白戎盐、余甘子、质汗、千金藤、琉璃、金银等物。

天宝七载正月，勃律归仁国王遣使献金花。

天宝九载三月，师子国献象牙、珍珠。（以上三条并见《册府元龟》卷九七一）

中唐以后，史籍中关于南亚诸国来华"朝贡"的记载越来越少，但这并不说明南亚物产自此便绝少传入中国。事实上，唐代的海上贸易已十分发达，由南亚运来的物产远比"朝贡"为多。盛唐时各沿海大港已设有市舶司，主管海上贸易，其时，南亚的商船已装载大量"宝货"来华。李肇《唐国史补》卷下记："南海舶，外国船也，每岁至安南、广州。师子国舶最大，梯而上下数丈，皆积宝货。"日人元开《唐大和上东征传》记：广州"江中有婆罗门、波斯、昆仑等舶，不知其数；并载香药、珍宝，积载如山"。中唐以后，沿海各口岸的市舶司并未取消，南亚诸国的对华贸易仍在进行。据《中国印度见闻录》卷一，印度在唐末亦有物产输华，犀牛便是其一，而华人喜用犀牛角的腰带[1]。

---

① 穆根来、汶江、黄倬汉译：《中国印度见闻录》，北京：中华书局，1983年版，第13、15页。

四、宋元明

1. 宋代

典籍中关于宋代南亚诸国"朝贡"物品的记载不多。《宋史》卷四八九记：大中祥符八年（1015），注辇国"遣专使等五十二人，奉土物来贡，凡真珠衫帽各一、真珠二万一千一百两、象牙六十株、乳香六十斤"。使者娑里三文等"又献珠六千六百两、香药三千三百斤"。明道二年（1033），又"遣使蒲押陀离等以泥金表进真珠衫帽及真珠一百五两、象牙百株"。熙宁十年（1077），其国复遣使"二十七人来献豌豆珠、麻珠、琉璃大洗盘、白梅花脑、锦花、犀牙、乳香、瓶香、蔷薇水、金莲花、木香、阿魏、鹏砂、丁香"。周去非《岭外代答》卷二《注辇国》条及赵汝适《诸蕃志》卷上《注辇国》条所记可与此相印证。

由于宋代海上贸易的发达，南亚物产输入民间者也必然很多。《岭外代答》和《诸蕃志》均记有中国商舶去南亚经商和南亚物产等情况。尤其是《诸蕃志》，详记了南亚一些国家的物产。如卷上记细兰（斯里兰卡）国："产猫儿睛、红玻璃、脑子、青红宝珠，地产白豆蔻、木兰皮、粗细香。"记南毗国及其属国物产，有真珠、诸色番布、兜罗锦、猫儿睛、青靛、紫矿、椰子、苏木等；注辇国物产有"真珠、象牙、珊瑚、玻璃、槟榔、豆蔻、琉璃、色丝布、吉贝布。兽有山羊、黄牛，禽有山鸡、鹦鹉，果有余甘、藤萝、千年枣、椰子、甘罗、昆仑梅、波罗蜜之类，花有白茉莉、散丝、蛇脐、佛桑、丽秋、青黄碧婆罗、瑶莲、蝉紫、水蕉之类"。中国商人既然到南亚诸国从事贸易活动，自然会把以上物产贩运回国。

2. 元代

据《元史》之《世祖本纪》、《成宗本纪》、《仁宗本纪》等记载，元代南亚诸国来"贡献"的方物有：象、犀、花驴、花马、水牛、土彪、黑猿、黑狮、珍珠、指环、缣缎、番布、铜盾、鞍勒、毡甲、药物等。这些是确切可知由南亚传入中国的物产。

元代耶律楚材《西游录》、丘处机《长春真人西游记》、刘郁《西使记》、陈大震《大德南海志》、汪大渊《岛夷志略》、周致中《异域志》等书均或多或少记有南亚诸国的物产情况。其中以《大德南海志》与《岛夷志略》为最详。

《大德南海志》记载了元代初期广州市舶司对外贸易盛况，有海外舶来的货物表，分为八类。

第一类为"宝物"：象牙、犀角、鹤顶、真珠、珊瑚、碧甸子、翠毛、龟甬、玳瑁。

第二类为"布匹"：白番布、花番布、草（苹）布、剪绒单、剪毛单。

第三类为"香货"：沉香、速香、黄熟香、打拍香、阇八香、占城粗熟、乌香、奇楠木、降真香、戎香、檀香、蔷薇水、乳香、金颜香。

第四类为"药物"：脑子、阿魏、没药、胡椒、丁香、内子豆蔻、白豆蔻、豆蔻花、乌爹泥、茴香、硫磺、血竭、木香、荜拨、木兰皮、番白藏、雄黄、苏合油、荜澄茄。

第五类为"诸木"：苏木、射木、乌木、红柴。

第六类为"皮货"：鲨鱼皮、皮席、皮枕头、七鳞皮。

第七类为"牛蹄角"：白牛蹄、白牛角。

第八类为"杂物"：黄蜡、风油子、紫梗、磨末、草珠、花白纸、藤席、藤棒、䏡子、孔雀毛、大青、鹦鹉、螺壳、巴淡。

这些货物都是运到中国来的，其中有相当一部分产自南亚。《岛夷志略》和《异域志》的记载可以与此相对照。《岛夷志略》是按国家或地区记载南亚物产的，如"特番里"产黄蜡、绵羊、波罗蜜、甜瓜。"班达里"产甸子、鸦忽石、兜罗锦、木棉花、青蒙石。"曼陀郎"产犀牛角、木棉、西瓜、石榴。"北溜"产椰子索、䏡子、鱼干、大手巾布。"下里"产胡椒。"僧加剌"和"高郎步"产红石头。"沙里八丹"产八丹布、珍珠。"东淡邈"产胡椒、玳瑁、木棉、大槟榔。"大八丹"产绵布、婆罗蜜。"土塔"产绵布、花布大手巾、槟榔。"第三港"产蚌珠。"千里马"产翠羽、百合、罗葍。"须文那"产胡椒、丝布、孩儿茶（乌爹土）。"小唄喃"产胡椒、椰子、槟榔、溜鱼。"古里佛"产胡椒、加张叶、皮桑布、蔷薇水、波罗蜜、孩儿茶。"朋加剌"产荙布、高你布、兜罗锦、翠羽。"放拜"产细布、槟榔。"大乌爹"产布匹、猫儿眼睛、鸦鹘石、翠羽。"天竺"产沙金、骏马。《异域志》记"麻离拔国"产"异香、龙涎、珍珠、玻璃、犀角、象牙、珊瑚、木香、没药、血竭、阿魏、苏合香、没石子等货"。

3. 明代

明代南亚诸国来"贡献"方物（有物品名称者）的情况如下：

阿难功德国于洪武七年（1374）"贡方物及解毒药石"。（《明史》卷三三一）

尼八剌国于洪武二十年"贡金塔、佛经及名马方物。"（《明史》卷三三一）

榜葛剌国于永乐十二年（1414）"贡麒麟及名马、方物"。正统三年（1438）"贡麒麟"。"厥贡良马、金、银、琉璃器、青花白瓷、鹤顶、犀角、翠羽、鹦鹉、洗白苾布、兜罗锦（绵）、撒哈剌、糖霜、乳香、熟香、乌香、麻藤香、乌爹泥、紫胶、藤竭、乌木、苏木、胡椒、粗黄"。（《明史》卷三二六，《西洋朝贡典录》卷中所记大同）①

锡兰山"所贡物有珠、珊瑚、宝石、水晶、撒哈剌、西洋布、乳香、木香、树香、檀香、没药、硫磺、藤竭、芦荟、乌木、胡椒、碗石、驯象之属"。（《明史》卷三二六，《西洋朝贡典录》卷中所记大同）

小葛兰，"厥贡惟珍珠伞、白棉布、胡椒"。（《明史》卷三二六）

古里，"所贡物有宝石、珊瑚、珠、琉璃瓶、琉璃枕、宝铁刀、拂郎双刃刀、金系腰、阿思模达、涂儿气、龙涎香、苏合油、花毡、单伯兰布、苾布之属"。（《明史》卷三二六）《西洋朝贡典录》卷下所记与此稍异，除琉璃枕记为琉璃碗外，尚有栀子花、红丝花手巾、番花人马象物手巾、线结花靠枕、木香、乳香、檀香、锡、胡椒。

除"朝贡"以外，《瀛涯胜览》、《星槎胜览》和《西洋番国志》三书对南亚诸国物产尚有详细记叙，其中必有许多输入中国，兹不一一摘引。值得注意的是，元明以来，诸多文献上都有一些关于南亚所产宝石名目的记录。其部分名称前人已有所考证，此处拟稍加讨论。《明史》卷三二六记锡兰山国产"红雅姑、青雅姑、黄雅姑、昔剌泥、窟没蓝等诸色宝石"。《瀛涯胜览》、《星槎胜览》卷三、《西洋朝贡典录》卷中均有相似记载。其实，南亚宝石早在元代已大量输入中国，不仅汪大渊《岛夷志略》中有记，陶宗仪《南村辍耕录》卷七"回回石头"条亦记有若干宝石名称，其中红石头有剌、避者达、昔剌泥、苦木兰，绿石头有助把避、助木剌、撒卜泥，鸦鹘有红亚姑、马思艮底、青亚姑、你蓝、屋扑你蓝、黄亚姑、白亚姑，猫睛有猫睛、走水石，甸子有你舍卜的、乞里马泥、荆州石。除荆州石而外，其余似皆与南亚有关。

另外，明人李时珍在《本草纲目》中对以前传入中国的南亚药物作了归纳和考证，甚至注上梵文名称。如卷八之琉璃（火齐），卷一一之消石，卷一二之仙茅（婆罗门参），卷一四之藿香、郁金香，卷一八之胡椒、白豆蔻，卷一九之蜜草，卷二六之天竺干姜，卷二七之菠菜，卷三四之天竺桂、沉香、熏陆香

---

① 麒麟（长颈鹿）及名马，非孟加拉特产，盖转自非洲与中亚。

（乳香）、龙脑香，卷三七之竹黄、干陀木皮，等等。

第二节　中国传入南亚的物产

一、丝与丝制品

20世纪50年代，季羡林先生发表了《中国蚕丝输入印度问题的初步研究》的论文（见《中印文化关系史论文集》），详细阐述了中国丝传入印度的过程、时间、地点和作用等问题。他指出："从时间上来说，不是一时输入的；从地点上来说，也不是一地输入的。上下千余年，绵延数千里，这就是输入的总的情况。"继而他从语言学入手，从印度古代典籍找出若干梵文"丝"和与丝有关的字，认为，如果印度古籍《政事论》真是孔雀王朝大臣考底利耶所著的话，"那么至迟在公元四世纪中国丝必已输入印度"。关于传入的路线，他指出了南海道、西域道、西藏道、缅甸道和安南道五条线路。下面，我们按照时间顺序将中国丝与丝制品向南亚的传播情况作概要的描述。

1. 两汉至隋唐五代

汉代，中国内地与西域已进行大宗的丝绸贸易，中国的丝绸已传入中亚乃至欧洲，这已是世界史学界和考古界公认的事实。中国丝绸传入南亚，最早的记载见于《汉书·地理志》，即那段关于汉武帝时黄支国来华"献见"的著名记载，其中说到汉朝使者前往黄支等地所携带的是黄金和"杂缯"（各种丝织品）。

后汉时期，中国与南亚间仍存在丝绸贸易活动。公元80~89年埃及希腊人写的《爱利脱利亚海周航记》中即提到中国的丝和丝制品以印度为转运站，经大夏销往西方。这和西汉时蜀布与邛竹杖由印度转销大夏的情形是一样的，即通过滇缅道向南亚以及西方出口。与此同时，据《后汉书·班超传》，建初九年（公元84年），班超派使者"多赍锦帛遗月氏王"。其时月氏人已统治着印度东北地区，而班超对西域的经略保持了丝绸之路的畅通，使中国丝绸通过西域道运往印度成为可能。

魏晋南北朝时期，史书中对中国丝绸输入南亚的记载较少。据《魏书》卷一〇二："太延中……又遣散骑侍郎董琬、高明等多赍锦帛，出鄯善，招抚九国，厚赐之。"当时所使国中虽无南亚诸国，但北魏使者确曾出使南亚，其所携带的礼物中必有丝绸之类。南亚诸国使者前来"贡献"，北魏皇帝"赏赐"的物品中亦必有丝绸之类。而且，在此期间，南海道交通不断，商贸中必有丝绸之类外销。关于这一点，恐怕谁都不会怀疑。

唐代，文献中的有关记载多了起来。《旧唐书》卷一九八记，贞观十一年（637），罽宾献名马，"太宗嘉其诚款，赐以缯彩"。《册府元龟》卷九七一记，开元七年（719），玄宗赐诃毗施国使者"锦彩五百匹"。卷九七四又记，开元八年，玄宗以锦袍赐南天竺使者。卷九七五再记，个失密王木多笔遣大德僧物理多年来献表，玄宗诏命赐绢五百匹。

唐代，僧人去西天取经往往也带丝绸，这是中国丝绸输入南亚的另一途径。如《大慈恩寺三藏法师传》卷二记，玄奘在那揭罗喝国"施金钱五十，银钱一千，绮幡四口，锦两端，法服二具"。在布色羯逻伐底城，他把高昌王送给他的金银绸缎之类尽数分留给各大寺院。又如义净《大唐西域求法高僧传》卷上和卷下亦有和尚带丝绢去南亚的记载。

另外，季羡林还从《梵语千字文》、《梵唐消息》、《梵语杂名》和《翻译名义大集》等书中找出许多语言上的例证，证明当时已有若干种丝制品传到了印度。

2. 宋元明时期

据《宋史》卷四八九，宋代南亚诸国所遣"入贡"使者，皇帝一般都要"厚赐"，或曰"赐物甚厚"，再具体地说，就是"各赐衣服器币有差"。据《宋史》卷四九〇，印度僧人来华献经像的，皇帝一般要"赐紫方袍、束帛"。这衣服、紫袍可能都是丝织物。据季羡林考证，唐代时，印度的"一般老百姓还没有能够享受到丝的好处"。"到了宋代，印度人民，至少是靠近和中国通商的港口一带的人民，已经可以穿丝衣服"。的确，宋代的海上贸易较以前发达，中国丝绸更多地运往南亚，一部分就地消化，一部分转运他国。如《岭外代答》卷二所记，中国舶商先到南印度的故临国，然后易小舟去大食。《诸蕃志》卷上记商人在南毗国博易用货就有"缬绢"等中国货。

元代，中国丝绸运往南亚的记录也有不少。《岛夷志略》在介绍南亚诸地的情况时，常常要提到当地的土产，同时还要提一笔"贸易之货"。"贸易之货"反映了当地的爱好和需要，其中常常有丝绸之类。如在特番里的贸易之货有"五色绸缎、锦缎"；班达里，用"诸色缎"；大八丹，用"南丝"；加里那，用"细绢"；土塔，用"五色绢、青缎"；加将门里，用"苏杭物色缎、南北丝、土绸绢"；须文那，用"五色绸缎、青缎"；小唄喃，用"五色缎"；朋加剌，用"南北丝、五色绢缎"；大乌爹，用"五色缎"；马八儿屿，用"青缎"，等等。

明代，中国皇帝赠送南亚诸国国王及使臣的礼品中常常有丝绸制品。据《明史》卷三二五，洪武三年（1370），太祖"赐"西洋琐里"文绮、纱罗"；永乐元年（1403），成祖遣使西洋琐里，"赐绒锦、文绮、纱罗"；洪武五年（1372），太祖"赐"琐里王"金织文绮、纱罗各四匹"，"使者亦赐币帛有差"。据卷三二六"古里"条，"永乐元年命中官尹庆奉诏抚其国，赍以彩币"，三年"赐印诰文绮诸物"；"柯枝"条，"永乐元年遣中官尹庆赍诏抚谕其国，赐以销金帐幔、织金文绮、彩帛及华盖"；"小葛兰"条，永乐五年"赐其王锦绮、纱罗"；"沼纳朴儿"条，永乐十年，"遣使者赍敕抚谕其国，赐王亦不剌金绒锦、金织文绮、彩帛等物"，十八年，"赐之彩币"；"加异勒"条，"永乐六年遣郑和赍诏招谕，赐以锦绮、纱罗"；"廿巴里"条，"永乐六年，郑和使其地，赐其王锦绮、纱罗"；"底里"条，永乐十年，"赐绒锦、金织文绮、彩帛"。又据卷三三一，"西天阿难功德国"条，洪武七年（1374），"诏赐文绮、禅衣及布帛诸物"；"尼八剌国"条，洪武十七年，"太祖命僧智光赍玺书、彩币往"，二十年，赐"幡幢、彩币"，二十三年，赐"红罗伞"，永乐十六年，成祖"命中官邓诚赍玺书、锦绮、纱罗往"，宣德二年（1427），宣宗"又遣中官侯显赐其王绒锦、丝，地涌塔王亦如之"。另据《天下郡国利病书》卷一一九，永乐十四年，赐锡兰国王锦绮、纱罗、彩绢等物；《续文献通考》卷二三六，宣德八年，赐锡兰山国王纻丝、纱等。另外，《瀛涯胜览》、《星槎胜览》、《西洋番国志》及《西洋朝贡典录》等书亦有记载，兹不详列。总之，明代前期，中国丝绸对南亚诸国的输出是在"朝贡贸易"的基础上实现的，即外国以"朝贡"的名义将货物运到中国，朝廷再以"赏赍"的名义予以回报。16世纪中叶，明朝曾因倭寇的入侵而一度实行"海禁"。明代中后期，中国丝绸向南亚的输出则主要是以私人贸易的形式进行。这一时期，葡萄牙、荷兰、英国等西方列强已先后进入南亚，并逐步控制了海上交通，基本垄断了中国同南亚的丝绸贸易。西方商人把印度作为中间站，将大量中国生丝运往欧洲销售。如，"葡萄牙殖民者从澳门运往印度果亚的生丝量，在1580~1590年，每年约为3 000余担，到1636年，甚至多达6 000担"。[①]中国生丝在此期间虽然大量运往印度，但只是为了转口欧

---

① 李金明：《明代以后海外贸易史》，北京：中国社会科学出版社，1990年版，第126页。

洲，在印度等南亚国家的销售量是极为有限的。况且，据《瀛涯胜览》等书记载，其时南亚诸国已经有能力生产丝绸，其百姓用丝制品已不罕见。

二、纸

关于中国纸和造纸法向南亚的传播，季羡林曾写过三篇文章：《中国纸和造纸法输入印度的时间和地点问题》、《关于中国纸和造纸法输入印度问题的补遗》、《中国纸和造纸法最初是否是由海路传到印度去的？》，均收在《中印文化关系史论文集》。现据季文叙述如下：

1. 唐代以前

中国造纸的历史十分悠久，至少可以上溯到汉代。但中国纸在何时传到南亚，一直是一个谜。根据文献记载和近代以来的考古发现，很难证明中国纸在唐代以前就传入南亚。季羡林在《中国纸和造纸法输入印度的时间和地点问题》一文中经一系列考证后，得出如下推论："我们看到，蔡伦发明造纸法之后四五十年，也就是在二世纪中叶，中国纸已经到了西域。我们也看到，采用这种新的书写资料的不限于中国人，而且也有不少的外国人，其中可能就有印度人，或者和印度有密切关系的民族，因为在新疆发现的纸写本的残卷里面有梵文，也有于阗文。古代新疆有留寓的印度人，他们接触到纸，并且采用了它，也是完全可能的。当时的印度是属于广义的西域范围以内的，和现在的新疆一带交通颇为方便。我们很难想象，在新疆的印度人，或者与印度人有密切关系的民族，尽管是少数人罢，采用了这种比起旧日那些树皮、树叶一类的东西便利到不知多少倍的纸，而不把它带到印度去。我们也很难想象，为什么一定要等几百年后的伊斯兰教徒才把纸带过去。只是根据以上这些简单的理由，我们也可以推测到，伊斯兰教徒十二世纪左右才把纸带到印度去的说法是不可靠的。纸在这以前一定就到了印度。"

2. 唐代

仍据季文考证，唐代义净的《梵语千字文》里已有"纸"字，其《南海寄归内法传》也记载印度当时已使用纸，这就说明，至少在7世纪末叶，中国的纸就已经传到了印度。不过，当时印度人用于书写的材料，仍是树皮、树叶，唐代中国和尚去南亚取回的和南亚和尚带到中国的佛经，仍是用这些材料书写的。

至于造纸法何时传到印度的问题，则有可能是在751年的"怛逻斯之役"

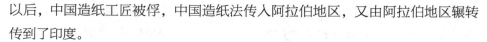

以后，中国造纸工匠被俘，中国造纸法传入阿拉伯地区，又由阿拉伯地区辗转传到了印度。

3. 唐代以后

从11世纪末叶起，印度文献的纸写本逐渐多了起来。印度中世纪诗人阿密尔·胡斯鲁（1253~1325）曾在他的著作中提到德里生产一种"洁白如绸的纸"[1]。1406年，郑和下西洋来到孟加拉地区，人们在那里看到了制造得相当精美的纸。马欢在《瀛涯胜览》中说："一样白纸，光滑细腻，如鹿皮一般。"巩珍在《西洋番国志》中也说："一等白纸，光滑细腻如鹿皮，亦有是树皮所造。"黄省曾《西洋朝贡典录》中也提到榜葛剌的土产"有桑皮纸"。

三、瓷器

中国古代的瓷器是闻名全世界的产品。中国瓷器向南亚的传播也有着悠久的历史，对此，中外学者均有深入研究，古代的文献记载和近代以来的考古资料都能提出有力的证明。

1. 古代的文献记载

唐代和唐代以前，中国史料中缺乏有关瓷器传入南亚的记载。宋代开始，这种记载才逐渐多了起来。《宋史》卷四八九，熙宁十年（1077），注辇国使者二十七人"来献"，神宗"各赐衣服、器币有差"。其中"器"即器皿，可能即有瓷器。《诸蕃志》卷上记商人至南毗国贸易用瓷器，说明宋时已有大量中国瓷器运往南亚。

元代，汪大渊《岛夷志略》所记与南亚诸国的"贸易之货"中，常常有瓷器。如"班达里"条的"青白瓷"，"曼陀郎"条的"青器"，"千里马"条的"粗碗"，"小唄喃"、"朋加剌"、"天竺"等条的"青白花器"，等等。《马可·波罗游记》第二卷第八十一章记载当时泉州港有大量等待运往海外的瓷器，《伊本·白图泰游记》下册"中国瓷器"条则记曰："至于中国瓷器，则只在刺桐（泉州）和隋尼克兰（广州）城制造。系取用当地上中的泥土，像烧制木炭一样燃火烧制……这种瓷器运销印度等地区，直至我国马格里布。这是瓷器种类中最美好的。"其实，当时中国烧制瓷器的地方绝不限于上述两处，只是因上述二城为当时最大的通商口岸，不仅自产大量瓷器，内陆（如景德镇等地）瓷

---

① P. N. 乔帕拉等：《印度社会文化与经济史》第2卷，德里，1976年印地文版，第99页。

器亦云集于此。

明代的记载也很多。据《明史》卷三二六"榜葛剌国"条，其国的"贡物"中竟有"青花白瓷"一项，《西洋朝贡典录》卷中所记同。这有两种可能，一是其时孟加拉一带已经可以自产，二是通过商人购得。第二种可能性较大。因为据《瀛涯胜览》，该国所出物产中并无瓷器。《星槎胜览》卷四记该国物产亦无瓷器，相反，却在贸易用货中列出了"青花白磁器"。《皇明世法录》卷八一所记榜葛剌国的"贡物"则无瓷器一项。《瀛涯胜览》记，锡兰人很看重中国的"青磁器"；《星槎胜览》卷三则说，与锡兰贸易用货中有"青花白磁器"。此外，《星槎胜览》卷三记载，中国与南亚其他国家和地区的贸易中也使用瓷器，如溜山洋国、大葛兰、柯枝国、古里国等。由此可知，中国瓷器在明代时已经普及南亚各地。1608~1611年，英国人威廉·高庆斯到印度旅行，在莫卧儿王朝的宫廷目睹了一件事："莫卧儿皇帝贾汗吉尔在自己的所有宝物中最喜爱一块价值约四十五里拉的中国盘子。但有一次这块盘子因为保存者不小心而被摔破了。这个保存者暗中派了人到中国去买一个类似的盘子。但是两年过去之后，该人还没有回来，而贾汗吉尔却想起了这块盘子。他听说盘子已被摔破，立刻大怒，将保存人毒打了一顿，并没收了他的财产。这个保存人经过两个月才养好伤，贾汗吉尔乃给予他五千里拉，并发还他四分之一被没收的财产，要他出国去寻找类似的一块盘子，找不到以前不许回国。幸而这人在波斯国王那里遇到了类似的一块盘子，并且使波斯国王将这块盘子让给了他。"[1] 明代后期，荷兰东印度公司在东南亚和中国台湾等地建立了同中国贸易的据点，他们曾把大量中国瓷器运往印度的东南沿海等地。"如1612年，'德戈斯'（Dergoes）号和'杜夫肯'（Duyfken）号从万丹经亚齐航行到印度的科罗曼德尔沿岸，在其载运清单中，有从巴达维亚装上船的各种粗瓷31 272件，价值2 154荷盾，每件平均不到0.70荷盾；从万丹装上船的有6 140个奶油盘、水果盘及各种杯，价值972荷盾，每件平均约0.15荷盾"[2]。

2. 考古资料

1984年，中国文物出版社出版了日本考古学家三上次男的长篇考察报告《陶瓷之路》。该书第七、第八两个部分是作者考察和研究南亚各地中国陶瓷出土情况的详细记录。下面即按照三上次男的记载作一简介。

---

① 转引自张铁东：《中英两国最早的接触》，《历史研究》1958年第5期。
② 李金明：《明代以后海外贸易史》，北京：中国社会科学出版社，1990年版，第129页。

（1）巴基斯坦

在卡拉奇市南64千米处的班波尔（Banbhore）遗址，1958年以来，巴基斯坦考古局开始发掘，发现了一批中国陶瓷。其中包括9世纪左右的晚唐越窑瓷水注、长沙窑黄褐釉上有绿彩花草纹的碗残片，宋代初期（约10世纪）有线刻花纹的越窑瓷残片、覆莲瓣纹的华南白瓷片，宋末元初（约13世纪）的龙泉青瓷片，以及属于宋代广东制作的黄釉四耳罐残片。

在信德省府海德拉巴市东北约80千米处的布拉赫米那巴德（Brahminabad）遗址，其发掘工作早在1854年即已由西方人士进行，当时所发现的许多陶瓷片被运往英国，收藏于不列颠博物馆。经当时研究中国陶瓷的权威人士霍布森研究，这些瓷片的时间跨度由9~10世纪的唐末、五代到11世纪前半叶的宋末。

另外，在俾路支省沿海的莫克兰地区，斯坦因博士曾于1927~1928年和1931~1933年两度来到这里，对其中的一些地方进行考察，两次都发现了中国陶瓷的残片。第二次的发现物中有10世纪前后的青白瓷。

（2）印度

在南印度卡纳塔克邦中南部，新石器时代的遗址昌德拉瓦利（Chandravalli）曾出土过宋代龙泉窑青瓷片和福建、广东一带出产的白瓷残片，还有华南出产的黑褐釉陶片。与它们一同出土的还有北宋神宗时期的"元丰通宝"，说明这些瓷器可能是元丰年间（1070~1085）或稍晚些时候运去的。

在南印度泰米尔纳德邦本地治里市南约20千米的阿里卡美都（Arikamedu）遗址，法国人从20世纪30年代起就进行了考古发掘，1945年第二次世界大战以后又有惠勒等人进行了发掘。发现有：9~10世纪的越窑碟子残片；11~12世纪越窑瓷、龙泉窑青瓷残片和磁州窑的陶片；南宋龙泉窑出产的精美的青瓷碗、外侧起棱状竖条纹的龙泉窑深碗残片和小罐残部、青白瓷碟残片。与它们一同出土的还有北宋徽宗宣和年间（1119~1125）的"宣和通宝"，以及南印度11~12世纪朱罗王朝（《宋史》所记之"注辇"）的铜币。这说明，大约在9~13世纪的数百年间，中国瓷器曾源源不断地运往这里。

本地治里市西北约10千米的可里麦都（Korimedu）遗址，也散落有中国宋元时代的瓷片。其中有12~13世纪南宋时代浙江或福建一带生产的枇杷色珠光青瓷碗残片、淡色青白釉罐残部，还有14世纪以后闽粤一带生产的青花瓷片。

在本地治里之南，卡利米尔角略北，有一个叫卡雅尔（Kayal）的地方，也曾经出土过中国宋元时代的陶瓷。

在印度东北的阿萨姆邦高哈蒂市博物馆里陈列着几件14~15世纪破碎的龙泉窑青瓷大平碗，是当地出土的。

另外，在印度各地的一些大大小小博物馆里，大都陈列有中国十四五世纪到十七八世纪的瓷器，这些精美的瓷器一般是莫卧儿王朝时各地土邦王公贵族或官员们的收藏品。据曾任大英博物馆东方部长的巴西尔·格雷说，1864~1883年，曾任印度铁道技师的加拿大人威廉·卡民慈收集到600多件14~17世纪的中国陶瓷（主要是青瓷和青花瓷），其中大部分是在奥德地区（今北方邦东部地区）；曾在加尔各答当律师的N.T.威廉斯在印度收集到100余件中国陶瓷，其中很多是姆尔西达巴德（今西孟加拉邦北部）地方官收藏品。

（3）斯里兰卡

在斯里兰卡首都科伦坡至康提市之间，克格拉（Kegalla）镇南8~10千米处，有一座佛塔。1947~1954年，在对该塔进行发掘和修缮时发现了大量中国宋代的瓷器碎片，其中最早的是10世纪前后越窑系瓷碗残片，其次是12~13世纪南宋龙泉窑青瓷碗残片、青白瓷柑子形小罐和四足小香炉的一部分，以及广东、福建一带烧制的黄釉四耳罐残片等。

在斯里兰卡北部重镇阿努拉达普拉市东南10余千米处的雅帕护瓦（Yapa-huva）遗址，1911年和1949年曾两度发掘，除发现有中国两宋和元代陶瓷外，还发现有1 364枚中国铜钱。这些铜钱大多是两宋之物，也有若干唐代的开元通宝和元代的至元通宝。这些文物现收藏于阿努拉达普拉博物馆。其中最引人注目的是一件12世纪南宋龙泉窑制造的优美完整的青瓷碗，其口径为21厘米，高9.3厘米，外面饰有仰葵瓣纹，属罕见珍品。还有两件修复后大体完整的宋代青白瓷碗、一个橄榄色青瓷小狮子的头部和福建一带烧制的白瓷片、宋三彩的满绿釉长罐等，都是十二三世纪的东西。

在科伦坡博物馆的一间展室里陈列的15世纪以后的青瓷和青花瓷则可能是郑和下西洋时或其以后运到斯里兰卡的。

另据报道，1975年斯里兰卡考古工作者在斯里兰卡西北部的台曼发现了一大批中国古代陶瓷碎片，据鉴定系12~16世纪的制品。[①]

① 1975年7月26日《人民日报》。

四、糖、茶

1. 糖

关于中国糖向南亚的传播，季羡林曾于1987年第4期《社会科学战线》发专文（《CINI问题》）论述。文中写道："中国白糖也输出到了印度。德国学者Lippmann在讲述了马可·波罗在福建尤溪看到了白糖以后，又讲到蒙古统治者重视贸易，发放签证，保护商道；对外国的和异教的手工艺人特别宽容、敬重，不惜重金，加以笼络。'这件事情在精炼白糖方面也得到了最充分的证实，因为中国人从那以后，特别是在炼糖的某一方面，也就是在制造冰糖方面，成为大师，晚一些时候甚至把这种糖输出到印度，不过名字却叫作misri，这一个字的原始含义（埃及糖）已经被遗忘了。'英国马礼逊说：'印度国每年亦有数船到是港（新埠），载布匹，易白糖等货。'这里谈的可能是中国白糖经过新加坡转口运到印度。无论如何，中国白糖输出到印度已经是无可辩驳的事实了。"

在近代的印地文、孟加拉文和尼泊尔文等南亚语文中，白糖叫作cini，意思是"中国的"；而在西印度的语文中，"糖"是用来自梵文的词sharkara表示的。他根据这一语言现象，指出："中国白糖由海路首先运至东印度，可能在孟加拉的某一个港口登岸，然后运入印度内地。"又说："马可·波罗在尤溪看到中国制的白糖，时间是1275年。中国人从埃及人那里学习了制糖术，造出了白糖。这样的白糖从近在咫尺的泉州港装船出口是完全可能的……我们可以说，孟加拉文中的cini最初是指13世纪后半从中国泉州运来的白糖的。"这一时间推断是比较可靠的，因为元人汪大渊《岛夷志略》的"大八丹"和"土塔"条所记中国商人同当地人的"贸易之货"中分别有"白糖"和"糖霜"。汪氏为14世纪人，其首次由泉州泛海西渡在1330年，比马可·波罗在尤溪的时间仅晚55年，而比伊本·白图泰来华时间（1346）早16年。伊本·白图泰一到广东就发现，"中国出产大量蔗糖，其质量较之埃及蔗糖实有过之而无不及"。[①]这种糖成为出口产品完全是情理中事。

据《西洋朝贡典录》卷中"榜葛剌国"条，明代早期，其国"贡物"中有糖霜一项。据《广东新语》卷二七，明代后期，广东一带蔗糖产量很高，其中质量最好的被称为"洋糖"，出口东西两洋。可见，当时的"洋糖"不是进口货，而是出口货，其"洋"字和后世"洋米"、"洋油"、"洋火"、"洋行"等的

---

① 《伊本·白图泰游记》，银川：宁夏人民出版社，1985年版，第545页。

"洋"字含义正相反；而当时的"西洋"则包括南亚一带。

2. 茶

中国是世界上最早种植茶树的国家，中国人饮茶的历史至少可以上溯到汉代。然而，中国茶向南亚输出的历史似乎并不像丝绸那样悠久。张星烺说："饮茶习俗，13世纪以前，尚未传至亚洲西部。蒙古人征服诸部后，始传入也。蒙古文、突厥文、波斯文、印度文、葡萄牙文、新希腊文、俄文皆称茶曰Chai，实即茶之译音也。英文之tea，德文之Thee，乃闽粤音也。"①张文说的是饮茶习俗，而不是茶叶的传播。一般认为，中国茶叶向外传播的时间大约在5世纪，"贸易对象是土耳其商人，中界地是蒙古边界，方法是以物易物"②。"印度人知茶是由我国西藏转播而去。有人估计唐宋之时印度人已开始了解中国吃茶之法。到1780年东印度公司由广州转输入印部分茶籽，1788年又再次引种，这才使印度逐渐成为世界产茶大国之一。"③据以上意见，可知中国茶叶传入南亚的时间约在唐宋之际，南亚人饮茶习俗的形成在13世纪以后，而南亚植茶的历史开始于18世纪后期。下面分三个时期略作讨论。

唐代，中国内地的茶叶已经传入西藏。据李肇《国史补》："常鲁公使西番，烹茶帐中，赞普问曰：此为何物？鲁公曰：涤烦疗渴，所谓茶也。赞普曰：我此亦有。遂命出之，以指曰：此寿州者，此舒州者，此顾渚者，此蕲门者，此昌明者。"说明唐代藏王已非常熟悉内地的茶叶并拥有许多品种。西藏饮茶之风盖由此兴。其时西藏与南亚若干国家和地区关系密切，茶叶完全可以经西藏道传入南亚。川滇地区亦自古有茶，茶叶也可能经滇缅道传入南亚。在《中国印度见闻录》下卷，阿拉伯商人苏莱曼曾提到中国的茶叶，则南亚商人也会注意到这一点。由此推断，南亚人在唐代知道中国茶叶，甚至零星、偶然地饮用一次，是完全可能的。

明代初期，随郑和下西洋的马欢、费信、巩珍等人的书中并未记载南亚人饮茶的习俗，相反倒记载了一些其他饮料，如牛乳、蔷薇露、蜜水及各种酒类等。他们观察南亚民族饮食习俗甚细，如有饮茶习俗必不至于疏漏。《瀛涯胜览》"榜葛剌国"条甚至提到"市卖无茶"，《西洋番国志》亦云其国"土俗无茶"，这说明当时南亚民间并未形成饮茶习俗。

---

① 张星烺：《中西交通史料汇编》第3册，北京：中华书局，1979年版，第199页。

② 王玲：《中国茶文化》，北京：中国书店，1992年版，第308页。

③ 同②，第317页。

　　明代晚期，荷兰人、英国人都从中国船运茶叶到西方，中间经印度转运。印度或可受其影响。17世纪末18世纪初，欧洲饮茶之风大盛，荷兰东印度公司和英国东印度公司在同中国进行茶叶贸易上展开竞争。丁韪良《中西闻见录选编·印度种植茶叶》载："英国采买内地茶叶，已有二百余年，频岁加多，届今增至十余千万磅，运往英京。英人早思于属国择选土地，宜于艺茶者种之，以省费而利国。嗣遣人购觅茶种，于印度昆仑山相近处试种，更雇中国善于采取与烧炼者，教土人以采烧之法。试行以来，著有成效，所收茶品，颇不逊于中华。于同治二年，种茶已有一百万磅。至同治十一年，迭增至二千万磅之多，将来获利自不可量云。"由这段文字可知，在同治二年（1863）之前若干年，中国茶种和种茶、制茶技术已传至印度。又据黄遵宪编《日本国志》卷三八："印度种茶起于泰西一千八百三十四年，至今五十余年矣。先是，侯爵某上书政府，首倡其议，英国从其言，遂选英人及印度人十三名为委员。阿朔昔州旧有茶树，当印度未入英国版图时，于千八百二十四年缅甸之役，炮船长官巡察其地，并携茶种归告政府。及是，所遣委员遂于阿朔昔州先建数所苗园，并开小制场。至三十七年，渐通制造焙炼诸法，又遣员往中国福建厦门购种种之，渐及东北诸州。其后，政府决议以移植中国种为便，又往安徽、杭州、宁波、福建武夷山购觅良种，植于西北诸州。尔后考论工拙，争以金牌为赌物，植物家又考究树质佳否，土宜如何，一一论究中国焙炼之法，政府并译其书布告于众。凡种茶之地，虽在绝域深山，政府皆开通道路以便运输。人民亦争自奋发，益求良法，佐以机器。至千八百六十九年，印度茶之名竟噪于世。"由此可知，印度阿萨姆地区早在1824年以前即已有茶树，而英国人正式将中国茶种引进印度是在1834年，1837年以后又进行大规模引进，遂使茶园遍布印度东北、西北各地。

　　斯里兰卡引进中国茶种大约在此后不久，而且其茶业发展迅速。据《海关丛刊·察访茶叶情形文件》所收光绪十三年十月十七日《论锡兰茶景兴旺情形》一文及光绪十四年四月二十八日《英商旦斯详议锡兰茶何以比华茶进益节略》：1877年为锡兰茶出口的第一年，出口量为1 800磅。1880年，锡兰有茶园13座，年产茶1 300箱；1882年，锡兰的茶园增加至56座，年产9 500箱；1883年，其茶园又增至111座，年产茶22 500箱；1884年，其茶园达135座，年产32 600箱；1886年，其茶园竟多达900座，占地72万亩，年产量达5 760万斤。

五、金属及金属制品

1. 钢铁

梵文中有cinaja一词，意思是"钢"，其字面意思是"中国产的"。季羡林指出："这就说明，尽管古代印度有钢铁生产，而且，印度生产的钢铁还输出国外，在古代颇有一些名气。但是，'中国产'的钢在某一个时期某一个地区曾输入印度，这是无法否认的事实……约生于公元后八二〇——八三〇之间的阿拉伯地理学家Ibn Kurdadhbah，在他的游记里提到中国的钢铁、瓷器和大米。可见一直到九世纪中叶以后中国的钢铁还是能够同瓷器相提并论的产品。另一位阿拉伯地理学家Ibn muhdhih（约生于公元后941年），在克什米尔看到一座观象台，是用中国钢铁造成的。这个例子足以说明中国钢铁确实传入印度……传入的时间决不会就是公元后十世纪，恐怕要早得多。"[1]

元代，据《岛夷志略》记载，中国商船到南亚贸易，时常以"铁器"、"铁条"、"铁鼎"、"针"等为"贸易之货"。

明代初期，据《星槎胜览》等书记载，中国商船到南亚贸易，亦使用"铁线"之类为贸易之货。

2. 其他金属

《岛夷志略》、《星槎胜览》、《瀛涯胜览》和《西洋番国志》等书在记载中国商船在南亚各地贸易时还使用大量金、沙金、云南叶金、银、花银、铜钱、铜鼎、铜线、铅、斗锡、水银等。这说明元代至明代初期，有不少中国金属流入南亚。其中，金子作为贵金属具有货币的流通功能，所以很早就有中国黄金流入南亚的记载，《汉书》卷二八《地理志》讲到汉代中国使者去南亚的携带物品，主要是黄金和杂缯。中国铜钱在南亚一带时有出土，前文提到斯里兰卡曾出土一大批宋代古钱，而《宋史》卷四八九记熙宁十年（1077年）南印度注辇国王遣使来华，宋神宗曾"答赐其王钱八万一千八百缗、银五万二千两"。也许，由于宋时海上贸易的发达，中国铜钱可以在南亚沿海地区作为通用货币流通。另据《西洋番国志》和《瀛涯胜览》记载，当时的锡兰国人甚喜爱中国铜钱。可见，至少在明代初期，中国铜钱在斯里兰卡是可以作为通用货币使用的。

---

[1]　季羡林:《中印文化交流史》，第22页。

六、植物、手工制品等

1. 植物

《大唐西域记》卷四"至那仆底国"条写道:"此境已往,泊诸印度,土无梨、桃,质子所植,因谓桃曰至那你(唐言汉持来),梨曰至那罗阇弗咀逻(唐言汉王子)。"近代的研究证明,印度早就有梨和桃,但玄奘的记载说明,汉代时也许确实有中国品种的移植,否则不会从语言上反映出来。梵文中,小米叫作cinaka或cinna,可能也是中国传去的。此外,还有一些药用植物,将在下一章详说。

2. 手工制品

西汉张骞在大夏看到的蜀布和邛竹杖是从天竺转卖去的,说明至少在汉武帝时中国已有一些手工制品输入到南亚。然而,此后直到元代以前的千余年间,史书记载中国手工制品传入南亚的文字很少(丝绸、瓷器等除外),元代以后才多了起来。据《岛夷志略》记载,其时中国输入南亚的手工制品有紫粉、木梳(牙梳)、鼓板、鼓、瑟等。明永乐七年(1409)郑和奉旨去锡兰的佛寺布施,并树立石碑。其石碑现存科伦坡博物馆,碑文中详细罗列了布施物品及其数量,除丝、绢、金钱、银钱而外,还有宝幡、香炉、灯台、灯盏、香盒、蜡烛等。总之,从蜀布和邛竹杖贸易开始,直至如今,中国手工制品向南亚的传播迄未止息,只是文献上的记载不多罢了。

第三节 近代以来中国与南亚的贸易

近代以来中国与南亚的物质文化交流主要体现在商品贸易上,下面分三个时期来谈。

一、近代(1840~1911)

从明末到清初,中国东南海上贸易处于被动局面,而葡萄牙人、荷兰人和英国人则控制着海上贸易的主导权。当时的中国商贸船只基本上都是舢板,不能远航,最远也就到东南亚一带,所以西洋人称中国当时的贸易为"舢板贸易"。据统计,"1690年至1718年之间平均每年有十四条舢板抵达巴达维亚,运来的茶叶仅够装满一条开往尼德兰的茶叶船"。在这种情况下,中国与南亚的商品交易便主要靠西方人转手。"从巴达维亚起航的船只满载香料和其他商品前往广州销售，尔后装运瓷器、药材和丝绸火速运往苏拉特，换成棉花、糖、树胶以及布匹，再驾季候风返航广州。"①由此可知，当时中国输往南亚的商品主要是茶叶、丝绸、药材和瓷器；而南亚输入中国的商品则主要是棉花、糖、树胶和布匹。在上述中国货物中，大部分是运往欧洲的，在南亚销售的只是少量。

在鸦片战争之前，英国人在同中国和印度的贸易中以贵金属换取中国和印度的货物，虽然攫取了暴利，但也出现了贸易逆差，为解决这一问题，他们在鸦片和棉花上寻找出路，终于导致鸦片战争。

1. 鸦片贸易

印度鸦片早在18世纪前期即输入中国。清乾隆三十年（1765）以前，每年输入数量不超过200箱，多作药用。到嘉庆元年（1796），由于中国嗜者益众，开始禁其进口。1770~1789年，由孟加拉输出的鸦片从1 400箱增加到4 000箱，其中多数运往香港，再转销中国其他港口。鸦片贸易给英国商人和印度商人带来巨大利益，印度各地竞相种植罂粟、加工鸦片。1830~1834年，从印度输入中国的鸦片数量为17 000箱；1835~1839年，输入26 000箱；1840~1844年，输入21 500箱。此时，中国已经开始了鸦片的种植。1840年的鸦片战争以中国失败告终，鸦片输入量又逐年猛增。五口通商时期，鸦片输入的主要口岸由广州改为上海，1854年7月~1855年6月，上海进口鸦片总值白银911万两。而在此前的1850~1851年度，印度出口鸦片的价值达5 970万卢比。1858年，中英签订《通商章程善后条约》，鸦片成为合法商品大量输入中国，1880~1881年度，印度输入中国的鸦片达105 507箱，价值约14 320万卢比。到1884年以后，印度输华鸦片数量开始逐渐减少，因此时中国已增加罂粟的种植量。1890~1891年度，印度出口鸦片85 873箱，价值9 260万卢比。20世纪初，中印政府签约削减鸦片贸易量，1910~1911年度，印度出口鸦片43 921箱，价值12 760万卢比。到第一次世界大战前，印度出口鸦片已减至4 000箱以下。②

2. 棉花、棉纱贸易

在印度鸦片大量输华的同时，印度棉花也大量倾销中国。印度棉花的纤维短，不利于大机器生产，对中国当时的手工纺织倒比较合适，因此，当印

---

① 《中外关系史译丛》第3辑，上海：上海译文出版社，1986年版，第311、322页。

② 范铁城：《东方的复兴——中印经济近代化对比观照》第六章，长沙：湖南出版社，1991年版；姚贤镐：《中国近代对外贸易史资料》第一册，北京：中华书局，1962年版。

棉在欧洲销路不畅，英印商人无利可图时，他们在中国找到了巨大的市场。1850~1851年，印度出口棉花的总价值约2 200万卢比；1870~1871年度，印度出口棉花490万英担，价值19 080万卢比；1880~1881年度，印度出口棉花390万英担，价值11 150万卢比；1890~1891年度，印度出口棉花590万英担，价值16 530万卢比；1910~1911年度，印度出口棉花870万英担，价值36 050万卢比。这些棉花大部分销往中国。

19世纪中后期，棉纱开始成为印度输华的主要产品。1872~1873年度，印度棉纱的出口总量为180万镑，而其中出口中国的就有120万镑。此后，印度棉纱对华出口量逐年增加：在1874~1879的五个年度中，平均每年度输入中国约900万镑；在1879~1884的五个年度中，平均每年度输华3 010万镑；在1884~1889的五个年度中，平均每年度输华7 660万镑；在1889~1894的五个年度中，平均每年度输华14 170万镑；在1894~1899的五个年度中，平均每年度输华18 090万镑。开始，印纱主要供应汕头、广州一带，后来渐次扩大到华东、华中、华北、东北、西南等地。直到1914~1915年度，由于日本棉纱的排挤，印度棉纱的年输华量才降至13 400万镑。此后，印纱输华数量大大减少。[1]

3. 中国出口印度的商品

在鸦片战争前后的中印贸易中，中国输往印度的商品比印度输入中国的商品要少得多，中国方面出现巨大的贸易逆差，需要用白银支付其差额部分。印度的大宗商品为鸦片、棉花、小麦和黄麻，其主要输出对象为中国；而中国的大宗商品是生丝、瓷器、茶叶和药材，主要输出对象却是英国、美国、法国、荷兰、西班牙等欧洲国家。据统计，1834~1845年，输入中国的印度货物每年平均价值仅略少于4 000万英镑，其中鸦片占2/3，其余大部分为棉花；而印度从中国输入的货物每年平均价值为50万英镑，仅及印度输出货价值的1/80。这样，中国每年运往印度的白银净值便高达150万~250万英镑。中国输往印度的货品数量虽少，但种类还比较多。其中有生丝、茶叶、瓷器、冰糖、白糖、明矾、绸缎、樟脑、大黄、纸、土布等。值得一提的是茶叶，1839~1940年度，中国输往印度和新加坡的茶叶共约3 106 989磅，有广东武夷、功夫、红梅、珠兰、小种、花香、白毫、屯溪、熙春、皮茶、雨前、圆珠、芝珠，共13个

---

① 范铁城：《东方的复兴——中印经济近代化对比观照》第六章，长沙：湖南出版社，1991年；姚贤镐：《中国近代对外贸易史资料》第一册，北京：中华书局，1962年。

品种。①

从清同治三年（1864）到宣统三年（1911）的48年间，中国同印度每年的直接贸易总额平均为2 777万海关两。其中，1910年印度对中国的出口额最高，1887年最低，分别为43 958 226和5 537 375海关两；中国对印度的出口额以1911年为最高，以1865年为最低，分别为5 809 730和14 168海关两。②

二、民国时期（1912~1949）

民国时期，中印两国间的贸易呈上升势头。1926年，两国间的贸易总额达95 113 114海关两，其中印度输华的货品总值为79 191 013海关两，是最高的年份。1927年，中国对印度出口也达到了历史上的空前高度，其总价值为22 194 819海关两。这说明，在此期间，中印两国的物质文化交流较以前有很大的发展，而不是人们通常想象的那样少。

1. 印度输华物产

这一时期，印度输华的物产中以棉花、大米和棉纱为大宗。在1926~1928年的三年间，中国大陆进口的棉花总量分别为2 795 618担、2 491 384担和1 933 290担。其中从印度进口的数量分别为1 529 033担、748 551担和981 673担，分别占进口总量的54.7%、30%和50%。同期中国进口大米的总量分别为18 720 777担、21 091 693担和12 657 904担。其中从印度进口的数量分别为4 178 499担、2 059 724担和622 462担，分别占进口总量的22.3%、9.8%和5%。同期中国进口棉纱的总量分别为462 158担、297 315担和285 308担。其中从印度进口的数量分别为24 225担、31 310担和26 515担，分别占进口总量的5.2%、10.5%和9.3%。除了这三项以外，中国还从印度进口过面粉、糖、煤、煤油、水泥、茶叶（也从锡兰进口过少量茶叶）、黄麻、布匹（其中包括原色布、本色粗布、本色细布、洋标布、斜纹布），等等。③

印度输华的物产肯定不止以上罗列的这些。但由于资料的缺乏，我们无法进一步详述。

---

① 姚贤镐：《中国近代对外贸易史资料》第一册，北京：中华书局，1962年版。
② 杨端六等：《六十五年来中国国际贸易统计》，国立中央研究院社会科学研究所，1931年版，第102页。
③ 同②，第102页。

2. 中国输印物产

这一时期，中国输印物产以丝类、茶叶和豆类为大宗。

1912~1928年，中国向印度输出丝类的情况见表3–1。

表3–1　1912~1928年中国输往印度丝及丝织品统计

年份	生丝数量（担）	生丝价值（海关两）	丝织品数量（担）	丝织品价值（海关两）
1912	20 181	6 320 540	981	412 669
1913	13 830	3 980 393	1 776	712 382
1914	14 626	4 738 382	2 091	772 642
1915	14 318	4 602 854	3 178	1 114 754
1916	12 567	4 231 715	2 630	872 966
1917	12 853	4 193 799	1 615	585 499
1918	9 155	3 195 762	2 308	840 001
1919	17 413	5 676 074	5 557	2 045 277
1920	12 734	4 736 248	4 204	1 989 998
1921	13 695	6 124 838	3 297	1 646 512
1922	14 214	6 146 057	1 496	907 959
1923	13 006	6 301 550	2 530	1 838 971
1924	12 922	6 242 532	2 976	1 862 974
1925	11 240	5 548 066	6 204	4 104 277
1926	16 452	7 730 092	6 415	4 833 261
1927	20 589	9 301 645	5 731	3 645 812
1928	16 136	7 379 839	5 225	3 196 907

在这17年中，中国输往印度的生丝（其中包括蚕茧）数量共245 931担，平均每年约14 467担；中国输往印度的丝织品数量共58 214担，平均每年约3 424担。

1926~1928年，中国向印度出口的茶叶数量分别为51 502担、33 832担和

40 265担。1929~1933年的5年间，中国向印度出口茶叶的数量见表3-2。

表3-2　1929~1933年中国输往印度茶叶统计

单位：担

年份	红茶	绿茶	总量
1929	6 536	9 754	35 521
1930	6 790	14 477	25 834
1931	685	19 302	26 292
1932	3 885	15 202	20 996
1933	165	21 926	32 725

说明：年输出总量中除红茶和绿茶外，尚有其他品种。

在1926~1928年，中国出口印度的豆类分别为69 121担、91 682担和117 462担。此外尚有蛋类、花生、牛皮、芝麻、桐油、煤、棉纱、生铁，等等。值得注意的是，棉纱一向是印度向中国出口，而此时中国的棉纱也向印度出口了，这3年向印度的输出量分别为3 586担、93 633担和70 182担，与前面的丝、茶、豆类3项相比，数量已不算小，这说明中国当时的纺纱业较清代有很大发展。[①]

三、中华人民共和国建立以后

1949年中华人民共和国建立以后，陆续与南亚诸国建立了经贸关系，中国与南亚的物质文化交流也进入了一个新时期。现就中国与南亚主要国家经贸情况按国别简述如下。

1. 中国与印度

在此期间，中国与印度的商品贸易又可以分为前后两个时期，前期为20世纪50年代，后期为20世纪80年代。

50年代，中国输往印度的货物主要有大米、高粱、大豆、生丝、机器、变压器、羊毛、氢氧化钠、纸张等；印度输入中国的货物主要有麻制品、大米、

---

① 1929年国民政府工商部印行《历年输出各国丝类统计表》；中央银行经济研究处编：《华茶对外贸易之回顾与前瞻》，商务印书馆，1935年版；杨端六等：《六十五年来中国国际贸易统计》，国立中央研究院社会科学研究所，1931年版。

豆类、烟叶、化学品、药品、云母、电扇、毛织品、机械等。

80年代,中国输往印度的商品主要有生丝、丝制品、食用植物油、煤、汞、锑、石油、石油化工产品、药品等;印度输入中国的产品主要有铁矿石、铬矿石、锰矿石、钢产品、烟叶、皮革、发电设备等。

2. 中国与巴基斯坦

在此期间,中国同巴基斯坦的商品贸易关系一直很好。

20世纪50年代,中国向巴基斯坦出口的货物主要是煤炭,而巴基斯坦向中国出口的货物主要是棉花。

60年代,中国向巴基斯坦出口的货物主要有钢铁产品、煤炭、水泥、机械、染料、化工原料、药品、科学仪器、医疗器材、小麦、大米等;巴基斯坦向中国出口的主要商品有黄麻、黄麻制品、棉花、棉纱、矿砂、纺织品、毛皮、药材、运动器具等。

70和80年代,中国输往巴基斯坦的货品主要有工具、车间设备、卫生洁具、陶瓷餐具、印花布、毛毯、文教用品、化工制品、医药、柴油、石油制品、茶叶、纸张、钢铁制品、电器设备和机械设备。机械设备包括医院设备、实验室设备和农业设备、建筑和筑路机械,以及纺织、制糖、平板玻璃、立德粉、麻纺、烧碱、化肥厂等设备。巴基斯坦输入中国的物产主要有棉花、棉纱、纺织品、皮革、革制品、种牛、种羊、草药、干果等。

3. 中国与斯里兰卡

从20世纪50年代开始,中国一直与斯里兰卡保持着良好的贸易关系。长期以来,中国向斯里兰卡输出的最主要物产为大米,而斯里兰卡向中国输出的则主要是橡胶。此外,中国输出的产品还有水电机械、建筑机械、建筑材料、农牧渔业机械、纺织机械、货运轮船、五金日用品、化工产品、纺织品、土畜产品等;斯里兰卡输入中国的物产还有椰油、茶叶、宝石、可可、药材、大象、日用化工制品等。

4. 中国与尼泊尔

在此期间,中国向尼泊尔输出的产品主要有建筑机械、建筑材料、水电设备、农业机械、日用品、原毛、制成革、绵羊、山羊等,以及化工厂、水泥厂、糖厂、砖瓦厂、造纸厂、棉纺印染厂、水电站等的成套设备。尼泊尔向中国输出的物品主要有大米、黄麻、黄麻制品、面粉、谷类、染料、毛皮、草药、油料、犀牛、犀角等。

5. 中国与孟加拉国

孟加拉国建国以后，中孟贸易开始于1975年5月，其时，参加广州商品交易会的一个孟加拉国贸易代表团同中国签订了4项贸易协定。此后，中孟贸易一直呈良好的发展势头。中国向孟加拉国出口的产品主要有煤炭、生铁、钢材、钢坯、水泥、机械设备和零件、染料和化工品、轻工制品、小五金和铁器、耐火材料、科学仪器、柴油、润滑基础油、X光胶片、原棉、纺织品等。孟加拉国向中国出口的产品主要有黄麻、黄麻制品、皮张、成品皮革、化肥、纤维板、硬杂木、麻纱、食糖、新闻纸张等。[①]

---

① 1949年以来中国与南亚贸易商品部分均参见王和英等《中华人民共和国对外经济贸易关系大事记》（1949~1985）的有关部分，北京：对外贸易教育出版社，1987年版。

第四章

中国与南亚的科技交流（上）

第一节　天文历算

一、上古的推测

中国与南亚在天文历算方面的交流很可能远在上古时期就已开始，最明显的例子就是二十八宿的名称。中国在先秦时代就有了二十八宿的说法，而印度也很早就有二十八宿的提法。季羡林在《中印文化交流史》的开始部分即举出此例，并列出了印度二十八宿的梵文名称、序号及其与中国二十八宿的对应关系。他说："总的数目，二十八对二十八，是完全一样的。其间的渊源关系一目了然。"他倾向于日本学者新城新藏的观点，认为印度的二十八宿提法是中国传去的，时间大约在周朝初期（即公元前11~前10世纪）。他还举出一个例子，中国古代有月亮中有兔子的说法（最早见于屈原的《天问》），而印度古代也有这一说法。"这个说法来源于何处呢？根据这个故事在印度起源之古、传布之广、典籍中记载之多，说它起源于印度，是比较合理的。"①这虽然只是一个传说，但它反映了上古人对天体的观察。

总之，关于中国和印度的二十八宿说法到底是谁影响了谁，中外学者长期争论，涉及许多学科，迄今未有一致意见。但有一点是可以肯定的，即二者间的对应关系并非偶合，而是文化交流的结果。

二、后汉魏晋南北朝时期

佛教东流，天竺僧来华，南亚天文历算知识也随之传入。这一时期，南亚

① 季羡林：《中印文化交流史》，北京：新华出版社，1991年版，第8~12页。

天文历算知识的传入方式主要有来华僧人传入和文献译介。

1. 来华僧人传入

南亚来华僧人中，多有精通天文历算者。如《高僧传》卷一《安清传》记安世高："七曜五行，医方异术，乃至鸟兽之声，无不综达。"《昙柯迦罗传》记昙柯迦罗："风云星宿，图谶运变，莫不该综。"卷二《鸠摩罗什传》记鸠摩罗什："博览《四韦陀典》及《五明》诸论，阴阳星算，莫不毕尽。"卷三《求那跋陀罗传》记求那跋陀罗："幼学《五明》诸论，天文书算，医方咒术，靡不该博。"这些僧人有关天文历算知识势必也传授到中国来。

2. 文献译介

在此期间，中外僧人翻译介绍了不少南亚天文历算方面的文献。例如，《长阿含经》（包括《楼炭经》）、《大集经》等佛教典籍中关于天文方面的内容，此时已经译出。再如，《续高僧传》卷一《菩提流支传》记："建武帝天和年间，有摩勒国沙门达摩流支，周言法希，奉敕为大冢宰晋阳公宇文护译《婆罗门天文》二十卷。"又如，《隋书·经籍志三》著录有《婆罗门天文经》21卷、《婆罗门竭伽仙人天文说》30卷、《婆罗门天文》1卷、《摩登伽经说星图》1卷、《婆罗门算法》3卷、《婆罗门阴阳算历》1卷、《婆罗门算经》3卷等。其中，《摩登伽经说星图》可能即是三国时东吴天竺三藏竺律炎和支谦共译的《摩登伽经》卷上第五品，或者是附于该品的星图。

《摩登伽经》卷上《摩登伽经说星图品第五》提到的二十八宿名称皆用汉名，曰："星纪岁多，要者其唯二十有八：一名昴宿，二名为毕，三名为觜，四名为参……如是名为二十八宿。"并对各宿星数、形貌、所主之神、祭祀之物等作了解说。最后又说七曜、九曜（又称九执）："日、月、荧惑、岁星、镇星、太白、辰星，是名为七。罗睺、彗星，通则为九。"《摩登伽经》卷下《观灾祥品第六》谈到二十八宿与人生、城邑及各种灾变的关系，虽涉荒诞，却与中国古代有关星相的迷信说法颇相似。其《明时分别品第七》讲到昼夜长短、时间划分、如何置闰、刻漏之法、长度单位、重量单位等问题，都十分详细。由《摩登伽经》可知，其翻译多用中国现成的天文、度量词汇，给人以汉化之感。说明译者对中国天文、度量十分了解。稍晚，西晋三藏竺法护又译《舍头谏太子二十八宿经》（又名《虎耳经》）。此经内容与《摩登伽经》相似，不分卷品，应是据另一传本所译。经中讲到二十八宿时，用的是另外一套名称，其所述时间划分、计量单位等，与《摩登伽经》亦有出入。以上二经，比较系统、详细地介绍了印度古代天文历算方面的知识。据梁《众经目录》、唐《众经目录》、《大唐内典录》、《开元释教录》、《大周刊定众经目录》等，魏晋时期所译《摩登伽经》有5个异本，除上述2种外，还有后汉安息沙门安世高译《摩邓女经》1卷、前人译《舍头谏经》1卷、东晋失译《摩邓女解形中六事经》1卷。

3. 对华影响

中国汉代流传下来的天文学专著唯《史记·天官书》和《淮南子·天文训》二种。其中记有二十八宿及五星（岁星、荧惑、镇星、太白和辰星）。《汉书·律历志》和《后汉书·律历志》因以记之。印度七曜，是在五星的基础上又加日月；九执，则是在七曜的基础上又加罗睺和彗星。七曜和九执的概念传入后，对中国的天文历算发生了影响。

先说七曜。《高僧传》卷一《安清传》云安世高"以汉桓之初，始到中夏"。释道安《经录》云："安世高以汉桓帝建和二年至灵帝建宁中二十余年，译出三十余部经。"但也有安世高于晋代来华说。若依前说，则安世高译《摩邓女经》在公元2世纪。其经中虽未提七曜、九执，但其本传中却说他"七曜五行……无不综达"，《出三藏记》卷上第十三亦说他"七曜五行之象……悉穷其变"。由此，七曜的概念可能在后汉即产生影响。《古文苑》卷一三所录后汉李尤《漏刻铭》中之"仰厘七曜，俯顺坤德"或即其例。据唐智升《开元释教录》卷二，竺律炎于东吴黄龙二年（230年）译出《摩登伽经》等四部。即是说，至迟在230年，七曜的概念已传入中国。其后，高齐天竺三藏那连提黎耶舍译《大方等大集经》卷五六《月藏分第十二·星宿摄受品第十八》亦提到七曜。在此期间，七曜已用于中国天文历算。据《后汉书·律历中》："常山长史刘洪上作《七曜术》。甲辰诏属太史部郎中刘固、舍人冯恂等课效，复作《八元术》，固等作《月食术》，并已相参。固术与《七曜术》同。"注引《袁山松书》曰："刘洪字元卓，泰山蒙阴人也……善算，当世无偶，作《七曜术》。"《晋书·天文上》有"七曜由乎天衢，则天下平和"、"角二星为天关……黄道经其中，七曜之所行也"等语，《天文中》又专列《七曜》一目以说吉凶。《魏书》卷九一记：殷绍通晓《九章》、七曜，魏太武帝时为算生博士。《北史》卷八二记：刘焯曾参议律历、《九章算术》、《周髀》、七曜、历书十余部。《梁书》卷五记：庾曼倩曾疏注算经及七曜历术。《南史》卷七一记：顾越精通《九章》、七曜。值得注意的是，这后几种史书中的"七曜"实际上是天文学的代名词，而非其本意。据《隋书·经籍志三》，南北朝至隋题名七曜的历算书达22种：《七曜本起》3卷、《七曜小甲子元历》1卷、《七曜历术》1卷、《七曜要术》1卷、《七曜历法》1卷、《推七曜历》1卷、《陈永定七曜历》4卷、《陈天嘉七曜历》7卷、《陈天康二年七曜历》1卷、《陈光大元年七曜历》2卷、《陈光大二年七曜历》1卷、《陈太建年七曜历》13卷、《陈至德年七曜历》2卷、《陈祯明年七曜历》2卷、《开皇七曜年历》1卷、《仁寿二年七曜历》1卷、《七曜历经》4卷、《七曜历数算经》1卷、《七曜历疏》1卷（李业兴撰）、《七曜历疏》5卷（张胄玄撰）、《七曜义疏》1卷、《七曜术算》2卷。从中可以看出，陈、隋时代基本上是使用七曜历。这里值得一提的是南北朝后期的数学家甄鸾。甄鸾字叔遵，6世纪人。他崇信佛教，曾著《笑道论》3卷以为佛教张目，事在《法苑珠林》卷一〇〇。上述22种书中，《七曜本起》、《七曜术算》皆其所撰。

次说九执。九执即九曜，僧一行《大日经疏》卷四曰："执有九种，即有日、月、水、火、木、金、土七曜，与罗睺、计都合为九执。罗睺是交会蚀神，计都正翻为旗，旗星即彗星也。除此二执外，其余七曜，相次直日，其性类有善恶，如梵历中说。"罗睺，梵语为Rahu，印度古代神话中吞食日月之恶魔，印度天文学中以为隐星。计都，梵语为Ketu，本意为旗，古印度称彗星为旗星。正如《续一切经音义》卷六所说："罗睺计都常隐不见，遇日月行次即蚀，亦名达坠二曜也。"九执之说虽然早就传入中国，但在唐代以前似并未对中国天文历算产生明显影响。

三、唐代

唐代，由南亚介绍入华的天文历算知识更多，且对中国天文历算的发展产生了重要影响。

1. 印度书籍的传入

《旧唐书》卷一九八记天竺国云："有文字，善天文算历之术。"记泥婆罗国云："颇解推测盈虚，兼通历术。"《通典》卷一九三、《新唐书》卷二二一上所记大同。说明当时国人已知印度、尼泊尔等国天文历算的发达。

《旧唐书》卷一九八又记，开元七年（719），罽宾国遣使献天文经一夹。《册府元龟》卷九七一记此事在开元八年，又记开元二十五年四月，东天竺大德达摩战来献《占星记》梵本。这是南亚有关天文学书籍传入中国的又一记载。

当时，中国的取经僧和印度来华僧所携带的梵本中，就有不少有关天文历算的书籍，这从他们所译出的经中可知。如玄奘所译《俱舍论》、义净所译《佛说大孔雀咒王经》、不空所译《佛母大孔雀明王经》和《宿曜经》、金刚智译《北斗七星念诵仪轨》、法成译《诸星母陀罗尼经》,等等。其中,《宿曜经》最有天文学价值。此经分上下二卷,共八品,详细介绍了古印度关于二十七宿、七曜、十二宫、星占等方面的知识,是研究中印古代天文历算的重要材料。

《通志》卷六八《艺文略》第六《天文类》列有"竺国天文"书6部56卷,除《隋书·经籍志》著录者外,尚有《西门俱摩罗秘术占》1卷、《僧不空译宿曜》2卷和《一行大定露胆诀》1卷。《历数·杂星历》还列有《都利聿斯经》2卷,并注曰:"本梵书五卷。唐贞元初有都利术士李弥乾将至京师。推十一星行历知人命贵贱。"《新唐书》卷五九亦著录此书,曰:"贞元中,都利术士李弥乾传自西天竺,有璩公者译其文。"

2. 玄奘、义净等人的记载

玄奘在《大唐西域记》卷二《印度总述》中记有古印度的长度单位,曰:"夫数量之称,谓逾缮那。逾缮那者,自古圣王一日军程也。旧传一逾缮那四十里矣。印度国俗乃三十里,圣教所载唯十六里。穷微之数,分一逾缮那为八拘卢舍。拘卢舍者,谓大牛鸣声所极闻,称拘卢舍。分一拘卢舍为五百弓,分一弓为四肘,分一肘为二十四指,分一指为七宿麦,乃至虱、虮、隙尘、牛毛、羊毛、兔毫、铜水,次第七分,以至细尘;细尘七分为极细尘。极细尘者,不可复析,析即归空,故曰极微也。"这与《摩登伽经》所记之长度单位稍有出入。文献中对古代印度长度单位记载每有分歧,玄奘之说大抵与《俱舍论》相一致。又记印度岁时曰:"若乃阴阳历运,日月次舍,称谓虽殊,时候无异,随其星建,以标月名。"然后从刹那说起,直到一日夜。又从日夜说起,乃至一年的六季12个月,并列出印度12个月的梵语译名。可谓不厌其烦。

义净《南海寄归内法传》卷三《旋右观时》记有印度那烂陀寺、大菩提寺和俱尸那寺以漏法计时的细节:"西国大寺皆有漏水,并是积代君王之所奉施,并给漏子,为众警时。下以铜盆盛水,上乃铜碗浮内。其碗薄妙,可受二升。孔在下穿,水便上涌,细若针许,量时准宜。碗水既尽,沉即打鼓。始从平旦,一碗沉,打鼓一下;两碗沉,两下;三碗,三下;四碗,四下。然后吹螺两声,更别打一下,名为一时也,即日东隅矣。更过四碗同前,打四更。复鸣螺,别打两下,名两时,即正午矣……过午两时,法亦同尔。夜有四时,与昼相似……此是那烂陀寺漏法。"此外,书中还有日影测量法、季节划分法等记载,都有一定的科学史研究参考价值。

《酉阳杂俎》前集卷三《贝编》所记二十八宿之属、姓、形、祭等，与《摩登伽经》不同，与唐时所译《宿曜经》虽相近似，但亦不相同，可见其别有来源。而其来源亦不外乎印度。该书又记："一千六百刹那为一伽那，倍六十名横呼律多，倍三十名为一日夜。"这里说的是印度计时法，可与玄奘的有关记载相参阅。

3. 印度历法在唐代的影响

《旧唐书》卷三二《历一》；"高宗时，太史奏旧历加时浸差，宜有改定。乃诏李淳风造《麟德历》……天后时，瞿昙罗造《光宅历》……开元中，僧一行精诸家历法，言《麟德历》行用既久，晷纬渐差。宰相张说言之，玄宗召见，令造新历……近代精数者，皆以淳风、一行之法，历千古而无差，后人更之，要立异耳，无逾其精密也。"瞿昙罗的《光宅历》和一行所造新历（《大衍历》）皆受南亚古代天文历算的影响，详见后文。

《旧唐书》卷三三《历二》记《求日月蚀亏初及复末时刻术》时说："迦叶孝威等天竺法，先依日月行迟疾度，以推入交远近日月蚀分加时，日月蚀亦为十五分。去交十五度、十四度、十三度，影亏不蚀法，自此以下，乃依验蚀。十二度十五分，蚀二分少强，以渐差降，自五度半已上，蚀既，十四分强。若五度无余分已下，皆蚀尽。又用前蚀多少，以定后蚀分余。若既，其后蚀度及分，即加七度以为蚀度。若望月蚀既，来月朔日虽入而不注蚀。若蚀半已下，五分取一分；若半已上，三分取一分，以加来月朔蚀度及分。若今岁日余度及分，然后可验蚀度分数多少。又云：六月依节一蚀。是月十五日是月蚀节，黑月尽是日蚀节，亦以吉凶之象，警告王者奉顺正法，苍生福盛，虽时应蚀，由福故也，其蚀即退。更经六月，欲蚀之前，皆有先兆……此等与中国法数稍殊，自外梗概相似也。"同卷《历三》正文夹注中又记曰："按天竺僧俱摩罗所传断日蚀法，其蚀朔日度躔于郁车宫者，的蚀。诸断不得其蚀，据日所在之宫，有火星在前三后一之宫并伏在日下，并不蚀。若五星总出，并水见，又水在阴历，及三星已上同聚一宿，亦不蚀。凡星与日别宫或别宿则易断，若同宿则难断。更有诸断，理多烦碎，略陈梗概，不复具详者。其天竺所云十二宫，则中国之十二次也。曰郁车宫者，即中国降娄之次也。十二次宿度，首尾具载《历仪分野》卷中也。"印度古代观测日食、月食之法被记载于中国正史，足见其在当时影响之大。

《新唐书》卷二六《历二》记："高宗时，《戊寅历》益疏，淳风作《甲子元历》以献。诏太史起麟德二年颁用，谓之《麟德历》……当时以为密，与太史令瞿昙罗所上《经纬历》参行。"卷二七《历三》又记："开元九年，《麟德历》署日蚀比不效，诏僧一行作新历……十五年，草成而一行卒，诏特进张说与历官陈玄景等次为《历术》七篇、《略例》一篇、《历议》十篇……明年，说表上之，起十七年颁于有司。时善算瞿昙譔者，怨不得预改历事，二十一年，与玄景奏：'《大衍》写《九执历》，其术未尽。'太子右司御率南宫说亦非之。诏侍御史李麟、太史令桓执圭较灵台候簿，《大衍》十得七、八，《麟德》才三、四，《九执》一、二焉。"《历三》记："《天竺历》以《九执》之情，皆有所好恶。遇其所好之星，则趣之行疾，舍之行迟。"卷二八《历四》记："《九执历》者，出于西域。开元六年，诏太史监瞿昙悉达译之。断取近距，以开元二年二月朔为历首。度法六十。月有二十九日，余七百三分日之三百七十三。历首有朔虚分百二十六。周天三百六十度，无余分。日去没分九百分度之十三。二月为时，六时为岁。三十度为相，十二相而周天。望前曰白博叉；望后曰黑博叉。其算皆以字书，不用筹策。其术繁碎，或幸而中，不可以为法。名数诡异，初莫之辨也。陈玄景等持以惑当时，谓一行写其术未尽，妄矣。"这几条材料说明：自高宗、武后时至玄宗开元年间，始终有一个来自印度的瞿昙氏家族成员在从事天文历算方面的工作；来自印度的历法，如《九执历》等，对唐代的天文历法产生过影响。

七曜历在唐代仍然流行。《通志》卷六八《艺文略》著录《七曜历》凡30部，其中有唐曹士蒍撰《七曜符天历》一卷和《七曜符天人元历》1卷。《新五代史》卷五八曰："唐建中时，术者曹士蒍始变古法，以显庆五年为上元，雨水为岁首，号《符天历》。然世谓之小历，只行于民间。"《玉海》卷十有"符天历"条，引晁公武《郡斋读书志》："《合元万分历》一卷，唐曹氏撰。历元起显庆五年庚申，盖民间小历也，本天竺历为法。"据《日本续纪》天平十八年（746年）日本僧人带回国的书籍中有《七曜禳灾诀》1卷、《七曜二十八宿历》1卷和《七曜历日》1卷。而《七曜历日》的手抄本又曾发现于敦煌，现藏巴黎图书馆。

一行是唐代著名科学家，但同时又是一名高僧。据《宋高僧传》卷五《一行传》，他早年拜普寂禅师为师，出家为僧。后曾拜不空金刚学密法，又与善无畏译密典。"睿宗、玄宗并请如内集贤院，寻诏住兴唐寺。所翻之经，遂著《疏》七卷，又《摄调伏藏》六〇卷、《释氏系录》一卷、《开元大衍历》五十二

卷。其历编入《唐书·律历志》，以为不刊之典。又造游仪，黄赤二道以铁成
规，于院制作。"其所撰《宿曜仪轨》1卷、《七曜星辰别行法》1卷、《北斗七
星护摩法》1卷已被收入密藏。据《大正新修大藏经》卷二一，《梵天火罗九曜》
1卷亦属一行著述。这些被收入密藏的著作主要是介绍印度密教真言及星占术，
但也有一定天文知识，说明一行深受印度七曜术的影响。

4. 瞿昙家族的贡献

唐人杨景风在《宿曜经》第三品末注曰："今有迦叶氏、瞿昙氏、拘摩罗等
三家天竺历，并掌在太史阁。然今之用，多用瞿昙氏历，与大术相参供奉耳。"
这里所说的迦叶氏，即前面引文中提到的迦叶孝威；拘摩罗，即前文提到的俱
摩罗；瞿昙氏则指一个家族，前文提到的瞿昙罗、瞿昙悉达、瞿昙譔即属于这
一家族。

1977年5月，在陕西西安发现了瞿昙譔的墓及墓志一方。墓志铭记载："发
源启祚，本自中天，降祖联华，著于上国，故世为京兆人。"可知，该家族大
约在唐代初年即由中天竺迁居中土。其家族五代人的谱系是：瞿昙逸、逸子
罗、罗子悉达、悉达第四子譔、譔第五子晏。除瞿昙逸"高道不仕"外，其
余四代人均在唐朝宫廷做天文官员，先后担任过太史令、太史监、司天监等
职务。[①]

瞿昙，梵文为Gautama，据《一切经音义》卷二一："瞿昙氏具云瞿答
摩。言瞿者，此云地也；答摩，最胜也。谓除天以外，在地人类，此族最
胜，故云地最胜也。"瞿昙又译乔答摩，是印度古代的著名姓氏，释迦牟尼
（Sakyamuni）即属此姓。瞿昙家族的人精通梵语和印度天文历算，他们在宫
廷供职，就使印度的天文历算在唐朝产生了更直接、更有力的影响。

瞿昙家族的5代人中，以瞿昙罗为最早于唐廷任职者。他早在高宗麟德二
年（665年）时已是司天台太史令，到武后神功二年（698）作《光宅历》时，
已至少在司天台服务了34年。据瞿昙譔墓志铭记载，瞿昙罗是"皇朝太中大
夫、司津监，赠太子仆"。

瞿昙悉达大约出生于唐高宗时代，卒于玄宗开元年间，是瞿昙家族中最负
盛名的一位，也是最受朝廷优遇的一位。据瞿昙譔墓志铭，为"皇朝太中大夫、
太史监，江宁县开国男，食邑五百户、赠汾州刺史"。

---

① 晁华山：《唐代之文学家瞿昙譔墓的发现》，《文物》1978年第10期；陈久金：《瞿昙
悉达和他的天文工作》，《自然科学史研究》1985年10月号。

瞿昙譔，瞿昙悉达之第四子，亦供职于司天台，曾为司天少监、司天监。据《新唐书》卷二七，开元九年（721）诏一行作新历，十五年一行卒，十六年张说上表，十七年新历颁于有司，二十一年瞿昙譔因不得参与改历而上奏非议《大衍历》，则至迟于开元十五年瞿昙譔已在司天台工作。又据《唐会要》卷四四，"至宝应元年六月九日，司天少监瞿昙譔奏"云云，则宝应元年（762年）时瞿昙譔还在司天台任职。

瞿昙谦，《旧唐书》卷四七《经籍下》著录有《大唐甲子元辰历》1卷，注曰"瞿昙撰"，证之《新唐书》卷五九《艺文三》著录"瞿昙谦《大唐甲子元辰历》一卷"，可知瞿昙谦也是一位天文学家，其是否在司天台任职则不得而知。日本学者桑原骘藏以为瞿昙谦即是瞿昙譔[1]，恐非。他很可能是瞿昙譔的兄弟之一。

瞿昙晏，瞿昙譔之第五子。据《通志·氏族略·诸方复姓》"瞿昙譔子瞿昙晏任冬官正"，他也是司天台的官员。

这里还应重点介绍一下瞿昙悉达所集撰的《开元占经》和他所译的《九执历》。《新唐书》卷五九《艺文三》著录"《大唐开元占经》一百一十卷，瞿昙悉达集"。但《宋史·艺文志》著录仅4卷。由于唐代律法不允许此类书籍在民间流传，故此书在当时即已不易得，其后则失传数百年，直至明万历四十四年（1616）才由安徽歙县人程明善在为一佛像重塑金身时于其腹中发现。现今的传本为120卷。从卷一《天占》至卷一一〇《星图》，为天象占；卷一一一《八谷占》至卷一二〇《龙鱼蛇虫占》，为物异占。此书的最大贡献是收集和保存了大量古代星占学文献。据《四库全书简明目录》，《隋书·经籍志》中著录纬书81篇，而《开元占经》中保存了十之七八。在《开元占经》卷一〇四，全文收入了瞿昙悉达于开元六年奉旨翻译的《九执历》。今人陈久金对《九执历》作了校注和研究，现将他的意见略陈于下。

陈久金说："《九执历》是研究印度天文学的重要历史文献，对中国天文学也曾发生过一定影响。"他认为，"《九执历》是依据印度历法编译的，已加进中国天文学的某些内容，因此，没有希望在印度找到它的原版。唐朝政府翻译《九执历》的主要目的，是想利用印度算法，与汉历相参照预报日月蚀。据朱文鑫和王应伟的研究，《大衍历》所创'九服蚀差'的方法，确实是受到《九执

---

① 桑原骘藏:《隋唐时代西域人华化考》，1936年武汉大学《文哲季刊》第5卷第3号。

历》启发的，《大衍历·日蚀议》中就有一些与《九执历》相近的概念和文字。《九执历》推算交蚀的方法较为科学，确有可取之处，《新唐书·历志》批评它'其术繁碎'、'名数诡异'、'不可以为法'，是不大公正的。"他还说，清人顾观光于1836年作《九执历解》，对《九执历》作了系统和深入的研究。其研究中曾得《时宪历》和《回回历》的启发，此三历属同一系统。近年日本著名科学家薮内清亦对《九执历》作过深入研究，补足了顾观光的不足部分。薮内清认为，《九执历》与印度的《历法甘露》关系很密切，很多数据几乎完全相同。因此，《九执历》是代表了印度《太阳历数全书》和《历法甘露》之间过渡阶段的重要著作。①

5. 笔算、函数等

《新唐书》卷二八《历四》说："《九执历》者，出于西域……其算皆以字书，不用筹策。"也就是说，在当时，中国的算术是用筹策，而不用笔算。古印度人用笔算，随着《九执历》被编译为汉语，印度的笔算也为中国人所了解。《九执历》一开始就介绍了印度的"算字法样"，即数字写法，可惜这些数字并未在现存的本子里保存下来。书中在列出从零到九的十个数字符号以后，说："右天竺算法，用上件九个字乘除，其字皆一举札而成。凡数至十，进入前位。每空位处，恒安一点。有间咸记，无由辄错。运算便眼，述须先及。"我们平时称之为"阿拉伯数码"的数字符号，即0、1、2、3、4、5、6、7、8、9，其实是古代印度人首先发明的，随着它们在全世界的流传，才逐渐变成了今天这个样子。唐代，印度数码和笔算法虽然已经传入中国，也引起了国人的注意，但并未得到很好的利用和普及。

《九执历》中有"推月间量命·段法"一节，据日本学者薮内清的意见，这是见于中国古籍的三角函数表的最早记载②。其原文曰："凡一段管三度四十五分，每八段管一相，总有二十四段，用管三相。"然后列出从第一段到第二十四段的数据。陈久金注说："月间量命，为求月距纬之用的数据，以月距交一象限分为二十四段，取各段之正弦线，通为弧度列成表。"李俨在《中国古代数学史料》中说："当时印度历算家，曾以一象限为九十度，每度为六十分，并将一象限分为三相，每相为三十度，内分八段。如此每段为三度四十五分或

---

① 转引自耿引曾：《中国载籍中南亚史料汇编》，上海：上海古籍出版社，1994年版，第281页。

② 薮内清：《隋唐历法之研究》，东京：三省堂，昭和十九年版，第154页。

二百二十五分，而每象限有二十四段。""假定第一段三度四十五分，对角线（勾）之值为225（内带弦或半径的分母，以后各段都带此分母），因此形成各角度的正弦数值……其中各值与现在三角函数表实际数值比较虽有出入，尚不超过0.0002。"①这就告诉我们，印度的三角函数表在唐代就已经传入中国。

四、宋元明清

1. 求法与译经的余波

宋代，西行求法和译经运动都开始接近尾声，但仍有一些涉及天文历算的佛经被翻译成汉文。如法天译《佛说圣曜母陀罗尼经》、法贤译《难你计湿缚罗天说支轮经》等，皆是其例。

2. 七曜与九执的遗泽

七曜术在宋代仍有较大影响。据《宋史》卷八一《律历十四》，乾道二年（1166）光州士人刘孝荣毛遂自荐"愿改造新历"，朝廷同意。次年，"孝荣乃采万分历，作三万分以为日法，号《七曜细行历》，上之"。乾道四年，经过有关官员的反复监测，与此前使用的旧历《纪元历》、《统元历》比较，最后得出"新历稍密"的结论，上报孝宗皇帝，"诏用新历，名以《乾道历》"，于乾道五年颁行。又据《律历十五》，淳熙四年（1177）颁行的《淳熙历》、绍熙二年（1191）的《会元历》（原名《绍熙二年七曜细行历》）"皆出刘孝荣一人之手"。

宋时，民间流行的九执星占术浸润宫廷历书。《宋史》卷八二记载了一个故事：嘉泰元年（1201），监察御史劾太史局官员"循默尸禄，言灾异不及时"，皇帝听信，下诏将三名官员"各降一官"。臣僚们说："……比历书一日之间，吉凶并出，异端并用，如土鬼、暗金兀之类，则添注于凶神之上犹可也，而其首则揭九良之名，其末则出九曜吉凶之法、勘婚行嫁之法……凡闾阎鄙俚之说，无所不有。是岂正风俗、示四夷之道哉！愿削不经之论。"帝从之。第二年五月朔，日蚀，历书果然不精确，"历官乃抵罪"。这是南宋的例子。北宋时的沈括在《梦溪笔谈》卷七《象数》中说："黄道与月道，如二环相叠而小差。凡日月同在一度相遇，则日为之蚀，正一度相对，则月为之亏。虽同一度，而月道与黄道不相近，自不相侵；同度而又近黄道、月道之交，日月相值，乃相陵掩……凡日蚀，当月道自外而交如于内，则蚀起于西南，复于东北；自内而

---

① 李俨：《中国古代数学史料》，上海：中国科学图书仪器公司，1954年版，第176页。

交出于外，则蚀起于西北，而复于东南。日在交东，则蚀于内；日在交西，则蚀于外。蚀既，则起于正西，复于正东。凡月蚀，月道自外如内，则蚀起于东南，复于西北；自内出外，则蚀起于东北，而复于西南。月在交东，则蚀其外；月在交西，则蚀其内。蚀既，则起于正东，复于西。交道每月退一度余，凡二百四十九交而一期。故西天法罗睺、计都皆逆步之，乃今之交道也。交初谓之罗睺，交中谓之计都。"

据《宋史·艺文五》，尚有《文殊星历》2卷、《七曜雌雄图》1卷、《文殊七曜经》1卷、《七曜会聚》1卷、《符天九星算法》1卷、《七曜选日》1卷、《七曜细行》1卷、卫朴《七曜细行》1卷，等等。其中，《文殊七曜经》不知是否即《宿曜经》，其余诸书均不见于前代著录。这些书的流传说明，印度天文历算的影响在宋代仍然存在。

又据《明史》卷三一《历一》："正德十二、三年，连推日食起复，皆弗合。于是漏刻博士朱裕上言：'至元辛巳距今二百三十七年，岁久不能无差，若不量加损益，恐愈久愈舛。乞简大臣总理其事，令本监官生半推古法，半推新法，两相交验，回回科推验西域《九执历法》。"正德十三年为1518年，距万历四十四年（1616）程明善发现《开元占经》98年，但当时朱裕即提出《九执历法》，可见《九执历》并不一定是随《开元占经》一起失传了。《明史》卷三七《历七》载："按西域历术见于史者，在唐有《九执历》，元有札马鲁丁之《万年历》。《九执历》最疏，《万年历》行之未久。唯《回回历》设科，隶钦天监，与《大统》参用二百七十余年。虽于交食之有无深浅，时有出入，然胜于《九执》、《万年》远矣。"然后用很长的篇幅介绍了《回回历法》。这里虽然否定了《九执历》，肯定了回回历，但《九执历》毕竟是唐代的产物，是回回历的先驱。从其介绍可知，其中讲到七曜和罗睺、计都的地方很多。这显然是深受印度历法影响的结果。其实，元代初期实行的《万年历》也是回回历的一种。也就是说，直到明代，印度历法对中国历法仍有影响。

有趣的是，中国的历法在明代也曾传到南亚。《明史》卷三二五有明文记载：洪武三年（1370），西洋琐里国遣使"献方物"，朱元璋赐以《大统历》；五年，又赐琐里国《大统历》。

3. 数算、度量及其他

这里先谈关于数法在华影响的问题。这一问题不是在宋元明清时期才出现的，只是为了叙述的方便才把它放在这里集中介绍讨论。

在中国古代，对数字的等级有十、百、千、万等表示方法，等级较少。如《风俗通义·数纪》曰："十十谓之百，十百谓之千，十千谓之万，十万谓之亿，十亿谓之兆，十兆谓之经，十经谓之陔，十陔谓之秭，十秭谓之选，十选谓之载，十载谓之极：有物者有事者，纪于此矣，过此往者，则其数可纪，其名未之或闻也。夫数，一为特、侯、奇、只，二为再、两、偶、双，三为参，四为乘。"[①]由一到极，共13个等级，每级均十进位。《孙子算经》卷上又云："凡大数之法，万万曰亿，万万亿曰兆，万万兆曰京，万万京曰陔，万万陔曰秭，万万秭曰壤，万万壤曰沟，万万沟曰涧，万万涧曰正，万万正曰载。"又加进了壤、沟、涧、正四个等级，且改为万万进。佛教传入后，印度古代表示数目等级的一些词语和进位法也随着佛典输入，情形便发生了很大变化。首先，印度数法传入后，对中国进位法产生了影响。李俨先生在列举了大量文献资料之后，说："十进、万进为吾国旧法，至南北朝之十进、万万进、倍进及唐代之十进、百进、倍进，则多少受佛典之影响。因《华严经》始译于晋（公历398~421年），再译于唐（公历699年），所举数法为'倍倍变之'；《俱舍论》始译于陈（公历567年），再译于唐（公历651年），所举数法为'十十变之，百百变之'。而甄鸾《五经算术》及《数术记遗》、《孙子算经》并在《华严经》、《俱舍论》二书始译之后也。"[②]其次，在数级方面，据玄奘译《俱舍论》卷一二，古印度的数级多达52级；而据《华严经》卷五四，则多达128级甚至更多。这些数级有的可以与中国原有的数级相对应，但那些大数，如阿僧祇、阿僧祇转、无量、无量转、无边、无边转、无等、无等转、不可数、不可数转、不可称、不可称转、不可思、不可思转、不可量、不可量转、不可说、不可说转、不可说不可说、不可说不可说转，等等，恐怕连印度人自己都不知道是多少，在很大程度上是故弄玄虚。而这种故弄玄虚、无限夸大其词的数法却也影响了某些中国人。例如，元代朱世杰于13世纪末写了本《算学启蒙》，其中讲到大数记法，说载上有极，极上还有恒河沙、阿僧祇、那由他、不可思议和无量数。而康有为则以为："中国古数以万为止，后以亿兆为极……后人十进数，则自一十百千万亿兆京陔秭壤沟涧正载极恒河沙阿僧祇那由他无量数不可思议，凡三十二级。"他把恒河沙等5个印度词按单字排列，每字算是一级，5个词共16个汉字，作16级，

---

① 据王利器：《风俗通义校注》第581页引，北京：中华书局，1981年版。

② 李俨：《中国古代数学史料》，上海：中国科学图书仪器公司，1954年版，第180页。

并以为这是国货。①再次，关于小数记法，李俨说："天竺小数记法亦于元魏以后输入中国。其说数见于《大般若波罗密多经》、《大波罗密多经》、《大方广佛华严经》及《大宝积经》，而以《大宝积经》所记为尤详。从亿以上，亦'倍倍变之'。"②《大宝积经》所记小数有百分、千分、百千分、亿分、百亿分、千亿分、百千亿分、那由他分、百那由他分、千那由他分、百千那由他分、亿那由他分、百亿那由他分、千亿那由他分、百千亿那由他分、阿僧祇分……算分、数分、譬喻分、不可数分，等等，也都是极尽其繁。

《西洋番国志》记古里国情况说："其番秤名法刺失，权钉衡末，准则活动，衡正中为定盘星。称物则移准向前。番名秤一钱该中国官秤八分；十六钱为一两，该官秤一两二钱八分；二十两为一斤，该官秤一斤九两六钱。其秤只可秤十斤，该官秤十六斤。若以称胡椒，二百五十斤为一播荷，该官秤四百斤。称香货二百斤为一播荷，该官秤三百二十斤。衡法多是天平对秤，法无要妙。量法，官铸铜为升，名党戛黎，较中国官斗斛每升该一升六合二勺。"《瀛涯胜览》对此亦有相同记载，并说："彼之算法无算盘，只以两手两脚并二十指计算，毫厘无差，甚异于常。"

这些衡法、算法的记载，在当时对中国商人与南亚人贸易很有帮助；在今天，亦有其科学史价值。

第二节　化学医药

在中国与南亚文化交流中，化学医药是一个较大项目，有关资料也比较多。下面分三个时期来谈。

一、后汉至隋

1. 来华医僧

这一时期经印度来华的僧人中有许多人都学习过五明。在印度，"五明"的意思是五种知识，包括：声明，即语言音韵方面的知识；工巧明，即工艺算历等方面的知识；医方明，即医学方面的知识；因明，即逻辑论辩方面的知识；内明，即人生、灵魂与宇宙等方面的知识。这些都是婆罗门教的基础教育内

---

① 康有为：《诸天讲》，北京：中华书局，1990年版，第147、148页。
② 李俨：《中国古代数学史料》，上海：中国科学图书仪器公司，1954年版，第168页。

容，佛教也不排斥。因此，经印度来华的僧人懂得一些医学知识是常事。他们把印度的医学知识传入中国，并有不少为人治病的例子。这里不可能——列出，只能举出一些有代表性的例证。

据《高僧传》卷一《安清传》，安世高综达"医方异术"，他虽然是安息国王子，但他皈依佛门，精通诸经，对印度的医术也必然了解。卷二《佛陀耶舍传》有耶舍用药水加咒为弟子洗足令其能疾行的故事，如拂去其神秘色彩，则是行医用药的例子。卷三《求那跋摩传》载，求那跋摩善医，曾在阇婆（爪哇）国两度为其国王医治脚伤，于刘宋初年来华。《求那跋陀罗传》载，求那跋陀罗本婆罗门种，幼学五明诸论，博通"医方咒术"。南朝宋元嘉十二年（435年）至广州。卷四有《于法开传》。于法开，不知何许人，多半是西域华人，虽不属印度来华医僧，但他受印度医学影响。他"祖述耆婆，妙通医法。尝乞食投主人家，值妇人在草危急，众治不验，举家遑扰……主人正宰羊，欲为淫祀，开令取少肉为羹，进竟，因气针之，须臾羊膜裹儿而出。升平五年孝宗有疾，开视脉，知不起，不肯复入"。他会针灸、切脉，可见他已把印度医法与中国医法结合起来了①。卷九《佛图澄传》载，佛图澄神医，石虎子石斌暴病而亡，"澄乃取杨枝咒之，须臾能起，有顷平复"。《耆域传》载，衡阳太守滕永文得病，"经年不差，两脚挛屈不能起行"，域"取净水一杯，杨柳一枝，便以杨柳拂水，举手向永文而咒，如此者三。因以两手掬永文两膝令起，即起行步如故"。又有一病者将死，域救活之。佛图澄和耆域的故事不免被神化，但他们深明医术，又曾治病救人恐怕是真的。

2. 输华医书

印度古代的医学理论在佛书中保存了不少，因此随着佛经的翻译，印度的一些医学理论也传入了中国。在这一时期，除了翻译了有关佛经而外，还译有印度传统医学的专门书籍。

《高僧传》卷二《昙无谶传》，记沮渠安阳从天竺法师佛驮斯那学《禅秘要治病经》，后又将此经译为汉文。另外，三国吴竺律炎共支谦译的《佛医经》、西晋法炬共法立译的《法句喻经》、苻秦昙摩难提译的《增一阿含经》、鸠摩罗什译的《大智度论》、姚秦佛陀耶舍共竺佛念译的《四分律》、弗若多共罗什译

---

① 汉译佛经中有时提到针灸，如《长阿含经》卷十三、十四等，但那是译者为便于中国人理解而采用了汉语中的现成说法，并非印度远古即有针灸的医法。可参见汤用彤先生《针灸·印度古医书》，《汤用彤学术论文集》，北京：中华书局，1983年版，第319页。

的《十诵律》、东晋法显共佛驮跋陀译的《摩诃僧祇律》、刘宋佛陀什共竺道生译的《五分律》、北凉昙无谶译的《金光明经》，等等，都或多或少含有印度医药学知识。其中，《佛医经》较详细地谈论了病理，认为人体是由"四大"，即地、水、风、火四种元素和合而成；四大不调，人即生病；季节变化、饮食男女、心理状况、生活习惯等，都会影响人体四大要素的消长，从而使人体内在的机制保持平衡或失去平衡；平衡即健康，失衡即患病。这些理论与中国古代的一些医学理论有相似之处，容易被中国人接受。《十诵律》卷二六《医药法》用一整卷谈饮食卫生、用药治病以及佛陀传教时的有关例证。其中提到"四种含消药"，即"酥、油、蜜、石蜜"。还提到"四种药"，即"一、时药，二、时分药，三、七日药，四、尽形药"，并做了详细的说明。如解释"尽形药"（《五分律》译作"终身药"）时，说有"五种根药"（舍利、姜、附子、波提毗沙、菖蒲根）、"五种果药"（呵梨勒、卑醯勒、阿摩勒、胡椒、荜钵罗）、"五种盐"（黑盐、紫盐、赤盐、卤土盐、白盐）、"五种树胶药"（兴渠、萨阇罗荼帝、夜帝、夜波罗帝、夜檗那）和"五种汤"（根汤、茎汤、叶汤、花汤、果汤）。这些也都与中国传统的医药学有相通之处。

据《隋书》卷三四《经籍三》，这一时期从印度传来有关医药、养生（包括以巫术驱邪）方面的书籍有《龙树菩萨药方》4卷、《西域诸仙所说药方》23卷、《香山仙人药方》10卷、《西域婆罗仙人方》3卷、《西域名医所集要方》4卷、《婆罗门诸仙药方》20卷、《婆罗门药方》5卷、《耆婆所述仙人命论方》2卷、《乾陀利治鬼方》10卷、《新录乾陀利治鬼方》4卷、《龙树菩萨和香法》2卷、《龙树菩萨养性方》1卷。这些书籍没有流传下来，但其中一些药方却在别的书中保存下来了，具体情况容后文详叙。

3. 对华影响

晋代葛洪曾编有《肘后救卒方》3卷86篇。南朝梁时，陶弘景对此书重加整理，将86篇改编为79篇，又增补了22篇，成为101篇，并改其名为《补阙肘后百一方》。陶弘景生于刘宋孝建三年（456），卒于梁大同二年（536），他少时喜读葛洪《神仙传》，19岁为官，41岁辞官隐居，其后又受五戒而皈依佛门。由于他受了佛教的影响，因而他所编的这部医学名著也反映出佛经中介绍的印度古医学理论。如他在此书的自序中说："佛经云：人用四大成身，一大辄有一百一病。"陶弘景引用的这句话出自《佛说医经》和《大智度论》。据《法苑珠林》卷九五《病苦篇》引《佛说医经》："人身本有四病（大），一地、二水、三火、四风。风增气起，火增热起，水增寒起，土增力盛本。从是四病（大）起四百四病。"又引《大智度论》："四百四病者，四大为身，常相侵害，一一大中，百一病起。"意思是说，四大不调会引起404种病，一大不调即引起101种病。陶弘景显然是接受了这一理论，故而将其书刻意编为101篇，并改名为《百一方》。

南梁有书目《七录》，其中著录有《摩诃出胡国方》和《杂戎狄方》，可能与印度医药有关，尤其是前者。如是，则其时已有古印度药方在华流传，或已为国人所用。

二、唐宋时代

这一时期中国与南亚在化学医药交流方面的资料较多，下面分三部分介绍。

1. 史书记载

《旧唐书》卷三《太宗本纪》、卷八四《郝处俊传》、卷一九八和《唐会要》卷五二、卷一百，均记有贞观二十二年（648）有天竺僧到中国为太宗制"延年之药"事，"太宗试服，遂致暴疾"。这在当时是很大的事件。那个天竺僧可能确有医术，但所谓"延年之药"（"长年药"）则是骗人的东西。

《旧唐书》卷一九八记，开元七年（719），罽宾国遣使来朝，进"秘要方并蓄药等物"。开元十八年，"北天竺国三藏沙门僧密多献质汗等药"。《册府元龟》卷九七一记，开元二十五年（《贞元录》卷一四记在开元二十一年），"东天竺大德达摩战献胡药"。

《新唐书》卷四九著录有《菩提达磨息胎诀》1卷，盖养生类书。又有郑虔《胡本草》7卷，其中必然要涉及南亚传入的草药。

《宋史》卷二〇七著录有《耆婆脉经》3卷、《耆婆六十四问》1卷、《龙树眼论》1卷、《耆婆要用方》1卷、波驮波利译《吞字贴肿方》1卷、《婆罗门僧服仙茅方》1卷和《耆婆五藏论》1卷。这些书目均不见于《隋书·经籍志》，可知是唐以后传入中国的。《通志》卷六九则把《隋书·经籍志》和《宋史·艺文志》著录的有关书目都收了进去，而且还增加了《摩诃出胡国方》10卷。可知，这些书在宋代还有相当的影响。在这些书中，有两个人物很突出，那就是耆婆和龙树。

耆婆，梵语作Jiva或Jivaka，原意是"生命"，又译为耆域、时缚迦等。佛经中关于他的传说很多，后汉安世高译过《柰女耆域因缘经》和《柰女耆婆经》，经中说耆婆是柰女与萍沙王（即频比沙罗，Bimbisara）之子。但《经律异相》卷三二引《四分律》说他是萍沙王之子无畏王子与妓女所生。《十诵律》卷二七说他曾为佛陀治病。据以上诸经，耆婆大体上是佛陀时代的人。此外，各经还有一些其他传说，尽管时间上有差别，但都称他为"医王"和"药王"。至于《高僧传》卷九所记之耆域，则是"晋惠之末"（306）到洛阳的，时间虽晚，却也是以医术见长，不知是否与佛陀时的耆婆有传承关系。

龙树，梵文Nagarjuna，印度古代和现在都有一些叫龙树的人。大乘佛教早期大师龙树是著名者之一，后世称为龙树菩萨，为马鸣菩萨弟子，佛经中有关他的传说很多。一般认为，他生活于公元二三世纪，南天竺人，有《中论》、《十二门论》、《大智度论》等若干重要著作传世。至于那些冠以龙树名义的药书，则不是他的著作。印度古代医学家龙树大约生活于笈多王朝，但古人常常将这两个龙树弄混。《文献通考》卷二二二在《龙树眼论》下考曰："晁氏曰：佛经，龙树大士者能治眼疾。假其说，集七十二种目病之方。"《龙树眼论》在唐代十分有名。白居易有首《眼病》诗，其后半写道："案上谩铺《龙树论》，盒中虚捻决明丸。人间方药应无益，争得金篦试刮看。"唐代还有擅长治眼病的印度僧人。如刘禹锡的《赠眼医婆罗门僧》诗中就曾写道："师有金篦术，如何为发蒙。"此处的"金篦术"即印度眼医之金篦决障术，即以金针治疗白内障的技术。此术后来失传，直至20世纪80年代才由中国医生复活并回传印度（详见本章第四部分）。

据《宋史》卷四八九，大中祥符八年（1015），南印度注辇国遣使献"香药三千三百斤"；熙宁十年（1077），又遣使27人献阿魏、硼砂等药物，神宗"诏遣御药宣劳之"。这都是南亚药物于宋代大宗输华的例子，是政府间的交流。另据《诸蕃志》卷上，南毗国商人将本国土产运至东南亚，各国商人在那里贸易，贸易用货中有大黄、黄连等药物，而这些药物则是中国的土产。这是中国药物输往南亚的例子，是民间的交流。《辽史》卷一四："统和十九年春正月，甲申，回鹘进梵僧名医。"此梵僧名医可能即来自南亚。

2. **僧书记载**

这里的"僧书"指僧人的撰、译著作。唐宋时代，僧人涉及医药方面的著译不少，如唐义净著《南海寄归内法传》，义净译《根本说一切有部毗奈耶药事》，义净译《根本说一切有部百一羯磨》，道世《法苑珠林》（有关部分），宋法贤译《救疗小儿疾病经》和《迦叶仙人说医女人经》，等等。下面着重介绍

《南海寄归内法传》的记载。

《南海寄归内法传》配合佛教的戒律谈了40个问题，分为4卷，每卷谈约10个问题。其中涉及卫生保健、用药治病的问题不少。下面简要叙述。

第8个题目是《朝嚼齿木》，介绍了印度人的口腔保健法：嚼齿木和漱口，并论述其好处。中国古人刷牙，大抵与印度的齿木有关。

第20个题目是《洗浴随时》，以古印度"医方明"的观点解释沐浴与饮食的关系。

第22个题目是《卧息方法》，讲述了古印度的坐具、卧具及其与健康的关系。

第23个题目《经行少病》，讲的是步行运动的好处。

第27个题目《先体病源》，集中谈论了印度医药学知识。先说饮食与健康的关系，强调根据身体健康情况进食，而健康情况则要"观四大之强弱"。又介绍古代印度医学理论。继而将中外草药作对比。最后说到病源："凡四大之身有病生者，咸从多食而起，或由劳累而发"，强调"体病本"、"解调将"、"止流塞源"、"伐树除本"，一句话，"四大调畅，百病不生"。这都是有道理的。

第28个题目《进药方法》，首先讲印度医理："夫四大违和，生灵共有，八节交竞，发动无恒，凡是病生，即须将息。故世尊亲说《医方经》曰……初则地大增，令身沉重。二则水大积，涕唾乖常。三则火大盛，颈胸壮热。四则风大动，气息击冲。"然后根据病情提出"断食"、"饮汤"、"近火"、"涂膏"等将息方法。还特别介绍了"三等丸"的制作和服用方法。最后，根据印度"医方明"，强调了生病时"绝食"的重要，以及"绝食"的时间、地区、条件、禁忌等。

第29个题目《除其弊药》，对庸医假药进行了抨击，告诫人们不可乱用药，至于那些有用而易得的药，则要常备身边。

总之，《南海寄归内法传》中关于医药的部分有这样几点值得注意：①义净作为僧人，宗法印度戒律、祖述西天"医方明"，都是可以理解的，但他并没有一味地照搬印度医药成法，而是时时不忘神州医药成就，往往以二者加以比较，融会贯通，中西结合，旨在实用。②义净能根据中国与印度地理、气候、物产、习俗等差异提出自己的见解，既不违背佛理、"医方明"的大旨，又使中国僧俗易于理解，切实可行，行之有效。③义净是一位医药学的有心人，是一位实践家。他在取经当中能问医问药，详细观察，这为他进行中西医比较打下基础；他能长期坚持防病养生的实践，并将自己的体会融之于书，增加了书的说服力。

④《进药方法》一章有这样一段话："神州药石根茎之类，数乃四百有余，多并色味精奇，香气芬郁，可以蠲疾，可以王神。针灸之医，诊脉之术，赡部洲中，无以加也……异物奇珍，咸萃于彼，故体人像物，号曰神州。五天之内，谁不加尚？四海之中，孰不钦奉？"可见，义净是怀着巨大的爱国情怀和自豪感巡礼西天各地的，在此期间他很可能曾向当地僧俗介绍过中国医药知识。

3.《千金要方》、《千金翼方》和《外台秘要》

《千金要方》和《千金翼方》的作者均是隋唐时代的著名医药学家孙思邈。前者是他在唐永徽三年（652 年）在广泛搜集历代各家方书和民间验方的基础上编辑成的，后者是他于30年后根据自己的行医经验撰写成的。这两部书都是我国现存的最早的医学类书，在中国医学史上享有崇高的地位。据《旧唐书》本传，孙思邈"七岁就学，日讲千余言。弱冠，善谈老庄及百家之说，兼好释典"。即是说，他很早就受佛教典籍的影响。这影响在他的著作中表现了出来。在《千金要方·序例》中，他写道："经说：'地水火风，和合成人。凡人火气不调，举身蒸热；风气不调，全身强直，诸毛孔闭塞；水气不调，身体浮肿，气满喘粗；土气不调，四肢不举，言无音声。火去则身冷，风止则气绝，水竭则无血，土散则身裂……凡四气合德，四神安和。一气不调，百一病生；四神动作，四百四病，同时俱发。'又云：'一百一病，不治自愈；一百一病，须治而愈；一百一病，虽治难愈；一百一病，真死不治。'"这说明他的医学思想包含着印度医学理论的成分。在1936年的《中国医学杂志》上，范行准发表了《胡方考》一文，他认为，《千金翼方》卷一一《小儿眼病》中的《赤眼方》、《治赤眼方》，卷一二《养生》中的《服昌蒲方》、《耆婆汤主大虚冷风羸弱无颜色方》，卷一七《中风》中的《硫黄煎主脚弱连屈虚冷方》，卷一九《杂病》中的《酥蜜煎主消渴方》、《羊髓煎主消渴口干濡咽方》、《酥蜜煎主诸渴方》，卷二一《万病》中的《阿加陀药主诸种病及将息服法久服益人神色无诸病方》、《阿魏雷丸散方》、《苦参消石酒方》、《大白膏方》、《大黑膏方》、《浸汤方》、《天真百畏丸》、《治十种大癞方》、《治癫神验方》，卷二二《飞炼》中的《耆婆大士治人五藏六腑内万病及补益长年不老方》等，均属来自印度的方剂。而在《服昌蒲方》中，孙思邈则明确写道：此方是"天竺摩揭陀国王舍城邑陀寺三藏法师跋摩米帝以大业八年与突厥使主，至武德六年七月二十三日为洛州大德护法师、净土寺主矩师笔译出"。在《苦参消石酒方》所附《浸酒法》中则说："黄青白消石等是百药之王，能杀诸虫，可以长生，出自乌场国，采无时。此方出《耆婆医方论·治疾风品法》中。"可见，上述各方有的是采自印度医书，有的是采用了印度方面传来的药物。

《外台秘要》的作者是略晚于孙思邈的唐代医药学家王焘。据《新唐书》本传，王焘出身于仕宦之家，曾为官，性至孝，"数从高医游，遂穷其术，因以所学作书，号《外台秘要》"。《外台秘要》成书于天宝十一载（752年），全书40卷，分1 104门，载有6 000余方，是汇集前人69家医方书而撰成的医学巨著。其中介绍了不少南亚方面的医药学知识。

《外台秘要》卷二一《眼疾二十四门》记曰："谢道人曰：夫眼者，六神之主也。身者，四大所成也。地水火风，阴阳气候，以成人身八尺之体。骨肉肌肤，块然而处，是地大也；血泪膏涕津润之处，是水大也；生气温暖，是火大也；举动行来，屈伸俯仰，喘息视瞬，是风大也。四种假合，以成人身。"王焘说此谢道人俗姓谢，号陇上道人，住齐州，从西国胡僧学眼科医术。从谢道人的言论看，他是受了印度医学理论的影响，因此，他所从学的"西国胡僧"很可能是印度人。同卷同门又有谢道人撰《天竺经论眼序》，曰："盖闻乾坤之道，唯人为贵，在身所重，唯眼为宝。以其所系，妙绝通神，语其六根，眼最称上。是以疗眼之方，无轻易尔。"除了这些理论方面的影响外，据范行准《胡方考》，书中有关印度的方剂尚有卷三引《深师方》的《酪酥煎丸》，卷九引《千金方》的《疗肺病咳嗽脓血及唾涕血不止方》，卷一〇引《千金方》的《疗土气方》、引《救急方》的《疗上气咳肺气胸痛方》，卷一九引《张文仲方》的《牛膝三物散》、引《肘后方》的《疗脚气方》，卷二一引《肘后方》的《疗眼赤无新久皆差神验方》、引《近效方》的《眼赤痛眼漠漠方》和《敕赐源乾曜疗赤眼方》、引《崔氏方》的《眼赤并胎赤方》、引《必效方》的《眼风赤久胎赤方》、引《救急方》的《久患风赤眼方》、引《必效方》的《疗眼暴赤方》、引《延年方》的《令目明方》、引《近效方》的《眼中一切诸疾方》两种，卷三〇引《近效方》的《婆罗门僧疗大风疾并压丹石热毒热风手脚不随方》、《疗一切热疮肿硝石膏方》，卷三一引《近效方》的《莲子草膏》、引《广济方》的《蒜煎方》和《地黄煎》，卷三八的《耆婆汤》，等等。这些药方中，有的出在唐代以前，有的则流行于唐代，有的甚至是唐朝宫廷中使用的。

此外还有一些香药方、熏衣香药方，则多是供上层社会所使用。

三、元明清时代

中国与南亚的医药交流到这一时期已不如唐代那样频繁，但史书仍然时有记载。在医学理论方面，古印度的医理到宋代时已基本被中医融合消化，元明时代更是很少有人再提。而在药物方面，这一时期的交流仍然不少。

1. 史书记载

《元史》卷八记载：至元十年（1273），"命诸王阿不合市药狮子国"。卷一二：至元十九年，"寓俱兰国也里可温主兀咱儿撒里马亦遣使奉表，进七宝项牌一、药物二瓶"。卷一三一：至元十二年，八罗孛国国师"以名药来献"；二十四年，亦黑迷失出使马八儿国，"得其良医善药"。《岛夷志略》"下里"条记当地盛产胡椒，"其味辛，采者多不禁。其味之触人，甚至以川芎煎汤解之"。川芎为中国特产，此时已传入南亚。"挞吉那"条记当地的土产硼砂、栀子花，"须文那"和"古里佛"条记当地的孩儿茶（乌爹土、乌爹泥），以及《异域志》卷下所载麻离拔国土产没药、血竭、阿魏、没石子等，均有可能在此期间输华。

《明史》卷三二六记锡兰山国的"贡物"有珊瑚、乳香、木香、没药、藤竭、芦荟等，榜葛剌国的"贡物"有乳香、熟香、乌香、麻藤香、乌爹泥、藤竭、粗黄等。卷三二七记阿难功德国于洪武七年（1374）"贡解毒药石"。另据《西洋番国志》记，锡兰国人"甚爱中国麝香"，中国宝船去溜山国"收买龙涎香"。《星槎胜览》提到用麝香与小具南国、古里国、榜葛剌国人交易，溜洋国出产龙涎香、乳香。《瀛涯胜览》说锡兰国人甚喜中国麝香。

《海录》卷上记载，孟加拉（明呀喇）土产鸦片，马德拉斯（曼哒喇萨）土产珊瑚、珍珠、乳香、没药、诃子、鸦片等，科钦（固贞）土产乳香、没药、血竭、砂仁、诃子、大枫子等，马拉塔（吗喇他）土产鸦片等，孟买土产阿魏、乳香、没药、鸦片等。清代，南亚这些可以入药的土产仍能输入中国。而中国的大黄、土茯苓、麝香等药材也有一部分输往南亚。

2.《本草纲目》的记载

明人李时珍的《本草纲目》是中国历史上著名的一部药书，它为中国中药学和植物学的发展做出了重要贡献。此书共52卷，190余万字，收载药物1 892种，附方11 096则，附图1 100余幅。书中，李时珍根据古籍的记载和自己的亲身实践，对各种药物的名称、产地、气味、形态、栽培、采集、炮制等作了详细的介绍，并通过严密的考证，纠正了前人的一些错误。他在书中介绍和考证了许多来自南亚的药物，并广征佛书，给其中许多药物注出了梵文译名，这是十分难能可贵的。因此，《本草纲目》一书也是中国与南亚文化交流的宝贵史料。需要说明的是，李时珍在书中所列的南亚传来的药物，多数都是明代以前传来的，而其中有些古籍已经失传，这就使他的工作更加意义重大。下面举例说明。

《石部》卷一一的"光明盐"条写道："《吴录》云：天竺有新淘水，味甘美，下有石盐，白如水晶。"在"消石"条写道："升玄子《伏汞图》云：消石生乌场（国）……"

《草部》卷一二"仙茅"条，说仙茅又名婆罗门参，"梵音呼为阿输乾陀"，"颂曰：其根独生。始因西域婆罗门僧献方于唐玄宗，故今江南呼为婆罗门参"。又引："颂曰：五代伪唐筠州刺史王颜著《续传信方》，因国书编录西域婆罗门僧《服仙茅方》，当时盛行。云五劳七伤，明目益筋力，宣而复补。云十斤乳石不及一斤仙茅，表其功力也。本西域道人所传。开元元年婆罗门进此药，明皇服之有效，当时禁方不传。天宝之乱，方书流散，上都僧不空三藏始得此方，传与司徒李勉、尚书路嗣恭、给事齐杭、仆射张建封服之，皆得力。"

《草部》卷一四"郁金香"条，李时珍注其梵名曰"《金光明经》谓之茶矩摩香"。并征引曰："杨孚《南州异物志》云：郁金出罽宾，国人种之，先以供佛，数日萎，然后取之。色正黄，与芙蓉花里嫩莲者相似，可以香酒。又《唐书》云：太宗时，伽毗国献郁金香，叶似麦门冬，九月花开，状似芙蓉，其色紫碧，香闻数十步，花而不实，欲种者取根。二说皆同，但花色不同，种或不一也。"于"藿香"条下释名曰："豆叶曰藿，其叶似之，故名。《楞严经》云：坛前以兜娄婆香煎水洗浴。即此。《法华经》谓之多摩罗拔香，《金光明经》谓之钵怛罗香，皆兜娄二字梵音也。《涅槃》又谓之迦算香。"又于"茉莉"条云："《洛阳名园记》作抹历，《王龟龄集》作没利，《洪迈集》作末丽。盖末利本胡语，无正字，随人会意而已。"

《草部》卷一六"瞿麦"条，注其异名为南天竺草，曰："近古方家治产难，有石竹花汤；治九孔出血，有南天竺饮。皆取其破血利窍也。"

《草部》卷一七"曼陀罗花"条，李时珍曰："《法华经》言佛说法时，天雨曼陀罗花……曼陀罗，梵言杂色也。"

《草部》卷一八"白药子"条，注曰："……蔓及根并似土瓜，叶如钱，根似防己，紧小者良，人亦采食之。与婆罗门白药及赤药，功用并相似。"

《菜部》卷二六"干姜"条，注其异名为天竺干姜，"生婆罗门国，一名胡干姜，状似姜，小，黄色也。"

《果部》卷三〇"庵罗果"条，注其梵名为庵摩罗迦果，并说："庵罗，梵音二合者也；庵摩罗，梵音三合者也。华言清净是也。"

《木部》卷三四"天竺桂"条，李时珍曰："此即今闽粤、浙中山桂也，而台州、天竺最多，故名。""沉香"条注曰："梵书名阿迦卢香。""恭曰：沉香、青桂、鸡骨、马蹄、煎香，同是一树，出天竺诸国。"其"檀香"条，李时珍曰："释氏呼为旃檀，以为汤沐，犹言离垢也。番人讹为真檀。""《楞严经》云：白旃檀涂身，能除一切热恼。今西南诸番酋，皆用诸香涂身，取此义也。""熏陆香（乳香）"条注曰："佛书谓之天泽香，言其润泽也。又谓之多伽罗香，又曰杜噜香。""承曰：西出天竺，南出波斯等国。西者色黄白，南者色紫赤。""苏合香"条："《梁书》云：中天竺国出苏合香，是诸香汁煎成，非自然一物也。""龙脑香"条，李时珍注曰："龙脑者，因其状加贵重之称也。以白莹如冰，及作梅花片者为良，故俗呼为冰片脑，或云梅花脑。番中又有米脑、速脑、金脚脑、苍龙脑等称，皆因形色命名，不及冰片、梅花者也。清者名脑油，《金光明经》谓之羯婆罗香。""《西域记》云：西方秣罗矩吒国，在南印度境，有羯布罗香树，干如松株而叶异，花果亦异。""阿魏"条注曰："波斯国呼为阿虞，天竺国呼为形虞，《涅槃经》谓之央匮。""又婆罗门云：熏渠即是阿魏……"

《木部》卷三五"诃梨勒"条，释其名为诃子，"梵言天主持来也"。"《金光明经·流水长者子除病品》云：热病下药，服诃梨勒。"

类似的例子还有很多，不一一列出。

总之，《本草纲目》在中国与南亚医药文化交流中的贡献主要表现为以下两点：①它博取前人有关记载，给以总结和辩证，尽管不免有牵强附会甚至误解之处，但大多数都是正确的，是有据可依，有理可循的。其对南亚药物记载之翔实，征引之广泛，胜过历代任何同类书籍。②它收取了一些印度传入的药方，并对其制作、效力等进行介绍和评价，说明当时这些药方仍被医家采用。而一些含有印度药物的药方，则可证明当时有一部分印度药方已经汉化，融入了中医。这是两种文化交流的必然结果。

第三节　工农业技术

古代中国与南亚民族在工农业技术方面的交流见诸文字记载的较少，后人的研究文字亦不多见。因此这里只能粗略地罗列数项。

一、工业技术

1. 烧制玻璃

在南北朝以前，我国人尚不懂烧制玻璃（琉璃）的技术，因此当时把玻璃当宝物看待。南北朝时，烧制琉璃的技术自西域传入华夏，琉璃的价值便随之大降。据《魏书》卷一〇二《西域传》记载："世祖时，其国人商贩京师，自云能铸石为五色琉璃，于是采矿山中，于京师铸之。既成，光泽乃美于西方来者。乃诏为行殿，容百余人，光色映彻，观者见之，莫不惊骇，以为神明所作。自此中国琉璃遂贱，人不复珍之。"北魏世祖拓跋焘在位时间为424~452年，烧制琉璃的技术即在此期间传入。"其国"指大月氏国，当时包括西北印度的一些地区。因此，这一技术有可能自南亚传来。

2. 制糖

本志第三章在谈到中国糖向南亚传播的问题时曾引用过季羡林《CINI问题》一文，其实，关于中国与南亚糖文化的交流，他还有两篇文章十分重要，即《一张有关印度制糖法传入中国的敦煌残卷》和《古代印度沙糖的制造和使用》（均收在《季羡林学术论著自选集》，北京师范学院出版社，1991年）。现据季文将印度古代制糖法输华问题略陈于下。

印度古代制糖法最早是通过佛经介绍到中国来的。东晋佛陀跋陀罗共法显译《摩诃僧祇律》卷一七、卷二九、卷三五和刘宋佛陀什共竺道生等译《五分律》卷二二，都曾提到甘蔗和石蜜可以做成浆饮用的问题。姚秦佛陀耶舍共竺佛念等译《四分律》卷一〇提到"作石蜜以杂物和之"；《摩诃僧祇律》卷一〇提到以甘蔗浆"煎作石蜜"和"煮石蜜"；《五分律》卷二二还提到"作石蜜时捣米著中"。可知，两晋南北朝时期，印度压甘蔗汁制糖的信息已经传到了中国。尽管其方法并不详细，但已具有一定的可操作性。至于中国人是否学习了这一方法，则无例证。到了唐代，义净译的《根本萨婆多部律摄》卷八提到作"沙糖团"的方法；义净在其所译《根本说一切有部百一羯磨》卷九夹注中还进一步指出："然而西国造沙糖时，皆安米屑。如造石蜜，安乳及油。"

据《新唐书》卷二二一《西域传》"摩揭陀国"："贞观二十一年……太宗遣使取熬糖法，即诏扬州上诸蔗，榨沉如其剂，色味愈西域甚远。"而《续高僧传》卷四《玄奘传》中则说："使既西返，又敕王玄策等二十余人，随往大夏……并就菩提寺召石蜜匠。乃遣匠二人、僧八人，具到东夏。寻敕往越州，就甘蔗造之，皆有成就。"总之，唐代初期，官方曾出面组织学习古印度的制糖法。

敦煌卷子P3303号上，在短短的几百字中，却详细地记有印度甘蔗的种类、造砂糖法、造石蜜法、甘蔗栽培法等内容。季羡林对这一卷子作了全面的诠释之后，说："我们眼前的这张只有几百字的残卷告诉我们的却是另外一条道路，一条老百姓的道路。造糖看起来不能算是一件了不起的大事，但是它也关系到国计民生，在中印文化关系史上在科技交流方面自有其重大意义。"

3. 造纸与印刷术

关于中国造纸法向南亚的传播，上一章已经谈到，即有可能是在8世纪中叶"怛逻斯之役"之后，由阿拉伯人或中亚穆斯林传到南亚的。由于文献的缺乏，很难得到确切的时间上限，这只能是一种推论。但至少在11世纪末期，印度文献的纸写本逐渐增多，13世纪末14世纪初，德里地方已经有了造纸的作坊或工场。从8世纪中叶到14世纪初期，正是穆斯林势力由中亚和西亚向南亚扩张并在南亚建立政权的时期，这说明上述推论是比较接近事实的。

关于中国印刷术在南亚的传播，学界一般也认为不是由中国直接传去的，而是由中亚突厥穆斯林或西方人传去的。张秀民在《中国印刷术的发明及其影响》一书中写道："国内有几位学者以为一三三〇年德里大苏丹摩罕美德·图格拉克（Sultan Mahommed Tughlak）仿照中国之法，印行钞币；不过他们所根据亨利·尤尔（Henry Yule）的原文，字句含混，不很可靠。而《剑桥印度史》以为这位印度王所实行的，是想用铜币来代替银币，并不是纸币，结果是同波斯一样失败。所以提到印度印刷的开始，一般以为一五六一年由葡萄牙教士携印刷机至印度西南部的果阿，过了二年印成第一本书。"[①]

黄盛璋于《历史研究》1980年第1期发表的《关于中国纸和造纸法传入印巴次大陆的时间和路线问题》指出：中国纸和造纸法是在650年之后首先传到西藏，然后又于650~670年由西藏传入尼泊尔，乃至南亚次大陆。其主要依据

---

① 张秀民：《中国印刷术的发明及其影响》，北京：人民出版社，1958年版，第175页。

是：第一，据《旧唐书》卷一九六《吐蕃传》，松赞干布于650年向唐高宗"请蚕种及造酒、碾碨、纸墨之匠，并许焉"。这说明在650年前后，西藏已经有了内地的造纸工匠，可以生产纸张了。第二，玄奘于645年自印度归国，此前印度尚不知造纸术，而义净于671年赴印，印度已经使用纸张，说明纸和造纸法在650~670年传入印度。第三，造纸法传入印度的途径似唯有西藏经尼泊尔一路。第四，在造纸原料方面，西藏和尼泊尔都是瑞香科植物的产地，而两地从古到今都是用此种原料造纸。黄文的意见是有一定根据的，因为唐代早期西藏和尼泊尔交通关系密切是人所共知的事实，造纸法既然传到了西藏，那么传到尼泊尔的可能性则是极大的。

4. 制造火药

中国制造火药的技术大概也是通过第三者辗转传到南亚的。据印度恩·克·辛哈等人所著的《印度通史》第十五章，在德里苏丹时期，印度人的军队中"某些初步的火器已经通用"。[1]但有的印度学者认为："在苏丹国时期内，没有火药、炮弹和炮台的营造。13世纪，能够见kushakanjir这个词，似乎是指top的原始形式。此外，还能见到magalib、manjanik以及arada。它们被用于抛掷石头或铁球，以摧毁对方的高塔等建筑物。"[2]在这段话中，"火药"一词的原文为barud，而"炮"的原文为top。值得注意的是，top一词在几种权威的印地文辞典里都被注为突厥语源，而barud一词却不同。在印地文中，与barud并用的同义词是barut，后者被注为波斯或突厥语源，而前者被注为梵语语源，即由梵文词varuda(火)演变而来[3]。如果真是这样，把中国的火药称作barud就再恰当不过了。梵语和古波斯语同属印欧语系，有些相同的词汇是必然的。但barud一词是否即由梵文varuda演变而来尚不能过早下结论。阿拉伯语中的火药也叫barud，显然与波斯语、突厥语中的barut有同源关系，但谁先谁后还不能断定。总之，学界的一般看法是：伊斯兰国家原不知用硝，硝最初传入西亚时被波斯人称为"中国盐"，被阿拉伯人称为"中国雪"；火药在1225~1248年传到伊斯兰国家，1258年以后又由元帝国传去火器[4]。根据这一

---

[1] 恩·克·辛哈等：《印度通史》，北京：商务印书馆，1973年版，第529页。

[2] 哈里什昌德拉·瓦尔马等：《中世纪印度》，德里，1983年印地文版，第413页。

[3] 卡杰卡·普拉萨德等：《印地文大辞典》，贝拿勒斯，1957年版，第949页；拉姆昌德拉·瓦尔马：《标准印地文辞典》第4卷，波罗耶伽，1962年版，第118页。

[4] 沈福伟：《中西文化交流史》，上海：上海人民出版社，1985年版，第353~355页。

看法，印度德里苏丹国时期（1206~1526年）的军队中使用火器应是情理中的事，因为那时在中亚和西亚的战争中使用火器已经不是新鲜事。R. C. 马宗达等人的《高级印度史》载："苏丹国的常备军包括王室卫队、首都禁卫军，在必要的时候，由各省副王和穆克塔征集的兵员和信奉印度教的兵丁支队加以补充。军队里有民族的士兵，象突厥人、卡泰人、波斯人和印度人。军队的主要兵种是步兵（包括数量很多的弓箭手）、骑兵和象军。还没有炮兵之类的兵种，这种武器是到晚些时候才被有效地采用的；但是，早在伊勒图特米什统治时，就使用了靠火药发射的火箭，燃烧弹和机射弹丸的火器，尽管威力还不很大。此外，在中世纪印度的围城战术中，也使用了一种机关炮，它包括像弩炮、射石机、掷弹器等各种笨重的机械，用它们可以向敌军投射引火弹、火箭、岩块、石头、土弹或铁弹、装满燃料油和蝎子等毒虫的瓶子。"[①]伊勒图特米什（Iltutmish）是德里苏丹国早期的一名统治者，在位时间为1211~1236年。据此，则印度至迟在1236年已经使用火器，其火器当是由突厥人传入的。又据同书，南印度的帝国毗者耶那伽罗（Vijayanagala）"维持了一支庞大而强有力的军队……军队的几个组成部分是：步兵，从不同阶级和信仰的人民中间征募，有时甚至也包括穆斯林；骑兵，由于国内马匹数量不足，通过葡萄牙人从霍尔木兹征购良种马来加强战斗力；象队；骆驼队；还有炮兵，外国人的记述以及铭文的记载都证明早在1368年印度教徒就已经使用大炮了"。此后，莫卧儿人的首领巴布尔于1256年4月在德里西北的帕尼帕特战役中使用了大量的大炮，作者还特地注明："这不是第一次在印度使用大炮。"[②]由以上情况可以推论，印度人学会制造火药的时间可能在13世纪30年代前后，其方法可能是突厥人或波斯人传授过去的。

二、农副业技术

1. 种茶

中国种茶制茶的技术是通过英国人传到南亚去的。据黄遵宪编《日本国志》卷三十八："印度种茶起于泰西一千八百三十四年，至今五十余年矣。先是，侯爵某上书政府，首倡其议，英国从其言，遂英人及印度人十三名为委员。阿朔昔州（阿萨姆）旧有茶树，当印度未入英国版图时，于千八百二十四年缅甸之

---

① R. C. 马宗达等《高级印度史》（上），北京：商务印书馆，1986年版，第424页。
② 同上，第413、454页。

役，炮船长官巡察其地，并携茶种归告政府，及是所遣委员遂于阿朔昔州先建数所茶苗圃，并开小制厂。至三十七年，暂通制造焙炼诸法，又遣员往中国福建厦门购种种之，渐及东北诸州。其后政府决议以移植中国种为便，又往安徽、杭州、宁波、福建武夷山购觅良种，植于西北诸州。尔后考论工拙，争以金牌为赌物，植物家又考究树质佳否，土宜如何，一一论究中国焙炼之法，政府并译其书布告于众。凡种茶之地，虽在绝域深山，政府皆开通道路以便运输。人民亦争自奋发，益求良法，佐以机器。至千八百六十九年，印度茶之名竞噪于世。"[1]丁韪良在《印度种植茶叶》中写道："英人早思于属国择选土地，宜于艺茶者种之，以省费而利国，嗣遣人购觅茶种，于印度昆仑山相近处试种，更雇中国善于采取与烧炼者，教土人以采烧之法。试行以来，著有成效，所收茶品，颇不逊于中华。于同治二年（1863年），种茶已有一百万磅，至同治十一年，迭增至二千万磅之多，将来获利自不可量云。"[2]可知，英国人于1834年于印度阿萨姆山区开辟茶园，1837年开始引进中国茶种，从而使中国茶种在印度东北和西北各地安家落户。在引进茶种的同时，还雇佣中国的工匠去印度传授采摘和焙制技艺，从而使印度出产的茶叶能与中国茶叶相抗衡。不久，印度的茶叶成为重要的出口物资，以至于夺去了相当一部分中国的海外市场。

不过，关于中国茶传入印度的时间，郁龙余另有见解。他说："茶最早是什么时候传过去的，这是一个尚待探讨、研究的问题。一般认为，印度的茶是从公元1780年以后发展起来的。但是，印度引种中国茶，应该大大早于这个时间。早在我国明代（14世纪后期）我国出现了手搓炉焙的制茶工艺。后来，这种制茶工艺传到了印度。如果当时印度没有一定数量的茶树种植，那么这种制茶工艺在印度只是一种屠龙之技，根本没有传入的必要和可能。所以我们认为，手搓炉焙制茶工艺传到印度的时候，茶在印度的引种已经有了相当的规模。""我国云南、贵州、四川和西藏是茶的原生地。国内外许多专家、学者认为：印度阿萨姆、缅甸、老挝和越南，地处发源于中国云贵、川藏高原的各条江河的中、下游，所以这些地方的野生茶与中国茶树有着历史的源和流的关系。印度阿萨姆的野生茶是大叶种，味苦涩，质量差。公元1780年，东印度公司开始从我国引种茶树的栽培品种。由于两国的自然条件相差太大，而且许多技

---

① 转引自姚贤镐：《中国近代对外贸易史资料》第一册，北京：中华书局，1962年版，第1186页。

② 同上。

术也跟不上去，所以引种的效果不佳。1848~1851年，1853~1856年，东印度公司又连续派一个叫福琼的人到中国来。此人先后到浙江、安徽、福建和江西的各个茶区搜罗茶树良种，并招聘精于制茶的巧匠，准备在印度种植我国的优良茶种。1851年，福琼将我国20 000株茶树苗、17 000颗芽种子运到印度加尔各答。1853年，福琼又从我国运走20 000多株茶树苗。后来我国的茶树与印度阿萨姆的大叶茶树进行杂交，培育出了适应印度自然条件的茶树新品种。"①

斯里兰卡的植茶业兴起于印度之后。1839年，斯里兰卡首次从印度的阿萨姆引进205株茶树苗，栽培在佩拉德尼亚植物园以供观赏。其时，印度次大陆已经能大量生产茶叶，而斯里兰卡还在经营咖啡种植园。然而，20余年后，由于国际市场上咖啡价格暴跌，使斯里兰卡经济受到严重威胁。茶叶就是在这种情况下受到斯里兰卡英国殖民当局重视的。1867年，英国殖民政府派人去印度考察茶叶种植园的情况，并提出斯里兰卡种植茶叶的可行性报告。1870年，斯里兰卡开辟出250英亩土地试种，获得成功。1873年，斯里兰卡的茶叶首次销往伦敦，赢得很好的声誉。从此，斯里兰卡英国殖民当局大力支持茶叶生产。1880~1900年，斯里兰卡的茶园面积由9 000英亩扩大到40万英亩，年产量由100万磅发展到1.51亿万磅，使斯里兰卡成为国际茶叶市场上同中国竞争的又一个强大对手。②

2. 植桑养蚕

第三章里，我们在谈到中国丝及丝制品向南亚传播时曾引用过季羡林的论文《中国蚕丝输入印度问题的初步研究》。这里，我们还要依据此文探讨中国植桑养蚕技术向南亚传播的问题。

在古代的西域，最早植桑、养蚕和缫丝的地方是和阗。《大唐西域记》卷一二"瞿萨旦那国"载："昔者此国未知桑蚕，闻东国有之，命使以求。时东国君秘而不赐，严敕关防，无令蚕种出也。瞿萨旦那王乃卑辞下礼，求婚东国。国君有怀远之志，遂允其请。瞿萨旦那王命使迎妇，而诫曰：尔致辞东国君女：我国素无丝绵桑蚕之种，可以持来，自为裳服。女闻其言，密求其种，以桑蚕之子置帽絮中。既至关防，主者遍索，唯王女帽不敢以验。遂入瞿萨旦那国，止麻射伽蓝故地。方备礼仪，奉迎入宫。以桑蚕种留于此地。阳春告始，乃植其桑。蚕月既临，复事采养。初至也，尚以杂叶饲之。自时厥后，桑树连荫。

① 郁龙余：《中印栽培植物交流略谈》，《南亚研究》1983年第2期。
② 肖雯：《茶业与斯里兰卡经济》，《南亚研究》1988年第4期。

王妃乃刻石为制，不令伤杀；蚕蛾飞尽，乃得治茧。敢有犯违，神明不佑。遂为先蚕，建此伽蓝。数株枯桑，云是本种之树也。故今此国，有蚕不杀，窃有取丝者，来年辄不宜蚕。"季文指出："西藏也有这个传说，内容差不多……这是不是只是一个传说呢？恐怕不是，这可能是个历史事实，因为正史里也有记载。"接着，他引了《新唐书》卷二二一《西域传》中"于阗"条的有关记载，并说："事实上和阗是古代西域唯一的养蚕出丝的地方，这传统一直维持下来，到现在还没有中断。"他还以考古资料为佐证，说A.斯坦因在和阗（今和田）的丹丹乌里克"发现一块画版，中央画着一个盛装贵妇，头戴高冕，女郎跽于两旁。画版一端有一只篮子，里面装满了果实似的东西。左边的侍女用左手指着贵妇人的冕。这画什么意思呢？这贵妇人无疑就是我们上面谈到的把蚕种藏在帽子里偷传到和阗去的中国公主"。"斯坦因还在和阗北面一座古庙的废址里发现了一幅壁画，画着一个四臂蚕神，就是中国古书上所谓'先蚕'。"我们知道，古代和田曾居住过许多印度移民，当地受印度古代文化影响很深，这是由其地理位置决定的。如果植桑、养蚕和缲丝的技术能在唐代以前就由内地传到和田，那么经由和田再传到南亚就不会是很迟的事情了。另外，波斯（今伊朗）和中国西藏、云南等地都是很早就能养蚕缲丝的地方，这些地区与古印度都相邻近，都有交通上的便利，因此，中国的植桑养蚕法也可能通过这些地区传到南亚，只是难以确定具体时间而已。

3. **植棉**

一般认为，棉花的原产地可能在非洲，而亚洲棉的原产地可能在印度。中国农业科学院棉花研究所等单位所著的《中国的亚洲棉》一书指出："据研究推测，印度河流域是棉花被利用的最早地区……印度河流域信德地区的莫恒卓-达罗的一座古墓中，发掘出公元前2750~前3000年的三件棉织品，认为是由高度技术的工匠制成的，与今天印度的棉纤维长度相似，约为五千年前的产品，是目前世界上已知最早的棉制品。信德地区原始栽培的亚洲棉为多年生型。初期扩展主要是在印度境内，尔后一方面经伊朗、沙特阿拉伯传至非洲……另一方面在印度的旁遮普发展后即普及印度半岛，并越过印度半岛向东、向北传至缅甸、越南、中国……亚洲棉传入中国后，形成了我国特有的类型。""亚洲棉约在两千多年前由印度经缅甸、泰国等地传入我国南部和西南部地区，至13世纪后盛植于长江流域，其后扩展到黄河流域及辽河流域。亚洲棉在中国大面积种植和利用了七、八百年，对我国人民生活作出了巨大贡献。"①对于棉花传入中国的途径，李正理先生说得更为详细："我国古代所植的棉花，从国外传入内地，可能经由下列三个途径：①由阿拉伯经波斯（今伊朗）、巴基斯坦，越过葱岭，传入到新疆吐鲁番，再到西北各地。这是非洲棉（草棉）。②由印度传入缅甸、泰国、柬埔寨、越南等地，然后由缅甸通过云南大理、保山等地，向北进入陕西、河南。这是亚洲棉（中棉，古称木棉）③另一支，可能由越南到海南岛，再经广东、福建沿海，到达浙江一带。此种也是亚洲棉（中棉）。"②由此可知，中国的棉花分为两大系列，即非洲棉和亚洲棉。非洲棉在传入中国的过程中，曾以南亚为中间站；亚洲棉的最初产地可能在南亚。

4. 植物栽培

除了以上提到的茶、桑、棉等以外，中国与南亚在植物栽培方面的交流还有很多。郁龙余曾著《中印栽培植物交流略谈》一文，载于《南亚研究》1983年第2期。文中说道："中国作为世界上最大的栽培植物起源中心，拥有大量的珍贵植物品种。例如——农作物有：稷、黍、粟、穄子、大豆、荞麦、大麻、麻、苘麻、芝麻，等等；水果有：桃、梅、杏、李、樱桃、枇杷、杨梅、龙眼、荔枝、柑橘、柿、枣、栗、香榧、猕猴桃，等等；珍贵树种有：银杉、水杉、白豆杉、金钱松、银杏、香樟、楠木、油茶、油桐、漆树、乌桕、桑树、喜树、连香树、香果树、云叶、水松，等等；观赏植物有：玉兰、玫瑰、桂花、菊花、月季、鸡冠花、珙桐，等等；药用植物有：杜仲、人参、大黄、麻黄、当归、五味子，等等；还有许多优良的竹类、藻类和菌类植物。以上列举的这些植物中，有不少早已传入印度，正在为印度人民造福。交流总是互相的。在中国栽培植物传入印度的同时，印度的许多珍贵栽培植物也都先后传到了中国。例如：荸荠、葫芦、瓠瓜、金瓜、蛇丝瓜、苦瓜、茄子、刀豆、南苜蓿、扁豆、甘蔗、木菠萝、阳桃、萝芙木、曼陀罗、穿心莲、茉莉花等等。"他在文中还特地举出茶、大豆、柑橘、桃、梨、油柿、月季、芝麻等九种进行了讨论，都有一定的依据，这里不再一一征引。需要说明的是，随着这些栽培植物的交流，有关的栽培技术也必然得到交流。

另外，在本章有关化学医药的部分，我们曾引用过《本草纲目》的一些例

---

① 中国农业科学院棉花研究所等：《中国的亚洲棉》，北京：农业出版社，1989年版，第1、18页。

② 李正理：《棉花形态学》，北京：科学出版社，1979年版，第184页。

子，其中也有药用植物栽培技术的内容，这里不再重复。

三、建筑技术

中国人很早就注意到了南亚民族的建筑技能。据《汉书》卷九六《西域传上》记罽宾国说，"其民巧，雕文刻镂，治宫室"。南亚人也很早就知道中国人民的建筑技能。《宋书》卷九七《夷蛮列传》记：元嘉五年（428年），天竺迦毗黎国王月爱遣使奉表，表中说中国"宫殿庄严，街巷平坦"。

据《高僧传》卷一《摄摩腾传》：摄摩腾于汉明帝时自中天竺到洛阳，"明帝甚加赏接，于城西门外立精舍以处之……腾所住处，今洛阳城西雍门外白马寺是也"。又据《洛阳伽蓝记》卷四："白马寺，汉明帝所立也，佛入中国之始。"也就是说，中国出现的第一座佛寺在汉明帝时（公元1世纪中后期）。据《大清一统志》卷一六三《河南府二·寺观》，当时的白马寺是由官署鸿胪寺改建的。因此很难判定它在多大程度上受了印度建筑的影响。《魏书》卷一一四《释老志》说："自洛中构白马寺，盛饰佛图，画迹甚妙，为四方式。凡宫塔制度，犹依天竺旧状而重构之，从一级至三、五、七、九。世人相承，谓之'浮图'，或云'佛图'。"这就是说，自白马寺以后，中国建造的佛寺和塔都是以印度的式样为制度，凡是不合乎制度的都要重新改建。

据《三国志》卷四九《吴书·刘繇太史慈士燮传》：丹阳人笮融在徐州"大起浮图祠……垂铜盘九重，下为重楼阁道，可容三千余人"。这是公元2世纪末发生的事情，其浮图祠显然是受有"天竺旧状"的影响。此后中国中原地区的佛教建筑受南亚建筑风格影响的例子越来越多，这将在艺术部分详谈。这里只重点介绍工程技术（包括设计）方面的几个例证。

魏晋南北朝以来南亚来华僧人多有建塔寺者。其中以刘宋时罽宾国人昙摩蜜多为典型。据《高僧传》卷二记：蜜多"度流沙，进到敦煌，于闲旷之地，建立精舍。植柰千株，开园百亩，房阁池沼，极为严净。顷之，复适凉州，仍于公府旧寺，更葺堂宇，学徒济济，禅业甚盛"。"宋元嘉元年辗转至蜀，俄而出峡，止荆州，于长沙寺造立禅阁……元嘉十年还都，止钟山定林下寺……于是乘高相地，揆卜山势，以元嘉十二年斩石刊木，营建上寺。士庶钦风，献奉稠叠，禅房殿宇，郁尔层构。"这类由南亚僧人主持建造的寺院，在设计上自然要受到南亚建筑风格的影响，技术上恐怕也有一定关联。

《大唐西域求法高僧传》卷上，义净详细记叙了印度那烂陀寺的建筑规模、布局、材料、技术等，是极为难得的文字资料。他写道："然其寺形，畟方如城，四面直檐，长廊遍匝，皆是砖室。重叠三层，层高丈余，横梁板阗，本无椽瓦，用砖平覆。寺皆正直，随意旋往。其房后壁即为外面也，叠砖峻峭，高三四丈。上作人头，高共人等。其僧房也，面有九焉。一一房中，可方丈许，后面通窗户向檐矣。其门既高，唯安一扇……于一角头作阁道还往。寺上四角，各为砖堂，多闻大德而住于此。寺门西向，飞阁凌虚，雕刻奇形，妙尽工饰。其门乃与房相连，元不别作，但前出两步，齐安四柱。其门虽非过大，实乃装架弥坚……寺内之地方三十步许，皆以砖砌。小者或十步，或五步耳。凡所覆屋脊上檐前房内之地，并用砖屑如桃枣大，和以杂粘泥，以杵平筑，用礓石灰，杂以麻筋并油及麻滓烂皮之属，浸渍多日，泥于砖地之上，覆以青草，经三数日，看其欲干，重以滑石揩拭，拂赤土汁或丹朱之类，后以油涂，鲜澄若镜。其堂殿阶陛，悉皆如此。一作已后，纵人践踏，动经一二十载，曾不圮坼。"义净的记载可能会对后世中国的寺院建筑发生影响。同时，他还说那烂陀寺附近有一支那寺。宋代范石湖的《吴船录》卷上记宋僧继业西天取经行程时说，继业到达摩揭陀国时"馆于汉寺。寺多租入，八村隶焉。僧徒往来如归"。汉寺"西北五十里，有支那西寺，古汉寺也"。不知这个古汉寺是否即义净所说的支那寺，也不知新汉寺是否为中国的建筑。但可以肯定的是，宋代确实有中国人在印度营造过塔寺之类建筑物，《岛夷志略》"土塔"条所说可以为证："居八丹之平原，木石围绕，有土砖甃塔，高数丈。汉字书云：'咸淳三年八月毕工。'……至今不磨灭焉。"这应是中国建筑技术向南亚传播的实例。与此相对应的是，在中国的广州，唐代即有婆罗门教寺庙；而在泉州，宋元时代曾有不少南亚商人和僧侣居住，那里曾经建有印度教庙宇，现存的许多印度教题材的石刻便是明证。

《元史》卷二〇三《阿尼哥传》记曰："阿尼哥，尼波罗国人也……中统元年，命帝师八合斯巴建黄金塔于吐蕃，尼波罗国选匠百人往成之，得八十人，求部送之人未得。阿尼哥年十七，请行……帝师一见奇之，命监其役。明年，塔成……"此处关于尼泊尔工匠前往西藏建塔的记载说明，中国西藏的佛教建筑早就受到南亚建筑技术的影响。此后，阿尼哥自西藏进京，留在元朝供职达40余年，于1306年去世。据程钜夫《雪楼集》卷七《凉国敏慧公神道碑》记，阿尼哥对中国建筑的贡献主要有"塔三、大寺九、祠祀二、道宫一"。学者们认为，"塔三"可能是指1206年在西藏建的塔、1279年建成的北京妙应寺白塔和1301年建成的五台山白塔；其所建大寺有护国仁王寺、乾元寺、圣寿万安寺、城南寺、兴教寺、万圣佑国寺、东花园寺和圣寿万宁寺等。自阿尼哥始，中国塔寺建筑受尼泊尔建筑影响越来越大，如今北京妙应寺白塔、北海白塔等都是明显例证[①]。中国的这类白塔和尼泊尔的一些佛塔，如著名的斯瓦扬布大塔、加德满都楞伽寺佛塔等，在外形设计上都是十分相似的。值得注意的是，尼泊尔现存的一些古塔中，也有与中国塔很相似的。其中最为典型的是巴德岗印度教女神庙的五层塔。此塔有五层飞檐，与南亚的传统建筑式样不同，而与中国塔的式样相吻合，显然是受有中国建筑的影响。

第四节 现代科技交流

1949年中华人民共和国建立以后，中国与南亚各国的科技交流十分频繁，现按国别将有关大事胪列如下[②]。

一、中国与印度

1952年1月11日，国际工业展览会在印度孟买开幕，中国展览馆展出了五个部分：①自然资源；②机器、电气和化学工业；③轻工业；④纺织工业；⑤食品工业和农业。这是新中国首次在印度展示科技成果。

1954年5~6月，印度水利与电力部中央水利和电力委员会代表团到中国进行水利考察。9~10月，印度阿萨姆邦粮食与农业部长访问中国并考察农业。

1955年1月，以钱瑞升为团长的中国科学家代表团应邀参加印度科学大会第42届年会。6月，印度工程师学会主席来华访问。6~7月，印度医学代表团来华访问并讲学。11月，中国卫生部医学访问团访问印度。11~12月，中国派团参加印度工业博览会并展出工业品。

1956年7月，印度农业考察团来华考察。8月，印度农业计划及技术代表团访问中国。9月，以农垦部副部长姜齐贤为团长的中国农业科学考察团到印度考察。同年，印度铁路代表团和印度国家科学研究所专家分别来华访问考察。

1957年9月，"印度展览会"在北京开幕。同年，中国盐业参观团访问了印度，印度数学家高善必教授、矿物学家高士分别来华访问。

---

① 王宏纬：《高山王国尼泊尔》，北京：中国社会科学出版社，1980年版，第181页。

② 以下除另加注者，均据郭书兰《中印关系大事记》及《中国与南亚各国关系大事记》（分别见《南亚与东南亚资料》1988年第6辑、1989年第1辑和1990年第1辑等）。

1958年，中国水利考察团赴印考察，印度孟买省农业部长来华考察。

1959年1月，印度水利灌溉代表团访问中国。1~2月，中国科学院派员参加印度科学大会。3~4月，印度钢铁考察团访问中国。

1960年1月，中国科学院学部委员、北京大学副校长周培源和中国科学院学部委员、地球物理研究所所长赵九章参加印度科学大会第47届年会。10月，印度数学家高善必访华。

1977年10~11月，周华康率中华医学会儿科学会代表团访问印度，并参加在德里召开的第15届国际儿科大会。11月，王询率中国采矿全国委员会代表团在印度参加世界采矿会议第41次组织委员会会议，并访问印度。

1978年6月，印度医生在北京和上海考察针灸工作。9月，中国农业科学院作物研究所李奇真率中国农业考察团赴印考察。11月，印度矿业代表团在北京、抚顺、沈阳、上海、杭州、大同等地访问。

1979年6月，中国人民的老朋友、反法西斯战士比·库·巴苏医生来华参加针灸针麻学术讨论会。他曾于1938年随印度援华医疗队来华，在华工作达五年之久。1957年来华访问时对中国的针灸疗法发生兴趣。1958年冬至1959年5月，他在北京中医学院学习针灸技术，回国后便用针灸为印度人治疗，收到良好效果，深受欢迎，许多医生和学生要求向他学习。于是他在自己加尔各答的诊所开办学习班，每期三个月。1973年初，巴苏医生再次来华学习和研讨针灸技术，三个月后回国，向全印医学科学院、印度医学研究理事会、加尔各答医学院等单位介绍中国的针灸术，引起印度医学界的重视。到1977年10月，仅西孟加拉邦柯棣华大夫纪念委员会就在加尔各答市郊建立了19个针灸诊所，培养出针灸医生150人。到70年代末，印度已有30多家针灸诊所，主要开设在加尔各答、孟买、新德里、高哈蒂、昌迪加尔和卢迪亚纳等地。印度的针灸医生不仅在治疗常见病上取得了显著成绩，而且在一些疑难病症的治疗上也获得了可喜成果。中国针灸技术在印度的传播，巴苏大夫功不可没[①]。

1980年3月，应印度农业研究理事会邀请，中国农业部副部长刘锡庚率代表团访问印度旁遮普邦。5月，应中国科学院邀请，印度旁遮普大学教授V. T.古普塔（V. T. Gupta）访问中国并考察了喜马拉雅山地理。6月，应联合国水文组织印度委员会邀请，中国华东水利学院院长严恺等二人参加了在新德里举

---

① 李兆乾：《银针传友谊》，1978年3月13日《人民日报》。

行的联合国水文组织亚洲地区水文资料交流会。

1981年12月，由副院长李熏率领的中国科学院代表团应邀赴印参加印度科学大会和印度统计学院成立50周年纪念活动。是年，由中国中医研究院副院长唐由之和中医研究院广安门医院院长师绣章率领的中国传统医学考察团一行六人访问了印度六个城市。岁末，在贝拿勒斯的传统印医研究所，六位中医专家与上百位印医专家会聚一堂，观看了从中国带来的关于"金针拨白内障"的纪录片。影片中主持手术的就是唐由之教授。此术乃古代由印度传入中国的"金箟术"，在唐代极为著名。唐教授将久已失传的绝技复活，又回传印度，正所谓木瓜琼琚之报，在场印医无不鼓掌喝彩，纷纷与唐教授握手拥抱。①

1982年6~7月，印度石油考察团来华，先后考察了大庆油田、渤海海上石油设施、燕山石油化学工业公司所属的炼油厂和四川天然气生产。11月，印度国家科学院代表团来华访问。

1983年11月，应中国国家科委邀请，印度科技政策、管理和计划考察团来华。国务委员兼国家科委主任方毅接见了印度代表团，双方就加强两国科技交流和发展科技的政策等问题交换了意见。

1984年2月，全国人大常委会副委员长黄华率中国人大代表团访印，在同印度代表团会谈期间，双方同意在计划生育和生物医学研究方面开展交流活动。同月，中国科学院数学研究所副所长杨乐率团访印；以卫生部顾问马海德博士为首的中国麻风病学家代表团10人赴印参加第12届国际麻风病大会。6月，印度茶叶访华团来华访问考察。11月，由副主任赵维臣率领的中国国家经委代表团访问印度，并出席了第三次国际设备工程师会议。

1985年8月，中国冶金工业部部长李东冶一行在印度访问。

1986年7月，以院长拉奥教授为团长的印度国家科学院代表团来华访问。

二、中国与巴基斯坦

中华人民共和国与巴基斯坦在科技领域的交流起于20世纪50年代，有以下大事值得一提：

1953年2月，由宫乃泉率领的中华医学代表团应邀参加巴基斯坦医学协会第三届年会。这是新中国派往巴基斯坦的第一个科学代表团。

---

① 詹得雄：《印度散记》，北京：新华出版社，1984年版，第166页。

1955年1~2月，以钱瑞升为首的中国科学家代表团应邀参加巴基斯坦科学促进会第七届会议并进行考察访问。

1956年10~11月，巴基斯坦科学代表团在中国考察访问。

1957年9~10月，东巴基斯坦经济农业水利考察团访问中国。12月，中国水利考察团访问巴基斯坦。

1963年9月巴基斯坦东方医学促进会代表团在中国访问考察。

1965年2月18日，中巴两国政府签订经济技术合作协定和贷款协定。根据协定，中国将派遣专家和技术人员到巴基斯坦进行技术合作。8月，巴基斯坦农业调查委员会代表团在华考察中国农业。

1970年4月6日，巴基斯坦总统叶海亚·汗（Yahya Khan）在达卡附近主持了中国援建的一项工程的落成仪式。这项工程从设计到建筑落成始终有中国专家和工程技术人员参加。

1971年1月，由王忠率领的中国医学访问组在巴基斯坦访问并考察。2月，中国援建的公路拉甫达坂至哈利格希段交付使用。公路自勘测至施工，均有中国专家和工程技术人员参加。4月，中巴两国在卡拉奇签订关于建造制糖厂的会谈纪要。中国方面将为该糖厂提供设备和技术。11月，中国援建的塔克西拉重型机械厂落成，锻铸件厂奠基。12月，中国援助巴基斯坦设计和修建耐火材料厂的会谈纪要在卡拉奇签字。这些工厂的工程和生产技术也都由中国提供。

1972年3月，由中国民航总局副局长马仁辉率领的中国民航技术小组到卡拉奇考察访问。11~12月，中国科学技术工作者代表团访问巴基斯坦，并参加了卡拉奇核电站的开幕典礼。该核电站是中巴科技合作的结晶。

1974年1月30日，由中巴两国工程技术人员和工人共同修建的拉卡纳糖厂举行奠基仪式，巴基斯坦总理布托（Z. A. Bhutto）出席仪式。3月21日，布托总理又参加了由中国帮助在哈桑·阿卜达尔兴建纺织厂的奠基仪式。10月5日，巴基斯坦方面宣布，中国将向巴基斯坦提供总数为7 500万美元的财政和技术援助，以兴建一所造纸厂和尿素化肥厂。

1975年6月，巴基斯坦养蚕考察组在中国考察。7~8月，巴基斯坦科学代表团在华访问。11月，巴基斯坦农业代表团来华考察访问。12月，巴基斯坦气象代表团来华访问。

1977年1~2月，中国政府科学技术合作代表团访问巴基斯坦。2月，中国援建的锻铸件厂落成。12月，巴基斯坦重型机床公司代表团来华访问。

1978年1月16日，巴基斯坦卡拉奇造船厂为中国建造的13 500吨货轮"和田"号举行交接仪式。6月，中国援建的喀喇昆仑公路第二期工程竣工。巴基斯坦政府科技合作代表团来华访问。7月，由森林研究所总所长卡塔克博士率领的巴基斯坦草药和制药考察团访华。9月3日，中国科学院副院长周培源宴请正在中国访问的巴基斯坦物理学家阿卜杜勒·萨拉姆教授。10月，巴基斯坦兵工厂代表团在华访问。

1979年5月，巴基斯坦农业代表团来华访问。10月22日，巴总统齐亚·哈克视察由中巴共同修建的伊斯兰堡体育综合设施。

1980年5月10日，中巴第三个科技合作协定（1980~1981年）在伊斯兰堡签订。

1981年8月，巴基斯坦农业代表团访问中国。12月2日，中巴政府科技合作第四次会议议定书在北京签字。

1982年3月27日，中国援建的哈扎拉尿素化肥厂开始试产。5月18日，齐亚·哈克总统主持中国援建的玻璃厂的落成仪式；10月14日又主持中国援建的哈里普尔化肥厂的落成仪式。

1983年9月，巴基斯坦农业代表团来华访问。

1984年8月，巴基斯坦政府科技代表团前来中国参加中巴科技合作第六次会议。11月，中国科学院副院长孙鸿烈率领中国科学院代表团访问巴基斯坦。

1985年4月19日，齐亚·哈克总统在伊斯兰堡主持了中国援建的"真纳"体育场落成仪式。

1986年2月由国家科学技术委员会副主席郭树言率领的中国政府科技合作代表团访问巴基斯坦并签订两国科技合作议定书。3月，中国建筑材料及设备进出口公司和巴基斯坦伊塔矿业贸易公司签订一项合同，由中国向这家公司提供日产200吨的小水泥厂成套设备和技术服务。4月，中国机械工业部副部长赵明生访问巴基斯坦，并参加了由中国承包的赫里布尔省重型电机联合企业的奠基典礼。由中国援建的巴基斯坦古杜电站第四蒸汽轮发电机组正式投产。9月，巴基斯坦和平利用核能合作代表团来华访问，中巴和平利用核能合作协定在北京签字。巴物理学教授阿卜杜勒·萨拉姆来华访问。11月，发展中国家技术合作会议在北京召开，中巴代表经协商达成七项协议。

三、中国与斯里兰卡

中华人民共和国与斯里兰卡的科技交流，在本书的第二章中已有所涉及，这里仅将有关大事列出。

1958年4~5月，锡兰农业考察团在中国考察访问。6月，锡兰政府纺织代表团来华访问并考察。9~10月，锡兰卫生部长、农业和粮食部长分别率团来华访问。

1959年3~4月，锡兰工业和渔业部长率团来华考察访问。

1960年9月，锡兰医学界代表团在华访问。

1961年4月12日，中国向锡兰提供车辆技术设计协议书在科伦坡签字。5月，中国赠送给锡兰三部水稻插秧机。8月7日，中锡两国关于建立棉纺织厂的协议在科伦坡签署。8月，锡兰卫生部长率锡兰医师代表团访华并进行医学考察。

1962年10月9日，中国赠送锡兰的火车车辆移交仪式在科伦坡举行。

1964年4月，以学部委员孟宪民教授为团长的中国科学院代表团访问锡兰。7月7日，中锡签订中国向锡兰赠送一批铁路车辆的协定。11月，中锡两国在科伦坡签订了修建纺织厂的合同，合同规定，中国提供工厂的机器、装备以及建筑材料和技术人员。

1965年1月，由曹建华率领的中国专家小组到达科伦坡，帮助锡兰兴建国际会议大厦。3月，中国赠送锡兰两台新式手扶拖拉机。7月13日，中国向锡兰提供62节铁路客货车车辆的协定在科伦坡签订。

1968年8月3日，由中国提供机械设备和技术的锡兰埃赫利亚戈达纺织中心举行竣工仪式。12月18日，中国帮助锡兰修建的兰布卡纳纺织中心举行开工仪式。

1970年2月，中锡两国就中国援助锡兰在明内里亚建设一座棉纺织厂问题在科伦坡换文。8月，帮助修建班达拉奈克国际会议大厦的中国六人技术小组到达科伦坡并开始工作。

1971年10月15日，中国驻锡兰大使马子卿代表中国政府向锡兰政府赠送手扶拖拉机和胶轮车等礼品。

1972年2月，中国赠送锡兰两艘巡逻艇。6月，中国援助斯里兰卡建设棉纺织印染厂的协定在北京签署。9月20日，中国政府向斯里兰卡政府提供贷款的货轮"韩江"号的交接和重新命名为"兰卡·卡里尼亚"号的仪式在广州举行。10月，斯里兰卡心脏科医生访问中国。11月，斯里兰卡著名医生拉金德拉（Rajendra）访问中国。中国政府向斯里兰卡政府提供贷款的第二艘货轮"黄岩"号被重新命名为"兰卡·坎蒂"号移交给斯里兰卡政府。11~12月，以水利部副部长钱正英为团长的中国水利代表团访问斯里兰卡。

1973年2月12日，斯里兰卡总理班达拉奈克夫人设宴招待参加建筑班达拉奈克国际会议大厦的中国工人和工程技术人员。5月，班达拉奈克国际会议大厦建成并举行揭幕典礼。12月，中国科学院派科学小组参加斯里兰卡科学促进协会第29届年会。

1974年6月，斯里兰卡工程师协会代表团访问中国。8月，斯里兰卡科学家代表团访问中国。9~10月，斯里兰卡农业考察团来华考察。12月，中国地质学家张文佑等二人参加斯里兰卡科学促进协会第30届年会。

1975年1月，中国纺织技术工作组在完成普戈达棉纺织厂的兴建工作后回国。7月，斯里兰卡灌溉、电力和公路部代表团访问中国。9月，斯里兰卡国家科学理事会秘书长贾雅苏里亚博士和科学促进协会秘书长马亨德拉博士访华。10月，斯里兰卡基层卫生考察组来华考察。11月，斯里兰卡磷肥技术组访问中国。

1978年8月，中国援建的斯里兰卡乌达瓦拉维淡水鱼养殖试验站举行交接仪式。9月，斯里兰卡精神病学教授来华访问。11月，斯里兰卡医学代表团在中国进行考察中西医结合治疗，并进行友好访问。

1979年5月15日，斯里兰卡献眼协会赠送给北京一医院四对眼球。12月，斯里兰卡农业发展和研究部向中国赠送稻种。

1980年11月，中国赠送给斯里兰卡两艘快速炮艇。

1981年1月15日，中国技师张炳祥的追悼会在斯里兰卡金河工程工地举行。张炳祥是在中国援建的这项工程中因公逝世的。斯里兰卡有关部门决定为他建立一座纪念碑。8月，斯里兰卡农业代表团访问中国。

1982年9月，由中国援建的斯里兰卡金河治理工程和普戈达棉纺织厂先后竣工。

1983年2月，根据贾亚瓦德纳（J. R. Jayewardene）总统的建议，斯里兰卡内阁同意由中国援建尼兰比河水电站工程。该工程的装机容量为3 200千瓦，初步勘测完成于1980年，设计合同签订于1981年。

1984年1月，斯里兰卡国际眼库向广州中山医学院赠送两对眼球。1985年6月，斯里兰卡土地和土地发展及马哈维利河开发部与中国有关部门商定在科伦坡建立一所中医医疗中心的计划。该中心将以传统的中药和治疗方法为斯里兰卡人民服务，并为一些斯里兰卡医生开设中医课程。

1986年2月，由中国湖北省黄石市医学专家组成的医学研究小组到达科伦坡并受到斯里兰卡总统贾亚瓦德纳的接见。总统说，斯里兰卡和中国的传统医学工作者将携手为斯里兰卡人民治病，这是值得称颂的事情。他对在科伦坡建立中医医疗中心的计划表示欢迎。3月，斯里兰卡眼球捐献协会向中国赠送两个眼球角膜。8月，由黄石市对外经济贸易总公司和黄石市中医医院与斯里兰卡土地发展部合办的中医医疗中心在科伦坡建成。该中心还将在马哈维利市建立一个医疗所。10月，斯里兰卡中小工业考察团来华考察。中国河北科技研究所代表团访问斯里兰卡并进行学术交流。11月，中国和斯里兰卡代表在发展中国家技术合作政府间协商会议上达成六项合作协议。

四、中国与尼泊尔

中华人民共和国和尼泊尔王国的科技交流主要表现在建筑、农业、轻工业技术和医学等方面。这一交流开始于20世纪50年代中期，从此到80年代中期的30年时间里，发生有以下大事：

1956年10月，中尼签订两国政府间经济援助协定，规定在今后三年中中国将提供尼泊尔需要的机器设备。

1963年1月，中尼签订关于修建加德满都—拉萨公路的议定书。

1964年4月，中尼两国签署经济援助协定的补充议定书。它规定，中国援助尼泊尔修筑达尔克瓦尔—伊萨里公路；在加德满都建筑一座砖瓦厂；在加德满都和伯甘吉各建一所仓库。8月，尼泊尔科学代表团访问中国。10月，中尼签订关于修建水利工程的议定书。

1965年1~4月，中华医学会代表团、中国水利专家和公路专家分别到尼泊尔访问考察。

1967年3月，中国援建的伯甘吉仓库落成。5月，中国援建的加德满都—科达里公路通车；中尼两国政府签署了一项关于中国帮助尼泊尔建设逊科西水电站和架设一条输电线的议定书；中国援建的加德满都—博克拉公路奠基开工。

1968年3月，中尼签订关于1968年科学和文化交流协定。9月，中尼两国政府签订关于修建加德满都—巴柯达浦公路的协定。

1969年3月，中国援建的砖瓦厂在加德满都落成。6月，中国援助尼泊尔修建的逊科西水电站奠基。

1970年6月，中国援建的加德满都市政厅竣工并举行落成仪式。12月，中国援助尼泊尔建设的输变电工程换文签字仪式在加德满都举行。

1971年1月，中国红十字会向尼泊尔红十字会赠送100万份四联疫苗。2~3月，中华医学代表团应邀在加德满都参加第五次尼泊尔全国医学会议并进行考察访问。7月，中尼两国政府签订协定：由中国政府援助尼泊尔政府修建加德满都—博克拉公路的柏油路面；中国将派一个棉花种植考察小组到尼泊尔考察和试种棉花。10月，中尼两国政府关于勘察尼泊尔矿藏的换文签字。根据换文，中国政府应尼泊尔政府的要求，同意派遣两个考察组对尼泊尔王国的铁、磷、煤和石油的矿藏进行考察。

1972年3月，中尼签署一项换文：中国将派两个考察组分别考察在加德满都—巴克塔普尔公路上修建一项电车工程和在尼泊尔扩建或增建砖瓦厂的问题。5月，中国无轨电车项目考察组在尼泊尔考察。尼泊尔医学代表团访问中国。8月，中国红十字会向尼泊尔红十字会赠送50万份四联疫苗。11月24日，中尼合作兴建的发电能力为10 500千瓦的逊科西水电站举行了竣工仪式。

1973年2月，中尼就技术援助问题签署换文：25名中国技术人员将在尼泊尔逊科西水电站工作一年，同时帮助训练尼泊尔人员管理这座水电站。3月，中尼签署关于修建加德满都环城公路的会谈纪要；中尼签署关于两国合作修建加德满都—巴克塔普尔无轨电车工程的座谈纪要。5月，中尼两国技术人员和工人密切合作建设的普里特维公路上的马迪河大桥落成，这是当时尼泊尔最长的公路桥之一。

1974年1月，由中尼两国工人和工程技术人员合作建设的普里特维公路（加德满都—博克拉）正式移交给尼泊尔政府。

1975年2月，中尼两国政府签订关于修建博克拉—苏尔克特公路的协定。4月，中华医学会代表尚天裕等医生访问尼泊尔。

1976年7月，中尼两国政府关于建设博克拉水利灌溉工程的协议签字。

1977年1月，中尼两国政府签订关于修建廓尔喀至纳拉扬加特公路的协定。4月，尼泊尔农业水利代表团到北京进行访问考察。

1978年12月，由中国援建的希托拉棉纺印染厂正式移交给尼泊尔政府。

1979年2月，由中国援建的巴克塔普尔砖瓦厂正式移交给尼泊尔政府。3月，中国医学代表团在尼泊尔访问。

1981年5月，中国援建的一条36千米长的公路正式移交给尼泊尔政府。11月博克拉水利灌溉工程开工。

1982年1月，中尼签订关于中国援助尼泊尔在纳瓦尔帕拉西县兴建一座新糖厂（蓝毗尼糖厂）的合同。该糖厂可日榨甘蔗1 000吨；并附设一个酒精厂，日产工业和医药酒精16 000升。在尼泊尔博克拉的塞蒂河上，由中国承建的一座单孔双拱桥交付使用。廓尔喀—纳拉扬公路竣工，该公路长61千米，有22座各种桥梁，300多处涵洞，是中国援助尼泊尔修建的第五条公路。

1983年4月，由中国承包的修复尼泊尔孙萨里—莫朗水利灌溉工程开工。这项工程包括修缮现有的灌溉1 200公顷土地的灌溉工程系统和重建一些工程项目。11月，中国和尼泊尔合作兴建的普丽库蒂造纸厂正式破土动工。

1984年3月，中尼两国政府就中国援助尼泊尔建立一座制造皮手套和工作裙的车间工程进行换文。4月，中尼签订中国将承包建造博克拉林学院校舍工程的协议。8月，中尼签署一项备忘录：中国将向尼泊尔提供一套水轮机泵站设备。11月，中尼签订一项合同：由中国国际水电公司在加德满都建一座办公楼和一个百货商场。12月，中国援助尼泊尔修建博克拉—巴格隆公路的议定书签字。

1985年4月，中国红十字会代表团访问尼泊尔，并向尼泊尔红十字会赠送价值5万元人民币的药品和医疗器械。10月，中国援建的加德满都工业皮手套、工作裙生产车间建成并移交尼泊尔。12月28日，中尼两国筑路技术人员和工人在中尼边境的富尔平集会，庆祝中尼友好公路巴拉比斯—科达里区段修复工程竣工。

1986年6月，由中国提供设备的水轮机泵站建成。10月，中国药用植物开发代表团到尼泊尔考察访问。11月，中国援建的尼泊尔巴里克蒂造纸厂正式投产。

五、中国与孟加拉国

由于孟加拉国建立较晚，1975年两国才建立正式外交关系。虽然两国的科技交流开始得较晚，但成果还是显著的。

1976年12月，中国小型水利工程考察团到孟加拉国考察访问。

1977年1月，中孟两国政府签订经济技术合作协定。

1978年3月，中孟两国政府再次签订经济技术合作协定，并签订科技合作协定。12月，孟加拉国科技代表团来华访问。

1979年3月，中国政府科学技术合作代表团到孟加拉国参加中孟科技合作首次会议并进行友好访问，两国政府科学技术合作议定书在达卡签字。根据议定书，在1979年，中国将承担由孟加拉国提出的九个科技合作项目，孟加拉国将承担由中国提出的五个科技合作项目。

1980年6月，孟加拉国科技合作代表团访问中国，中孟两国政府签订了科学技术合作第二次会议议定书。9月，孟加拉国计划考察组到中国考察访问。12月孟加拉国卫生代表团访问中国。

1982年11月，中国政府科学技术代表团访问孟加拉国，两国政府签订了1983年科学技术合作议定书。

1983年9月，孟加拉国农业代表团来华访问、考察。10月，由中国援建的孟加拉国桑得尔邦纺织厂正式竣工投产。这座纺织厂有25 000纱锭和260台织机，年产500万磅棉纱和500万码布。11月中孟两国签署了一项关于中国帮助孟加拉国在达卡附近的布里甘加河上建造一座桥梁的议定书：中国将提供勘测、设计和建筑桥梁的人员和技术援助。

1984年4月，孟加拉国工程技术大学教授访问中国。9月，中孟经济贸易和科技合作联合委员会首次会议在北京举行，并签署了会议纪要。

1985年1月，中国卫生部与孟加拉国国际腹泻疾病研究中心在达卡签订协议：孟加拉国将帮助中国卫生部在河南省建立一个腹泻疾病研究与监督中心；中国将于当年委派34名人员赴孟加拉国学习有关知识。

1986年1月，化工部部长秦仲达率中国政府代表团访问孟加拉国，参加了中孟经济贸易和科技合作委员会第二次会议，出席了中国援助建设的波拉什尿素化肥厂的动工典礼。3月，中孟两国政府签订经济技术合作协定。11月，由中国援建的布里甘加河大桥破土动工。

第五章

中国与南亚的科技交流（下）

第一节　语言学

一般来说，语言学包括的门类比较多，诸如语音学、语义学、词汇学、词典学、语法学、修辞学、文字学等。这里重点谈五个问题：①佛典中的语言学知识；②古人对南亚语言文字的认识；③音韵学；④有关辞书；⑤有关词汇。

一、佛典中的语言学知识

通过佛典介绍到中国来的南亚语音学知识很多，下面仅举几例。

西晋竺法护曾于永嘉二年（308）译出《普曜经》8卷。隋代阇那崛多于开皇七年至十二年（587~592）译出《佛本行集经》60卷。唐代地婆诃罗于垂拱元年（685）译出《方广大庄严经》12卷，实即《普曜经》之重译。这3部经都是讲佛传故事的。其中在讲到释迦牟尼为太子时，其父净饭王为他延师授学，他向老师提出了"六十四书"的名称。所谓"六十四书"，即64种文字的书体。现在看来，这64种书体中的多数已无可稽考。其中历来受中国人重视的有3种，即"梵书"（又译作"梵天所说之书"和"梵寐书"）、"佉留书"（又译为"佉卢虱吒书"、"佉卢虱底书"等）和"支那书"。在中国古文献中，"梵书"的概念模糊，有时指梵文，有时指梵文的书体，有时含义更广，指佛经或一切梵学著作。这里是指梵文的一种书体，即"婆罗谜"（Brahmi）字体。"佉留书"又叫"驴唇书"（Kharosthi），《月藏经》卷七说是驴唇仙人所造，而驴唇仙人"身体端正，唯唇似驴"，这是一种牵强附会的说法；玄应《一切经音义》卷一七说是"北方边处人书也"，指出了其使用范围在印度北部边境一带，但这一说法也不准确；其实，驴唇书是因其书体似驴唇而得名，其使用范围也超出了印度。"支那书"即汉文书体，说明古代印度人已经注意到中国文字的独特体式。

《方广大庄严经》卷四提到印度人的学术知识有"鸡吒论、尼建图论、布罗那论、伊致诃娑论、韦陀论、尼卢致论、式叉论、尸伽论、毗尸伽论、阿他论、王论、阿毗梨论、诸鸟兽论、声明论、因明论"等。其中，"式叉论"（梵文Siksa，或译为"式差"）即语言学；"尼卢致论"（梵文Nirukta）即语源学；"尼建图论"（梵文Nighantu），据玄应《一切经音义》卷二三，"尼揵荼书，此即异名书也，如一物有多名等"，可知其为同义词方面的学问；"声明论"（梵文Sabdavidya），为五明之一，据玄奘《大唐西域记》卷二，"声明，释古训字，诠目流别"，则是语法学。可见，印度古代的语言学有很细致的分科。

刘宋佛陀什、竺道生译《五分律》卷二六曰："有婆罗门兄弟二人，诵《阐陀鞞陀书》，后于正法出家。闻比丘诵经不正，讥呵言：'诸大德久出家，而不知男女语、一语多语、现在过去未来语、长短音、轻重音，乃作如此诵读佛经。'比丘闻羞耻。"这里，"阐陀鞞陀"（Chandas-Veda）指音韵学方面的知识，"男女语"指梵语语法中的阴性和阳性，"一语多语"指单数和复数，"现在过去未来语"指三种时态，"长短音"指梵语中的长元音和短元音，"轻重音"则指辅音的送气与不送气。这是早期佛经中关于梵语语法的一点记载，记载虽然简单，却充分体现了梵语不同于汉语的若干特征，已足以引起中国人的重视。

北凉昙无谶译《大涅槃经》卷五曰："譬如长者，唯有一子，心常忆念，怜悯无已。将诣师所，欲令受学，惧不速成，寻便将还。以爱念故，昼夜殷勤，教其半字，而不教诲《毗伽罗论》。何以故？以其幼稚，力未堪故。"卷八又曰："有十四音，名为字义……是十四音，名曰字本，初短恶者，不破坏故……鲁流卢楼，吸气舌根随鼻之声，长短超声随音解义，皆因舌齿而有差别。如是字义，能令众生口业清净……是故半字于诸经书、记论、文章而为根本。"这里，"半字"是指字母而言。"十四音"是指梵语中的十四个元音。"鲁流卢楼"是梵语中四个很特殊的元音，它们实际上是含有元音和辅音的复合音；文中说它们能令众生口业清净，是因为它们在僧人日常念诵的《悉谈章》中作为帮声。"毗伽罗论"的意思是语法学，梵文为Vyakarana，现代印地语中亦是。

以上所举的例子，只是汉译佛经中有关南亚语言的若干记载中的几个。但已足以说明，随着佛教的东传，南亚有关语言学的知识也传入中国，同时南亚人也已对中国的汉语汉字有了一定的认识。

二、古人对南亚语言文字的认识

从西汉开始，中国人对南亚的语言文字可能已有所认识，但早期的文献没有明确的记载，只是《汉书·地理志》中说与黄支等国交往时有"译长"，但《史记·大宛列传》中却说是"重九译"，重九当然是夸大之辞，极言其语言与汉语间的差别而已。到后汉时，中国人去南亚和南亚人来华渐渐多了，语言的障碍也会大大减少，再也不需重九译了。特别是佛教的传入，更是迫切需要消除语言的障碍。

据《高僧传》卷一《竺法兰传》，竺法兰到洛阳，与摄摩腾住在一起，"少时便善汉言"。同卷《安清传》："天竺国自称书为天书，语为天语。音训诡謇，与汉殊异，先后传译，多致谬滥。"《支楼迦谶传》："时有天竺沙门竺佛朔，以汉灵之时，赍《道行经》来适洛阳，即转梵为汉……又以光和二年于洛阳出《般舟三昧》，谶为传言，河南洛阳孟福、张莲笔受。"这些材料说明了两方面的情况：一方面，后汉之世，南亚来华僧人居士多数都像竺法兰一样，很快就能掌握汉语，能翻译佛经为汉文；另一方面，中国人虽觉得天竺语文与汉语相差太远，但也有人在学习，并参与译经工作。

两晋时，佛教在中国得到很大发展，出现了不少兼通梵汉的僧人。这些人中，有的是天竺人，有的是汉人，还有中亚和西亚人。例如，《高僧传》卷一《僧伽提婆传》说，罽宾人僧伽提婆来华数年后，便能"手执梵文，口宣晋语"；汉人法显游学南亚诸国，是汉人中兼通梵汉的代表；鸠摩罗什出生于龟兹，后成为一代译经宗师，更是兼通梵汉。无疑，这一时期中国与南亚在语言学方面的交流有所加深。自此以后，直到明清时代，中原人士关于南亚语言学的知识日见丰富。下面分别谈谈文字和文法的问题。

1. 文字

关于"六十四书"，陶弘景《真诰·运象篇》曾说："为书之本始也，造文之既肇矣，乃是五色初萌，文章画定之时。秀人民之交，别阴阳之分，则有三元八会群芳飞天之书，又有八龙云篆明光之章也。其后，逮二皇之世，演八会之文为龙凤文章，拘省云篆之迹以为顺形。梵书分破二道，壤真从《易》，配别本支，乃为六十四种之书也。遂播之于三十六天，十方上下也。各各取其篇类，异而用之。"陶弘景作为道教徒，认为梵书是"支"而非源，又把六十四书同六十四卦联系起来作为证明，这都是正常的。但这也说明了佛经中六十四书的说法很早就影响了道教。张彦远《书法要录》卷二引梁庾元威《论书》曰："余经为正阳侯，书十牒屏风，作百体。"并说百体中有胡书、天竺书等，说明南亚书体早已对中国的书法发生了影响。唐段成式《酉阳杂俎》前集卷一一又重复了关于百体和六十四书的记载。

关于文字的起源，梁僧佑《出三藏记》中说："昔造书之主凡有三人：长名曰梵，其书右行；次曰佉楼，其书左行；少者仓颉，其书下行。梵及佉楼居于天竺，黄史、仓颉在于中夏。梵、佉取法于净天，仓颉因华于鸟迹，文画诚异，传理则同矣。仰寻先觉所说有六十四书，鹿轮转眼，笔制区分，龙鬼八部，字体殊式。唯梵及佉楼为世胜文，故天竺诸国谓之天书。西方写经虽同祖梵文，然三十六国往往有异。"这和陶弘景的说法不同，他认为中国传说中的造字之祖仓颉排行老三，这是由他的佛教立场所决定的。但他指出了梵书（即婆罗谜字体，与陶弘景所说的梵书是两个概念）和佉楼书的书写特点，并指出此二者为早期之印度主要文字。实际上，这两种书体在公元前后的几个世纪是印度最主要的两种流行书体：前者常见于阿育王铭文，后者常见于健陀罗故地和中国新疆和田一带的出土文书（这也是中国与南亚语言文字交流的铁证）。

《隋书·经籍志·叙》曰："自后汉佛法行于中国，又得西域胡书，能以十四字贯一切音，文省而义广，谓之婆罗门书。"又著录有"《婆罗门书》一卷"。可知，隋代以前，已经有专门介绍"十四字"的《婆罗门书》行于世。早在晋代，鸠摩罗什所著《通韵》就已指出："本为五十二字，实生得一百八十二文。就里十四之声……十四音者，七字声短，七字声长。"显然，"五十二字"是指梵文字母而言，"十四音"是指梵文的十四个元音而言。在指出梵文特点的同时，等于告诉人们，梵汉文字间的最主要差别是在拼音和注音上。所以郑樵《通志》卷三五《论华梵》曰："梵人别音，在音不在字；华人别字，在字不在音。故梵书甚简，只是数个屈曲耳，差别不多，亦不成文理，而有无穷之音焉……华书制字极密，点画极多，梵书比之实相辽邈，故梵有无穷之音，而华有无穷之字。梵则音有妙义，而字无文彩；华则字有变通，而音无锱铢。梵人长于音，所得从文入，故曰：此方真教体，清净在音闻；我昔三摩提，尽从闻中入。有'目根功德少耳根功德多'之说。华人长于文，所得从见入，故天下以识字人为贤智，以不识字人为愚庸。"这就是中国古代文字学（小学）首先发达、音韵学后来发达而语法学直到近世才兴起的主要原因。

玄奘《大唐西域记》卷二记印度文字曰："详其文字，梵天所制，原始垂则，四十七言。遇物合成，随事转用，流演枝派，其源浸广。因地随人，微有改变，语其大较，未异本源。而中印度特为详正，辞调和雅，与天同音，气韵清亮，为人轨则。邻境异国，习谬成训，竞趋浇俗，莫守淳风。"这里说印度文字是梵天所造，盖为婆罗门教的说法，此外尚有佛陀所造、瞿频陀所造等多种说法①；关于梵文的字母数目，玄奘说为四十七言，此外还有四十六、四十九、五十、五十一、五十二诸说，均为国人所重视。

这里还必须提起中国人对印度文字的借鉴和利用的问题。

据五世达赖喇嘛《西藏王臣记》第四章：松赞干布"为了适应浅慧众生的观感起见，而想到要掌握王朝的政治，和施行正大的法令，非有具备一切功德之本的文字不可。于是他派遣曾经获得文殊的加持，犹如清凉的龙脑露滴注入心中，把所有愚钝的烦恼，都早已消除的御前大臣，即图弥阿鲁的儿子名叫桑补扎，连同仆从人等，给了他们沙金一升及金钵等物，命令他们取道印度访求学术界的权威导师，学习文字。他们启程后一路平安到了印度，就在婆罗门勒敬的座前，学习了三百六十四种文字；并在班抵达拉日巴生格（智狮子）座前，学习了《声明记论波尔尼经》……最后他们在婆罗门师前上了聊表感谢师恩的颂词后，也就回到了西藏。大臣图弥同松赞王二人也就在玛汝宫内，不与外界接触。这样在闭关专学的三年当中，图弥将所学的文字和声明诸学，都讲授给藏王松赞。松赞虽是已经学得精通透彻，但是他感觉这中间找不出与西藏常用的语言和字种来。于是他把这样的感觉对图弥说后，图弥便至诚地祈祷文殊。由于那诚求加持的大悲甘霖润湿了他那如壤土的心灵，才发出苗芽般的藏文字体形象。"然后从梵文的16个母音中取出4个母音，从梵文的34个子音中经取舍增补定出30个藏文子音字母，又仿照梵文"伦遮"体创造出藏文的楷书，仿照梵文的"哇都"体创造出藏文的草书②。《旧唐书》和《新唐书》的《吐蕃传》均说吐蕃"无文字，结绳刻木为约"。可能当时文字尚未普及。《续通志》卷九六则说："天竺字母五十字。唐贞观初，吐蕃相阿努身至中印度国，依其本音译以唐古特字，以为西域传布经咒之用……阿努又采天竺字母，合之西番语

---

① 季羡林等：《大唐西域记校注》，北京：中华书局，1985年版，第183页；饶宗颐：《梵学集》，上海：上海古籍出版社，1993年版，第382页。

② 五世达赖喇嘛，郭和卿译：《西藏王臣记》，北京：民族出版社，1983年版，第21、22页。

音，自制西番字母三十字。"这一记载与《西藏王臣记》略有出入，但大体可相印证。

据《元史》卷二〇二《八思巴传》："中统元年，世祖即位，尊为国师，授以玉印。命制蒙古新字，字成上之。其字仅千余，其母凡四十有一。其相关纽而成字者，则有韵关之法；其以二合三合四合而成字者，则有语韵之法；而大要则以谐声为宗也。至元六年，诏颁行于天下。"《佩文斋书画谱》卷二曰："蒙古字法，皆梵天迦卢之变也，故与佛真言相类。重阳万寿宫元碑，皆以蒙古字书，其署年月处用双钩书，如今世传飞白字。"卷三九引《书史会要》云："帝师八思巴，土波国人。采诸梵字创为国字。"八思巴所创蒙古新字，要以藏文和梵文为参照，这恐怕是没有问题的。

2. **文法**

印度古代的"声明论"讲的是文法学方面的知识。《大唐西域记》卷二记健驮逻国曰："乌铎迦汉荼城西北行二十余里，至娑罗睹逻邑，是制《声明论》波你尼仙本生处也。遂古之初，文字繁广，时经劫坏，世界空虚，长寿诸天，降灵导俗。由是之故，文籍生焉。自时厥后，其源泛滥。梵王、天帝，作则随时，异道诸仙，各制文字，人相祖述，竞习所传，学者虚功，难用详究。人寿百岁之时，有波你尼仙，生知博物，悯时浇薄，欲削浮伪，删定繁猥……于是研精覃思，捃摭群言，作为字书，备有千颂，颂三十二言矣。究极今古，总括文言，封以进上。王甚珍异，下令国中，普使传习，有诵通利，赏千斤钱。所以师资传授，盛行当世。"单看此文容易误解，以为波你尼所著《声明论》乃是文字学书。《大慈恩寺三藏法师传》卷三说玄奘法师在那烂陀寺学习《声明论》二遍，又说："印度梵书名为记论，其源无始，莫知作者。每于劫初，梵王先说传受天人，以是梵王所说，故曰梵书。其言极广，有百万颂，即旧译云《毗伽罗论》者是也。然其音不正，若正应云《毗耶羯剌喃》，此翻名为《声明记论》。昔成劫之初，梵王先说具百万颂。后至住劫之初，帝释又略为十万颂。其后北印度健驮罗国婆罗门睹罗邑波腻尼仙又略为八千颂，即今印度现行者也。近有南印度婆罗门为南印度王复略为二千五百颂，边鄙诸国多盛流行，印度博学之人所不遵习。此并西域音字之本。"然后较详细地介绍了梵语语法中的性、数、格等变化，并举有实例，说："略举一二如此，余例可知，难为具述。法师皆洞达其词，与彼人言清典逾妙。如是钻研诸部及学梵书，凡经五岁。"这一记载不仅说明了唐代初期中国僧人对梵文文法了解和掌握的情况，而且也为印度语法学保存了十分珍贵的历史资料。从这一记载可知，印度古代的语法学兴起很早，在经过了多人之手以后，有一位叫作波你尼（Panini）的婆罗门将它整理成书，书名叫作《毗伽罗论》；所谓《声明论》，在玄奘师徒看来，即是《毗伽罗论》，玄奘当年所学的正是此论；由于玄奘钻研了梵语语法理论，所以他的梵语讲得十分典雅优美，合乎规范。

义净《南海寄归内法传》卷四《西方学法》曰："夫声明者，梵云摄拖苾驮。摄拖是声，苾驮是明，即五明论之一明也。五天俗书，总名毗何羯喇拏。大数有五，同神州之五经也。一则创学《悉谈章》，亦名《悉地罗窣堵》。斯乃小学标章之称，但以成就吉祥为目，本有四十九字，共相乘转，成一十八章，总有一万余字，合三百余颂。凡言一颂，乃有四句，一句八字，总成三十二言。更有小颂大颂，不可具述。六岁童子学之，六月方了……二谓《苏呾罗》，即是一切声明之根本经也，译为《略诠意明》，略诠要义。有一千颂，是古博学鸿儒波尼你所造也……八岁童子，八月诵了。三谓《驮睹章》，有一千颂，专明字元，功如上经矣。四谓《三弃罗章》，是荒梗之义，义比田夫创开畴亩，应云《三荒章》。一名《颂瑟吒驮睹》，二名《文荼》，三名《邬拏地》……此《三荒章》，十岁童子三年勤学，方解其义。五谓《苾栗底苏呾罗》，即是前《苏呾罗》释也。乃上古作释，其类实多，于中妙者，有十八千颂。演其经本，详谈众义。尽寰中之规矩，极人天之轨则。十五童子，五岁方解。"继而，义净又列出《朱你》、《伐致呵利论》、《薄迦论》和《慕拏》四部书，并说："若人学至此，方曰善解声明，与九经百家相似。"从义净的记载看，有些地方与玄奘的记载是一致的，但也有一些出入，尤其是他所记内容更为丰富，提到了印度古代更多的语法书名，有的书现已失传，无从稽考。他也认为声明即是《毗伽罗论》，但他又进一步指出其中包括五种书。五种中，《悉谈章》可能是最初级的课本，可供六岁儿童学习半年；考其内容，可能是梵文的字母和由字母拼出的音节、单词之类，属于语音课程。其余各种则步步高深，有词法、句法、修辞、逻辑等内容。由此可见，这是一个十分完备的语法学体系。

汉译佛经中常常提到声明，南亚来华僧人和中国僧人也有学习过甚至精通声明的，但是，中国人始终没有因为梵文文法学的传入而建立起汉语文法学。即便在西藏，号称通达五明的僧人似乎比汉地要多得多，但第一部藏文文法书还是由印度人写成的[①]。印度人重视文法有点像中国人重视历史，中国人忽视文

---

①　王森：《西藏佛教发展史略》，北京：中国社会科学出版社，1987年版，第75页。

法有点像印度人忽视历史，出现这种鲜明对比的原因恐怕在两大民族人生观和价值观的深层。

三、音韵学

印度古代文法学没有促成中国汉语语法学体系的建立，却促成了中国音韵学的产生和发展。在这一点上，历代许多学者虽然有所争议，但多数学者的观点是基本一致的。

宋沈括《梦溪笔谈》卷一四说："音韵之学，自沈约为四声，及天竺梵学入中国，其术渐密。"郑樵《通志》卷三五《论华梵下》云："华人苦不别音，如切韵之学，自汉以前人皆不识，实自西域流入中土，所以韵图之类，释子多能言之，而儒者皆不识起例，以其源流出于彼耳。"卷六四《蕃书》又曰："切韵之学起自西域，旧所传'十四字贯一切音，文省而言博，谓之婆罗门书。'然犹未也。其后又得三十六字母，而音韵之道始备……释氏谓此学为小语，学者诚不可忽也。"清潘耒《类音》卷一《反切音论》曰："反切以二字而出一字之音，古未有也。自梵典入中国，翻译之学兴，而此秘始启。"可见，自宋至清，学者们都认为中国音韵学与天竺梵学传入有密切关系。

现代音韵学者也有类似观点。如，罗常培说："惟象教东来，始自后汉，释子移译梵夹，兼理'声明'，影响所及，遂启反切之法。"[1]黄典诚总结俞正燮、顾炎武、钱大昕等诸家关于反切之始的说法，指出："以上各家的说法，都认为反切是周秦时代本有的东西。对于这，我们称之为自发的反切。因为当时虽然实际上也用了反切语，到底还不成为体系，还不是有意识地将其使用到注音方面来。"接着，他又列举若干证据，得出结论说："由此看来，'反语之原，实在汉辙之东，中兴之朔。'这时候，正是印度声明之学随佛教东来的时候，那么应用反语于汉字的注音，分明是中印文化交流的结果。"[2]

下面谈三点。

1. 双声叠韵

王力说："反切是古代的拼音方法，比起直音法来是很大的进步。可以说，反切方法的发明，是汉语音韵学的开始。"[3]如前所说，反切方法的使用，一般

---

① 罗常培：《汉语音韵学导论》，北京：中华书局，1956年版，第28页。
② 刘典诚：《〈切韵〉综合研究》，厦门：厦门大学出版社，1994年版，第31、32页。
③ 王力：《汉语音韵》，北京：中华书局，1980年版，第27页。

认为是在东汉时期，与佛经的翻译有关。但这只是推断，没有足够的论据。根据现存资料，反切之学兴盛于南北朝时期，而在此之前的晋代已有"双声"、"叠韵"之说。

鸠摩罗什《通韵》发现于敦煌，现藏伦敦（S1344），其中写道："罗文上下，一不生音。逆、顺、傍、横，无一字而不著，中边左右，耶正交加。大秦小秦，胡梵汉而超间。双声牒韵，巧妙多端。谍韵无一字而不重，双则无一声而不韵。"并指出："竖则双声，横则牒韵。"[1]其中，"罗文"是一张梵文声母和韵母的纵横排列拼音表。由《涅槃经·悉昙章罗文》可知，以同一声母拼各韵母，可得双声音节，这就是"竖则双声"的意思；以不同声母拼同一韵母，可得叠韵音节，这就是"横则牒韵"的意思。由《悉昙章罗文》还可知，"罗文"是《悉谈章》中的内容。如前所述，《悉谈章》是印度声明学的最初级课本，也是最基本的知识，讲的是字母和拼音方面的内容。它的传入与中国的"双声叠韵"说密切相关。除鸠摩罗什《通韵》提到《悉谈章》外，《出三藏记》卷三《新集安公失译经录》也提到有《悉昙慕》二卷，并注云："先在《在安公注经录》，或是晚集所得。"安公即晋代道安，其所记《悉昙慕》与罗什记《悉昙章》的时间大体相当。这说明，印度悉昙学至迟在东晋时已有汉译本行世。

《悉谈章》中的双声叠韵与汉语中的双声叠韵是不同的。《悉谈章》中的双声叠韵拼出的两个或多个音节，有时可能是一个单词，而汉语中的双声叠韵拼出的往往是一个双字词。尽管不同，但这种拼音方法毕竟启发了中国人。于是在南北朝时期人们对汉语声韵有了很深的认识。其表现为：第一，人们对双声叠韵已很熟悉。如《南史》卷二〇《谢庄传》所记，王玄谟问谢庄何为双声叠韵，谢庄能够立即举例回答。又如《北齐书》卷三三《徐之才传》："之才聪辩强识，有兼人之敏，尤好剧谈体语，公私言聚，多相嘲戏。"《封氏闻见记》说，"周颙好为体语，因此切字皆有纽"。"体语"即是"体文"，即《悉谈章》中的声母，"为体语"即作双声词的游戏。《洛阳伽蓝记》卷五："时陇西李元谦乐双声语，常经文远宅前过，见其门阀华美，乃曰：'是谁第宅过佳？'值婢春风出曰：'郭冠军家。'元谦曰：'凡婢双声。'春风曰：'狞奴慢骂。'元谦服姒之能，于是京邑翕然传之。"类似的例子还见于《南史》卷三六《羊戎传》、《北齐书》卷三七《魏收传》。知其为一时之盛。第二，出现了音韵学著作。据《高僧传》

---

① 饶宗颐：《梵学集》，上海：上海古籍出版社，1993年版，第129、135页。

卷七《慧睿传》，谢灵运曾向慧睿咨询"经中诸字并众音异旨。于是乃著《十四音训叙》，条例梵汉，昭然可了"。可惜《十四音训叙》原文已佚，在日本僧人安然《悉昙藏》中尚保存若干条。唐《封氏闻见记》曰："永明中，沈约文词精拔，盛解音律，遂撰《四声谱》。"日僧空海《文镜秘府论·论文病》曰："颙、约已降……声谱之论郁起，病犯之名争兴，家制格式，人谈疾累。"饶宗颐说："当日一般认为四声之论创自周颙，而制谱以言声病，则肇自沈约，咸无异论。沈氏谱久亡，幸《文镜秘府论》之《调四声谱》尚存其梗概。其说要点如下：（1）以四声分配四方：东平、南上、西去、北入。（2）凡四字一纽。或六字总归一入（一作纽）。（3）四声纽字，配以双声叠韵。（4）凡四声竖读为纽，横读为韵……沈氏以入声为纽，以绾领其余三声谓之纽字，其法即强调反音之法……重点在于反音，即由拼音法来辨别四声。"[①]沈约已将双声叠韵用之于诗律，有所谓"四声八病"之说。比他年少一些的刘彦和更是如此，他在《文心雕龙·声律篇》中写道："凡声有飞沉，响有双迭。双声隔字而每舛，迭韵杂句而必睽。"据统计，在隋代陆法言《切韵》出现以前，见于《七略》、《南史》和《隋书》的韵书有18种，近200卷[②]。而这一统计还是很不完全的，如《封氏闻见记》所说的三国魏人李登的《声类》、晋人吕静的《韵集》等就未包括在内。可惜的是，这些著作均已亡佚，我们无法从中考见梵学对反切的影响。

2. 守温字母

张联荣曾著《梵学的传布与汉语音韵学》一文[③]，指出："'字母'这个名称，大概最早出现于晋宋间的佛经翻译中，现存唐代沙门智广所撰《悉昙字记》中就有关于'字母'的记载。该书在记录梵文'体文'的下面直接书有'字母'的名称，在第十七章中也有'其于字母不合者，分入后章'的说法。"他引用了智广的自序："倾尝诵陀罗尼，求访音旨，多所差舛。会南天竺沙门般若菩提赍陀罗尼梵夹自南海而谒五台，寓于山房，因从受焉。"说："这段自序可以说明字母的出现与梵文传播的关系。"他罗列出敦煌卷子中唐人所写《归三十字母例》和《守温韵学残卷》的材料，前者所列的三十字母为：端、透、定、泥、审、穿、禅、日、心、邪、照、精、清、从、喻、见、蹊、群、疑、晓、匣、影、知、彻、澄、来、不、芳、并、明。后者所列字母也是三十个，与上述全

---

① 饶宗颐：《梵学集》，上海：上海古籍出版社，1993年版，第94页。
② 刘典诚：《〈切韵〉综合研究》，厦门：厦门大学出版社，1994年版，第33页。
③ 见《南亚与东南亚资料》1982年第4辑。

同，并将三十字母分为"唇、舌、牙、齿、喉"五类，舌音又分"舌头音"和"舌上音"，齿音又分"齿头音"和"正齿音"，喉音又分轻浊二种。继而指出："以上两种材料表明，晋宋以后，由于梵文的影响，音韵学的发展日趋精密。到唐代，对汉语音节中声母发音部位和发音方法的认识已经相当明确了，所以才会有守温三十字母的出现。"又说："对于唐人字母与梵文字母的渊源关系，前人已有研究，如近人刘复曾将唐人字母与梵文字母加以比较，指出'守温的方法，是从梵文中得来的'。罗常培在他的《敦煌写本守温韵学残卷跋》一文中对此有详细的分析。"

守温的三十字母到宋代又被增加了六个，即是后来颇具影响的"三十六字母"。这些字母都是用来表示汉字声母的，它们的出现具有下列意义。

首先，仍如张联荣所说："在汉语音韵学的发展中，字母的出现是一大进步，它为后来等韵图的制作开辟了道路。过去的人一般将音韵学分为三个部门：古音学、今音学和等韵学。等韵学就是制成若干图表，着重分析汉语语音的声、韵、调结构，阐述其发音原理和方法……依据'悉昙'的知识，运用梵文字母拼音的原理分析汉字字音，解释反切的注音方法，按韵母的读音将其分为不同的等第，把读音相近的韵母区分为四等，这就是'等韵'。在《守温韵学残卷》里就有'四等轻重例'一段，分四等韵字，如'高、交、娇、浇'。"

关于等韵，沈括在《梦溪笔谈》卷一五中写道："今切韵之法，先类其字，各归其母。唇音、舌音各八，牙音、喉音各四，齿音十，半齿半舌音二，凡三十六，分为五音。天下之声，总于是矣……所谓切韵者，上字为切，下字为韵。切须归本母，韵须归本等。切归本母，谓之音和，如'德红'为'东'之类。德与东同一母也。字有重、中重、轻、中轻、本等声，尽泛入别等。谓之类隔。虽隔等须以其类，谓唇与唇类，齿与齿类。如'武延'为'绵'，'符兵'为'平'之类是也。韵归本等，如'冬'与'东'字母皆属'端'字中第一等声，故都宗切，'宗'字第一等韵也，以其归'精'字，故'精'徵音第一等声。'东'字乃'端'字中第三等声，故德红切。'红'字第三等韵也，以其归'匣'字，故'匣'羽音第三等声。"详细分析了汉字语音的声、韵、调结构。总之，如罗常培所说："所谓'等韵'就是模仿梵文'悉昙章'的体例，以声为经，以韵为纬，把《切韵》的音系总摄成若干转图；换言之，就是悉昙化的切韵音缀表。"①

---

① 罗常培：《中国音韵学的外来影响》，《东方杂志》第32卷14号。

其次，字母的出现，对其以前的反切起到简化的作用。以前的反切纷乱复杂，所用声纽繁多而令人难以掌握。有了三十六字母，反切的声母就可以大大减少，使之简明而系统，易于记忆掌握。所以后世即有人以三十六母规范反切上字，如金朝韩道昭的《五音集韵》便采取此法。但由于守温创三十字母时并不是在总结前人反切上字基础上进行的，而是在借鉴梵文三十四声母基础上完成的，再加上汉语南音和北音的差别很大，以及语音的不断变迁等，所以它未能完全概括汉语声母并最终取而代之。但它的确影响很大，给人们提供了一个简化和规范声母的思路，所以出现了所谓的"字母诗"，如明代《韵略易通》中著名的《早梅诗》便是。其诗曰："东风破早梅，向暖一枝开；冰雪无人见，春从天上来。"《早梅诗》仅有二十字，固然便于记忆，但没有把发音相同的字母列在一起，仍有欠科学。其后的《五方元音》以名词作字母名称，并注意了发音部位的归类，曰："梆匏木风，斗土鸟雷，竹虫石日，剪鹊丝云，金桥火蛙。"这就与现代汉语拼音的声母B、P、M、F、D、T、N、L等十分接近了。由此可见，从三十字母到现代汉语拼音声母表，这是一个不可分割的发展过程，三十字母的先驱地位是不可动摇的，而梵语的影响也可以说是极其深远的。

3. 悉昙学遗响

宋代以后，梵文仍然对中国音韵学有着影响。下面仅举数例。

北宋时期，由于中国与南亚的佛教交流还在继续，佛经的翻译工作也在以较大规模进行，所以势必涉及华梵音韵方面的问题。如，景佑二年（1035），法护、惟净等编成《天竺字源》七卷，仁宗为之作序。《佛祖统记》卷四五记其事，并说："声明之学实肇于兹。"这说法固然不对，却足以说明，南亚梵学此时仍在影响着中国的音韵学。陈振孙《直斋书录解题》卷一二曰："以华梵对翻，有十二转声、三十四字母，各有齿、牙、舌、侯、唇五音。"

明《四夷广记》有《竺书》一条，曰："……字母凡五十，中十六字为转声之范，三十四字为五音之祖。今记之：……（列十六梵文天城体元音字母与汉字注音，略）右依《天竺声明字源》及诸教中有十六转声。今所传者，去其中第七、第八、第九、第十之四声，唯有十二观声者，盖以此四声已在第三、第四二声中所统也。三十四母，分为五音者：……（列三十四梵文天城体辅音字母与汉字注音，略）斯乃音韵之祖，因之配合而生生无穷焉。"接着用梵文字母拼出"明王慎德四夷咸宾"八个字和梵文"六字真言"，作为例子。

《清朝通志》卷一三引乾隆御制《西域同文志序》曰："岁庚午既定《同文

韵统》，序而行之。盖以梵音合国书（指满文）切韵，复以国书切韵叶华音字母。于是字无遁音，书皆备韵。"卷一四又曰："《钦定同文韵统》、《西域同文志》、《五译合璧集要》诸书，明华梵之同源，合清汉以互证。"其中，"皇上《钦定同文韵统》以西番字母参考天竺字母，贯合异同，而以阿字为元音，以传真谛"。是知当时奉敕而编定的这几部书都与梵语悉昙学有关。卷一五列有《天竺字母谱》，并曰："今以天竺等韵字母列于简端，即于行下注以唐古特之字，次列国书对音，次列汉文对音。"继而又列《天竺音韵翻切配合十二谱》，并作详细解说，最后曰："《钦定同文韵统》既著为《天竺字母谱》，复将唐古特所译《天竺音韵翻切配合》所生诸字，以其配合之法，用汉字对译成谱，共一千二百一十二字，皆以唐古特字按照天竺字例排写而成，以汉字为之注，系以前后两说，体备韵全，皆与国书字头音韵相符，由是展转环生，妙用不竭，既已得天竺之全音，并以见唐古特字之大要矣。"卷一六又列《华梵字母合璧谱》和《华梵合璧谐韵生声十二谱》，并曰："反切之学自西域入中国，至齐梁间盛行。第今所存《广韵》、《集韵》、《古今韵会》诸书，皆止华言，并无梵韵。所以转梵为华之故，稽考实难。我朝文德覃敷，化行无外，天竺西番字母，皆得洞悉周知。因以逐字寻声，因声考字，声经音纬，洞若发蒙。盖韵分六部，呼分四等。至于轻重清浊之辨，平声之字甚显，而仄声之字差微。就平声之字，按韵尊呼，按呼求字，则每韵皆有四字收声，每呼各得谐声一字，其音之宫商清浊无不吻合。将华言三十六字母列于前，旧传三十字及近世字母列于后，牙齿喉舌各注本条。又取梵音三十六字为华音字母所从出者，列于上。各按音韵呼法展转求之，则华之某字出于梵之某字，与其用华之仄，不如用梵之平，显然共见。谨据《同文韵统》各谱，具著于篇。"由此可知：①以上所列各谱，大体来自《同文韵统》；②《同文韵统》是一部以所谓"国书"（满文）为主，以汉文为辅（实际上汉文占主导地位），追宗藏文（即所谓西番或唐古特），祖述梵语的音韵学著作。

《清朝文献通考》卷二一八有乾隆《钦定音韵述微·序》，曰："《音韵述微》者，述《音韵阐微》之意也……《阐微》则于每字皆用国书合声法切之。如'东'字旧韵'德红切'，今用'都翁切'。缓读成二字，急读成一音。较之旧韵之转字叶音，实简明精确，足为华梵字母之会通，而启自古音韵未发之秘准也。夫国书以'阿'字为首，梵经亦谓'阿'字能括天下之音。其生之序，出于自然……字母既源出西域，则国书之'阿'字，实会通华梵字母之枢纽以立义，所以得天地之元声。不独梵音藉国书而明，即华音之字母，亦因国书而愈明也。朕少时见等韵书亦茫然，弗悉其原委。及后习蒙古语、回语，又习唐古特语、蕃语，然后知汉音字母即梵音之字母。而以国书枢纽其间，率可以通华梵之情，畅形声之奥。"不管乾隆的议论是对是错，清朝治音韵学的学者们的确重视梵音的作用。章太炎犹是如此，他在其韵学著作《国故论衡》里亦每提及梵文和印度发音。

四、有关辞书

中国古代编纂辞书的历史很悠久。相传周朝宣王时的太史籀编过字书《史籀》15篇，秦汉时又有李斯的《仓颉篇》、赵高的《爱历》、胡母敬的《博学》、扬雄的《训纂》、贾鲂的《滂喜》，等等，可惜都已失传。现存最早的辞书有训诂书《尔雅》、扬雄的《方言》和许慎的《说文解字》等。佛教传入中国后，由于翻译和解读佛经的需要，便出现了与佛教有关的辞书。这些辞书的出现无疑中国与南亚语言文字交流的结果。早期（如南北朝）所编的这类辞书已经失传，现收入大藏经中的《翻梵语》十卷据说是南朝梁宝唱所撰，但还有疑问。现存的这类辞书主要是唐宋时代编纂的。下面重点介绍几种在中国语言学史上影响较大的佛教辞书。

1. 玄应《一切经音义》

为区别于后来慧琳的《一切经音义》，故此书又称《玄应音义》，而称慧琳的书为《慧琳音义》。《玄应音义》25卷，撰者玄应。道宣《续高僧传》卷三一《智果传》说："京师沙门玄应者，亦以字学之富，皂素所推，通造《经音》，甚有科据矣。"他是贞观末大慈恩寺译经僧，其书前有道宣序曰："以贞观末历，敕召参传，综经正纬，资为实录。因译寻阅，捃拾藏经，为之音义。注释训解，援引群籍，证据卓明，焕然可领，结成三帙。"

关于《玄应音义》的特点、长处、价值以及不足等，刘叶秋曾予较全面的评价："玄应从《华严经》以至《顺正理论》共四百五十四部大小乘经律论选取词语，加以注释。所选除梵文音译或义译的佛教专门词语之难懂者外，亦取一般的文字音义和较冷僻的字词，因此它兼有佛学词典和普通词典的作用。"《玄应音义》的编次体例，和《经典释文》相似，但音义的注解比《经典释文》详细，正确可取的很多。所引的书，除佛经梵音外，像郑玄的《尚书注》、《论语注》，贾逵、服虔的《春秋传注》，李巡、孙炎的《尔雅注》、三家《诗》和《苍颉》、《三苍》、《通俗文》、《声类》、《字林》、《字苑》等等，全是失传的古书，由于玄应的征引，而保存了一部分佚文，为后人研究训诂，考证典籍，提供了宝贵的材料。如清任大椿撰《字林考逸》，孙星衍辑《仓颉篇》，即主要根据玄应这部《一切经音义》而成书。""玄应此书，虽为佛教徒学习释典而编撰，所录一般文字训诂，却几乎占着全书的一半；而且由于多年来，佛教的词语，如色相、色空、三昧、三界、众生……不能备举的许多词语，已经和我们的语言，融合为一，常常用于口头或形诸文字，若干有关佛教的传说故事，也在文学作品中，被当成典故来用；所以翻开这部音义，并不会感到有什么浓厚的宗教色彩。"①

2. 慧琳《一切经音义》

慧琳《一切经音义》又称《大藏音义》或《慧琳音义》。据《宋高僧传》卷五："释慧琳、姓裴氏，疏勒国人也。始事不空三藏，为室洒，内持密藏，外究儒流，印度声明，支那诂训靡不精奥。"景审在《慧琳音义》的序言中也说："内精密教，入于总持之门；外究墨流，研乎文字之粹。印度声明之妙，支那音韵之精，既瓶受于先师，亦泉泻于后学。"

《慧琳音义》一百卷。据刘叶秋说："玄应的《一切经音义》、慧苑的《华严经音义》，都编入了《开元释教录》。慧琳的音义，主要是为了补充这两部书而作。他选释词语的佛经，从《大般若经》到《护命放生经》共一千三百部，五千七百余卷，约六十万言。其中的《楞伽阿跋多罗宝经》、《大灌顶经》、《法华论》三部经的音义，系就玄应所撰重订；《大般涅槃经》音义，为云公音义之删补；《妙法莲花经》音义，乃窥基解释之加工；《大方广佛华严经》音义，即慧苑原作之转录。另有三百多部经，仍录玄应的音义；一百多部经，只有书名而无音义。此外诸经的音义，即皆为慧琳所撰。这部书包罗甚广，是现存的佛经音义中一部集大成的内容最丰富的著作。""《慧琳音义》不仅包括并补充了以前各家佛经音义的内容，而且更广泛地征引了各种古籍。许多失传的古字书、晕书，因此而保存下一些材料。如引《说文》，往往是声义兼载，有的字为今本所无，足以补缺纠谬；引《玉篇》多取顾野王案语，可和今本参校异同。""此外，《慧琳音义》所引，如汉包咸的《论语》注、郑众的《考工记》注、贾逵和服虔的《春秋传》注……已佚的古书注释，也很可宝贵……在古代辞书中，征

---

① 刘叶秋：《中国字典史略》，北京：中华书局，1992年版，第106~108页。

引古籍的种类之多，保存佚文的内容之丰富，是没有超过这部《慧琳音义》的了……近人杨守敬认为这部书'诚小学之渊薮，艺林之鸿宝'，则是从它阐释古书文字音读、训诂的作用和保存旧籍佚文这两方面来说的。近人丁福保编《佛学大辞典》，解说多据此书，亦足以见其功用。"[①]

3.《续一切经音义》

《续一切经音义》10卷，辽代僧人希麟撰。刘叶秋说，这部书是"为增补《慧琳音义》而作。本书卷首有希麟的自序，题燕京崇仁寺沙门希麟集。大约撰于宋太宗雍熙年间。所选词语的佛经，从《大乘理趣六波罗蜜多经》到《续开元释教录》，共二百六十六卷。本书解释文字，先音后义；先引字书、韵书，后征经史与其他古籍，体制全仿《慧琳音义》"。这部书在解释佛经、训诂方面也具有自己独特的作用。"至于所引《考声》、《字林》等书的佚文，则也和前面两部音义书中的许多引证一样，是辑补失传古籍的重要材料。"[②]

4.《龙龛手镜》

《龙龛手镜》又名《龙龛手鉴》，辽代僧人行均撰，共四卷。书前有沙门智光序，说行均俗姓于，字广济，擅长音韵，精于字书。智光认为，印度和中国语文各有所长，要通晓佛理首先要准确翻译佛经，而准确译佛经则先要正确使用汉语，了解汉字的形音义。可知行均撰此书的目的主要是为了帮助佛徒理解佛典。此书的编排体例有所创新，改变了先前的部首排列法，字头先以四声排列部首，同一部首的字再以四声排列次序。按平上去入分为4卷，每卷又分上下。共收有26 430余字，注163 170余字。书中字的音义多引佛书，其所采材料亦往往可补古字书之不足。对于本书的功用，钱大昕《十驾斋养新录》卷一三和刘叶秋《中国字典史略》第四章均有评价。

5.《法门名义集》和《释氏要览》

《法门名义集》一卷，唐李师政编纂。这是一部为读者理解佛典而撰集的普及性词典。共收有佛教词语一百余条，分为七品："身心第一"、"过患第二"、"功德第三"、"理数第四"、"贤圣第五"、"因果第六"、"世果第七"。它的规模虽然不大，但作为早期的佛教辞书还是有开创意义的。

《释氏要览》为宋朝道诚所撰，书前语云："或见出家人须知之事，随便抄录之。泊天禧三年秋，皇上覃昭旷之恩，普度我天下童行。因是雠文，以类相

---

① 刘叶秋：《中国字典史略》，北京：中华书局，1992年版，第110~112页。

② 同上，第112~113页。

从，兼益诸家传记书疏节文，分为二十七篇，析为三卷。"每卷9篇，即9个门类。如卷上9篇是：姓氏、称谓、居处、出家、师资、剃发、法衣、戒法、中食。每篇列若干条，每条下都引经据典作解释。共收佛教词语700余条。也是一部供初涉佛经者检阅的佛教词典。

6.《佛学大辞典》

丁福保一生编印过若干辞书。其中如《佛学小辞典》、《翻译名义集新编》、《一切经音义汇编》、《佛学大辞典》等，均和中国与南亚的语言文字交流有关。据楼宇烈说，其《佛学大辞典》于1912年着手编辑，成于1919年，1922年印出；编辑过程中曾参考了日本织田得能、望月信亨等人的《佛教大辞典》；共收入辞目三万余条，包括佛教各种专门名词、术语、典故、典籍、专著、名僧、史迹等。"对每条辞目首先注明其词性，如'名数'、'物名'、'地名'、'书名'、'人名'、'术语'、'杂语'、'譬喻'、'故事'、'仪式'、'图像'等，然后解释其辞义，征引其出处。凡一辞有多义者，则依次列出，间亦作必要的考证。而对翻译的重要专门名词、术语、人名、佛典等，则均注出梵文或巴利文，以便检阅。"[1]这部辞典规模很大，为中国的佛学研究提供了一部很有用的工具书，直到目前，我国尚未编出一部能取代它的书。

需要说明的是，这里只列出7种辞书，还有一些有名的辞书，如《翻译名义集》等，我们将在"翻译学"部分提到。

五、有关词汇

由于佛教的输入，中国出现了一大批新的词汇。

王力的《汉语史稿》第四章谈到了"佛教借词和译词"问题。文中说："佛教变成了人民生活不可缺少的一部分，佛教用语（包括借词和译词）不可避免地要输入汉语词汇里来。但是佛教借词和译词同西域借词和译词有些不同：按时代的先后来说，西域借词和译词的时代要早得多（大约早五百年），虽然后代也有一些；按影响的大小来说，佛教借词和译词的影响要大得多。"接着，他举出了一些佛教的专用语：禅、偈、般若、菩提、悉檀、阇梨、摩尼、摩诃、优婆塞、优婆夷、刹、伽蓝、蓝若。他说："若只像上面所举的这些例子，佛教用于对于汉语的影响是不大的；因为那些佛教专门用于只能通行于钻研佛教经典

---

[1] 丁福保：《佛学大辞典·影印说明》，北京：文物出版社，1984年。

的少数人中间，不能成为全民的语言。但是，另外有一些词的情形就不同了，它们已经进入了全民的语言里。"接着他举出了第二批词汇，并逐一加以解释，这些词汇是：佛、塔、僧、尼、和尚、菩萨、罗汉、阎罗、地狱。又说："如果只像上面这些词，那还不算深入的汉语的血液里，因为它们还令人意识到它们是佛教的用语。一旦佛教衰微了，它们就会渐趋于死亡。"于是他举出了第三批词汇，并进行了详细的解说，它们是：世界、现在、因果、结果、庄严、法宝、圆满、魔鬼、缘份、姻缘、因缘、功德无量和五体投地。最终得出结论说："佛教用语对于汉语的影响是巨大的。"①

方立天在《中国佛教与传统文化》一书中写道："随着印度佛教著作的翻译和流传，佛教典籍中不少优美的典故和具有艺术美的新词语，被引进了我国六朝尤其是唐以后的文学作品，其中源于佛教的成语，几乎占了汉语史上外来成语的90%以上。印度和中国佛教的新词汇丰富了我国文学语言的宝库，有的甚至成为人们常用的稳定的基本词汇。"他举出如下的例子：

从佛教用语演化成为日常用语的，如世界、如实、实际、实相、觉悟、刹那、净土、彼岸、因缘、三昧、公案、烦恼、解脱、方便、涅槃、婆心、回向、众生、平等、现行、相对、绝对、知识、唯心、悲观、泡影、野狐禅、清规戒律、一针见血、一切皆空、一朝顿悟、一念万年、一弹指间、三生有幸、三头六臂、不二法门、不生不灭、不即不离、五体投地、功德无量、丈六金身、恒河沙数、隔靴搔痒、拖泥带水、大吹法螺、大慈大悲、生老病死、六根清净、心猿意马、本地风光、得未曾有、唯我独尊、骑驴觅驴、不可思议、冷暖自知、僧多粥少、味同嚼蜡、快马加鞭、皆大欢喜、表里不一、百尺竿头、苦中作乐、菩萨心肠、昙花一现、大千世界、"苦海无边，回头是岸"、"放下屠刀，立地成佛"、"种瓜得瓜，种豆得豆"，等等。源于佛教的常用典故有火宅、化城、诸天、一丝不挂、三十三天、三千世界、五十三参、天龙八部、千手千眼、观河皱面、天女散花、天花乱坠、当头棒喝、醍醐灌顶、极乐世界、拈花微笑、罗刹鬼国、现身说法、众盲扪象、百城烟水、井中捞月、香南雪北、泥牛入海、口吸西江、香象渡河、借花献佛、呵祖骂佛、痴人说梦、蒸沙成饭，等等。②

方立天所举的例子与王力所举的例子只有个别是重复的。两者加起来有100多个。但这还远远不是全部，1993年，上海人民出版社出版了中国佛教文

---

① 王力：《汉语史稿》，北京：中华书局，1980年版，第519~523页。

② 方立天：《中国佛教与传统文化》，上海：上海人民出版社，1988年版，第343页。

化研究所编的《俗语佛源》，收有词语、典故560多个，与上述100多条有重复，但没有全包括。这三者加起来仍然不是全部，我们还可以补充一些，如作用、智慧、倡导、污染、独具慧眼、大显神通、开山祖师、如获至宝、守口如瓶、家常茶饭、斩钉截铁、出于污泥而不染，等等。民间还有许多俗语也与佛教有关，如"三世修来的福"、"远来的和尚好念经"、"小和尚念经有口无心"、"三个和尚没水吃"、"小庙坐不下大菩萨"、"阎王爷不嫌鬼瘦"、"阎罗王开店小鬼不来"、"在家敬父母，何必远烧香？持斋胜念千声佛，作恶空烧万炷香"，等等。

这些常用词语、民间俗语，有的是直接取自佛典而意思有所转变，有的是禅宗僧人的习用语，有的是百姓根据佛教名词发挥和创造出来的。不管怎样，这些都与印度佛教文化的传入有关，佛教为中国汉语的丰富和发展立下了汗马功劳。

第二节　翻译学

中国古代的翻译和现代一样，可分为两种：口译和笔译。在中国与南亚的文化交流中，必然需要翻译。最先出现的自然是口译，如西汉时与黄支国交往就有属于黄门的翻译官"译长"随往。尽管口译出现最早，交往中也大量运用，却缺乏口译方面的资料，没有理论性的东西流传下来。笔译开始得晚一些，但有关资料很丰富，特别是由于佛教的传播和佛经的翻译，中国的翻译学在很早就发展成熟起来，既有理论上的总结，又有操作上的规范。这里主要谈佛经的翻译。

马祖毅曾将东汉至宋末的佛经翻译分为四个阶段："第一阶段，从东汉桓帝末年到西晋，是草创时期；第二阶段，从东晋到隋，是发展时期；第三阶段，唐代，是全盛时期；第四阶段，北宋是基本结束时期。"[①]为叙述的简便，兹将佛经的翻译并为两个时期叙述。

一、东汉至隋

尽管中外学者在我国最早译出的佛经问题上有种种不同见解，但东汉时确

---

① 马祖毅:《中国翻译简史》，北京：中国对外翻译出版公司，1984年版，第17页。

已有佛经的翻译，这是谁都不否定的。据吕澂的意见，中国最早的翻译家应当从安世高和支娄迦谶算起①。

据《高僧传》卷一《安清传》，安世高是安息国人。他译出的佛经虽不一定本自梵文，但"其先后所出经论，凡三十九部。义理明析，文字允正，辩而不华，质而不野"，为后世的翻译风格奠定了良好的基础。据《支谶传》，支谶是月氏人，"传译梵文，出《般若道行》、《般舟》、《首楞严》等三经，又有《阿阇世王》、《宝积》等十余部经，岁久无录。安公校定古今，精寻文体。云：'似谶所出，凡此诸经，皆审得本旨，了不加饰，可谓善宣法要弘道之士也。'"可见他的翻译很忠实于原意，也属于"质"的一类。《支谶传》还记有汉末另外一些译经家，如竺佛朔、安玄、严佛调、支曜、康巨、康孟祥、竺大力等，基本上都属于"质"的一派。看来东汉时期译经风格的主要倾向是质朴。同时，上述译经家中，有的是天竺人，有的是西域别国人，有的则是汉人，他们从事翻译时经常是合作的，已有"口宣"、"传言"和"笔受"三个环节。有时是三个环节同时具备，如译《般舟三昧》时，竺佛朔口宣，支谶传言，孟福、张莲笔受；有时是两个环节，如译《法镜经》时，安玄口译梵文，严佛调笔受。这种合作机制的形成，无疑是为了翻译的准确而采取的必要措施，越是精审越是要合作。

三国到西晋的译经家主要有昙柯迦罗、维祇难、竺律炎、支谦、康僧会、白延、康僧铠、昙谛、竺法护、聂承远、聂道真、竺叔兰、法立，等等。其中又以支谦和竺法护最为重要。支谦译经36部48卷，"支谦的翻译注释，都贯彻了他自己特有的思想和风格。东晋支敏度赞扬他说：'越才学深澈，内外备通，以季世尚文，时好简略，故其出经，颇从文丽。然其属辞析理，文而不越，约而义显，真可谓深入者也。'在中国佛经翻译史上，始终存在'质朴'和'文丽'两派……支谦的译文力图适应汉人的口味，译文的忠实性不能不受一定的影响……其实，从三国到西晋，支谦所开创的译风，占据着重要的地位，它使佛教普及化，无疑起着相当大的作用。"②西晋竺法护翻译的佛经很多，据《出三藏记集》卷二著录，达154部309卷之多。而唐智升《开元释教录》卷二考定为175部354卷，当时尚存91部，84部已缺。《高僧传》卷一本传说他"终身写译，劳不告倦"。在《出三藏记集》卷七《合放光光赞略解序》中，道安说

---

① 吕澂：《中国佛学源流略讲》，北京：中华书局，1979年版，第27页。

② 任继愈主编：《中国佛教史》第一卷，北京：中国社会科学出版社，1981年版，第478、171、172页。

他译的《光赞般若经》"言准天竺，事不加饰；悉则悉矣，而辞质胜文也"。总的说，竺法护"译文的质量达到了一个新的高度。在他稍后的道安评论说：'若审得此公手目，纲领必正。凡所译经，虽不辩妙婉显，而宏达欣畅；特善无生，依慧不文，朴则近本。'说明竺法护的译文，虽仍有'辞质胜文'之憾，但'出事周密'，忠实可信，比起支谦、康僧会等的'文胜于质'是个很大的长处；而对于安世高、支娄迦谶等的'质胜于文'说，则又畅达多了。"①吕澂说："竺法护的译本，道安曾评之为'详尽'，说明是在很大程度上传达了原本真意。"②这一时期的佛经翻译仍然采取汉末既已形成的合作机制。

东晋十六国时期的译经家主要有道安、帛远、帛尸梨蜜多罗、僧伽跋澄、佛陀罗刹、昙摩难提、僧伽提婆、僧伽罗叉、竺佛念、昙摩耶舍、竺法度、鸠摩罗什、弗若多罗、昙摩流支、卑摩罗叉、佛陀耶舍、佛驮跋陀罗、昙无谶、法显，等等。其中，最主要的是道安和鸠摩罗什。道安的贡献是多方面的，在翻译学方面，他具有组织和参与译经的经验，同时又对前人的佛经翻译作了理论上的评价和总结，提出了著名的"五失本，三不易"的理论。在《出三藏记集》卷八《摩诃钵罗若波罗蜜经抄序》中，他说："译梵为秦有五失本也：一者，胡语尽倒而使从秦，一失本也；二者，胡经尚质，秦人好文，传可众心，非文不合，斯二失本也；三者，胡经委悉，至于咏叹，叮咛反复，或三或四，不嫌其烦，而今裁斥，三失本也；四者，胡有义说，正似乱辞，寻说向语，文无以异，或千、五百，刈而不存，四失本也；五者，事已全成，将更傍及，反腾前辞，已乃后说，而悉除此，五失本也。"也就是说，翻译中要把佛经原文中的五种情况改变为符合汉语习惯的表达方式和风格：一是改倒装句，使之符合汉语习惯；二是把质朴的原文加以修饰；三是删除原文中为说明某一事物而作反复、细碎、烦琐描写的文字；四是对原文中篇末的重复词语略而不译；五是删除佛经原文中后文对前文的重复部分。"三不易"是指三种不容易翻译的情况："然《般若经》，三达之心，复面所演，圣必因时，时俗有易，而删雅古以适今时，一不易也；愚智天隔，圣人叵阶，乃欲以千岁之上微言，传使合百王之下末俗，二不易也；阿难出经，去佛未久，尊者大迦叶令五百六通迭察迭书，今离千年而以近意量裁，彼阿罗汉乃兢兢若此，此生死人而平平若此，岂将不知法者勇乎？斯三不易也。"总之，"五失本，三不易"的理论是强调对全部佛

① 任继愈主编：《中国佛教史》第二卷，北京：中国社会科学出版社，1985年版，第49页。
② 吕澂：《中国佛学源流略讲》，中华书局，1979年版，第39页。

经的翻译都要采取认真谨慎的态度，同时，其中已经具备后世所说的衡量译文质量标准的"信、达、雅"问题。他的这一理论影响深远，为后世译经家时常提起，并尊为成训。

鸠摩罗什在中国翻译史上有着划时代的意义：第一，他所译的佛经数量大，据《出三藏记集》卷二，他于11年间共译出佛经35部294卷，《开元释教录》卷四则说他共译出74部384卷。第二，他充分注意到前人译经的成败得失，译文处理十分谨慎，把直译与意译结合起来，"因此所译经论的质量，不论在语言的精美上，还是在内容的确切上，都是前此所未有的"[①]。第三，在译法上力求创新，不像以前的译经家那样用玄学名词代替佛经中的概念，而是"付出不少心血去创立佛教专用名词，这就使译文更加忠实于原作"[②]。第四，他开创了在译文前署译者名字的先河，以示负责。第五，"从鸠摩罗什开始，佛教译经正式被作为封建国家的宗教文化事业，由国家提供资金，组织人力。后秦王姚兴命当时著名学僧协助鸠摩罗什译经，提供逍遥园、长安大寺作为主要译经场所"[③]。这为后世官办译经场的建立奠定了基础。第六，鸠摩罗什所译佛经对后世影响极大，这不仅因为他在译经过程中培养了一批有影响的门徒以及上述五条原因，还因为他所译的经学派广泛，有一些成为开宗之作，而且还因为他所译经典绝大部分得以流传和保存。正如梁启超所说："译界有名之元勋，后有元奘，前则鸠摩罗什。奘师卷帙虽富于什，而什公范围则广于奘。其在法华部，则今行《法华》正本，实出其手；其在方等部，则《阿弥陀》、《维摩诘》、《思益梵天》、《持世》、《首楞严》诸经出焉，《宝积》诸品，亦为定本；其在华严部，则《十住经》之重译也；其在般若部，则《小品》、《放光》，皆所再理；其在律藏，则大乘之《梵网》，小乘之《十诵》，皆所自出。然其功尤伟者，则在译论。论，前此未或译也，译自什公始（同时佛念、提婆等译小乘论）。《智》（《大智度》）、《地》（《瑜伽师地》）两论，卷皆盈百，号论中王。《地》借奘传，《智》凭什显。校其宏绩，后先同符。至其译《中百》、《十二门》，因以开'三论宗'，译《成实》因以开'成实宗'，译《十住》因以开'十地宗'，此尤其章明较著者矣……什所译经，什九现存。襄译诸贤，皆成硕学。大乘确立，什功

① 马祖毅：《中国翻译简史》，北京：中国对外翻译出版公司，1984年版，第34页。
② 同上，第35页。
③ 任继愈：《中国佛教史》第二卷，北京：中国社会科学出版社，1985年版，第292页。

最高。"①

南北朝到隋，中国的佛经翻译事业仍在蓬勃发展。这一时期的主要译经家有求那跋摩、谢灵运、智严、宝云、浮陀跋摩、僧伽跋摩、昙摩蜜多、智猛、僧伽达多、求那跋陀罗、求那毗地、僧伽婆罗、真谛、菩提流支、达磨流支、耶舍崛多、阇那崛多、那连提黎耶舍、彦琮，等等。这一时期的佛经翻译有两点值得注意：一是理论问题，即彦琮的翻译理论；二是实践问题，即当时官办译经场的建制与译经程序。这两个问题都很重要，因为它们是唐代译经高潮的前奏，直接影响唐代的译经。

据《续高僧传》卷二，彦琮俗姓李，赵郡人。隋开皇十二年（592年）奉敕入京，后掌翻译。仁寿二年（602年），奉敕撰《众经目录》。不久，有王舍城沙门来华，将还本国，请《舍利瑞图经》及《国家祥瑞录》，"敕又令琮翻隋为梵，合成十卷，赐诸西域"。大业二年（606年），"因即下敕于洛阳上林园立翻经馆以处之，供给事隆，倍逾关辅。新平林邑所获佛经，合五百六十四夹，一千三百五十余部，并昆仑书，多梨树叶。有敕送馆，付琮披览，并使编叙目录，以次渐翻"。"凡前后译经，合二十三部一百许卷。"可知，彦琮在翻译方面有很大成就：一是主持翻经馆的工作，二是整理出《众经目录》，三是将一些典籍译为梵文，四是译出佛经23部。除此之外，他在理论上的贡献是写出中国翻译史上著名的论文《辩证论》。在《辩证论》中，他首先重复并肯定了道安"五失本，三不易"的理论，然后予以发挥，提出所谓"八备"的理论："诚心爱法，志愿益人，不惮久时，其备一也；将践觉场，先牢戒足，不染讥恶，其备二也；筌晓三藏，义贯两乘，不苦暗滞，其备三也；旁涉坟史，工缀典词，不过鲁拙，其备四也；襟抱平恕，器量虚融，不好专执，其备五也；耽于道术，澹于名利，不欲高炫，其备六也；要识梵言，乃闲正译，不坠彼学，其备七也；薄阅苍雅，粗谙篆隶，不昧此文，其备八也。八者备矣，方是得人。"可知，这"八备"是对译经家的要求，推而广之，也是对所有翻译工作者的要求。其中既有目的、态度、作风等心理素质的要求，又有知识面、文字水平等业务素质的要求，是很全面的。

隋代，官方组织并供养了两处译经馆。据《开元释教录》卷七，隋文帝开皇元年（581年），齐沙门宝暹、道邃、智周等十人携梵本260部至京师，文帝

---

① 梁启超：《饮冰室佛学论集》，扬州：广陵古籍刻印社，1990年版，第194页。

下诏翻译，设译馆，立翻经学士，并广求中外义学僧人。其译馆在长安大兴善寺。据《续高僧传》卷二《那连提黎耶舍传》，开皇二年，耶舍入京，住大兴善寺，冬，开始翻译。"敕昭玄统沙门昙延等三十余人，令对翻传。"到开皇九年，那连提黎耶舍圆寂，前后译经15部80卷，"并沙门僧琛、明芬、给事李道宝等度语、笔受，昭玄统沙门昙延、昭玄都沙门灵藏等二十余僧监护始末"。又据《阇那崛多传》，开皇五年，昙延等奏请迎崛多，文帝即遣使。崛多来到中原，先在洛阳译经，"宣辩自运，不劳传度"，"笔受之徒，不费其力"。"耶舍已亡，专当元匠。于大兴善更召婆罗门僧达摩笈多，并敕居士高天奴、高和仁兄弟等同传梵语。又置十大德，沙门僧休、法粲、法经……监掌翻事，铨定宗旨。沙门明穆、彦琮重对梵本，再审覆勘，整理文义。"由此可知，长安译经馆先成立，主要译主为耶舍和崛多。馆内翻译事务有监护、度语（传语）、笔受、重对（再审覆勘）、整理文义、铨定等项，人员既多，分工已细。隋代另一处译经馆在洛阳，据《达摩笈多传》："炀帝定鼎东都，敬重隆厚。至于佛法，弥增崇树。乃下敕于洛水南滨上林园内置翻经馆，搜举翘秀，永镇传法。登即下徵笈多并诸学士，并预集焉四时供承，复恒常度。致使译人不坠其绪，成简无替于时。"又据《开元释教录》卷八，沙门智通学梵语即在上林园译馆。这些情况都说明，尽管隋代的译经馆在人数上不如鸠摩罗什所处的时期多，但组织上已经健全，不仅译经，而且教授梵文，为唐代译经场的进一步扩大和细致分工打下了基础。

二、唐宋时期

唐代的佛经翻译事业达到了鼎盛时期。据《续高僧传》卷三《颇波传》，中天竺沙门颇波于唐初到达长安，贞观三年（629年）三月，太宗"下诏所司，搜扬硕德备经三教者一十九人，于大兴善创开传译。沙门慧乘等证义，沙门玄谟等译语，沙门慧赜、慧净、慧明、法琳等缀文。又敕上柱国、尚书左仆射房玄龄，散骑常侍、太子詹事杜正伦参助铨定，光禄大夫、太府卿萧瑀总知监护"。这是唐初的情况，当时战事未了，时有天灾，译经场不可能规模很大，但规格很高，人员很齐，供养甚丰。可见，唐代译经场刚一建立就气象不凡。

汤用彤说："颇波卒于贞观七年，其后十二年而玄奘法师至自西域，我国之佛典翻译如日中天矣。""诏于弘福寺翻译，令宰相房玄龄监理，译场完备，参与者均一世大德。而证义之神昉、神泰（昉为玄奘四大弟子之一；泰著有疏论多种行今），缀文之道宣（律宗开山祖，即作《续高僧传》者），字学之玄应

（所作《众经音义》为治音学之要籍），笔受之窥基，则直千古有数之人物也。后太子（即高宗）建慈恩寺，别造翻经院，令法师居之。晚年（高宗时）更常就玉华宫翻译。每年所译恒多至数十百卷，自贞观十九年（646年）至麟德元年（664年）共译经论等七十三部，总一千三百三十卷。""玄奘以后，直至不空金刚，我国求法与译经，继臻极盛。其与奘师先后同时译人有那提（《续高僧传》谓其为'性宗大师'，译经三部三卷）、智通（于贞观至永徽中译经四部五卷）、无极高（高宗时将梵本至长安，于慧日寺译《陀罗尼集经》十二卷）、若那跋陀罗（在南海诃陵国译《涅槃》后分）、日照（以高宗凤仪初至天后垂拱末，于两京东西太原寺译经十八部三十四卷）、杜行顗（官鸿胪寺典客署令，明诸番语及天竺语书，译经一部一卷）、佛陀波利（五台山僧，出经六部七卷）。及天后当国，译事尤盛，知名者有提云般若（于阗国人，译《华严经·佛境界分》等共六部七卷）、慧智（本印度人，父居中国，译《赞观世音菩萨颂》一部一卷）、李无谄（婆罗门人，为新罗国僧译《陀罗尼经》一部）、弥陀山（译经一部，又助实叉难陀译经）、宝思惟（多译陀罗尼）而以实叉难陀之译《华严经》，菩提流志之译订《大宝积经》，至为伟巨。"[1]

玄奘在翻译史上的贡献空前巨大。第一，他创办了规模巨大的译经场，建立起一整套的译经场制度。据许敬宗《瑜伽师地论新译序》，在翻译《瑜伽师地论》时，玄奘"敬执梵文，译为唐语"，然后有"笔受"、"证梵语"、"正字"、"证义"、"缀文"、"监阅"等，后来还增加了"润色"一项，可见其分工较前代更加细密。其中，笔受、证义、缀文、润色等项，都由多人充任。玄奘所创译场制度，为有唐一代译经场的成式。第二，他译经中运用了种种翻译技巧，这些技巧直到今天仍具有借鉴意义。马祖毅先生据印度柏乐天和我国张建木先生的研究，总结出玄奘译经的六条技巧，即补充法、省略法、变位法、分合法、假借法和还原法[2]。第三，他提出了重要的翻译理论。马祖毅说："关于翻译标准，玄奘提出八个字：'既须求真，又须喻俗。'……他还制定了'五不翻'的原则，即：一、秘密故，如'陀罗尼'；二、含义多故，如'薄伽'，梵具六义；三、无此故，如'阎浮树'，中夏实无此木；四、顺古故，如'阿耨菩提'，非不可翻，而摩腾以来，常存梵音；五、生善故，如'般若'尊重，'智

① 汤用彤：《隋唐佛教史稿》，北京：中华书局，1982年版，第66~68页。
② 马祖毅：《中国翻译简史》，北京：中国对外翻译出版公司，1998年版，第59、60页。

慧'轻浅（周敦颐《翻译名义集序》）。"①可知，"五不翻"是翻译中须采取音译的五项原则。第四，他译出的经典数量超过其他三大译师（罗什、真谛、不空）译经卷数的总和，占唐代新译佛经总卷数的一半以上②。第五，他是中国佛经翻译史上汉人独立译经而不借助印度及其他西域人力的第一人。前此，佛经的翻译多借助于天竺等西域人力，连法显也不例外；鸠摩罗什虽生于中国境内，但并非汉人；隋代的译馆里也以外国人为译主。但玄奘的译场里没有西域人。这主要因为玄奘的梵语及声明学知识高于以往的汉人译经家。第六，他在译汉为梵方面成就卓著。据《续高僧传》本传："奘奉敕翻《老子》五千文为梵言，以遗西域。"又曰："又以《起信》一论，文出马鸣。彼土诸僧，思承其本。奘乃译唐为梵，通布五天。"第七，他的敬业精神垂范后代。据《慈恩传》卷七，自永徽改元（650年）后，玄奘"专务翻译，无弃寸阴。每日自立程课，若昼日有事不充，必兼夜以续之……至三更暂眠，五更复起，诵读梵本，朱点次第，拟明日所翻。"对他的这种精神，梁启超慨叹曰："呜呼！真千古学者之模范也已！"③汤用彤慨叹曰："嗟夫，其克享大名，千古独步，岂无故哉！岂无故哉！"④

在玄奘之后，唐代重要的译经家有义净、智严、般剌密帝、善无畏、一行、金刚智、不空等。其中，不空为四大译经家之一，共译出佛教密宗经典110部143卷，对密宗在中国的传播起到重要作用。不空之后，有智慧、莲花精进、悟空、法戒、般若、满月、法成等。

关于宋代佛经的翻译，吕澂说："宋代译经开始于太宗太平兴国初。当时特别设立了译经院，并制定一些规模，如译场人员设译主、证梵义、证梵文、笔受、缀文、参详、证义、润文（后更设经使）等，组织比较完备。从太平兴国七年（982）起，逐年都译进新经，继续到天圣五年（1027），译出五百余卷。其后因缺乏新经梵本，译事时断时续，维持到政和初（1111）为止。综计前后译家可考的有十五人，即法天（译经年代974~1001年）、天息灾（980~986年，后改名法贤，987~1000）、施护（980~1017）、法护（中印人，980~983）、法护（北印人，1006~1056）、惟净（1009~？）、日称（1056~1078）、

① 马祖毅：《中国翻译简史》，北京：中国对外翻译出版公司，1998年版，第58页。
② 马祖毅：同上，1998年版，第56页。
③ 梁启超：《饮冰室佛学论集》，扬州：广陵古籍刻印社，1990年版，第203页。
④ 汤用彤：《隋唐佛教史稿》，北京：中华书局，1982年版，第67页。

慧询（1068~1077）、绍德（1068~1077）、智吉祥（1086~1093）、金总持（1095~1112，下四人均同）、天吉祥、相吉祥、律密、法称。其中惟净、慧询、绍德都是由传法院培养出来的中国僧人，天吉祥等则帮助金总持翻译。诸人所译的总数是二百八十四部，七百五十八卷。其中以密教的典籍占最多数，论部最少。"①宋代译经场基本继承了唐代的体制。一般由宰相兼任"译经使"；印度来的主译僧有的有一大串称号和头衔；润文官往往由一些重要文臣兼任，等等。这都说明统治者的高度重视。宋代，由于中国印刷技术的发展，新译佛经常常在译出之后即行付梓。据《佛祖统纪》卷四三，太平兴国七年"七月，天息灾上新译《圣佛母经》，法天上《吉祥持世经》，施护上《如来庄严经》，各一卷。诏两街僧选义学沙门百人详定经义。时左街僧录神曜等言：'译场久废，传译至艰。'天息灾等即持梵文先翻梵义，以华文证之。曜众乃服。诏新经入藏，开板流行"。"八年，诏译经院赐名传法。于西偏建印经院"。

佛经的汉译，到宋代便基本中止。但元明两朝，由于与南亚有交通往来，翻译仍不可避免，只是资料不足，难以详述。今仅举几例以作说明。《元史》卷一三四《迦鲁纳答思传》曰："迦鲁纳答思，畏吾儿人，通天竺教及诸国语。翰林学士承旨安藏扎牙答思荐于世祖，召入朝，命与国师讲法。国师西番人，言语不相通。帝因命迦鲁纳答思从国师习其法，及言与字，期年皆通。以畏吾字译西天、西番经论，既成，进其书，帝命锓版，赐诸王大臣。西南小国星哈剌的威二十余种来朝，迦鲁纳答思于帝前敷奏其表章，诸国惊服。"迦鲁纳答思除了母语外，精通当时南亚流行的语言（可能是阿拉伯语和波斯语），又懂得藏语，可能还懂得蒙古语。他既能作口译，又能作笔译，对中国与南亚的文化交流贡献很大。卷二〇二《释老传》云："又有必兰纳识里者……幼熟畏兀儿及西天书，长能贯通三藏暨诸国语……其所译经，汉字则有《楞严经》，西天字则有《大乘庄严宝度经》、《乾陀般若经》、《大涅槃经》、《称赞大乘功德经》，西番字则有《不思议禅观经》，通若干卷。"这是指将汉文、梵文和藏文的佛经译为蒙古文。卷六三又记，翰林学士潘昂霄曾撰《河源志》，"临川朱思本又从八里吉斯家得帝师所藏梵字图书，而以华文译之，与昂霄所志，互有详略"。说的是科技图书的翻译。明代设有四夷馆，据《明史》卷七四："自永乐五年，外国朝贡，特设蒙古、女直、西番、西天、回回、百夷、高昌、缅甸八馆，置译字生、

---

① 吕澂：《中国佛学源流略讲》，北京：中华书局，1979年版，第385页。

通事，通译语言文字。""初设四夷馆隶翰林院，选国子监生习译。"可知，明代四夷馆主要有两项任务，一是翻译，二是培养翻译人才。跟随郑和下西洋并撰写《瀛涯胜览》的马欢，是精通阿拉伯语的"通事"（翻译）。四夷馆有各种《华夷译语》，大概是翻译手册或读本之类的东西。据说《华夷译语》包括近20种语文，其中有西天译语、回回译语等①。明人慎懋赏辑录的《四夷广记》中有《孟加拉译语》一项，分天文、地理、数目、五色、人物、身体、衣服、宫室、器用、珍宝、鸟兽、花木、人事等13类，303个单词。有可能是四夷馆中《华夷译语》的一种。但考其词汇，实为梵文，且多出自佛书。

唐宋时期，由于大规模翻译佛经的需要，便出现了供翻译用的工具书。下面简介其中的几种。

唐代义净的《梵语千字文》是为培养佛经翻译人员而编写的。顾名思义，其中收有汉字词汇1 000个，如天、地、日、月，阴、阳、圆、矩，昼、夜、明、暗，雷、电、风、雨，等等。汉字右边标有梵文。唐代还有全真的《唐梵文字》，与《梵语千字文》基本相同。另有礼言的《梵语杂名》，收有汉字词汇千余，先列汉字，次列梵音汉译，次列梵文，实际上是一部汉梵小词典。

宋代法云的《翻译名义集》7卷，是一部专门诠释佛典中音译词汇的工具书。法云书前自序说："法云十岁无知，三衣滥服，后学圣教，殊昧梵言，由是思义思类，随见随录。但经论文散，疏记义广，前后添削，时将二纪，编成七卷六十四篇。十号三身，居然列目；四洲七趣，灿尔在掌。负检阅之劳，资诚证之美。但愧义天弥广，管见奚周；教海幽深，蠡测焉尽。其诸缺疑，倾俟博达者也。时大宋绍兴十三年，岁小癸亥，仲秋晦日，居弥陀院，扶病云尔。"可知，他用了近24年的时间编成这部书，时在1143年。此书分七卷，卷下有篇。文中"十号三身"实为第一卷之主要内容；"四洲七趣"为第二卷之主要内容。条目体例是：先列词语，继释其义，再引经典。其解释内容较多，稍大一些的词条，往往引用七八家说法。该书是一部汉文佛经外来语词典，于翻译并不见得有多大用处。但编者对翻译比较重视，如卷一特地列有《宗翻译主篇》，先叙彦琮"八备"和"十条"的翻译理论，次说译场职司，再列中国与南亚主要译家，并介绍其生平成就（安世高、支谶、支谦、康僧会等译家则未列在内）。

---

① 马祖毅：《中国翻译简史》，北京：中国对外翻译出版公司，1984年版，第170、171页。

第三节　中国的南亚学与南亚的中国学

一、中国南亚学的兴起

中国的南亚学，从广义上说，固然有着十分悠久的历史，但现代意义上的南亚学则是近代以来西学东渐的结果。

可以说，中国南亚学的兴起是一种必然，既具有两千年中国与南亚文化交流的雄厚根基，又有近现代中国与南亚文化交流的需要。从鸦片战争以后到辛亥革命前后，中国的仁人志士一直在寻求救国救民的真理，接受了西方学术思想的影响，同时也注意到了南亚与中国的相似命运，进行对比研究以期有用于中国，于是中国的南亚学开始萌芽；此后，至20世纪40年代是中国南亚学的发育时期和形成时期；50年代是中国南亚学的壮大时期；80年代是中国南亚学的辉煌时期。

1. 萌芽时期

鸦片战争的失败，给中国人带来了耻辱，也给中国人敲响了警钟。中国的仁人志士感到了危机的来临，他们开始放眼世界，思索中国积弱难返的原因。1842年，魏源的《海国图志》初刻50卷问世，1852年扩展为100卷。他在百卷本的《海国图志》序言中写道：此书是为"以夷攻夷而作"，"为师夷长技以制夷而作"。目的在于使中国人了解世界，强大自己而削弱列强。书中，他利用中国古代记载和西人的翻译资料，以六卷的篇幅详细介绍了南亚诸国的政治、经济、历史、地理、物产、民俗等情况，为中国人了解南亚提供了全面、完整而系统的报告。这部书是鸦片战争之后中国关于南亚问题的第一部著作，也是中国南亚学兴起的最初信号。在《海国图志》初刻之后，1848年，徐继畬的《瀛环志略》问世。此书也与西学东渐有关，有许多内容则是直接请教西人得来。其中关于南亚的第三卷，较《海国图志》有进步，因此它对中国南亚学的兴起也具有催化作用。1878年，黄楙材奉命赴印度考察，回国后整理出了日记、札记并撰写《游历刍言》等；1881年，马建忠、吴广霈奉命出使印度，回国后分别发表《南行记》和《南行日记》。这些第一手的考察记录促进了中国人对南亚的了解。

从戊戌变法到辛亥革命，先有康有为、梁启超等人以印度的沦陷为例子，力陈变法之急迫，后有孙中山、章太炎吸取变法失败的教训，进一步分析印度受制于英国的原因，提出资产阶级革命的主张。在此期间，他们对印度政局、经济和社会的密切关注和研究，是中国南亚学开始萌芽的标志。他们的研究重点是印度的政治和经济问题，研究的方法主要是近代西方科学分析、统计和比较的方法，依靠的资料主要是近代科学传媒提供的信息，因此得出的结论也多接近于真理。

这里要重点提起的是中国佛学的复兴问题。中国近代的佛学复兴也与西学东渐有密切关系。这次复兴的第一人杨仁山居士，曾两度随曾纪泽出使欧洲，考察过法国政教民生和英国的政治科技，对西方文明很重视，对列强的发达和中国的衰弱都有深沉的思考，所以他拥护变法，认为"不变法不能自存"，变法才能强盛："既变法矣，人人争竞，始而效法他国，既而求胜他国，年复一年，日兴月盛，不至登峰造极不止也。"①他于1866年创办金陵刻经处，1907年创办佛学学堂"祇园精舍"，1910年创办佛学研究会。其学堂虽仅维持了两年，但从其课程设置可知，那是一所受了西方教学影响的学校，不仅设有佛学课程，而且还有史、地、语、算和外文等。著名诗僧苏曼殊就曾在那里教授梵文和英语。同时，其学堂和研究会还培养出一批很有影响的佛学研究人才，如谭嗣同、桂伯华、黎端甫、释太虚、章太炎、谢无量、孙少侯、欧阳竟无、李证刚、梅撷云、蒯若木等。他们后来都有一定的研究成果，这也应视为中国南亚学的一个组成部分。

2. 发育和形成时期

辛亥革命失败以后，中国对南亚的形势更为关注，特别是在中国新文化运动开始以后，中国的有识之士在介绍西方先进思想的同时，也加强了对南亚问题的研究。

从第一次世界大战到第二次世界大战爆发的20多年间，中国知识界对印度的政治动向反应敏感，对时局的分析更加深入中肯。当时中国的一些著名报刊，如《新青年》、《东方杂志》、《少年中国》、《申报》等，对第一次世界大战中印度人民的苦难和英国殖民当局的揭露，常常十分及时而深刻，对此后印度民族主义运动成败得失的评论也往往切中要害，对甘地其人其行的介绍和研究则已形成规模。这说明当时已有相当一部分人在密切注视着印度的时局变化，在研究印度的政治经济现状。

---

① 转引自高振农：《佛教文化与近代中国》，上海：上海社会科学院出版社，1992年版，第15页。

随着泰戈尔的来华，中国又掀起了一股泰戈尔热，译介和研究印度文学之风飒然而起。在这方面，《小说月报》等报刊表现得尤为突出。这是与政治研究相呼应的文学研究，也是和中国新文化运动相一致的文学运动。

以上两点的具体实证可参见本志的第六、七两章。

在此期间，中国佛学研究又有了长足的发展。在办学方面，据高振农统计：1914年，有月霞在上海、杭州等地连续举办的华严大学，谛闲在宁波举办的观宗学社；1917年，有月霞在常熟举办的法界学院；1919年，有仁山在高邮举办的天台学院；1922年，有欧阳竟无在南京举办的支那内学院，太虚在武昌举办的武昌佛学院，常惺在安庆举办的安徽僧学校，大勇在北京举办的藏文学院；1925年，有常惺在厦门举办的闽南佛学院，守培在镇江举办的玉山佛学院，静波在常州举办的清凉学院，1927年，有韩清净在北京主持的三时学会；1928年，有霭亭于镇江举办的竹林佛学院；1929年，有九华山佛学会主办的九华山佛学院，台源于北京创办的柏林理教院；1931年，有常惺在江苏泰县创办的光孝佛学研究社，宽道等在普陀山主持的南海佛学院，虚云在鼓山创立的鼓山佛学院；1932年，有太虚在四川北碚创办的汉藏教理院；1933年，有慈舟在鼓山创办的法界学院；1934年，有智光在镇江创立的焦山佛学院。此外，全国各地还有许多佛学院，恰如雨后春笋①。其中，支那内学院维持时间长且影响巨大，该学院教学、研究和刻经并重，培养出一批佛学专家。其初期任教务长、后来任院长的吕澂精通英、日、梵、巴、藏等多种文字，将印、汉、藏三支佛学融会贯通，可称为著名南亚学大师。武昌佛学院和闽南佛学院在中国南亚学的形成过程中也有重要贡献。这两所学院以教学成就为突出，前者的课程设置除大乘佛学以外，还有《小乘佛学概论》、《印度佛教史》、《印度六派哲学》等，这比古代的佛学教育和研究领域显然有所扩大；后者的课程中更增设有国文、文法、文学史、文字学、英文、日文、珠算、代数、几何、三角、中国史、印度佛教史、世界史、中国地理、世界地理、中国哲学大要、世界哲学大要、印度哲学大要，以及心理学、伦理学、教育学、艺术、体育，等等。这些课程的设置，说明中国僧人教育已经近代化，为中国南亚学的形成起到促进作用。

这一时期，中国的大学也开始设置南亚学方面的课程。1916年，许季上率先在北京大学讲授印度哲学，此为中国大学设置印度学课程之始。1917年，梁

---

① 高振农：《佛教文化与近代中国》，上海：上海社会科学院出版社，1992年版，第3页。

漱溟应蔡元培之聘，在北京大学哲学系讲授印度哲学，直至1924年。1918年，蒋维乔建议北京大学哲学系开设佛学"唯识"课，此为我国大学设佛学课程之始。1918年，汤用彤赴美学习哲学，兼攻梵文、巴利文，1922年回国，先后在南京东南大学、天津南开大学、北京大学、西南联合大学任教，讲授过中国佛教史、小乘佛教研究、佛典选读、印度哲学史等与南亚学密切相关的课程。1931年，陈寅恪在清华大学开设佛典翻译文学课。李证刚在抗日战争爆发前后曾在沈阳东北大学和清华大学任教，讲授佛学课程。

20世纪20年代，中国有了去印度的留学生。近代以来去印度留学的第一人是曾圣提。他于1924年泰戈尔访华后不久，即渡海到印度去投奔泰戈尔，先在国际大学学习，后到甘地的真理学院学习，1925年归国。1929年，海维谅在印度德里穆斯林大学学习伊斯兰教哲学数年。他在学期间兼为学校服务，并曾给国内《东方杂志》写过文章，介绍印度民族运动与穆斯林的情况。20年代，中国还出现一位专门从事中印文化交流活动的学者，即谭云山。他于1927年在新加坡会见泰戈尔，1928年9月来到泰戈尔的国际大学，从此他为中印两国的文化交流事业贡献了毕生心血。他先在国际大学学习梵文并研究佛学和印度文化，还开设了中文课程。同时，他不断给国内报刊写文章，介绍印度政局，介绍印度文化，不仅为国内印度研究提供了及时而又准确的信息，而且他有关印度时局的评论文章也写得很深入精彩。1931年，他周游了印度，不久即写出《印度周游记》一书，1933年出版。1935年，他的《印度丛谈》出版，其中介绍了印度政治、经济、思想、文化、宗教、社会等各方面的情况，为中国学者进一步了解印度提供了丰富的第一手资料。"谭云山可以说是我国近代以来第一位对印度了解最全面最深入的人，他的介绍很好地起到了帮助中国人民较多地了解印度的作用。"[①]这一时期去印度的学者还有许季上（1920年）、许地山（1926年6~9月在贝拿勒斯印度教大学学习梵文、研究佛教，1934年再度到浦那学习梵文和研究佛教3个月）和高剑父（1931年到加尔各答举办个人画展，受到好评）。30年代去印度留学的学僧有体参（1931年去泰戈尔的国际大学学习梵文）、岫庐（1936年入国际大学学习巴利文等）等，去锡兰留学的有黄茂林居士（1933年）、惟幻（1936年）、法周（1936年）、慧松（1936年）等。通过不同途径去印度留学的学生有：1931年曾在国际大学短期就读的三人（不

---

① 林承节：《中印人民友好关系史》，北京：北京大学出版社，1993年版，第232页。

知姓名），1933年在国际大学学习印度哲学的杨国宾（1934年就读于贝拿勒斯，1935年回国）、魏风江（由谭云山推荐，于1933年底至1939年1月在国际大学学习印度历史和文学）等。

30年代建立的中印学会是中国南亚学兴起过程中的一件大事。1924年，泰戈尔访问北京时，何雯曾提出组织中印学会的建议，泰戈尔表示赞同。1931年，谭云山与泰戈尔再度商量此事，泰翁积极支持，并写信给蔡元培。9月谭云山回国。1933年，在蔡元培和戴季陶的大力支持下，中印学会的筹备会议召开，发起人有谭云山、周谷城、太虚、梁漱溟等43位，赞助人有于右任、蔡元培、林森、戴季陶等24位。6月，中印学会的发起书《中印学会：计划、总章、缘起》出版。1934年初，谭云山返印，5月，印度一方的中印学会正式成立，泰戈尔任主席，尼赫鲁后来任名誉主席，普拉沙德、拉达克里希南等名人曾任各地的负责人。11月，谭云山回国。次年5月，中国的中印学会正式成立，蔡元培为理事会主席，戴季陶为监事会主席。中国的中印学会建立初期主要做了三件事：一是向印度国际大学捐赠了一批中国古籍，二是呼吁教育界和学术界在大学里设立印度佛学和印度文明史讲座，三是帮助泰戈尔的国际大学收集资金建立中国学院。中国学院建立于1937年4月14日，谭云山先生被任命为院长。从此他一边做学院的工作，一边从事学术研究，共写有英文著作38种，中文著作10余种，为中印人民的文化交流做出卓越贡献。

抗日战争开始以后，中国去印度从事讲学和研究的学者主要有徐悲鸿（1939）、金克木（1941）、吴晓铃（1942）、徐梵澄（1942）、陈翰笙（1944）、常任侠（1945）、陈洪进（1945）等。他们中除徐悲鸿是画家外，其余人回国后都成为中国南亚学界的著名学者，写出了一批十分重要的学术著作，并产生世界影响。此外，我国当代著名的南亚学家季羡林于1935~1946年在德国哥廷根大学主攻梵文、巴利文和吐火罗文，并从事语言学研究。回国后任北京大学东方语言系主任。

1943年3~4月，中国文化访问团访问印度，双方议定，当年即互派10名研究生。自此以后的几年中，中国派往印度的留学生主要有杨瑞琳、巫白慧、巴宙、李开物、陈祚农、裴默农、法舫、周达甫、周祥光、杨允元等。他们后来也都成为中国南亚学的著名学者。

1942年，中国在云南呈贡建立了国立东方语文专科学校，设有印度语文科。这是中国大学里首次设置南亚语言专业。该校除教授印地语外，还设有印度历史、印度宗教、印度社会等课程。朱杰勤当时在该校讲授印度史。抗战胜利后，国立东方语专迁至南京。1946年，北京大学成立东方语言系，教学内容包括印度的语言和文学。1949年，东方语专合并于北大东语系。1946年，金克木在武汉大学开设印度哲学史课，1948年到北大又继续开此课，原武汉大学的课程由石峻接任。

从辛亥革命到1949年，中国学者发表了一大批有关南亚学的著作。其中，有关当时政治、思想、文学等方面的主要著作将在以后各章介绍。这里主要介绍哲学、佛学、史学、艺术等方面的主要论文和专著。

据林承节统计：1919年，梁漱溟的专著《印度哲学概论》出版。1921年，梁启超写出《印度佛教概观》，1925年出版《印度佛教史略》。1924年，汤用彤发表《印度哲学之起源》（《学衡》），翌年发表《释迦牟尼时代之外道》（《学衡》），1945年出版《印度哲学史略》。1930年，许地山发表《古代印度哲学与希腊哲学之比较》（《哲学评论》）。1936年，黄忏华的专著《印度哲学史纲》出版。1943年，印顺的《印度之佛教》出版。1944年麦浪的《甘地思想批判》出版。1948年，袁月楼的《甘地生平及其思想》出版。此外，30年代发表的有关印度的重要哲学论文还有：王与楫的《印度哲学概论》（《海潮音》）、张正藩的《印度哲学面面观》（《新亚细亚》）、姚宝贤的《印度哲学之体系》（《大夏》）、心月的《印度哲学上胜数论法义及其数量》（《海潮音》）等。40年代的主要论文有：大古的《印度——哲学的故乡》（《时代中国》）、子微的《印度思想与初期佛教思想概论》（《世光》）、金克木的《〈吠檀多精髓〉译述》（《学原》）、子中的《数论与胜论之宇宙观》（《读书通讯》）等。

1926年，刘炳荣的《印度史》、樊仲云的《圣雄甘地》出版。1929年，向达的《印度现代史》出版。此外陆续出版的尚有：袁学易的《印度独立运动史略》（1931）、徐茂庸的《印度革命史》（1933）、滕柱的《印度小史》（1933）、陈恭禄的《印度通史大纲》（1933）、张君劢的《印度民族解放运动与尼赫鲁》（1939）、蒋君章的《现代印度》（1942）、金仲华的《世界战争中的印度》（1942）、麦朝枢和黄中廑的《大时代中的印度》（1942）、黄觉民的《印度和缅甸》（1942）、许公武的《中印历代关系史略》（1942）、张君劢的《印度复国运动》（1943）、石啸冲的《印度民族解放运动史》（1943）、戴蕃豫的《佛教美术史印度篇初稿》（1943）、胡树藩的《现代印度论》（1944）、李志纯的《印度史纲要》（1947）、糜文开的《印度历史故事》（1948）等。至于有关印度史、中印关系史、中印文化关系史等方面的译著和论文，则多得不胜列举①。

根据以上情况，可以断言，中国南亚学在辛亥革命以后到1949年以前的这段时间里已经发育形成。

二、中国南亚学的现状

1. 壮大时期

20世纪50年代，由于共和国已经建立，百废俱兴，中国与南亚诸国的关系先后建立，文化往来频繁，学术交流增加，中国的南亚学也得到了空前的发展。

这一时期，40年代在海外学习和从事研究的学子大都已经回国，并在各个领域里发挥强有力的作用。中国科学院设立了哲学社会科学部，其中有从事南亚历史文化研究的机构。北京大学东方语言系除了已开设的印地语专业外，又增加了乌尔都语专业（1954年招收了第一批学生）和梵文巴利文专业（1960年招收了第一批学生）。讲授的课程除语言外，尚有印度的历史、文学、社会等。由于外交和文化交流的需要，我国还选送了不少留学生到印度、苏联、锡兰等国学习南亚的语言，如孟加拉语、泰米尔语、僧伽罗语、印地语、乌尔都语等。

60年代，在大学中设立的语言文学专业越来越多。1959年北京广播学院成立，1960年开设泰米尔语专业，1962年开设乌尔都语专业，1963年开设了孟加拉和尼泊尔语专业，1965年开设了印地语、僧伽罗语和阿萨姆语专业。同一时期，北京外语学院开设了僧伽罗语专业。这样，三所大学共开设了8个南亚语言文学专业，陆续培养出一批从事南亚学研究的人才。

50~60年代中国南亚学界十分活跃，一些著名学者，如吕澂、陈翰笙、汤用彤、郑振铎、向达、朱杰勤、季羡林、金克木、吴晓铃、常任侠、贺昌群、石素真等，都发表了不少重要著作，所涉及的学科有哲学、宗教、历史、地理、语言、文学、艺术、政治、经济等。

---

① 参见林承节：《中印人民友好关系史》第二十四章：《中国学者对印度历史文化的研究成果》，北京：北京大学出版社，1993年版。

2. 辉煌时期

20世纪70年代末至80年代末是中国南亚学的辉煌时期。

70年代末期,中国南亚学界的最重要事件是1978年经国务院批准、由中国社会科学院和北京大学合办的南亚东南亚研究所的成立。该所简称南亚所,由著名学者季羡林任所长、黄心川任副所长,下设南亚政治经济、南亚历史文化、南亚语言文学等研究室。1979年中国南亚学会的成立,将全国从事南亚学研究的学者联合起来。同时南亚学会办起了三种刊物:《南亚研究》、《南亚译丛》和《南亚东南亚资料》,建立起中国南亚学研究成果的主要发表园地;为及时交流信息,还办起了不定期的内部小报《南亚通讯》。与南亚所的成立相配合,1978年,中国社会科学院研究生院设立了南亚系,与北京大学一起为南亚所招收研究生。同时,与南亚学会成立相呼应,四川大学成立了南亚研究所,后又办起杂志《南亚研究季刊》;辽宁大学历史系和华中师范大学历史系都相继成立了印度史研究室;云南省社会科学院成立了南亚东南亚研究室。这些机构大多都培养过一批研究生。

中国南亚学会由季羡林先生任会长,下设副会长和理事若干名,每年都举行学术交流活动。1982年,南亚学会下又成立了印度文学研究会,季羡林先生兼会长。该研究会于1982、1984、1986、1989和1992年分别在济南、杭州、广州、重庆和深圳举办了5次研讨会。

这一时期,中国南亚学界宿将新军人才济济,成果累累。中国南亚学界一片繁荣景象,无论从人才上、成果上看,还是从学科设置上看,都是历史上从未有过的。

三、南亚的中国学

南亚的中国学不如中国的南亚学发达,但也颇值得一提。

南亚诸国中,印度的中国学研究人数最多,成绩也最大。大诗人泰戈尔对中国友好,也很了解中国的文化,他有许多文章都谈到中国的问题,他在讲演中也时常引用唐代大诗人李白、杜甫、白居易的诗句,当他谈起中国文化时,往往有很深刻的见解。1924年他访华以后,一直为加强中印文化交流而努力。1934年,由于他和谭云山先生的共同努力,加上印度国大党领袖们的热情支持,印度的中印学会终于成立;1937年,国际大学成立中国学院。这都对中印文化交流和印度中国学的发展起到重要的推动作用。

印度的中国学学者中，最突出的是师觉月。1920年他于加尔各答大学获硕士学位，然后为法国著名东方学学者S.列维当助手，并随列维到尼泊尔研究佛教。1923年到法国，并在那里学习中文，后在那里获得博士学位。1945~1956年在国际大学任教并从事研究，1956年去世时为国际大学的副校长。他曾两度来华，1947年是来华讲学，1952年是作为印度文化代表团成员访华。他的中国学研究成果汇集在《中国—印度丛书》（共四部）中。他的《印度与中国：千年文化关系》最著名，分为8章：分别论述中印的古代交通、佛教往来、佛教在中国、佛教文学在中国、印度艺术和科学在中国、两大文明的比较等问题。在比较中印两大文明时，他谈论了五个问题：①中国的天和印度的伐楼那；②中国的天子和印度的国王；③中国的祖先崇拜和印度的祭祖；④孔子的社会与政治思想；⑤道教与印度思想。

除了中国学院以外，"30年代研究中国的另一个重要机构是设在新德里的印度国际文化研究院。它是由著名学者拉古维拉创立的。从1937年开始研究中国文化和印中关系史，并与中国进行学术交流。1938年，拉古维拉写成了《〈罗摩衍那〉在中国》一书。此后，又致力于探索中国文学艺术，撰写了有关中国诗歌和绘画的专著。他的儿子罗凯什·钱德拉受父亲影响，在读书时候便开始学习中国文化和印中文化交流史。经过多年的刻苦钻研，取得丰硕成果，成为在中国研究方面一位蜚声全印的著名学者。"①

30年代后期，浦那的费尔古森学院成立了一个研究中国学的中心。巴帕特（Bapat）、戈克雷（Gokhale）开始从事梵文、巴利文和汉文、藏文佛教典籍的比较研究。戈克雷先在国际大学学习，后到德国留学，在海德堡大学学习了汉文和藏文。巴帕特是在美国学的中文，也是从事佛教研究。金克木留学印度期间曾会见过师觉月、戈克雷和巴帕特三位教授，还曾帮助过戈克雷校勘《集论》②。

1943年，中印两国政府决定互派留学生，首批来华的印度留学生9人，于11月底到达中国。他们在中国主要学习中国的历史文化。1947年，印度临时政府派遣10名留学生来华，其中7名硕士生，3名大学助教，来华学习中国的语言、艺术、史地、哲学。1948年印度独立后又派遣了一批留学生。这些人中，有的后来成为中国学专家。20世纪50年代和80年代，印度来华的留学生更多。

---

① 林承节：《中印人民友好关系史》，北京：北京大学出版社，1993年版，第421页。
② 金克木：《天竺旧事》，北京：生活·读书·新知三联书店，1986年版，第60~67页。

目前，印度至少有四所大学开设有汉语课程，即德里大学、尼赫鲁大学、国际大学和贝拿勒斯印度教大学。同时，还有一些印度学生到中国香港学习中文。

南亚其他国家，如巴基斯坦、斯里兰卡、尼泊尔和孟加拉国，也曾派遣留学生到中国来学习汉语、中国文学、中国历史、中国宗教哲学等。巴基斯坦伊斯兰堡国家现代语言学院中文系，20世纪70年代设立，80年代学生最多时有近百人。伊斯兰堡真纳大学亚洲研究所有人专门从事亚洲史研究，特别注重于丝绸之路与中巴文化交流的研究。白沙瓦大学的亚洲研究所也有人从事汉语教学和中国学研究。斯里兰卡的卡拉尼亚大学语言系设有汉语专业，70年代中国教师轮流前去授课。班达拉奈克国际研究中心也开办汉语班。60年代，一位斯里兰卡女学生珊蒂（其父当时为驻华大使古纳瓦德纳）到北京大学学习汉语和中国文学，现已成为斯里兰卡著名的汉学家。

70年代以后，随着中国的改革开放，南亚研究中国问题的人已越来越多，研究的领域也在不断拓宽。

第六章
中国与南亚的宗教哲学交流

　　中国与南亚的宗教哲学交流有二千年的历史。其中，佛教的交流占有最显著的地位，人们一提起中国与南亚的文化交流首先要想到佛教。印度佛教传入中国后，中国人对佛教逐步认识、了解，最后接受并加以改造和发展，使之成为中国文化的一个有机组成部分。这是中国与南亚宗教哲学交流的最大成果。所以本章的重点是中国与南亚的佛教交流，特别是南亚佛教哲学思想体系在中国的影响。

第一节　佛教的传入及其影响

　　印度佛教传入中国以后，中国人一些原有的思想观念、思维方式和行为准则都或多或少地受到了来自印度佛教哲学的影响；中国社会发展各个阶段所出现的各种理论体系、各个思想流派，都与佛教哲学有或深或浅、这样或那样的关系。佛教在中国思想界的地位和作用始终是不可忽视的。可以说，佛教的一些思想观念已经深入人心，已经融化在人们的头脑中。

一、中国佛教的形成与发展

1. 两汉之交的佛教初传

　　关于佛教传入中国的时间，历来有若干不同的说法。有的说在秦始皇时，有的说在汉武帝时，有的说在西汉哀帝时，有的说在东汉明帝时。但学界多倾向于后两说，而以前两说为不可靠。据《三国志·魏书·东夷传》裴松之注引《魏略·西戎传》，西汉哀帝元寿元年（公元前2年）即有"博士弟子景卢受大月氏王使伊存口授《浮图经》。又据《后汉书》卷八八："世传明帝梦见金人，长大，顶有光明，以问群臣。或曰：'西方有神，名曰佛，其形长丈六尺而黄金色。'帝于是遣使天竺问佛道法，遂于中国图画形像焉。楚王英始信其术，中国因此颇有奉其道者。"卷四二载，楚王英"少时好游侠，交通宾客，晚节更喜黄老，学为浮屠斋戒祭祀"。由这些记载可知，说佛教在西汉末年和东汉初年传入中国是比较可靠的。

据《高僧传》卷一《摄摩腾传》和《竺法兰传》，明帝派人去西域寻访佛法，带回了中天竺人摄摩腾和竺法兰。此说如果可靠，则这是印度僧人来华传教的最早记载。汉明帝于洛阳"城西门外立精舍以处之"，从此中国有了第一座寺院——白马寺。摄摩腾和竺法兰来华后即翻译佛经，译有《四十二章经》《十地断结》《佛本生》《法海藏》《佛本行》等五部。这是佛经译为汉文之始。

据《后汉书》卷三〇，汉桓帝时，"宫中立黄老、浮屠之祠"。又据《高僧传》卷一，安息人安世高、大月氏人支娄迦谶等在东汉时来华译经。

总之，东汉时期是佛教在中国的初传时期。这一时期的主要特点有三：①中国人已经开始对佛教有所认识，但认识并不全面深刻，以为佛教如同黄老，是一种"道"或者"术"；②最初的信奉者可能大多是上层统治阶级人士，如明帝、桓帝、楚王英及博士弟子等；③从早期所传译的佛经看，当时是印度的大小乘佛教同时传入中国的。

2. 魏晋时期的扎根立足

魏晋南北朝时期是佛教在中国扎根立足的时期。佛教在这一时期得到了较广泛的传播，其主要标志有：

第一，佛教寺院数量增加，僧尼队伍壮大。

据《洛阳伽蓝记·序》，晋时，仅洛阳一地的佛寺已有42所。又据《释氏稽古略》卷一，西晋时长安和洛阳两地的寺院已多达180所，僧尼的数量则达3 700人。这说明，这一时期的佛教已经具有相当的规模，在大城市的传播相当迅速。

第二，西域来华僧人的数量增加，有大批佛典译为汉文。

这一时期来华的西域僧人中有不少来自南亚，他们的主要活动是译经传教。鸠摩罗什算半个印度人，周游过印度，既有客观条件又有很高的天分，成为当时卓越的译经大师，仅他所译经数即达数十部数百卷，数量和质量都是空前的。

第三，汉僧开始赴西域求法。

据《出三藏记》卷七《放光经记》："惟昔大魏颖川朱士行，以甘露五年出家学道为沙门，出塞西至于阗国，写得正品梵书胡本九十章六十余万言，以太康三年，遣弟子弗如檀，晋字法饶送经胡本至洛阳。"朱士行是第一个赴西域取经的汉僧。又据《高僧传》卷一《竺法护传》："竺昙摩罗刹，此云法护，其先月支人，本姓支氏，世居敦煌郡。年八岁出家，事外国沙门竺高座为师……随师至西域，游历诸国……大赍梵经，还归中夏。"竺法护世居敦煌，应算是华僧。至于东晋时的法显，更是大名鼎鼎，无须再说。

第四，中国僧人出家有了正式的戒律，佛教在中国由初期的分散随意开始走向规范化和制度化。这便为僧团的建立奠定了基础。

据《高僧传》卷一《昙柯迦罗传》，中天竺人昙柯迦罗"以魏嘉平中，来至洛阳。于时魏境虽有佛法，而道风讹替，亦有众僧未禀归戒，正以剪落殊俗耳。设复斋忏，事法祠祀。迦罗既至，大行佛法。时有诸僧共请迦罗译出戒律，迦罗以律部曲制，文言繁广，佛教未昌，必不承用。乃译出《僧祇戒心》，止备朝夕。更请梵僧立羯磨法受戒。中夏戒律，始自于此"。昙柯迦罗的贡献在于他使中国开始有了正式的佛教戒律，僧人出家再不像从前那样只是剪落头发以区别于俗人，而是有了可遵循的规则。此后，三国两晋时期还译出了不少戒律，特别是法显巡礼南亚以后，中国的戒律更加完备。

总之，这一时期佛教在中国已站稳脚跟，人们对佛教再不像以前那样陌生，佛教作为一股文化势力开始有力地冲击着中国的传统文化。

3. 南北朝时期的发展

南北朝时期的中国处于分裂状态，佛教在这一状态下得到了曲折而显著的发展。其发展标志主要有下列数项：

第一，寺庙和僧尼数量激增。

由于佛教此时已经具有相当势力，对中国社会的政治经济产生了影响，所以社会上反佛和崇佛成为一对尖锐的矛盾，封建统治者对佛教态度也各有不同。以北魏为例，太平真君七年（446）太武帝拓跋焘毁佛，经像被焚毁，沙门被坑杀；七年后文成帝即位，佛法又兴。废后再兴，反而更烈。据《魏书·释老志》和《洛阳伽蓝记》统计，北魏太和元年（477），平城京内有寺约百所，僧尼2 000余人；四方有寺6 478所，僧尼77 258人。延昌（512~515年）中，天下有寺13 727所，徒侣益众。神龟元年（518），洛阳城内寺庙已达500所。魏末（534），洛阳有寺1 367所；天下有寺3万余所，僧尼

200万人①。

第二，译经数量增加。

这一时期南亚来华的僧人与以前一样，来华主要从事译经和传教的工作。由于中外僧人的通力合作，这一时期共"译出佛典近700部，1 450卷。这些佛典和东晋时偏于大乘般若学典籍不同，而是广泛地涉及印度佛教各个流派，特别是当时正在印度兴起的大乘瑜伽行派的著作"②。

第三，中国僧人的佛学撰述增加。

至南北朝时期，中国佛教已发展到成熟阶段。佛教界出现了一批著名的经师、律师和论师，表现出"闻道有先后，术业有专攻"的局面。人们对佛教精义的理解加深，并结合中国国情提出了自己的见解。根据汤用彤先生的归纳，当时中国僧人的著述分"注疏"、"论著"、"译著撰集"、"史地编著"、"目录"和"伪书"六大类③。

第四，不同流派的形成和论争。

两晋十六国时期，中国佛学界已经出现了若干个不同的学派（如般若学的"六宗七家"）。南北朝时期，各种学派更是纷纷出现，"各立门户，独尊一经一论，彼此争鸣"④，成为这一时期中国佛教的最鲜明特征。除了佛教内部不同学派的争论外，佛教还同道家、儒家进行争论。这说明中国佛教在理论上已经羽翼丰满，在中国的思想界已形成一股足以与儒家和道家一争高下的强劲势力。

4. 隋唐时期的繁荣

中国经历了300多年的分裂之后，终于在581年重新获得统一。中国的佛教也开始走上一个全面繁荣的新阶段。其繁荣的标志主要表现为：

第一，各大宗派纷纷确立。

中国佛教史上的三论宗、天台宗、法相宗、华严宗、律宗、禅宗、净土宗、真言宗、三阶教等都在隋唐时代盛极一时。这些宗派中，大多数是与印度佛教一脉相承发展起来的，是中国与南亚文化交流的产物；即使历来被认为是中国土生土长的教派（如禅宗），也离不开印度佛教的影响和启迪，所以仍是中国与南亚文化交流的结果。

---

① 汤用彤：《汉魏两晋南北朝佛教史》，北京：中华书局，1983年版，第370页。

② 方立天：《中国佛教与传统文化》，上海：上海人民出版社，1988年版，第57页。

③ 同①，第395~430页。

④ 同②，第55页。

第二，求法和译经运动的高涨。

尽管佛教在中国已经确立了自己的地位，但由于有许多问题在长期的争论中仍然悬而未决，这就促使中国僧人要去佛教的发源地追根溯源。唐代初期的玄奘、义净等是西行求法的代表。他们的行为和著述加强了中国与南亚的文化交流，同时对中国佛教的发展产生了深远的影响。他们还翻译了一大批佛经，丰富了中国的佛教典籍。这一时期南亚来华的僧人也为数甚多，在佛经的翻译方面做出了很大贡献。唐代共译出佛经372部，2 159卷，数量和质量都较前人胜过一筹。

第三，中国成为世界佛学中心。

唐代政治的开明和经济的繁荣促进了佛教事业的发展。与此同时，印度方面的佛教却在急剧衰落。这样，中国就理所当然地上升为世界佛学的中心。一方面，日本、新罗等地的僧人到中国来学习佛法，请中国高僧去传播佛教；另一方面，印度等西域国家的僧人也到中国来寻求出路。一时间，长安、洛阳一带各国僧人云集，成为佛教文化交流的枢纽。

5. 宋以后的衰落和延续

唐朝末年的"会昌法难"使中国佛教从顶峰上跌落下来。北宋前期，佛教得到皇帝的支持，求法运动也还轰轰烈烈，也有南亚的僧人来华传教，翻译过许多佛教典籍。但后期即一度受到打击。南宋时统治者对佛教采取利用和限制政策，佛教没有大的起色；北方的辽金统治者倒是保护和支持佛教，使之有所发展。

元代，统治者重视藏传佛教，中原的佛教也得以发展和延续。明清时代的佛教受到统治者的限制，发展平缓。

6. 藏传佛教

中国西藏与南亚毗邻，文化交流自古有之，宗教交流就是其中重要的一项。

藏传佛教是佛教由南亚向西藏传播并与当地居民的原有信仰相结合而形成的一支佛教流派。所以说，它也是中国与南亚文化交流的产物。

7世纪，松赞干布统一了青藏高原的大部分地区，建立了以拉萨为中心的吐蕃王朝。他先后娶尼泊尔的尺尊公主和唐朝的文成公主为妻，分别为她们建造了寺庙，供奉佛像。于是，佛教最初便由尼泊尔和中国内地两个方向传入吐蕃。但这仅仅是吐蕃人了解佛教的开始，而长期以来在信仰上占统治地位的是当地的本教。松赞干布于650年去世，此后，佛教多次受到本教的排斥和打击。

755年，赤松德赞幼年即位，佛教仍然受到排挤。当他长大以后，才开始着手扶持佛教。他先派人到尼泊尔请来正在那里讲学的印度佛学大师寂护，后又派人请来印度密宗大师莲花生，并开始筹建寺院。不久，由莲花生勘察、寂护设计的桑耶寺建成，赤松德赞又派人到印度请来12位根本说一切有部僧人，协助寂护正式为西藏人出家受戒。为培养翻译人才，赤松德赞又派两批共7人赴印度留学，并先后从印度请来无垢友、法称等人在藏区培养人才。其时，吐蕃人出家的约300人，一批佛经也被译为藏文。为解决佛教与本教日益尖锐的矛盾，赤松德赞特地举行了一次辩论会，结果是以寂护、莲花生和无垢友等人为首的佛教一方获得胜利。于是赤松德赞宣布废除本教，吐蕃上下一律信奉佛教。佛教的显学和密学同时得到发展，对吐蕃的人民生活产生了很大影响。但是，本教势力并未就此消灭，而是时时在伺机反扑。838年，本教贵族将赞普赤祖德赞杀死，开始大举灭佛。由此藏区佛教一蹶不振，一直持续到10世纪末期。从松赞干布时起，到838年止，史称藏传佛教的"前弘期"。

从10世纪末期到15世纪末期被认为是藏传佛教的"后弘期"。在这一时期，藏传佛教的一些主要派别都已经形成，"喇嘛教已形成了其最终面貌，一成不变地确立了其教理结构及其仪轨。所有教宗和派别都参与过这一持续了数世纪的发展，它们在这段时间内也形成了各自的特点。"[1]"后弘期"中所形成的主要派别有宁玛派、噶丹派、萨迦派、噶举派和格鲁派。对于各派的特点和传承，这里不作介绍，只强调一下与南亚有关系的主要人物和事件[2]。

10世纪后半，一位名叫巴德玛茹箕的尼泊尔人住在西藏，他兼通梵文和藏文，是名译师。他还请了两位印度精通五明的大学者念智称和查拉仍瓦到西藏来。后两者到达阿里地区后，译师突然病故，念智称则因不懂藏语而流落后藏为人牧羊。后来，念智称渐渐学会藏语，开始传教，曾在西康等地长期为人讲授《俱舍论》、《四座》等显密经论，并翻译过一些佛经。他后来精通藏文，写了一部著名的藏文文法书《语言门论》。

仁钦桑波（958~1055）是藏传佛教复兴初期最重要的人物之一。他出生于古格的宁旺热特那地方，13岁出家，随后即被派往克什米尔留学，同去者还有另外20人。由于水土不服，21人中只有他和玛雷必喜饶二人返回阿里，其

---

① 图齐等：《西藏和蒙古的宗教》，天津：天津古籍出版社，1989年版，第49页。
② 参见王森：《西藏佛教发展史略》有关章节，北京：中国社会科学出版社，1987年版。下同。

余的人都死在克什米尔。他后来又去克什米尔留学过两次，还去过印度的摩揭陀国。据说他曾先后师从过75位大学者。他回国时曾延请很多印度僧人去阿里地区，合作翻译经书。他曾翻译过50部显教经论，108部密教典籍。他的译经工作成就很大，深受后人推崇，被誉为大译师。他的同学玛雷必喜饶也翻译过许多经书，主要是因明学著作，被誉为小译师。仁钦桑波不仅译经传法，还在阿里地区兴建了许多寺庙，对后世影响深远。"藏僧认为，从他开始，才把密教提高到所谓和佛家理论相结合的'高度'，因此藏人称他和他以后的其他译师译的密籍为'新密咒'，把念智称和他以前，包括吐蕃时代所译的密籍为'旧密咒'。"[1]

向那囊多吉旺曲（976~1060）也被认为是藏传佛教复兴初期的重要人物。他于18岁出家，从师于梅鲁粗墀喜饶，是其四名主要弟子（"四柱"）之一。他曾到印度留学和讲学，曾为印度僧人讲解律书。

阿底峡（982~1054）本是东印度人（今孟加拉国），后到摩揭陀国超岩寺任上座法师。1042年，他应邀来到阿里，在那里住了3年，写出了著名的《菩提道灯论》及其他著作，并在那里为僧人讲解显教经论，传授密法，被时人誉为"业果喇嘛"。在此期间，仁钦桑波也曾从他学习。1045年，阿底峡动身返印，但因尼泊尔发生战乱，滞留途中，此时他遇见种敦（1005~1064年），被种敦聘请往卫藏地区传教。他在卫藏住了9年，到过不少地方，有许多弟子从他学习。阿底峡以其广博的学识在西藏具有很大影响，他的紧密追随者种敦便是噶丹派的创始人，他所传授的佛法成为该派根本理论。至今，他作为中国和孟加拉国友好交往和文化交流的象征受到两国人民的纪念。

11世纪初期，后藏的两名青年僧人卓弥释迦耶歇（994~1078）和达罗熏奴尊追曾到尼泊尔学习梵文，然后到印度摩揭陀国超岩寺学习。达罗熏奴偏重于巡礼圣迹，周游了许多地方，学术上成就不大。卓弥则在超岩寺苦学8年，学得了戒律、般若和密法；之后又去东印度留学4年，从师于般若因陀罗茹箕，专学密法。返藏后又从印度来藏论师学习5年，学得有关道果教授的一切教法，并译出《喜金刚》、《金刚幕》、《三补札》等密典。

翱罗丹喜饶（1059~1109）为卫藏地区人，其先为吐蕃时期的贵族，其叔父翱雷必喜饶曾师从阿底峡和种敦，是噶丹派的重要人物。翱罗丹喜饶自幼从

① 王森：《西藏佛教发展史略》，北京：中国社会科学出版社，1987年版，第30页。

叔父学经，1067年去阿里参加"丙辰法会"，并自阿里到克什米尔留学。他在克什米尔学习了17年，35岁时回藏，其后又曾去尼泊尔学过密法。他翻译和订正旧译甚多，是有名的大译师。他还在拉萨、桑耶等地讲经，聚集在他周围学经的僧人多达2.3万人。

在1067年的"丙辰法会"之后，有很多年轻的藏族僧人到克什米尔和印度留学，他们中出现了很多译师。在10~13世纪的一段时间里，出现的译师多达一百六七十人。这一时期从克什米尔和东印度来藏协助翻译的印度僧人也有七八十人之多。

噶举派注重密法的修行，有两个传承，即香巴噶举和塔波噶举。而两派在印度的传承是同源的。香巴噶举创始于琼波南交，他生于1086年，10岁时开始学习梵文和藏文，13岁学本教教法，后改学宁玛派教法，都不满意，便到尼泊尔从世慧学习梵文和密法。后来，他又到印度，从弥勒巴、尼古玛等多人学习密法。回藏后受比丘戒。他在前后藏都建过寺，收过许多弟子。塔波噶举创始于塔波拉结，而源于玛尔巴（1012~1097）。玛尔巴15岁入寺学习梵文，曾四次去尼泊尔，三次去印度学法。他在印度的老师主要有那饶巴、弥勒巴和智藏等人。他一生未出家，却收了不少门徒。弟子中米拉热巴最为著名。米拉热巴又收门徒，有两个著名弟子，即塔波拉结和热穹。热穹（1083~1161）自幼聪明，十一二岁时开始从米拉热巴学习，15岁时因病独居，被三个印度人带到印度学咒，又到尼泊尔学习密法。回藏后再从师于米拉热巴。不久，米拉热巴再次派他到印度学习密法，学成归来，广收门徒。

塔波噶举派后来又分成四派：噶玛噶举、蔡巴噶举、拔戎噶举和帕竹噶举。帕竹噶举中又分出八个支派，其中有一支叫作主巴噶举。主巴噶举又有中主巴、上主巴、下主巴和南主巴之分。上主巴的创始人是郭仓巴滚波多吉（1189~1258）。他曾到过克什米尔和印度的贾兰达尔等地，广为游历。其弟子邬坚巴仁钦贝（1230~1309）受他派遣曾去印度乌仗那学习。邬坚巴先是到达贾兰达尔，后去邬仗那从师于一女瑜伽行者学法，又经克什米尔返藏。1261年，他曾带领多名弟子到印度佛陀伽耶礼拜金刚座。南主巴的主寺在不丹，因此不丹是这一支系的中心。后来，这一支系的领袖掌握了不丹的政教大权。帕竹噶举的八个支派中还有一个绰浦噶举。这一派的派名来自其第二代传人绰浦译师（粗摩喜饶，1173~1225）。绰浦译师10岁出家，19岁学梵文并受比丘戒。1196年去尼泊尔从佛陀师利学显密经论。后来他回藏时请了尼泊尔大学者弥陀罗交基到绰浦寺传法18个月，继而又请佛陀师利入藏传法。1204年，印度那烂陀寺末任座主释迦师利跋陀罗（1127~1225）应绰浦译师之请进藏。他和弟子僧伽师利等在西藏讲授五明，历时10年，影响甚大。绰浦译师一直为他做翻译。后来成为萨迦派第四祖的萨班·贡噶坚赞（1182~1251）当时在他们门下学习，因成绩优异而获得"班智达"（即精通五明的大学者）称号，后又遍习显密教法，声誉渐隆。时有印度外道六人闻名前来辩论，历时13天被萨班挫败，六人认输，落发为僧。

藏传佛教中还有一些较小的派别，希解派是其中之一。该派渊源于印度人丹巴桑结（？ ~1117）。他是南印度人，出家后到北印度的一些著名佛教寺院学习，曾先后从师于一些著名的佛教大师，如金洲法称（阿底峡的老师）、迈特里巴（玛尔巴的老师）等。他曾先后来藏五次，在前后藏传授显教和密教修法，弟子不计其数。1097年，他曾在后藏定日附近建立过一座寺庙。相传他晚年还曾到过五台山。

还有一个较小的派别叫觉囊派。该派的理论是与印度教湿婆派一脉相承的，因此其他派别往往不认为它是佛教。多罗那他（1575~1634）是该派一位著名人物。他幼年在觉囊寺学经，后来游历卫藏，从多人学显密教法。1608年，他写出了世界著名的《印度佛教史》一书，书中讲述的是印度佛教的晚期历史。当时有许多印度人进藏，都受到多罗那他的接待和供养，《印度佛教史》就是根据这些印度人的口述写成的。

总之，在印度佛教向中国西藏传播以后，西藏和南亚的文化交流十分频繁。在交流的内容方面，既有宗教义理和教法的交流，也有科学文化的交流。南亚的医药学、天文学、因明学、音韵学、文学、艺术、语言、文字等，都对西藏人民产生了明显影响；同时，西藏到南亚各地的僧人也在那里传播过自己的文化知识。

二、印度佛教与中国哲学

印度佛教传入中国以后，中国佛教哲学形成一支单独的思想流派，同时，这一思想流派在中国哲学思想发展史的各个阶段上都产生过一些影响。这里不可能说得很详细很全面，所以我们在这里不是按照历史的顺序，评说佛教思想在从魏晋玄学到宋明理学，乃至近代哲学中的地位和作用，而是只能提出几个重大问题作简要讨论。

1. 宇宙观

（1）宇宙的成坏

先谈宇宙的生成问题。

香港饶宗颐曾作《安荼论与吴晋间之宇宙观》一文①。文中论述了自东汉至三国（吴）、晋初间中国人的宇宙观受印度佛教思想影响的情况。他认为，中国古代的天文学说有三家：盖天说、浑天说和宣夜说。浑天说兴起较晚，"东汉以后，浑天家言，大致谓天地之初，状如鸡卵，水环其外。考此说，扬雄《难盖天八事》及王充《论衡·谈天篇》俱不载，知东汉初年，尚无是说。至张衡《浑天仪》始畅言之，时佛教已入中国，经典传译甚多。'天如鸡子'之论，三国晋初学者每乐道之，成为一时风尚，尤以吴人为众"。他指出，安荼（梵文anda，卵）论首先与印度婆罗门有关，初期来华僧人多属婆罗门种姓。而印度上古的《梨俱吠陀》、《百道梵书》、《歌者奥义书》中早有此说。汉译佛经中也传达了这一信息。

饶宗颐还论述了与安荼论相关的"天地开辟说"。他首先引出《五运历年记》和《遁甲开山图》中有关天地开辟的传说，又引《广林奥义书》中的相似记载作为论据，指出："汉籍不言神马而称造物主为巨灵，或名之曰'盘古'……此种观念，在印度应推原至《梨俱吠陀》之巨人。此神具有千手千眼千足，塞乎天地，为一切主。此与中国所谓'遍得坤元之巨灵胡，能造山川出江河'之神话，正复相同。是说晚出，东汉以来始有之。张衡《西京赋》用'巨灵'字眼入赋，恐与浑天仪之言鸡子，并渗入外来思想也。"接着，他引徐整《三五历记》和任昉《述异记》等有关天地开辟的传说，又引出《摩登伽经·明往缘品》中的一段话，说："是品之论《围陀》经典，无有实义，所谓自在天，即Siva。在印度，其说较晚，然在中国，此段文字之翻译，约于二二四年以后（因译者竺律炎于二二四年至武昌，支谦则于二二〇年至吴）影响于吴晋人士者深。《三五历记》、《述异记》、《五运历年记》诸说后出，自当与此有关。"

除了宇宙生成的理论外，印度还传来了宇宙毁灭的理论。这就是"劫波说"。劫波，梵文为kalpa，简称劫，又译为大时、长时等。汉魏以来所译佛经中往往有关于劫、劫火、劫烧、劫灾等议论。古印度人认为，宇宙的一成一坏

---

① 饶宗颐：《饶宗颐史学论著选》，上海：上海古籍出版社，1993年版。

谓之一劫，劫尽之时便是宇宙末日，便有大火、大水等灭顶之灾。宇宙在劫尽之后便归于空寂。然后经过无数年再重新生成。宇宙就是这样成成坏坏，循环往复。这种宇宙不断毁坏说，即劫波说，在魏晋以来对中国人的宇宙观很有影响。晋人干宝《搜神记》卷一三云：

> 汉武帝凿昆明池，极深，悉是灰墨，无复土。举朝不解，以问东方朔。朔曰："臣愚，不足以知之。"曰："试问西域人。"帝以朔不知，难以移问。至后汉明帝时，西域道人入，来洛阳。时有忆方朔言者，乃试以武帝时灰墨问之。道人云："经云：'天地大劫将尽则劫烧。'此劫烧之余也。"乃知朔言有旨。

同一个故事又见于南朝刘义庆的《幽明录》和曹毗的《志怪》。

《列子·天瑞篇》说，"杞国有人忧天地崩坠，身亡所寄，废寝食者"。又说："长庐子闻而笑之曰：'……夫天地，空中之一细物，有中之最巨者。难终难穷，此固然矣；难测难识，此固然矣。忧其坏者，诚为大远；言其不坏者，亦为未是。天地不得不坏，则会归于坏。遇其坏时，奚为不忧哉？'"从这段记载来看，中国在很早的时候似乎就有人对宇宙的成坏问题进行严肃的思考和论辩。而那时佛教还没有传入中国。但问题是，《列子》是一部公认的伪书，其成书年代较晚，其中有不少受佛经影响的内容，这是许多学者都指出过的[1]。所以，也不能排除这段记载受佛典影响的可能性。

自劫波说传入中国以后，道家的宇宙论也明显受到了影响。道家也以宇宙的一成一坏为一劫，称厄运为"劫数"。《上清经》中就有"生生自在，劫劫长存"之类的话。再如《太上老君说了心经》："老君曰：吾观众生，不了其心；徒劳浩劫，虚劳其神。于心无了，永劫沉沦；依吾圣教，逍遥抱真。"《云笈七签》卷二《劫运》引《上清三天正法经》曰："天地气反谓之小劫。小劫交则万帝移位，九气改度，日月缩运，陆地通于九泉，水母决于五河……天地改易谓之大劫。大劫交则天地翻覆，河海涌决，人沦山没，金玉化消……"又引《太上老君开天经》曰："……洪元一治，至于万劫。洪元既判，而有混元。混元一治，万劫至于百成。百成亦八十一万年而有太初。"如是等等，道藏中例子甚多。

---

① 参见季羡林：《列子与佛典》，《中印文化关系史论文集》，北京：生活·读书·新知三联书店，1982年版。

（2）宇宙模式

关于宇宙的模式，佛经中亦有一整套的说法。而这些说法也对中国人的宇宙观发生了影响。

首先，佛教典籍（如《长阿含经》等）中有"大千世界"之说。认为日月所能遍照的世界是一"小世界"，一千个小世界为一"小千世界"，一千个小千世界为一"中千世界"，一千个中千世界为一"大千世界"。这"大千世界"实际上是指宇宙的无穷大。这种认识是有科学道理的。

其次，佛教还把世界分为三个部分（"三界"），即天上、人间和地狱。然后又把天界分为若干层，把地狱分为若干层，把人间所在的大地分为若干洲。

先说天界。关于天界，诸经说法不一。《经律异相》卷一对早期所译各经的说法加以总结，列出天界的三个大层次（即三界诸天）：欲界六天、色界二十三天和无色界四天。其中，欲界六天为：四天王天、忉利天、焰摩天、兜率天、化乐天、他化自在天。此外还有处于欲界和色界之间的魔天。色界二十三天为：梵身天、梵辅天、梵众天、大梵天、光天、少光天、无量光天、光音天、净天、少净天、无量净天、遍净天、严饰天、少严饰天、无量严饰天、严饰果实天、无想天、不烦天、无热天、善见天、大善见天、色究竟天和摩醯首罗天。无色界四天为：无量空入处、无量识入处、无所有入处和非想非非想入处。据《大智度论》卷九，天界分净居天、梵世天、他化自在天、化自乐天、兜率陀天、夜摩天、三十三天和四天王天。这是一个自上而下的顺序："最下天是四天王诸天。须弥山高八万四千由旬，上有三十三天城。须弥山边有山，名由犍陀罗，高四万二千由旬。此山有四头，头各有城，四天王各居一城。夜摩等诸天七宝地在虚空中，有风持之令住。乃至净居，亦复如是。"

佛教关于诸天的说法对道教的影响最为明显。道教典籍中有"三十二天"以及"三十六天"等说法，在很大程度上是受了佛教的启发，并借用了一些佛教现成的名称。如《云笈七签》卷二一引诸道经说："三十二天，上下重叠。""三十六天，上下相承。""四梵三界三十二天"是"四梵天"加上"欲界六天"、"色界一十八天"、"无色界四天"。"昆仑山，上接九气，以为璇玑之轮，在太空之中。""四天天王在玉清之上。"

晋人王嘉《拾遗记》卷一〇亦谈到昆仑山：

> 昆仑山有昆陵之地，其高出日月之上。山有九层，每层相去万

里。有云五色，从下望之，如城阙之象。四面有风，群仙常驾龙乘鹤，游戏其间。四面风者，言东南西北一时俱起也。又有祛尘之风，若衣服污者，风至吹之，衣则净如浣濯。甘露蒙蒙似雾，著草木则滴沥如珠……昆仑山者，西方曰须弥山，对七星之下，出碧海之中。上有九层，第六层有五色玉树……第三层有禾穗……第五层有神龟……第九层山形渐小狭，下有芝田蕙圃……最下层有流精霄阙……北有珍林别出，折枝相扣，音声和韵。九河分流。南有赤陂红波，千劫一竭，千劫水乃更生也。

不难看出，这段文字既与道教有关，又与佛教有关。把昆仑山说成是须弥山，是将两教的宇宙观结合为一。须弥山是佛教宇宙模式的核心，它处于世界的中央，连接着天和地。《拾遗记》对昆仑山的描绘正与佛典中的须弥山相似，也是一种宇宙模式的象征。所不同的是，它把昆仑山分为九层，暗示了中国古代的"九天"之说。

次说人间大地。佛经中把人类生活的大地分为"四大部洲"，即东胜身洲（东毗提诃洲）、西牛货洲（瞿陀尼洲）、北俱卢洲（郁单越洲）和南赡部洲（阎浮提洲）。四大部洲分布在四方的咸海之中，处于铁围山的四周，而铁围山又环绕着须弥山。古代印度人认为印度在南赡部洲，喜马拉雅山即在洲之中心，而人们又常常把须弥山和喜马拉雅山弄混，于是便有了昆仑山为阎浮提中心的说法。

昆仑山在中国古籍中出现很早。《尚书·禹贡》即有"织皮昆仑"的记载。此外《山海经》、《穆天子传》、《楚辞》、《庄子》、《竹书纪年》、《淮南子》、《史记》、《盐铁论》，等等，均提到昆仑。以为其地在极西，出美玉。当时并不认为昆仑山是大地的中心。佛教传入后，汉译佛经中也提到昆仑山，如《经律异相》卷三引《兴起行经》上卷："昆仑山者，则阎浮提地之中心也。"这显然是在佛经翻译之初借用了汉语中的现成词汇。《水经注·河水注》引《扶南传》曰："恒水之源，乃极西北昆仑山中……"又引《释氏西域记》曰："阿耨达大山，其上有大渊水，宫殿楼观甚大焉。山即昆仑山也。"玄奘《大唐西域记》卷一曰："瞻部洲之中地者，阿那婆答多池也（唐言无热恼，旧曰阿耨达池，讹）。在香山之南，大雪山之北。"明确了昆仑山即阿耨达山，而阿耨达山的位置在雪山以北、香山之南，即在喜马拉雅山中。在佛教的影响下，昆仑山成了大地乃至天地的中心。《太平御览》卷一引《河图括地象》曰："昆仑山为柱，气上通天。昆仑者，地之中也。下有八柱，柱广十万里，有三千六百轴，互相牵制。"《水经注·河水注》亦曰："昆仑之墟在西北，去嵩高五万里，地之中也。"唐段成式《酉阳杂俎》前集卷二曰："昆仑为天地之齐。"齐即脐，中心也。道教典籍《太上洞玄灵宝天关经》曰："天地相去四万八千里，东西南北相去万万九千里，日月各径三千里，周围各九千里。昆仑山为天地之齐，北辰玄君治其上。"

佛教"四大部洲"的说法也影响到道教。《云笈七签》卷二六收有相传为东方朔所撰《十洲记》，言中国以外有十大洲。而十洲中有数洲都与西域，尤其是与印度有关。例如，祖洲有"不死之草"。不死之草即"不死之药"。饶宗颐说："不死之药即甘露，汉人若《淮南子·览冥训》、张衡《灵宪》均称'羿请不死之药于西王母，姮娥窃以奔月。'不死药所以与月有关，说者皆谓缘于印度 soma 之神话。"[1] 再如，炎洲有兽大如鼠，其毛可织"火浣布"。有关火浣布的考证已见前文，兹不赘言。又如，长洲有"仙草、灵药、甘液、玉英"。甘液即甘露。又如，聚窟洲有狮子，有月氏国神香，有兽吼如霹雳。月氏国神香当是与古印度健陀罗国有关，公元 1 世纪月氏人统治北印度，包括健陀罗国，健陀罗又叫"香遍国"，产异香。兽吼如霹雳当系佛经中常说的"狮子吼"。《云笈七签》卷二二《天地部》引《外国放品隐元内文经》云，中国之外的四方为："东方弗于岱"、"南方阎浮利"、"西方俱耶尼"、"北方郁单"。其中，"东方弗于岱"即佛经中的东胜身洲，佛经中又译作"东于逮"、"东弗于逮"等；"南方阎浮利"应即是佛经中的南瞻部洲，即由异译"阎浮提"演变而来；"西方俱耶尼"应即是佛经中的西牛货洲，即由异译"瞿陀尼"或"瞿陀尼耶"演变而来；"北方郁单"即是佛经中的北俱卢洲，由其异译"郁单越"演变而来。

再说地界。地界乃地下的世界。在春秋战国时代，我们的祖先是相信人死后是有灵魂的。据《楚辞·招魂》，可知当时的人们认为人死后的灵魂是四方游荡的，死后的去处叫"幽都"。到后汉时，人们开始将泰山（太山）视为灵魂的归宿。《后汉书·乌桓鲜卑列传》中说，"中国人死者魂神归岱山也"。岱山即泰山。其注引《博物志》曰："泰山，天帝孙也，主招人魂。东方万物始，故知人生命。"佛教传入中国后，译经人为适应中国人的观念，直接把地狱译为泰山。如《经律异相》卷一〇引《度无极经》卷一："尔为无恶，缘获帝位，释怀

---

① 饶宗颐：《梵学集》，上海：上海古籍出版社，1993 年版，第 56 页。

重毒，恶熟罪成，生入太山，天人龙鬼，莫不称善。"于是，中国人便把泰山和印度人的地狱混在一起了。但地狱毕竟是一个新概念，与中国古代的幽都和泰山不同。印度佛教中的地狱分许多层，现今人们常说的"十八层地狱"，即是来自印度。印度的地狱又是一个地下的王国，有若干城池，若干宫殿，若干酷刑，若干奇形怪状的狱吏等。各经的说法有所不同，《经律异相》卷四九和卷五〇根据南朝梁以前所译佛经，如《长阿含经》《楼炭经》《大智度论》《净度三昧经》《问地狱经》等，罗列出"十八地狱""三十地狱""八大地狱""五大地狱""六十四地狱"等诸说，这在当时的民间影响很大。所以，在南北朝时的一些典籍中，关于地狱的描写日益增多，而且日益详细具体。以刘宋时期的《幽明录》为例，该书有若干条都是描写地狱情状的。如"舒礼"条写道："……礼观未遍，忽见一人，八手四眼，提金刚杵逐礼……礼见一物，牛头人身，持铁叉，叉礼投铁床上，身体焦烂，求死不得。""康阿得"条写道："复前行，见一城，其中有卧铁床上者，烧床正赤。凡见十狱，各有楚毒。狱名'赤沙''白沙'，如此七沙。有刀山剑树，抱赤铜柱。"而"赵泰"条则更为详细：赵泰年三十五死，停尸十日复苏，备说地狱之详。在地府，他先见一大城如锡铁崔嵬。复至泥犁地狱，见剑树。又至一大殿，见狮子座，佛坐其上，泰山府君礼佛。后复见一城，名为"受变形城"。

佛教中关于地狱的说法也影响到道教。道教《灵宝经》言有"十二大地狱"：风雷、火翳、金刚、溟冷、镬汤、铜柱、屠割、火车、火坑、粪秽及小铁围山之普掠地狱和大铁围山之无间地狱。《三十六部尊经·玉清经》言有"二十四地狱"，曰镬汤、铜柱、铁犁耕舌、刀山剑树、锉碓、毒蛇食心、熔铜灌口、炉炭、铁轮、运石为山、铁床、剑林、寒冰、猛火、铁杖乱拷、大石压身、铁锥刺身、铁丸、吞火食炭、磨碓捣、铁汁、拔舌、铁锁、锯解。不难看出，这些名称绝大多数来自佛典。

如上所述，从天界到地狱，是一个自上而下的立体结构，这便是佛教的宇宙模式。这一模式对中国人的宇宙观发生了影响，对道教的影响尤其突出。

此外，关于宇宙的本质，佛教也有一整套的说法，一方面认为宇宙是由地、水、风、火四大构成，一方面又认为"三界唯心""四大皆空"。这些都在中国的思想界引起过强烈反响，引起过长期的争论，丰富了中国的哲学思想宝库。对此，这里不再一一介绍。

1′

重毒，恶熟罪成，生入太山，天人龙鬼，莫不称善。"于是，中国人便把泰山和印度人的地狱混在一起了。但地狱毕竟是一个新概念，与中国古代的幽都和泰山不同。印度佛教中的地狱分许多层，现今人们常说的"十八层地狱"，即是来自印度。印度的地狱又是一个地下的王国，有若干城池，若干宫殿，若干酷刑，若干奇形怪状的狱吏等。各经的说法有所不同，《经律异相》卷四九和卷五〇根据南朝梁以前所译佛经，如《长阿含经》、《楼炭经》、《大智度论》、《净度三昧经》、《问地狱经》等，罗列出"十八地狱"、"三十地狱"、"八大地狱"、"五大地狱"、"六十四地狱"等诸说，这在当时的民间影响很大。所以，在南北朝时的一些典籍中，关于地狱的描写日益增多，而且日益详细具体。以刘宋时期的《幽明录》为例，该书有若干条都是描写地狱情状的。如"舒礼"条写道："……礼观未遍，忽见一人，八手四眼，提金刚杵逐礼……礼见一物，牛头人身，持铁叉，又礼投铁床上，身体焦烂，求死不得。""康阿得"条写道："复前行，见一城，其中有卧铁床上者，烧床正赤。凡见十狱，各有楚毒。狱名'赤沙'、'白沙'，如此七沙。有刀山剑树，抱赤铜柱。"而"赵泰"条则更为详细：赵泰年三十五死，停尸十日复苏，备说地狱之详。在地府，他先见一大城如锡铁崔嵬。复至泥犁地狱，见剑树。又至一大殿，见狮子座，佛坐其上，泰山府君礼佛。后复见一城，名为"受变形城"。

佛教中关于地狱的说法也影响到道教。道教《灵宝经》言有"十二大地狱"：风雷、火翳、金刚、溟冷、镬汤、铜柱、屠割、火车、火坑、粪秽及小铁围山之普掠地狱和大铁围山之无间地狱。《三十六部尊经·玉清经》言有"二十四地狱"，曰镬汤、铜柱、铁犁耕舌、刀山剑树、锉碓、毒蛇食心、熔铜灌口、炉炭、铁轮、运石为山、铁床、剑林、寒冰、猛火、铁杖乱拷、大石压身、铁锥刺身、铁丸、吞火食炭、磨碓捣、铁汁、拔舌、铁锁、锯解。不难看出，这些名称绝大多数来自佛典。

如上所述，从天界到地狱，是一个自上而下的立体结构，这便是佛教的宇宙模式。这一模式对中国人的宇宙观发生了影响，对道教的影响尤其突出。

此外，关于宇宙的本质，佛教也有一整套的说法，一方面认为宇宙是由地、水、风、火四大构成，一方面又认为"三界唯心"、"四大皆空"。这些都在中国的思想界引起过强烈反响，引起过长期的争论，丰富了中国的哲学思想宝库。对此，这里不再一一介绍。

2. 人生观

印度思想传入中国以后，对中国人的人生观所产生的影响更为引人瞩目，曾使无数人改变了人生态度和人生道路。下面只谈两点。

（1）生命的轮回

佛教认为，生命是一个循环往复、连续不断的过程：人是有灵魂的，灵魂是不灭的；灵魂可以脱离躯体而独立存在；生，是灵魂对新的形体的获得；死，是灵魂对旧形体的抛弃；生生死死，犹如车轮的旋转，永无始终，永无休止；生命在轮回中不断抛弃旧的形体，又不断获得新的形体；灵魂的形体可以是多种多样的，一个灵魂可以因其生时的行为（业）而得到不同的趣向或归宿，一般来说有五种（一说六种）趣向，称为"五趣"（即"五道"）或"六趣"（"六道"），那就是地狱、饿鬼、畜生、人、天（再加阿修罗则为六道）；人有"三生"，即前生、今生和来生，三生互为因果，前生的业为今生的果，今生的业为来生的果；一个人可以因善行而再生为（高等的）人或生天道为神，也可以因恶行而堕为畜生、饿鬼或下地狱；生命就在这不同的方向或道路上轮回。当然，这只是一个大体上的阐述，至于佛教各个时期、各个流派的各种不同甚至矛盾的说法还有很多。

自汉代以来，由于儒家理论占统治地位，而儒家的始祖孔子并不主张谈论鬼神灵魂之类，所以，佛教的这些理论在输入中国以后很快就引起了争论。晋到南北朝时，发生在中国思想界的那场神灭与神不灭的论战，尤其令人惊心动魄。

东晋慧远根据印度佛教理论作《沙门不敬王者论》，提出对灵魂的新解："夫神者何也？极精而为灵者也。精极则非卦象之所图，故圣人以妙物而为言……神也者，圆应无主，妙尽无名，感物而动，假数而行。感物而非物，故物化而不灭；假数而非数，故数尽而不穷……化以情感，神以化传；情为化之母，神为情之根；情有会物之道，神有冥移之功。"方立天认为，这段话包含五层意思：①神即精神，无形象，却是生化万物的东西；②神是无主、无名的；③神是非物、非数的；④神是情欲的根子，是生命流转的根源；⑤神有传化迁移的功能、作用，是不灭不穷的。"慧远的说法就是中国佛教学者对于神不灭论的典型论述。慧远的说法不仅引起大乘空宗学者鸠摩罗什的批评，被指斥为'戏论'，而且也势必引起和中国传统的无神论观念的对峙，爆发一场大的论指通过修行而达到的一个最高境界，一般认为，这一境界无限美好，它可以使灵魂彻底超脱生死，摆脱轮回，既无欲望又无痛苦和烦恼。这一最高最美好的境界又被描绘为"不可思议"，即好得难以用语言表达，也难以用头脑想象。大乘佛教一般主张普度众生，认为人人都可以成佛，并达到涅槃境界。但小乘佛教一般认为只有一个佛，那就是释迦牟尼，其他人修行的最高境界是获得阿罗汉（Arhat）果。

不管怎样，佛教的人生观是一种"出世"哲学。它所主张和宣扬的不是积极地投入生活，不是在生活中求取名利，更不是在生活中与他人展开竞争，而是追求一种脱离现实生活的、遥远而渺茫的目标，鼓励人们忍让、回避、内省，甚至否定自我价值。这一"出世"的人生哲学作用于不同的人便产生不同的效果。对中国的佛教徒来说，其人生目的是追求解脱，希望最终能够成佛。对普通的中国老百姓来说，成佛或涅槃并不是他们的最高理想，他们只是希望能得到佛的保佑，过上平平安安的好日子，死后不受地狱之苦和来生继续为人，他们对人生已没有更高的追求，变得知足和宿命。之所以产生这后一种效果的原因主要有以下两点：第一，从传统上讲，在中国占统治地位的思想是儒家的思想，人们所接受的教育是儒家的传统教育，所以中国人一直比较讲求实际，重视功利，那些受了佛教思想影响的人虽然也相信有前生和来世，但更注重今生，更重视现实。第二，由于大乘佛教主张偶像崇拜，并对佛进行种种神化，使中国百姓把佛、观音菩萨等看作是法力无边的神，而不把他们当作修行的目标或人生的楷模，这也是一种注重现实的表现。

3. 道德观

佛教的道德观是与其宇宙观和人生观紧密相连的，是其"业报轮回"理论的一部分。佛教认为，由于人有"三生"，即前生、今生和来生，三生间又有因果关系。所以，一方面，人们在今生必须心甘情愿地忍受种种痛苦，容忍各种不幸，因为这是前生的业所结成的果，是命中注定的，由此便产生了佛教的宿命论；另一方面，今生还必须修习善行，积累功德，以便来生获得好的果报。

佛教的道德观对中国人有很深远的影响，可以说这一影响至今犹在。下面仅谈两个方面的问题。

（1）善与恶

佛教有所谓"五善"、"十善"和"五恶"、"十恶"的说法。"五恶"是杀生、偷盗、邪淫、妄语和饮酒。"五善"则是其反面，通常称作"五戒"，即不杀生、不偷盗、不邪淫、不妄语、不饮酒。"十恶"是杀生、偷盗、邪淫、妄语（诳语）、两舌（离间语）、恶口（粗恶语）、绮语（杂秽语）、贪欲、嗔恚、邪见。"十善"则是其反面。此外，"十善"和"十恶"还有一些具体的内容，如施舍、尊敬父母长者、尊敬佛法僧三宝、帮助他人，等等。在这些条例当中，杀生对中国人来说是一个新概念，因为其"生"不仅包括人，还包括一切动物如鸟兽鱼虫等；饮酒在中国人看来也不算是一种罪恶；对于嗔恚，则要看其程度如何。除此以外，其余各条都基本上与中国传统的道德观念相一致。只是中国古代先贤如孔孟等并没有对善和恶作如此细致的划分，而是称其大旨，撮其要领。佛教这样划分一方面是出自其宗教戒规的需要，另一方面则是出自其思维方式的独特。

由于佛教的善恶观念基本上符合一般社会的道德规范，也与中国的传统相一致，所以中国人容易接受。即使那新的概念"不杀生"，也在许多人的心目中留有影响，以至古代有许多与此相关的故事流传。道教道德观受佛教影响也很显著。道教借鉴佛教的"十善"提出了自己的"十善"：①孝顺父母；②忠事上师；③慈爱众生；④忍性容人；⑤谏诤蠲恶；⑥损己救人；⑦放生爱物；⑧修路造桥；⑨济人利物；⑩教化度人。道家还照搬了佛教的"十恶"，即杀、盗、淫、贪、嗔、痴、绮言、妄语、两舌、恶口。

当然，佛教的善恶观念在中国的各个历史时期，不免要受到反佛者的猛烈攻击，如何承天曾作《报应论》，对"不杀生"提出质疑，还有人指责僧人出家是不孝等。但是，佛教道德观与儒家道德观经过了千百年的相互冲突之后，已经融合为中华文化的一部分。从南北朝时期开始，中国就出现了一批"释氏辅教之书"，即宣扬佛教善恶报应、敬信三宝等内容的书。其中有不少是讲如何行善，如何不杀生和放生的，可见佛教的善恶观在当时还是很受一些人欢迎的。老百姓是如此，统治阶级更是如此，因为佛教的善恶观可以被用来维护其统治。

（2）业报

"善有善报，恶有恶报。"这句话在中国已经深入人心。只不过不同的人有不同的理解而已。中国从很古的时候起就有了善恶报应思想的萌芽。《尚书·商书》说道："作善降之百祥，作不善降之百殃。"《墨子·法仪》说道："爱人利人者天必福之，恶人贼人者天必祸之。"《韩非子·安危》记当时俗谚说："福祸随善恶。"佛教传入以后，其善恶报应的理论与此合流。

佛教的业报理论在许多经中都有阐述，说法也是各种各样。总的说，业报是由"三业"善恶而引起的果报。三业是指身业、口业、意业。佛教"十善十恶"中的（不）杀生、（不）偷盗、（不）邪淫三项为身业，（不）贪欲、（不）嗔恚、（不）邪见三项为意业，其余四项为口业。

佛教的典籍中还对业报作了分类。就性质而言，分善报、恶报和无报三种，即《成实论》卷七所说"业报三种，善、不善、无记"。就时间顺序而言，也分为三种，即如晋代高僧慧远《三报论》所说："经说：业有三报，一曰现报，二曰生报，三曰后报。现报者，善恶始于此身，即此身受；生报者，来生便受；后报者，或经二生三生千生然后乃受。受之无主，必由于心。心无定司，感事而应。应有迟速，故报有先后。先后虽异，咸随所遇而为对。对有强弱，故轻重不同。斯乃自然之赏罚，三报之大略也。"总之，业有善恶，报亦有善恶。善报有现报、生报及后报之分，恶报及现报、生报及后报之分。即两种性质的报应又各有三种情况。

佛教的报应说与五道轮回说紧密相关。获善报的可以生天，可以再生为人，而获恶报的则堕入"三恶道"（即畜生、饿鬼和地狱）。相对来说，佛教典籍中对恶报强调较多。恶报中又特别强调杀生的后果。如唐道世《法苑珠林》卷七〇引《持地经》云："杀生之罪，能令众生堕三恶道。若生人中，得二种果报：一者短命，二者多病。如是十恶，一一皆备五种果报：一者，杀生何故受地狱苦？以其杀生苦众生故，所以身坏命终，地狱众苦皆来切已；二者，杀生何故出为畜生？以杀生无有慈恻，行乖人伦，故地狱罪毕，受畜生身；三者，杀生何故复为饿鬼？以其杀生必缘悭心，贪著滋味，复为饿鬼；四者，杀生何故生人而得短寿？以其杀生残害物命，故得短寿；五者，杀生何故兼得多病？以杀生违适，众患竞集，故得多病。"而三恶道中，以地狱最为恐怖。凡犯有十恶之一者，皆在此受到种种严惩。

尽管佛教的业报说有许多迷信的内容，但也应当承认其中有合理和积极的一面。所谓合理的一面，是指这一学说在某种时候、某种条件下、某些问题上是符合客观实际的，是可以得到验证的。例如，某些人做了坏事，必然要引起某些后果，往往要受到应得的惩罚。所谓积极的一面，是指佛教以此劝人趋善避恶，对净化人心和社会安定有好处。所以，尽管这一理论在中国的思想界也受到了严厉的批判，有许多人曾指出其虚伪不实，但对中国人的思想影响仍然是深远的。且不说道教已将这一理论几乎全盘据为己有，即便是后世的一些文人学士、达官贵族也有不少人对此深信不疑，就更不要说普通的老百姓了。

4. 逻辑学

印度的因明学传入中国后，对中国的逻辑学产生了影响，大大丰富了中国的逻辑思想。

因明是印度传统学术五明之一，有着十分古老的历史。到中世纪前期，印度出现了所谓"六派哲学"，其中有一个正理派，就是专门研究因明的一个学术派别。佛教徒在同婆罗门教徒的论辩中发展了自己的因明学体系。而来华的西域佛教徒则把印度的因明学传入中国，这一传播大体上分为两支，即汉传因明和藏传因明。

（1）汉传因明

印度早期来华的僧人中有不少都精通五明，因明学很有可能在佛教传入中国的初期即为中国人所知，但当时还没有专门的著作翻译过来，所以还谈不上什么影响。大乘佛教兴起以后，印度因明学，特别是佛教因明学在印度已获得长足的发展。而到了南北朝时期，在中国才出现了第一个传播过程。其标志是：北魏延兴二年（472）西域三藏吉迦夜共沙门昙曜译出《方便心论》一卷，东魏兴和三年（541），毗目智仙共瞿昙流支译出《回诤论》一卷，南朝陈天竺三藏真谛译出《如实论》一卷。这次传播虽有书在，但并未引起多大的反响。

因明学的第二次传播从唐代初年开始，玄奘是这次传播的最主要人物。玄奘在印度游学期间即非常重视因明，而且学有成就，曾在曲女城以"真唯识量"辩论获胜，名震五印度。回国时，他带回了一批因明学经卷。太宗贞观二十一年（647年）八月，玄奘译出印度新因明学大师陈那弟子商羯罗主的《因明入正理论》一卷。这部书字数虽少，但很重要，是进一步学习陈那《因明正理门论》的入门书。贞观二十三年年底，玄奘又译出陈那的《因明正理门论》一卷。此书是陈那的前期著作，是其因明学的八种论著之一。因此书重要，后来义净也曾翻译过其中的一部分。

玄奘所传的印度因明学在当时的中国佛学界很有影响。他的门人对此尤为重视，相继为其所译二书注疏。关于《因明入正理论》，有大庄严寺文轨作的"疏"4卷，慈恩寺窥基作的"疏"8卷，均为当时所流行。窥基的门人慧沼则写过"续疏"1卷、"义断"1卷和"义纂要"1卷。窥基的再传弟子智周曾撰"前记"3卷和"后记"3卷。此外还有他人的一些注疏。关于《因明正理门论》的注疏，有神泰的"术记"1卷、太贤的"古迹记"1卷、大乘光的"记"2卷、圆测的"疏"2卷、文轨的"疏"3卷、净眼的"疏"3卷、胜庄的"述记"2卷、憬兴的"义钞"1卷、道证的"疏"2卷和"钞"2卷、玄范的"疏"2卷、定宾的"疏"6卷、文备的"疏"3卷和"注释"1卷、崇法的"注"4卷等。当时日本、朝鲜等外国留学僧从奘师和基师学者亦大有人在。可见印度因明学的第二次传入还是颇有影响的。唐代著名的无神论者吕才曾于655年作《因明注解破义图》三卷,对神泰等三家义疏进行了批判。这说明印度因明在当时的中国思想界也引起了反响。但是,晚唐以后,中国的因明学渐渐衰微,宋代僧人不重视因明,明代有智旭《因明入论直解》和明昱《因明入论直疏》,此后便不再见有此类著作。到了近代中国因明学才再度勃兴,此是后话。

（2）藏传因明

从有关的记载看,印度因明学在西藏的传播比在汉地的传播更持久更广泛,因而影响也更大。

现根据王森的《因明在西藏》和杨化群的《关于藏传因明的几个问题》[①]将印度因明学在西藏传播的情况简要叙述如下。

在公元八九世纪（属藏传佛教的前弘期）,有译师吉祥积、智军、空护和法光等译出印度因明学著作若干,今存者十五种:法称著《因一滴论》、《观相属论颂》、《观相属论释》、《成他相续论》,律天著《因一滴论广注》、《观相属论疏》、《成他相续论疏》、《观所缘缘论疏》、《正理一滴论广注》,法上著《正理滴论广注》,胜友著《正理滴论略义》,莲花戒著《正理滴论前品摄》,善护著《成一切智论》、《成外境论颂》,陈那著《因轮论》。当时僧人中学习因明的较多。

在藏传佛教的后弘期,因明学的著作翻译更多,不仅由南亚传入,而且也有从汉地传入的。10~11世纪,有一位汉僧名祥炬,与藏族学者端训合作,将玄奘译的《因明入正理论》译为藏文。约在11世纪中后期,阿底峡的弟子玛善慧译出法称的《量释颂》、《论议正理论》和释迦慧的《量释论释疏》。1076年,翱·洛丹喜饶参加"丙辰法会"后赴克什米尔留学,在那里共住17年,译出因明学典籍七八种。1092年返藏,得阿里王支持,于业巴寺译出《量释论庄严疏》。后主持桑朴寺,为该寺成为因明学教学中心打下基础。至今该寺犹以因明学教学著称。他还译有法称的《正理一滴论》、《量决定论》,法上的《量决定论广注》、大本和小本《观量论》、《遮诠论》、《成刹那灭论》,校改旧译法上的《正理一滴论广注》,译出智作护的《量释庄严注》、玛雅里的《量释庄严注疏》、

---

① 王、杨二文均见《因明新探》,兰州:甘肃人民出版社,1989年版。

商羯罗难陀的《成遮诠论》和《成相属论》，校改玛善慧译法称的《量释颂》。鉴于他在因明学上的贡献，藏族史家称他所传的因明学为新因明，而将玛善慧所传因明称为旧因明。大约与翱·洛丹喜饶同时，译师狮子幢译出陈那的《集量论》颂和自释，译师信慧等也译出《集量论》。

藏族僧人在译出印度因明学的一些主要著作以后，还写有自己的因明学著作。翱·洛丹喜饶的再传弟子菩提称曾著《量决定论广注》、《量决定论略注》等多种。菩提称的弟子法狮子（1109~1169）任桑朴寺勘布18年，著有《量决定论广注》、《量论摄义》等重要著作，后者影响尤为深远。以上为噶丹派因明学情况。

13世纪，印度那烂陀寺最后一位座主释迦吉祥贤于1204年入藏，萨迦派第四祖萨班（庆喜幢）从他学习因明。他二人一起修订了翱译师校订过的《量释颂》，使该书更为藏人所重视。萨班著有《正理藏论》，其弟子乌由巴正理师子作有《量释论正理藏》和《正理宝藏论大疏》，为萨迦派因明学奠定了基础。

14世纪，著名学者布顿（1290~1364）著《量决定论注释明显句义论》、《量决定论名义》和《量决定论传承》。此后，宗喀巴大师（1357~1419）擅长因明，但有关著述不多。其弟子贾曹杰（1364~1432）著有《集量论释》，至今仍为藏族人研习《集量论》的依据。他还著有《量释论摄义》、《相违相属释》、《量论道要指津》、《正理藏释善说心要》、《现量品随闻录》、《量论随闻录》（后二者为宗喀巴讲述因明学的记录），并为《量释论颂》、《量决定论》、《正理一滴论》、《观相属论》等书作注。宗喀巴另一弟子克主杰（1385~1438）曾著《七部量论庄严祛惑论》、《量释论详解正理海》、《现量品疏》、《量论道要指津》等。一世达赖喇嘛根敦珠巴（1391~1474）为宗喀巴晚年弟子，曾随贾曹杰学习因明，著有《量释论释》和《量释论正理庄严》。宗喀巴大师及其门人所建甘丹寺、哲蚌寺、色拉寺、扎什仑布寺等格鲁派寺院成为15世纪以后的因明学研习中心。自此以后直至17世纪中叶格鲁派领袖掌握藏区政教大权，因明学著作不断。

藏传佛教的后弘期，因明学已成为显学的必修科目。至今，古印度的因明学著作在藏文文献中有60多种译本，藏族人（包括蒙古族人）自己的论著则近200种，因明学在西藏得到蓬勃发展。

三、随佛教传入的印度古代哲学

前文说过，南亚的早期来华僧人中多精通印度上古学术，其中有不少人对吠陀哲学很了解。因此他们很可能把上古的吠陀哲学带进中国，并对中国人的思想产生影响。

在佛陀时代，印度出现了六位有影响的思想家，即佛典中所说的"六师"（又称"六师外道"）。随着佛典的翻译，他们的部分思想也被介绍到中国来了。由于他们是释迦牟尼的对立面，所以佛典中经常提到他们，对他们的思想予以片面的介绍，并且痛加贬低和批判。他们的故事也经常出现于中国古代的绘画和文学作品。除了早期的"六师"哲学以外，印度古代的一些重要哲学派别也大多随佛教传入中国，并有一定影响。下面根据黄心川的《印度哲学史》①对有关派别在中国的情况作简要介绍。

1. 顺世论

印度的顺世论哲学大约产生于佛陀时代，属于沙门思潮，其代表人物是"六师"之一阿耆多·翅舍钦婆罗。在公元3世纪以前，印度已经有了顺世派的两种经典和几种注释。顺世论印度古代的一个唯物主义哲学派别，认为世界是由物质构成的；意识是从物质产生的；感觉经验是认识的唯一来源；没有永恒的灵魂；没有超自然的实体和神；因果报应的规律是不能证明的；宗教圣典祭司和宗教仪式等是骗人的；禁欲主义是违背生活目标的。

中国的汉译佛经和藏译佛经都保存有一些关于顺世论的重要历史资料。三国至明，在中国翻译或撰注的62部汉译佛经及其他史籍中都有记载。最早较系统介绍该派思想的是吴支谦译的《梵网六十二见经》和东晋时译的《寂志果经》。据《大慈恩寺三藏法师传》卷四，玄奘在印度时曾经与顺世论者作过辩论。唐代还有顺世派人物到中国活动，如《旧唐书·天竺传》记载唐高宗时有印度卢迦溢多（Lokayata）来华制造"长年药"，同书《郝处俊传》、《册府元龟》卷四六等亦有记载。另外，隋唐时代，一些中国僧人，如吉藏、智周、定宾、澄观等的著作也对顺世论作了批判，说明它在中国的思想界还是有影响的。

2. 生活派

生活派也属于古印度的沙门思潮，相传其创始人为"六师"之一末伽梨·拘舍罗。汉译佛经中常意译为"邪命外道"、"无命术"等，又音译为"阿

---

① 黄心川：《印度哲学史》，北京：商务印书馆，1989年版。

耆毗伽"、"阿夷维"、"阿耆维"等。该派起源于北印度，在南方也得到发展，它是适应了印度最初专制国家的兴起而诞生，中世纪以后与耆那教和印度教的一些民间信仰相结合，逐渐消失。玄奘在《大唐西域记》中有多处记载了生活派的情况，称他们为"露形外道"或"露形之徒"。中国的汉译佛经和藏文佛经中保存有很多生活派的历史资料。

3. 耆那教

耆那教的基本情况前文已经提到过。据传"六师"之一的尼乾陀·若提子是耆那教的实际创始人，后世的耆那教徒尊称他为"大雄"（Mahavira）。耆那教在印度一直流传了两千余年，在佛教消亡以后，耆那教仍然存在。他拥有大量的历史文献和众多的信徒。

耆那教的理论和活动在中国的汉译佛经和藏译佛经中都有许多记载。汉译佛经如《长阿含经》、《中阿含经》、《杂阿含经》、《增一阿含经》及《大毗婆娑论》、《发智论》、《瑜伽师地论》、《显扬圣教论》等，都有记载。《大唐西域记》中也有不少记载。汉译佛经中称耆那教为"尼乾外道"、"无系外道"、"裸形外道"、"无惭外道"和"宿作因论者"等。

4. 数论派

数论派哲学是印度古典"六派哲学"之一，大约形成于印度孔雀王朝衰落到笈多王朝兴起的时代。汉译佛经中又译为"僧佉"、"迦毗罗论"、"雨众外道"等。数论派最早最重要的经典是《数论颂》，相传是自在黑作于三四世纪。《数论颂》的最早注释本是汉译佛经中保存、陈真谛译的《金七十论》。此本在印度已经失传，后来又逆译为梵文。此外在汉译佛经中，涉及数论派资料的有《大毗婆娑论》、《佛所行赞》、《佛本行集经》、《大庄严经》、《大智度论》、《百论》、《提婆菩萨破楞伽经中外道小乘四宗论》、《瑜伽师地论》、《佛性论》、《入大乘论》、《成唯识论》、《大般涅槃经》、《方便心论》、《成实论》、《显扬圣教论》等，凡30余种。藏译月称的《入中观论》卷六亦有重要记载。

5. 瑜伽派

瑜伽派是印度正统的"六派哲学"之一。该派与数论派结合在一起，被称为姐妹哲学。瑜伽是一种修行方式和实践，但由于其修行目的与宇宙观和认识论有关，故又把它列为哲学派别。关于瑜伽的一些原始理论和实践可以追溯到上古时期，佛典中提到的几个佛陀时代的瑜伽师被认为是该派的先驱。该派的史料在中印两国都有大量保存。

瑜伽与佛教从一开始就有着密切的关系，佛教的禅定思想和修法深受其影响。所以，瑜伽是随佛教一起传入中国的。瑜伽的修行理论为大乘佛教所吸收，在《瑜伽师地论》等典籍中有明确反映，在密教中亦有所反映。因此，汉传佛教和藏传佛教都受有瑜伽派的影响。瑜伽的修行实践还在健身和养生方面与中国的气功等相结合，为医学家和道家所吸取，发挥过重要作用。关于这一点后面还将涉及。

6. 胜论派

胜论派也是印度古代"六派哲学"之一。其创始人是迦那陀，一般认为他是公元前2世纪人。该派的最早经典是《胜论经》，相传是迦那陀所作。胜论派还有一部重要经典《胜宗十句义论》，它保存在汉译佛经中，是玄奘于贞观二十二年（648）译出。汉译佛经中，涉及胜论思想的有《成实论》、《百论疏》、《成唯识论述记》、《俱舍论光记》等；有关佛教与胜论派论争的有《成实论》、《百论疏》、《广百论释论》等；涉及胜论派其他资料的有《大庄严论经》、《大般涅槃经》、《阿毗达磨顺正理论》、《阿毗达磨藏显宗论》等。

胜论在中国思想界的斗争中曾发生过影响。隋吉藏在建立三论宗的体系时，曾通过对《百论》和《中论》的注疏对胜论的一些观点逐一加以批驳。唐代无神论者吕才在阐述自己的唯物论和无神论时曾把胜论的原子说与《易传》中的"气"都看作是物质的范畴，并以此为世界的根源。

1994年，商务印书馆出版了汤用彤选编的《汉文佛经中的印度哲学史料》遗稿。书中搜罗甚丰，为研究印度古代哲学在中国的译介和影响提供了极为方便的条件。

第二节　中国道教在南亚

在中国与南亚的长期交往中，中国的宗教哲学势必在南亚产生某些影响，但到目前为止，这还只能是一种推论，我们没有足够的资料予以充分的证实，尤其缺乏南亚方面的资料。下面谈两个问题。

一、老子与印度

1. 缘起

老子是中国古代伟大的思想家。他给人类留下的宝贵遗产是他的著作《老

子》五千文。因为他属于全人类，所以他与印度发生关系本是情理中事。老子
与印度的关系首先是因为他被奉为道教的始祖，然后则因为佛教的传入。《后汉
书》卷八八记曰："楚王英始信其术，中国因此颇有奉其道者。后桓帝好神，数
祀浮图、老子，百姓稍有奉者，后遂转盛。"卷四二又曰："英少时好游侠，交
通宾客，晚节更喜黄老，学为浮屠斋戒祭祀。"可见，在佛教传入之初，中国人
就把佛教和道教同等看待了，老子与佛教就紧密地结下因缘。但与此同时，又
有了"老子入夷狄为浮屠"的说法（《后汉书·襄楷传》）。

2. 老子化胡事

大约到了晋代，佛教在中国的发展引起了一些人的不满，道教徒更是一马
当先反对佛教，于是出现了《老子化胡经》，说老子西出函谷关是到了印度，佛
教是老子创立的。相传《老子化胡经》是晋代道士王浮所作。根据汤用彤的意
见，老子化胡说在汉代还是可以为佛教徒接受的，因为当时佛教初传，"其说大
有助于最初佛教之流行"。"至若后世佛教徒对于老子化胡之说深恶痛绝，在历
史上往往煽动极烈之宗教情绪，引起重大之纷扰。如北周之毁佛法，元代之焚
道经，则其尤显著者也"[1]。南北朝时，佛教与道教之间的斗争十分激烈，除汤
先生说的北周毁佛事件外，还有一些令人惊心动魄的事例。唐道宣《续高僧传》
卷二三《昙无最传》记，元魏正光元年（520），明帝请佛道两家上殿辩论，昙
无最和道士姜斌对论。明帝首先提出佛与老子是否同时的问题，姜斌答："老
子西入化胡成佛。佛以为侍者。文出《老子开天经》。据此，明是同时。"昙无
最乘机追问老子的生年和西入的时间，利用时间的不合批驳了姜斌的说法。明
帝又令臣下核查《老子开天经》的作者，臣下170人读后奏云："老子止著五千
文，余无言说。臣等所议，姜斌罪当惑众。"于是明帝要处姜斌以极刑，为西国
三藏菩提留支苦谏乃止。

唐代，佛道两教都发展到鼎盛时期，但仍在为老子化胡事争斗不休，一些
道观里画有老子化胡的"变相"，一些佛寺里也有与之针锋相对的图画。两家的
官司经常打到皇帝跟前，有时甚至皇帝发布了命令也不行。《宋高僧传》卷一七
《法明传》记载，法明于"中宗朝入长安，游诸高达，适遇诏僧道定夺《化胡
成佛经》真伪"。法明参加辩论，质问得道流无言以对。于是中宗于神龙元年
（705）九月十四日下敕"废此伪经"，并说"其《化胡经》及记录有化胡事，

---

① 汤用彤:《王维诚〈老子化胡说考证〉审查书》,《汤用彤学术论文集》, 北京: 中华
书局, 1983年版。

并宜删削。若有蓄者，准敕科罪"。

两晋南北朝时，中国去印度取经的僧人很多，他们虽然是佛教徒，但不少人对中国文化十分了解。因此，他们在求法之余，把中国儒家和道家的思想介绍给印度人是完全可能的。《洛阳伽蓝记》卷五记有宋云和惠生去天竺取经事，北魏神龟二年（519）十二月，宋云、惠生进入乌场国，受到国王接见，国王问中国是否出圣人，"宋云具说周、孔、庄、老之德，次序蓬莱山上银阙金堂，神仙圣人并在其上；说管辂善卜，华佗治病，左慈方术，如此之事，分别说之"。这一小段记载非常宝贵，它说明这样几个问题：①大凡去西域的官方使者、僧侣、商人，与外国人交往，难免会遇到宋云、惠生的情形，即使出于好奇，人家也会问问中国的风土文物，这是人之常情。所以，宋云介绍的情况别人也会介绍，只是没有记载而已。②宋云介绍的内容很多，但其中突出了道教和方术。③至少在这时，当中国还在为老子化胡事辩论得死去活来时，老子的名声已经传到了印度。老子与印度有了实质性的关系。

3. 译《老子》为梵文事

唐代，中印交通更为频繁，高僧玄奘西行求法在前，李义表、王玄策等出使西域紧随其后。道宣《集古今佛道论衡》卷丙记载，唐贞观二十一年（647），李义表归国，向唐太宗汇报出使情况，提到他向东天竺迦摩缕波国童子王介绍《老子》事，太宗下敕，"令玄奘法师与诸道士对共译出，于时道士蔡晃、成英二人，李宗之望，自余锋颖三十余人，并集五通观，日别参议，详覆《道德》，奘乃句句披析，穷其义类，得其旨理，方为译之"。唐太宗让玄奘翻译《道德经》的原因大约有这样几条：第一，印度方面已知道老子其人其书，既欲进一步了解，又欲以此修好唐室。《新唐书·天竺传》亦曰："迦没路国献异物，并上地图，请老子像。"迦没路国即《大唐西域记》中的迦摩缕波国，在今印度东北部阿萨姆一带。玄奘曾至其国，并与童子王有着很深的交情。童子王提出这样的请求是出于某种需要。第二，唐皇以老子为先祖，老子以《道德经》永垂后世，唐太宗的做法既有光宗耀祖的用意，又有光大中华文化的雄心。第三，玄奘游学印度17年，精通梵文和汉文，完全有能力担当此任，翻译《道德经》已成为可能。

不过，玄奘是否将《老子》译成梵文，还有争论。《佛祖统纪》卷三九记曰："上令翻《道德经》为梵文，以遣西竺。师曰：'佛、老二教，其致大殊，安用佛言用通老义？且老子立意肤浅，五竺观之，适足见薄。'遂止。"这意思是根本就没有翻译。但从《集古今佛道论衡》的记载，以及《续高僧传》卷四《玄奘传》的记载来看，肯定是已经翻译了。道宣与玄奘可以算作同时代人，而且关系密切，是不会误记的。《玄奘传》中确有"遂不译之"的字眼，但不译的是五千文以外"序引"之类的文字，而不是《道德经》的正文。至于正文，是已经"翻了"。玄奘与太宗关系亲密，凭他对太宗的了解，也决不会说出"老子立意肤浅"的话。他倒是对那些"序引"多有褒贬，认为"其言鄙陋，将恐西闻异国有愧乡邦"，"则恐彼以为笑林"。在这一点上，是《佛祖统纪》误记了。

玄奘翻译了《老子》之后，《老子》是否传到了印度，如果传去，印度方面的反应如何，这些都不得而知。但据推测，既然已经翻出，没有不送往印度的道理，何况此后王玄策还去过印度。

4.《老子》在印度

20世纪80年代，印度北方一些城市的书摊出售印地文和乌尔都文《道德经》，而且印地文的《道德经》还不止一种版本。其中，北方邦瓦拉纳西全面服务协会出版、1984年4月第三次印刷的译本，既非译自汉文，亦非译自英文，而是译自马拉提文。马拉提文译者在其1959年写的该书序言中说，他是在20年前得到《道德经》的英文译本并将它译为马拉提文的，由于他不懂汉文，又无机会向中国的道教学者请教，生怕译文有误，故将译稿放置身边达20年之久，作了进一步的研究和思考后才斗胆付梓。可知印度人至少在20世纪30年代末即已见到英文本的《道德经》。印度其他文种的本子虽未见到，但仅据已知的四种文本来看，《道德经》在印度的流传已相当广泛，而且已至少流传了半个世纪。

从古代到现代，老子与印度始终有着特殊的因缘。像中国古人把佛教与黄老并列，认为"浮屠所载与中国《老子经》相出入"[①]一样，印度的古人和今人对《道德经》也有一种似曾相识的亲切感，所以迦没路国的童子王会向唐室求取《道德经》，而今天的印地文《道德经》会被意译作《道奥义书》[②]。

二、道教与印度密教

道教与印度密教的问题在19世纪末20世纪初即已引起学界的重视。据印

① 《三国志·魏书》裴松之注引《魏略》。
② 参见薛克翘：《老子与印度》，《南亚研究》1990年第2期。

度学者苏尼提·库马尔·查特吉说[①]：在1874年以前，一套婆罗门教密宗的孟加拉文抄本被公布于世，并以孟加拉文字母出版；其中有梵喜峰所著的《多罗母秘义》(*Tara-rahasya*)，还有不知名作者的《楼陀罗合璧怛多罗》(*Rudra-yamala Tantra*) 和《摩诃支那功修法》(*Maha-cinacara-krama*)。这些书中所说的"左道"(Vamacara 或 Viracara) 都以多罗母（又称度母，Tara）女神为崇拜对象，并说这一派的功法来自中国，是由圣人殊胜亲自到中国修炼后带回来的。另一部印度教密宗典籍《弥罗怛多罗》(*Meru-tantra*) 中也提到"左道"仪轨中的男女交合修法是属于中国宗教的。1913年公之于众的一个《度母怛多罗》(*Tara-tantra*) 版本是编纂者从《楼陀罗合璧怛多罗》和《梵天合璧怛多罗》(*Brahma-yamala Tantra*) 摘引的，其中讲到殊胜从中国获得"左道"修法的故事。1900年，印度学者M.哈拉普拉萨德·夏斯特里在孟加拉政府指示下出版的《梵文写本报告》的前言中指出：女神度母和左道修法与中国有关。1905年，法国学者列维在谈到尼泊尔佛教和印度教所崇拜的神明时，赞成度母和左道修法（包括"五M功"）来自中国。列维等学者通过印度的肖像资料证明在中国受到特别崇拜的大乘神明如文殊、普贤已为印度所知。在加尔各答1931年3月号的《印度历史学刊》上，印度学者师觉月发表论文《密教的外来成分》，以新的证据指出了佛教和印度教密宗所受中国的影响。1932年，牛津大学出版比·巴塔查里亚《佛教密宗导论》一书，书中介绍了度母和殊胜的传说，并讨论了"左道"来自中国的问题。

这里有几个问题需要说明：①"左道"的梵文是Vamacara，又作Vama-marga，vama是左的意思，marga是道路的意思，和中国所说的"旁门左道"的"左道"正相合，也许这个词正是来自中国。②"五M功"是"左道"的修炼方法，其M是五个梵文词的第一个字母：酒（madya）、鱼（matsya）、肉（mamsa）、手印（mudra）和性交（maithuna）。也就是说，这五功基本上是与印度传统的各宗教的戒律针锋相对的。说它们与中国影响有关也有道理。③"摩诃支那功"又叫"支那功"，即"中国功"，显然是指从中国传去的一派修炼体系。

印度密宗所受中国的影响不仅是道教的影响，还有中国佛教向南亚的回传问题。唐代，中国僧人大批到南亚去，南亚也有大批僧人到中国来。这一来

---

① S.K.查特吉：《古代中印关系：印度从中国得到了什么》，加尔各答，1961年英文版，第105页。

一往正说明了中国佛教的兴旺发达。而在印度方面，这一时期却是佛教的衰落期，也是密教的兴旺期。一方面，中国的大批僧人到印度去，在那里长期居住求学和周游圣地，这势必在印度的佛教徒以及印度教徒中留下影响，使他们确信中国是一个崇拜佛教的国家。另一方面，由于印度佛教的衰落，僧人们自然会到中国来寻求发展，也必然会产生一种说法：佛法在印度消亡后，佛要派人到中国去振兴佛法。我们在佛经中找到了这样的说法，唐代菩提流志译的《佛说文殊师利法宝藏陀罗尼经》写道："尔时世尊复告金刚密迹主菩萨言：我灭度后，于此赡部洲东北方，有国名大振那，其国中有山，号曰五顶。文殊师利游行居住，为诸众生于中说法。"振那即是支那的别译，五顶山即是五台山。不空译《大乘瑜伽金刚性海曼殊室利千臂千钵大教王经》的序言中提到五台山和清凉山，暗示了文殊菩萨与五台山的关系。这两部经都是密教典籍，说明文殊在五台山传法是佛教密宗的传说。《宋高僧传》卷二《佛陀波利传》载，佛陀波利为北印度人，"忘身徇道，遍观灵迹，闻文殊师利在清凉山，远涉流沙，躬来礼谒"。到五台山后，文殊化为一老人启示他，并指示他翻《佛顶尊胜陀罗尼经》。《智慧传》载，智慧为北天竺迦毕试国人，"常闻支那大国，文殊在中，锡指东方，誓传佛教"。这二人都是北印度人，都是慕名而来。前者是高宗仪凤元年（676年）到五台山，后者是德宗建中初年（780年）在广州登陆。这些材料说明，印度方面，尤其是北方，已经盛传文殊在五台山传法，而这一传说又与密宗关系密切。

尼泊尔方面也有其佛教来自中国五台山的传说。据尼泊尔典籍《苏瓦扬普史》："加德满都地区原来是一个巨大的那伽巴沙湖泊，湖内有龙王居住。后来文殊师利由摩诃支那来到此地，开辟了湖南边的山岭，将这一湖水泄干，在此建立苏瓦扬普寺。因此，称此地为尼泊尔。"[①]尼泊尔佛教在中世纪以后即发展为显密二宗，其密宗曾传入中国西藏，西藏的密宗也又回过头来影响了尼泊尔的密宗。

关于道教对印度密宗的影响，资料不多。前面已经提到宋云对道教的宣传，又提到玄奘翻译《道德经》的事，都可能对印度密宗产生影响，尤其是后者。《道德经》传播的地区在印度东北部，那里是密宗的重要基地。另外唐代义净的《大唐西域求法高僧传》卷上《明远传》提到明远"议庄周"，卷下《僧哲传》说僧哲"庄、刘（向）二籍，亟尽枢关"。说明去南亚求法的僧人中有不少人对

---

① 转引自萧雨：《五台山与尼泊尔佛教》，《南亚研究》1989年第4期。

道教的典籍是相当了解的,他们很可能把道教的一些思想传到南亚去,以至于影响到南亚的密教。

《大正新修大藏经》卷二一有《龙树五明论》上下卷。此论虽以密教的内容为主,但中间夹杂着许多道家的语汇和观念,如"神仙"、"急急如律令"、"符"等,服用黄芩和扣齿等道家的养生法。其中还提到"十二辰门神",并绘图标出各个方位:乾为天门、坤为人门、巽为地门、艮为鬼门、子为会门、丑为兵门,直至戌、亥。还写道:"吕后年二十五无夫主,得此符力,昔支皇后年三十未嫁,亦得此符力,为天下之母。"由这些例子不难看出,道家的一些理论和修行实践已深深地浸入到此论中。但问题是,此论虽收在藏经中,却不知何时何地为何人所作。只是《大正藏》在此论下有一小注:"平安时代写石山寺藏本"。日本的平安时代在9~12世纪,约当中国唐代后期到南宋时代。其作者可能是中国人,他既精于密典又了解道教,龙树仅是其假托之名。这说明,那时的中国佛教密宗中已经有人把道教的东西引入密教。

在印度方面,除了前面提到的一些密教典籍中记载了中国的影响而外,"据南印度泰米尔文典籍记载,南印度密宗的十八位成就者中就有两位来自中国。一位的泰米尔文名字叫博迦尔,另一位叫普里巴尼,据说这两个人都著有许多关于禁咒、医术和炼丹术的书籍,南印度许多密宗的成就者都出自其门下。他们还随从博迦尔学习过医术和炼丹,并且还带领着一批弟子去中国深造过"[1]。关于这两名中国人的情况不见于中国方面的记载,如果他们是佛教徒,到印度后又带弟子到中国来过,一般是会在僧传中留下痕迹的,僧传中没有记载,说明他们可能不是佛教徒。又据其著作情况,大体可以认为他们是道教徒。如果这一推断不错,泰米尔文的有关资料就可以作为中国道教对印度密宗影响的证据。

第三节　近现代的交流

一、宗教往来

近现代中国与南亚的宗教往来分两种,一是佛教往来,二是伊斯兰教往来,其中以佛教往来为多。现将有关大事介绍如下。

---

① 汶江:《试论道教对印度的影响》,《古代西南丝绸之路研究》,成都:四川大学出版社,1990年版。

1. 佛教往来

1928年，北平法源寺方丈道阶法师去印度巡礼佛迹，这是近代中国第一位到印度朝圣的佛教界人士。此后不久，他又去印度两次。他在印度获悉，瓦拉纳西的鹿野苑原有唐朝遣使修建的佛寺一所，因年代久远，已荡然无存，于是他回国后便与高剑父、丘菽园、庄笃明、僧转道、僧瑞于等发起重建。但他未能如愿而圆寂。其弟子德玉法师继承师志，多方奔走，得到新加坡华侨李俊承慨然资助，在谭云山、丘庆昌等在印华人协助下，鹿野苑中华佛寺终于在1939年1月奠基。李俊承主持了奠基典礼，印度佛学会及若干其他宗教团体和来自印度、中国、缅甸、锡兰等地的佛教徒千余人参加了典礼。当年年底，佛寺落成，德玉法师为该寺住持。李俊承在印度、尼泊尔等地观礼佛迹后，写下《印度古佛国游记》一书，1939年由商务印书馆出版。

1931年，中国曾有一个佛教旅行团去印度。

1940年，太虚法师率中国佛教访问团到印度访问。他们在印期间拜访了各处的佛教圣地，参加了在贝拿勒斯举行的阿育王日活动，并与印度佛教界人士一起讨论佛法。这次访问受到印度国大党的高度重视，尼赫鲁亲自接见了访问团队成员，并与太虚法师进行了长时间的谈话。

1956年中国佛教代表团在团长喜饶嘉措大师的率领下，参加了在加德满都举行的世界佛教徒联谊全第四届大会以后到印度访问。同月，达赖喇嘛和班禅额尔德尼应印度纪念释迦牟尼涅槃二千五百周年工作委员会的邀请到新德里访问。

1957年1月，达赖喇嘛在那烂陀代表中国政府把玄奘顶骨一份赠送给印度政府，尼赫鲁总理代表印度政府接受了顶骨。7月，锡兰法师来华访问。

1958年，印度佛教学者罗睺罗来华访问。

1959年7~8月，尼泊尔王国佛教代表团访问中国。

1961年5月28日，锡兰政府迎奉佛牙代表团到中国迎奉佛牙。6月6日，周恩来总理接见了代表团。由喜饶嘉错大师等八人组成的中国佛牙护侍团于6月10日在科伦坡机场把供佛牙的金塔移交给锡兰总理西里玛沃·班达拉奈克夫人。15日，锡兰总督、总理分别接见中国佛牙护侍团。中国佛牙在锡兰九个城市供奉了两个月，受到50多万人朝拜，8月由锡兰官员护送回北京。10月，班达拉奈克夫人将《中国神圣的佛牙》纪录片赠送给中国使馆。

1963年9月，应中国佛教协会的邀请，巴基斯坦佛教代表团来华访问。同月，锡兰法师来华访问。10~11月，尼泊尔佛教代表团访问中国。

1964年6月，巴基斯坦佛教代表团来华访问。同月，尼泊尔佛教代表团访问中国。

1978年6月，孟加拉国佛教代表团到北京迎取阿底峡大师的骨灰。

1980年1月，中国社会科学院·北京大学南亚研究所副所长黄心川和研究员杨瑞琳出席了在印度比哈尔邦那烂陀举行的第二届世界佛教会议。

1981年，斯里兰卡法师访华，并在中国佛学院演讲。

1982年6月，以中国佛教协会副会长李荣熙为团长的中国佛教代表团访问斯里兰卡，代表团将一套《玄奘全集》共1 335卷赠送给斯里兰卡文化部。

1983年2月，来自近20个国家的佛教代表团和人士出席了由孟加拉国佛教团体在达卡举办的"佛教与阿底峡"国际讨论会。该会是为纪念阿底峡大师诞生一千周年而举办的。以李荣熙为团长的中国佛教代表团参加了讨论会，并代表中国佛教协会向孟加拉国"阿底峡诞生一千周年纪念委员会"捐赠2.5万美元，以协助孟加拉国建造阿底峡纪念塔。

1984年1月，新华社记者报道：自1980年以来，已有400名南亚香客前往西藏的冈仁波齐峰和玛法木错湖朝拜。传说此山此湖是释迦牟尼的兄弟传经沐浴的圣地。前来朝拜的人中有僧人、政府官员、教师、医生、商人、工人和农民。西藏阿里地区曾在普兰县设立朝圣接待处，为香客们提供食宿、交通和医疗方便。这里需说明，记者的这则报道不够准确。冈仁波齐峰和玛法木错湖主要是印度教传说中的圣地，传说大神湿婆和他的妻子在那里居住。因此，去那里朝拜的印度和尼泊尔香客主要是印度教信徒。3月，李先念主席和夫人访问尼泊尔期间，曾向国王比兰德拉赠送一部梵文本《妙法莲花经》(由蒋忠新整理撰写)。5月，斯里兰卡总统朱·理·贾亚瓦德纳访华期间会见了中国佛教协会会长赵朴初，并同他就两国间的佛教交流问题进行了谈话。7月，应贾亚瓦德纳总统和世界佛教徒联谊会斯里兰卡地区中心的邀请，由赵朴初会长率领的中国佛教代表团访问斯里兰卡，并出席世界佛教徒联谊会第十四届大会。10月，以中国佛教协会常务理事伦珠陶凯为团长的中国佛教友好代表团访问尼泊尔并进行佛事活动。11月，中国佛教协会常务理事真禅法师为团长的中国佛教代表团一行四人前往印度进行友好访问。

1985年10月，印度佛教文化代表团一行四人来华访问。同月，由中国佛教协会和印度驻华使馆联合举办的"佛教圣迹图片展览"在北京法源寺开幕。

共展出60幅由印度大使馆提供的彩色图片。这些图片介绍了释迦牟尼的一生，一些佛教圣迹和珍贵文物。同月，斯里兰卡佛教友好观光团一行七人来华访问。

1986年4月，应中国佛教协会邀请，国际知名的斯里兰卡法师罗侯罗等到中国访问。12月，5名中国僧侣在斯里兰卡佛教教育中心的一个仪式上，身着上座部僧装，开始了他们在该中心的正式学习。该中心建立于1842年，是斯里兰卡最古老的一所佛学院。

2. 其他宗教往来

早在16世纪上半叶，即有印度苏非派穆斯林学者在华活动。其时，苏州伊斯兰教徒张时中（约1584~1670）游学南京，曾随印度苏非派经师学习伊斯兰教经书三年。他精于伊斯兰教认主学的研究，曾著《归真总义》以记述阿世格的讲学要旨，强调通过自身可以认识安拉。

云南大理人马德新（1794~1874）是中国近代著名的伊斯兰教学者。他曾两次去麦加朝觐，游历土耳其、阿拉伯诸国及缅甸、新加坡等地。他朝圣途中曾到印度加尔各答等地游历数月，又去斯里兰卡登圣足山，还去过马尔代夫。所到之处，他都注意考察当地穆斯林与其他宗教的情况，与当地穆斯林交往。他的译著多达30余种。

云南玉溪人马联元（1841~1895）出身于穆斯林经学世家，22岁任经师，后去麦加朝圣，并去土耳其、印度等地游历。他精通阿拉伯文和波斯文，有著作多种。

20世纪20年代，中国穆斯林兴起办学之风。上海伊斯兰师范学校创办人达浦生为办好教育，曾于30年代专程赴印度考察学习。

1955年9月，中国伊斯兰教朝觐团去麦加朝圣归来时访问了巴基斯坦。

1956年5月，巴基斯坦伊斯兰教代表团到中国访问。

1964年5月，中国伊斯兰教协会副会长张杰率领的中国穆斯林代表团去麦加朝觐后访问巴基斯坦。8月，出席第二届世界宗教徒和平会议的巴基斯坦代表团团长阿卜杜勒·哈米德·巴沙尼大毛拉在中国访问一周。

1979年7月，以哈吉·依里亚斯·沈遐熙为团长的中国伊斯兰教协会代表团访问巴基斯坦。

1980年9月，巴基斯坦穆斯林代表团到中国访问。

1982年10月，中国穆斯林友好代表团访问巴基斯坦。

1983年11月，巴基斯坦穆斯林学者代表团访问中国。

1984年4月，以宗教事务基金部秘书西迪欧为团长的孟加拉国穆斯林代表团访问中国。

1985年4月，中国宁夏回族自治区穆斯林友好代表团访问巴基斯坦。5~8月，应中国佛教协会的邀请，以迪戈坎则活佛为团长的不丹朝圣团访问中国。这是新中国成立后不丹来华的第一个朝圣团。9月，由马祖灵率领的中国穆斯林友好代表团到巴基斯坦访问。11月，巴基斯坦穆斯林学者代表团到中国访问。

1986年7月，巴基斯坦伊斯兰学者代表团来华访问。

1985年1月，应中国天主教爱国会的邀请，诺贝尔奖获得者、印度修女特里萨到达北京，访问中国。

二、思想交流

鸦片战争以后，中国人对南亚的了解逐渐增加。1842年魏源著《海国图志》初刻50卷，1847年增补至60卷，1852年又增至100卷。其中第19~22卷、29~30卷是介绍印度情况的。1848年，徐继畬的《瀛环志略》问世，这是一部世界地理书，分10卷，第三卷为《亚细亚五印度》。1879年3~9月，黄楙材等一行六人受官方差遣在印度考察。这是近代史上受官方派遣去印度的第一起事件。黄懋材著有《印度札记》、《游历刍言》、《西徼水道》等，介绍了他在印度看到的许多新鲜事物。1881年7月，马建忠、吴广霈受清廷派遣到印度，在印度停留25天，交涉鸦片事务。回国后，马著有《南行记》，吴著有《南行日记》，写出了他们在印度的见闻。1889年，薛福成被任命为出使英、法、意、比四国大臣，黄遵宪被任命为驻英二等参赞。1890年，二人同船经斯里卡兰西去。后来，薛福成和黄遵宪均有涉及南亚情况的著作。1898年戊戌变法前后，康有为和梁启超都十分关注印度问题，有关著作很多，在中国很有影响。

鸦片战争当中及其以后，印度也不时有人到中国来，加之印度报刊的介绍，印度方面对中国的了解也逐渐加深。在第二次鸦片战争中，英国人派往中国的军队中有不少印度士兵。他们是被驱使来镇压太平天国运动的。但其中有许多人来华后发现自己被利用了，加之同情太平天国运动，便掉转枪口与太平军一起作战。当时在太平军中有不少印度士兵，有的甚至为了中国的革命而献出生命。1893年，印度近代著名哲学家辨喜曾来过中国。他是近代印度民族主义者中最早来华的人物，他在自己的著作中表达了他对中国人民的同情和友好情谊，并预测中国人民将有一个伟大的未来。他的思想在印度早期的知识分子中有一定的影响。

1900年，中国爆发了义和团运动，英国又从印度调集来军队镇压。英军中的印度士兵多数是不情愿的。当时有一个士兵把他在中国的见闻用印地文写成日记，回国后在印度发表，题为《在中国的十三个月》。书中揭露了英国人的暴行，对中国人民寄予极大的同情，也介绍了中国当时的一些情况。

总之，从这一时期到辛亥革命前后，由于双方的往来接触和各种报道，中国与南亚彼此间增进了了解。这中间自然有一定的思想交流。然而，真正意义上的思想交流还是从辛亥革命前后开始的。下面以几位主要人物为线索对近现代中国与南亚的思想交流作简要介绍。

1. 章太炎与《民报》

章太炎与《民报》在近现代中印思想交流中起过重要作用。这是一种承上启下、继往开来性的作用。如果说康有为、梁启超在戊戌变法之前对印度的有关论述还只限于对印度国情的介绍，把印度国情作为一种前车之鉴用以警示皇帝和国人，那么，章太炎在戊戌变法失败后不久与印度友人的接触交往，以及在《民报》上连篇累牍地翻译印度的文章和发表印度问题的评论，则不仅是对印度国情的单方面介绍，而且是实实在在的思想交流。

前文曾提到章太炎在日本时曾结交了若干印度友人，如钵罗罕、保什、释迦氏、带氏等。他与他们的关系是"臭味相投，虽异族，有兄弟之好"[1]。他们同在天涯，同怀革命壮志，绝不是出于一般的友谊，而是互相鼓舞，互相支持，互相交流情感与思想。这虽然是小范围的交流，但章太炎把这一交往看作是两个民族的大事而著文发表于《民报》，使这一交流的影响扩大和延伸到了广大的读者之中。

章太炎在他自己写的文章《支那印度联合方法》、《答佑民》中，提出并论述了中印联合的主张。他的主张得到印度友人的赞同，于是他和印度友人一起共同发起成立了"亚洲和亲会"，把理论付诸实践。

与章太炎办《民报》同时，孙中山在日本主持同盟会工作。鉴于他的地位和威望，以及他所领导的辛亥革命，他的思想和人格在印度人中的影响很大。关于这一点，我们在前文已经作过简要介绍，这里不再重复。

---

[1]《民报》影印合订本第2册第13号第98页。

2. 甘地思想在中国

甘地对中国人民始终怀有强烈的友好感情，一直关心着中国革命的发展。20世纪初，他就对孙中山领导的民主革命表示了同情和支持。"甘地的思想大约在五四运动以前就开始被介绍到我国，他的一些重要著作在解放前很多已译成中文，在我国人民特别是知识分子中间有着广泛的影响。"[1] "据有人统计，在解放前的20多年中，有关甘地传记及其主义介绍的书籍总共有27种，平均一年一种。这些书中16种出版于30年代，20年代和40年代（到1948年）分别为3种和8种。在这些书中，单是甘地的自传即有4种不同的译本，罗曼·罗兰所作甘地传也有3种不同译本，此外甘地的代表作《印度自治》及其言行录，也都有人译介。若以解放前在中国享有盛誉的历史最久的大型综合性杂志《东方杂志》（1904~1948）而言，其中有关甘地及其主义和印度革命运动的译介文章，据作者统计，即不下60~70篇。其中19卷第10号（1922年5月出版）曾辟有《甘地与新印度》专栏，发表专文7篇，44卷第5号（1948年5月出版）则作为'追悼甘地专号'，刊载各种纪念文章达13篇之多。这些情况表明，甘地及其主义在中国的介绍历久不衰，拥有一定的读者群。"[2]

1920年，印度国大党采纳了甘地的"非暴力"和"不合作"的反英斗争策略。当年12月，"不合作运动"开始。这一运动引起了中国思想界的密切关注，各报刊连续登载有关消息和评论。1920~1926年，仅《东方杂志》发表的有关文章即约30篇。这一时期的文章如《印度民族运动领袖甘尼地》，不仅介绍了甘地其人，还刊登了他的头像。文章指出，甘地是印度自治运动的中枢，是不合作运动的首创者；他笃信宗教，主张爱国主义；他蔑视富贵和安乐，一意行善，不畏强暴；他深得印度民众敬佩，使英国当局惧怕。《印度自治运动》一文又说："甘氏为一急进派。而亦理想家，主张印度不仅自治而且独立。"1921~1925年，在中国的思想界展开了一场关于甘地和甘地主义的大论争。许多人在《东方杂志》、《向导》、《新建设》、《少年中国》、《前锋》、《中国青年》、《国闻周报》等报刊上发表意见，有些意见是十分尖锐和对立的。这场激烈的论争说明，中国的民族主义者和革命派十分关心印度的前途，十分重视印度独立运动中出现的问题。争论中的各种意见尽管分歧很大，但都希望印度

---

① 黄心川：《印度近现代哲学》，北京：商务印书馆，1989年版，第170页。
② 唐文权：《甘地两次不合作运动在当年中国的反响》，《南亚研究》1988年第4期。

的运动能顺利发展并取得成功。[①]

1929年12月，印度国大党通过了关于开展第二次不合作运动的决定。1934年5月，第二次不合作运动失败。对于甘地领导的第二次不合作运动，《东方杂志》亦有强烈反响，1929~1932年，发表评论、通讯等文章有二三十篇。据唐文权先生归纳，这一阶段发表的好文章具有三个特点：①鲜明而又理性地支持并赞同印度民族运动。②研究比较深入，论析接近本质。③受共产国际的影响，批判甘地"右派"立场的倾向明显加强。"就总体而言，其中不少文章通过深入探究，对印度局势指陈甚切，论析颇当，展示了敏锐的洞察力。它表明，随着时间的推移，在评述第二次不合作运动时，中国知识界有了长足进步。"[②]

中国研究研究甘地思想的第三个高潮是在改革开放以后的80年代。而80年代又集中于1984年（甘地诞辰115周年）前后和1987年（甘地逝世40 周年）前后。

1984年9月，中国南亚学会为纪念甘地诞辰，在杭州举行甘地研究学术讨论会。与会的数十名专家学者从历史、哲学、宗教等角度对甘地的人格、思想、贡献等进行了研讨和评价。会议的论文集《论甘地》收有论文15篇，于1987年由上海社会科学院出版社出版。1984年9月27日，中国人民对外友好协会和中国社会科学院·北京大学南亚研究所举行纪念会，隆重纪念圣雄甘地诞辰115周年。总的说，20世纪二三十年代的论争和当时中国的国情关联紧密，而80年代的讨论则是学术研究。

3. 毛泽东思想在南亚

在近现代中国与南亚的关系史上，毛泽东思想在南亚的传播和影响是一个很值得注意的事例。也许今天来评价这件事还为时过早，但历史事实是，毛泽东思想在南亚的影响确实很大，超过了中国历史上的任何人。其标志有二：一是毛泽东著作被大量翻译成南亚文字，二是出现了一批毛泽东思想的崇拜者。

---

① 林承节：《中印人民友好关系史》，北京：北京大学出版社，1993年版，第134~149页。
② 唐文权：《甘地两次不合作运动在当年中国的反响》，《南亚研究》1998年第4期。

第七章

中国与南亚的文学交流（上）

中国文学有着十分悠久的历史，有着自己灿烂辉煌的成就和自己独具一格的传统。但是，谁都不能否定，这中间有着印度佛教的影响。特别是印度佛教中国化以后，佛教对中国义学的影响更是深入到各个领域，从义学理论到创作技巧，从体裁文体到题材内容，这种影响到处可见。

本章将描述中国古代小说在发展演变过程中受印度佛教和佛教故事影响的情况。

第一节　印度佛教文学的传入

中国在汉代时即有佛经传入，经后世的不断翻译和增补，汉译佛经已形成一个庞大的宝库。

在浩瀚的佛教典籍中，有不少篇章属于优美的文学作品。例如，在佛典里有一部分叙述佛祖释迦牟尼生平故事的作品，不但情节生动，而且运用了多种文学技巧，有很高的文学造诣。其中比较突出的是公元1世纪左右马鸣写的《佛所行赞》。《佛所行赞》是长篇叙事诗，文字十分优美，是印度古典梵语诗作的一个典范。其他佛传故事作品，如《普曜经》等，也都具有很高的文学价值。佛经中还有一类作品，叫作本生故事，讲的是释迦牟尼前生若干世一次次转生的故事，也具有很强的文学性。这些故事一般都是古代印度的民间故事，经佛教徒加工，吸收到佛典里。这些故事的大多数都是歌颂和赞扬善良、美好、勤劳、智慧、团结、友爱的，极富于哲理性和教育意义。佛本生故事在世界各地流传极广，对许多国家和民族的民间文学乃至文人的创作都发生过明显的影响。

佛经中还有一大批寓言故事，如《百喻经》等，也极富哲理和机智的幽默感。佛本生故事中有相当一部分也属于寓言。佛经中的寓言在世界上影响很大，正如鲁迅在《〈痴华鬘〉题记》中所说："尝闻天竺寓言之富，如大林深泉，他国艺文，往往蒙其影响。"可见其艺术魅力之大。除了上面所说的三类作品之外，佛经中还有许多故事，这些故事通常被称为因缘故事。因缘故事通常是零散地夹杂在经文当中，是说法时信手拈来的例证。这一部分故事也同样具有文学上的鉴赏价值和生活中的教育意义。佛本生故事集中保存在南传佛教巴利文三藏中"小部"的《佛本生经》中，共收有500多个故事，因此，又被称为"五百本生"。在汉译佛经当中，本生故事相对分散一些，比较集中保存本生故事的有《生经》、《六度集经》等。汉译佛经中集中保存寓言故事的有《百喻经》、《法句经》等，集中保存因缘故事的有《杂宝藏经》和《贤愚经》等。当然，这只是一个粗略的划分，因缘故事与本生故事以及寓言故事有时很难截然区别，以上提到的几部佛经也仅是作个例证。可以说，在经、律、论三藏中，各种故事随处可见。

印度佛经故事除了文字的传播以外，还有口头的传播，只是我们无法追踪其来龙去脉而已。

佛经文学对中国小说的影响很大。下面按时代先后分别评说。

第二节　魏晋南北朝时期的志怪书

中国小说的发端可以说是比较早的，但与中国人写历史、写诗、写理论文章相比，又可以说是比较晚的。在先秦，中国人已经写出了许多脍炙人口的诗篇，写出了连篇累牍的编年史和卷帙浩繁的理论著作，却缺乏小说创作的意识。在先秦的理论著作中，往往夹杂着一些短小精悍而又意味深长的寓言，使中国的寓言艺术很早就形成了一个灿烂的高峰。但是，那时的寓言创作，主旨不在于讲故事，而在于说理。所以说，先秦人缺乏写小说的意识，也就谈不上有真正意义上的小说问世。到了魏晋南北朝时期，情况就有所不同了。这时的人们把一些故事记录下来，目的在于使它们流传。显然，记录者已经意识到了这些故事的价值。这些记录者都是文人，他们的工作一般都是停留在记录上，很少进行文学加工，因此，这些文人虽然记录了许多故事，这些故事都可以被称为小说，但他们仍然不是在有意识地进行小说创作，而是把那些故事当成实际发生过的事情记录下来。所以，那个时期的小说集不少都被命名为什么什么"志"、什么什么"录"或者什么什么"记"、什么什么"传"，如《灵鬼志》、《冤魂志》、《幽明录》、《近异录》、《搜神记》、《拾遗记》、《列异传》、《感应传》，等等。

总之，根据鲁迅的说法，魏晋南北朝时期的小说大体上可以分为两大类，一类叫作志怪小说，一类叫作志人小说。志怪小说记录的是一些神鬼灵怪、天堂地狱、因果报应等内容的故事；志人小说记录的则是历史人物，尤其是名人的逸闻趣事。应当说，佛教对这两者都有影响，而以前者为甚。所以，这里重点谈志怪小说。志怪小说之所以能够在魏晋南北朝时期蔚然而起，在很大程度上是因为受到了佛教的影响。在这个时期，佛教已经在中国站稳脚跟，并逐步发展自己的势力，一时间竟风靡朝野，成为一种时尚。这一时期里，有许多西域僧人来华传教，也有不少中国僧人去印度取经，这样，就有许多佛经被翻译过来，在中国广泛流传，造成极大的影响。

一、新观念所激发的想象力

中国古人是富于想象力的，中国古代的神话传说可以证明这一点。但是，自孔子以来的儒家多不语"怪力乱神"，这就在很大程度上抑制了志怪小说的创作，抑制了小说创作中想象力的发挥。佛教的传入在很大程度上改变了这一状况。佛教带来了一些新的时空观念，新的思维方式，新的神怪人物，新的理念境界。这些新东西大大启发了中国人的思维，激发了中国人的想象力。

1. 新的时空观与想象力

上一章，我们已提到印度佛教传入后对中国人时间和空间观念所产生的影响问题，并举有小说中的例子。为避免重复，这里仅举一个例子。

《灵鬼志》，成书于晋代，原书3卷，现仅存若干条，其中有"外国道人"一条，叙述了这样一个故事：

> 太元十二年，有道人外国来，能吞刀吐火，吐珠玉金银。自说其所受术，即白衣，非沙门也。尝行，见一人担担，上有小笼子，可受升余。语担人曰："吾步行疲极，欲寄君担。"担人甚怪之，虑是狂人，便语之云："自可尔耳，君欲何许自厝耶？"其人答云："君若见许，正欲入君此笼子中。"担人愈怪其奇："君能入笼，便是神人也。"乃下

担，即入笾中；笾不更大，其人亦不更小，担之亦不觉重于先。既行数十里，树下住食，担人呼共食，云"我自有食。"不肯出。止住笾中，饮食器物罗列，肴膳丰腆亦办。反呼担人食，未半，语担人曰："我欲与妇共食。"即复口吐出一女子，年二十许，衣裳容貌甚美，二人便共食。食欲竟，其夫便卧。妇语担人曰："我有外夫，欲来共食，附觉，君勿道之。"妇便口中出一年少丈夫，共食。笾中便有三人，宽急之事，亦复不异。有顷，其夫动，如欲觉，妇便以外夫内口中。夫起，语担人曰："可去。"即以妇内口中，次及食器物。

到了南朝的梁代，吴均的《续齐谐记》中有"阳羡书生"的故事，其情节与"外国道人"极相类似。唐朝人段成式在他的名著《酉阳杂俎》中曾经指出，这个故事来自佛经。《旧杂譬喻经》中有一个"梵志吐壶"的故事：在古代的某个国家，王太子因看到母后轻浮，心中受了刺激，离家出走，在山中见一梵志作术，口吐一壶，壶中有女人。梵志睡去，女人复作术吐出一壶，壶中有一少年，与女共乐。过了一会儿，女子将少年收入壶中，将壶吞下。梵志醒来，将女子收入壶中，将壶吞下。

从"外国道人"和"阳羡书生"的故事中可以看出一种奇特的思维方式和一种新奇的空间观，这无疑是佛教的赠礼。中国人深受"梵志吐壶"故事的奇幻想象力的影响，并模仿之，写出了"外国道人"的故事，但仍觉得不够劲，又进一步加以模拟改造，写出了"阳羡书生"的故事。鲁迅认为，这一故事的演变过程即是印度故事中国化的过程。

2. 新的人生理念与想象力

如上一章所说，佛教传入中国后，带来了一整套的人生观和道德观。例如，佛教认为，生命是一个不断循环往复的过程，对于一个人来讲，既有今世，也有前生和来世，因此，他必须为自己的行为负责，不管他愿意不愿意，他都将承担自己行为的一切后果。在这种人生观和道德观的影响下，魏晋南北朝的小说中出现了大量宣扬前生和来世、因果报应等的作品。

例如，南朝刘义庆的《幽明录》卷五有一则故事，叫作"安息王子"：

安侯世高者，安息国王子。与大长者子共出家，学道舍卫城中。值主不称，大长者子辄恚，世高恒呵戒之。周旋二十八年，云当至广州。值乱，有一人逢高，唾手拔刀曰："真得汝矣！"高大笑曰："我宿命负对，故远来相偿。"遂杀之。有一少年云："此远国异人而能作吾国言，受害无难色，将是神人乎？"众皆骇笑。世高神识还生安息国，复为王子，名高。安侯年二十，复辞王学道。十数年，语同学云："当诣会稽毕对。"过庐山，访知识，遂过广州。见年少尚在，径投其家，与说昔事，大欣喜，便随至会稽。过稽山庙，呼神共语。庙神蟒形，身长数丈，泪出。世高向之语，蟒便去，世高亦还船。有一少年上船，长跪前受咒愿，因遂不见。高谓广州客曰："向少年即庙神，得离恶形矣。"云庙神即是长者子。后庙祝闻有臭气，见大蟒死，庙从此神歇。前至会稽，入市门，值有相打者，误中世高头，即卒。广州客遂事佛精进。

这个故事被收进《太平广记》卷二九五中，梁代慧皎《高僧传》中的记载与此大同小异。这个故事讲的是安世高的"三世因缘"。

关于因果报应的故事在魏晋南北朝时期大量出现。当时，有一些佛教信徒专门写了一些宣扬佛教的书，大谈因果报应故事。鲁迅把这一类的书称为"释氏辅教之书"，正如他在《中国小说史略》第六篇中所说：

> 释氏辅教之书，《隋志》著录九家，在子部及史部，今唯颜之推《冤魂志》存，引经史以证报应，已开混合儒释之端矣。而余则俱佚。遗文之可考见者，有宋刘义庆《宣验记》，齐王琰《冥祥记》，隋颜之推《集灵记》，侯白《旌异记》四种，大抵记经像之显效，明应验之实有，以震耸世俗，使生敬信之心，顾后世则或视为小说。

这种宣扬因果报应的小说流传极广，直至今天，在许多小说中仍然能够看到因果报应思想的影响。这说明，佛教的这一思想已经深入人心，它要在各个时代的文学作品中顽强地表现出来。

除了鲁迅所说的"释氏辅教之书"外，魏晋南北朝的其他小说集中也时常有反映因果报应思想的故事。这种故事大体可以分为两类，一类讲的是善报，一类讲的是恶报。例如，《幽明录》卷五"姚翁"条，讲的是项县县令因公正审理了一件命案而受到善报的故事；"桓温参军"、"索元"、"无患"等条讲的则是作恶受恶报的故事。"不杀生"是佛教的一条最基本的戒律，不杀生有善报，杀生有恶报，这是小说中常见的主题。中国从魏晋南北朝时期开始有了地狱这个概念。地狱的观念既是佛教宇宙观中立体宇宙模式的一部分，也是其人生观、道德观中因果报应思想的一部分。有关地狱的描述，上一章已经举过例子。

总之，佛教人生理念的传入，在很大程度上激发了魏晋南北朝时期志怪小说作者的想象力。

二、故事情节的模仿与照搬

佛教把大量的佛经故事带到了中国，使许多故事在中国人民中间流传。流传日久，一些故事便逐渐中国化，成为中国小说。在魏晋南北朝时期，佛经故事对中国小说的影响主要表现为两种情况：一种是模仿佛经故事的情节，而改变其中的人物和地点；一种是将某个佛经故事稍作文字改动照抄过来。不管哪种情况，都说明，在佛经故事影响中国小说创作的早期，由于当时的人们基本上不是有意识地从事小说创作，尚不能很好地吸取外来小说的创作手法，尚没有充分发挥出自己的想象力和创造力。

1. 模仿佛经故事

三国魏人邯郸淳的《笑林》中有一则故事：

> 平原人有善治伛者，自云："不善，人百一人耳。"有人曲度八尺，直度六尺，乃厚货求治。曰："君且卧。"欲上背踏之。伛者曰："将杀我。"曰："趣令君直，焉知死事。"

这个小故事非常著名，至今还在人们中间流传，它既是一个笑话又是一个寓言，既富于幽默又富于哲理。然而，它却是从一则佛经故事演变来的。《百喻经》里有一个"治驼背"的故事：

> 有人卒患背伛，请医疗治。医以酥涂，上下著板，用力痛压。不觉双目一时并出。

这里需要说明，因为有人可能提出这样的问题：《笑林》的故事出在三国，而《百喻经》是南朝时印度来华僧人求那毗地翻译的，先出的东西怎么会受后出的东西影响呢？我们的解释是，《笑林》固然是先出的，但原书早已失传。根据《隋书》、《旧唐书》和《新唐书》的著录，《笑林》原有三卷，然而到了宋朝却扩大到十卷，显然是经过后人增补的。至于其中治驼背的故事是原有的还是后补的，一时难下结论，我们只能姑且认为它是原有的。而《百喻经》虽说是南朝萧齐时翻译的，但其中的故事是从12部佛经中辑出的。也就是说，远在《百喻经》被编辑成书之前，其中的故事早已存在于佛经之中，而且早已在各地流传。所以，我们认为《笑林》中的这个故事是受了《百喻经》的影响，是对《百喻经》故事的模仿。

《三国志》的《魏书》卷二○《邓哀王冲传》中有一个"曹冲称象"的故事，说曹冲在五六岁时就有了成年人的智慧。一次，孙权送给曹操一头大象，曹操想知道大象的重量，他的下属都无法称量，曹冲却想出了一个办法：先把大象装到船上，然后看水没到船边的位置，并刻下记号，再把别的东西往船上放，等水没到原先那个位置时，看所放的东西有多重，这个重量就等于大象的重量。就这样，曹冲用化整为零的办法称出了大象的重量。在《杂宝藏经》卷一的《弃老国缘》里也有一个类似的故事：

> 天神又复问言："此大白象，有几斤两？"群臣共议，无能知者。亦募国内，复不能知。大臣问父。父言："置象船上，著大池中，画水齐船，深浅几许。即以此船，量石著中，水没齐画，则知斤两。"

中国的一些著名学者，如陈寅恪、季羡林等，都认为"曹冲称象"的故事来源于佛经[①]。

以上两个例子都属于模仿，即大体情节不变，只是改变其中的人物和地点。这种例子很多。

2. 照搬佛经故事

照搬即把佛经故事完全照抄下来，非但不改变其情节，也不改变其人物和地点，而仅仅作点文字上的改动。刘义庆的《宣验记》里有一个"鹦鹉救火"的故事：

> 有鹦鹉飞集他山。山中禽兽，辄相爱重。鹦鹉自念："虽乐，不可久也。"便去。后数月，山中大火，鹦鹉遥见，便入水沾羽，飞而洒之。天神曰："汝虽有志意，何足云也！"对曰："虽知不能救，然尝侨居是山，禽兽行善，皆为兄弟，不忍见耳。"天神嘉感，即为灭火。

《旧杂譬喻经》卷二三也有这个故事：

---

① 季羡林：《中印文化关系史论文集》，北京：生活·读书·新知三联出版社，1982年版，第122页。

昔有鹦鹉，飞集他山中。山中百鸟畜兽，转相重爱，不相残害。鹦鹉自念："虽乐，不可久也，当归耳。"便去。却后数月，大山失火，四面皆然。鹦鹉遥见，便入水，以翅取水，飞上空中，以衣毛间水洒之，欲灭大火。如是往来往来。天神曰："咄！鹦鹉！汝何以痴！千里之火，宁为汝两翅水灭乎？"鹦鹉曰："我固知而不灭也。我曾客是山中，山中百鸟畜兽皆仁善，悉为兄弟，我不忍见之耳。"天神感其至意，则雨灭火也。

通过对这一对故事的比较，可以看出，前者是对后者的照抄，而仅仅做了一点文字上的改动。这种例子不是很多。

三、新人物与新地点

尽管魏晋南北朝小说中有一部分故事在模仿佛经故事时做了改头换面的工作，以使读者相信，那就是中国故事，那就是发生在中国的真人真事（如"曹冲称象"），但是，佛教仍然使不少魏晋南北朝小说中的人物和故事发生地受到了影响。

魏晋南北朝的小说中有不少是以僧人、居士、沙门、外国道人等为主人公的；还有许多以佛教神明，如佛、菩萨（Boddhisatva）、阎王（Yamaraja）、罗刹（Raksas）等为主人公的；还有不少是以西域胡人，特别是以天竺胡人做主人公的，如梵志、婆罗门等。

在魏晋南北朝的小说中，动物成为故事的主角或次主角的现象明显增多，这也与佛教的传入及其影响密切相关。我们知道，在古代印度，人们相信万物有灵，因此才有轮回转世之说。佛教继承了此说，也认为万物有灵，认为动物可以转生为人，人也可以转生为动物。所以，在《佛本生经》中，佛祖释迦牟尼的前生可以是这种或那种动物，而人们并不认为这是对佛祖的不敬。于是，在佛经故事中，动物普遍具有和人一样的思维、道德观念和行动能力。各种不同的动物之间可以相互对话，各种不同的动物又可以和人对话。佛教的这些观念和佛经中的这些故事对魏晋南北朝的小说发生了巨大影响，以至这一时期出现了大量的以志怪为内容的小说。人和动物之间不可逾越的鸿沟被填平了，动物和动物之间的鸿沟也被填平了。这种例子多得不胜枚举。

由于佛教的影响，魏晋南北朝的小说中，故事的发生地也起了变化，也就是说，发生在佛教寺院里的故事多起来了，发生在西域的故事也多起来了，总之，故事的发生地不仅限于中国，也不仅限于中原，更不仅限于中国的宫廷、豪门或寻常百姓家，而是变得更加丰富、更加广阔了。诚然，这一变化不完全是佛教的功劳，但佛教的传入确实使中国人的眼界更加开阔了，佛教为中国人的生活增添了新的内容。

第三节　唐宋传奇与志怪

唐宋时期，中国的文学发展到了一个空前辉煌的阶段，小说也发展到一个空前辉煌的阶段。这与佛教和佛经文学的影响有很大关系。

一、唐代传奇

在魏晋南北朝志人志怪小说的基础上，唐代传奇蔚然而起，以至为后代白话小说的产生奠定了基础。

正如鲁迅所说，到了唐代，中国文人才算是真正开始有意识地创作小说，而不是像魏晋南北朝时期那样只是对道听途说的故事作简单的记录。这样有意识创作小说的直接结果便是唐传奇的产生。因此，唐传奇一方面是以魏晋南北朝志人志怪小说为基础的，继承了前一个时代的传统，另一方面又有所创新，达到了一个全新的境界。唐传奇不仅带有志人志怪小说的某些特点，还加强了描写和虚构，使故事更曲折更生动，使人物更真实更传神，因而对读者更有吸引力和感染力。

唐传奇中，佛教的影响也是显而易见的。中国著名学者季羡林认为，佛教对唐代传奇文的影响主要表现在两个方面，一在形式上，一在内容上。他指出："在形式方面的影响可以以王度的《古镜记》为例加以说明。这一篇传奇文结构形式很特别。它以一面古镜为线索，为中心，叙述了几个毫不相干的小故事，用古镜贯穿起来。这种结构形式在印度古典文学颇为流行，比如流传全世界的《五卷书》就是如此，汉译的《六度集经》之类的书在结构方面也表现出了这个特点。"接着，他又从内容方面列举了七点：①《枕中记》之类故事；②《南柯太守传》等篇；③生魂出窍的故事；④借尸还魂的故事；⑤幽婚故事；⑥龙女故事；⑦杜子春的故事[①]。他对唐传奇受佛教影响的情况进行了全面系统的总结。

---

① 季羡林：《佛教与中印文化交流》，南昌：江西人民出版社，1990年版，第168页。

我们在谈到魏晋南北朝小说受佛教影响时曾罗列了思想观念、时空观、想象力、故事情节、故事主人公等方面，这些在唐传奇中仍然如此。

二、唐代变文

唐代出现了一个新的文学体裁，叫作"变文"。尽管学者们对"变文"中的"变"字作过各种各样的解释，意见并不一致。但是，"变文"是在佛教影响下产生的，这一看法却是一致的。

首先，因为唐代佛教充分发展，老百姓中信佛的人数要比以往更多。特别是经过各种社会变迁之后，人们在寻找精神上的寄托，佛教在这种情势下更容易被普通群众所接受。再加上封建统治阶级的提倡，佛教更加普及。这就在民众中产生了一种需要，需要用浅显通俗的语言讲解佛经的教义，用大家都感兴趣的故事去引发深奥难解的理论。正是适应了这一需要，和尚们开始了"俗讲"。变文就是在俗讲的基础上形成的一种新的文学体裁。

其次，流传并保存下来的变文中，有相当多是取材于佛经的。例如《目连变文》《地狱变文》《维摩诘经变文》等。但还有一些取材于中国故事的变文，如《汉将王陵变文》《王昭君变文》《伍子胥变文》《孟姜女变文》等。

根据张锡厚的意见，变文可以根据其内容分为两大类，一类是"讲唱佛经故事"的变文，一类是"以历史故事、民间传说和现实内容为根据而创作的变文"。他说，讲唱佛经故事的变文又可分为两种："其一，先引述一段经文，然后边讲边唱，敷衍铺陈。如《维摩诘经变文》《阿弥陀经变文》《妙法莲华经变文》等都是直接宣讲佛经经义，宣传佛法无边的。有人把它们称作'讲经文'，就是这个意思。其中，《维摩诘经讲经文》是唐代一部弘伟巨著，大约有三十卷左右，今天能见到的还有十五卷以上，完全是演绎《维摩诘经》。在讲唱每节之前，先引经文一则，然后根据经文加以渲染，常常是一二十字的经文，被铺陈为三五千字的长篇大幅；用不同的人物、不同的语言来描写相同的场景，想象十分丰富，写法也很高明，令人耳目一新。它是这类作品中著名的叙事诗。其二，是直接讲唱佛经神变故事，本文前不引经文，而是依据佛经里的一个故事，一个传说，自由地抒写阐扬，挥洒成篇。其中某些作品有浓厚的生活气息，故事情节，人物形象都很生动有趣。由于主要目的是为宗教服务，思想内容仍受经义佛理的限制，如《降魔变文》《目连救母变文》等，也都是宣传因果报应、地狱轮回的作品。《降魔变文》出自《贤愚经》，是一篇较好的作品，特别是描写佛弟子舍利弗与六师斗法，写得极为精彩……这场斗法变化万千，奇象异景，别有洞天。舍利弗先后变成金刚、狮子和鸟王，战败六师幻化的宝山、水牛和毒龙。作者以惊人的想象、奇特的构想、绚丽的文字，描绘出千汇万状的场景，是那样的惊心动魄。"[1]

另外，变文采取了韵文和散文相间使用的文体，这一文体也是受了佛经的影响。

三、宋代志怪书与传奇文

一般来说，唐代的小说在文学史上占有崇高的地位，不仅数量多，而且质量高。至于宋代的小说，文学史家历来的评价都不是很高。其实，宋代的小说数量也极大，而且也有质量很高的上乘之作。

到了宋代，佛教传入中国已经上千年，佛教在中国已经牢牢地确立了自己的地位。因此，宋代小说中时常可以看到佛教思想的影响，已经不足为奇。在这里，我们不打算面面俱到地分析佛教思想是如何影响了宋人的小说，而只是举出一些篇什，说明其受佛教文学影响的情况。

北宋人刘斧有一部著名的小说集《青琐高议》，其中既有杂事的记录，也有志怪和传奇小说，而以志怪和传奇文为主。从这部书中，我们可以清楚地看到佛教的影响。《青琐高议》前集卷二有《慈云记》一篇，从这个故事里，我们可以看到佛教的一些思想。不仅如此，其故事情节也与唐传奇《枕中记》等相似。

此外，《青琐高议》后集卷三中还有几则故事，也与印度佛教的影响有关。如《异鱼记》，讲的是龙女以珠报恩的故事，可以说与唐传奇《柳毅传》一脉相承。同卷还有《化猿记》，讲的是杀猿遭恶报的故事；《杀鸡报》、《猫报记》等讲的是杀生遭恶报的故事。《程说》讲的则是地狱中的情景。同样，其他卷里还有许多善恶报应的故事。

《青琐高议》后集卷九有一篇《仁鹿记》，讲的是楚元王到云梦泽打猎，追一群鹿，鹿王到楚王面前说理，愿每天供应一只鹿给楚王。楚王感动，禁令杀鹿。后楚吴交战，楚窘，群鹿为疑兵救楚。在这个故事里，那个鹿王说出了人的语言，它还颇有智慧，俨然是个战略家，而且还具有环境保护和生态平衡的意识。这显然是作者虚构出来的。但这个故事并不是凭空虚构出来的，而是有

---

[1] 张锡厚：《敦煌文学》，上海：上海古籍出版社，1980年版，第73页。

一定故事来源的：一方面，作者利用了春秋时吴楚争霸的历史故事，另一方面则采摘了佛经中的故事。《六度集经》中有一个"鹿王"的故事，是一个佛本生故事，说从前菩萨曾转生为一只鹿王，体格高大。鹿王到国王的大殿前说了一番道理，要求国王不再打猎，而由群鹿每天推举一只自动送给国王。国王答应。一只母鹿行将临产，却正好轮到它去送死，鹿王不忍，便自动代替母鹿去送死。国王深为感动，决定不杀鹿王，并下令全国：伤害鹿与伤害人同罪。国王以仁慈治天下，国家太平。

通过比较即可知道，《仁鹿记》正是从这则佛本生故事演化来的，而且其中有的词语都很相似。

宋初著名笔记小说集《北梦琐言》于1981年出版了点校本，点校者整理出20卷和逸文4卷，并为每条故事编号立题，共得416条。因篇幅所限，我们在这里不一一分析，只是罗列一下有关的题目，就可以看出这部书受佛教影响之深了。卷一有"再兴释教"条；卷三有"高太尉决礼佛僧"条；卷七有"曹相梦剃度"条；卷八有"张仁龟阴责"、"顾非熊再生"、"李当尚书亡女魂"等条；卷九有"刘山甫题天王"、"书宰相功德验"、"刺血写经僧"、"张兴师决门僧"等条；卷十有"狄右丞鄙著紫僧"等条；卷十一有"李璧尚书戮律僧"等条；卷十九有"击碎舍利"、"鱼目为舍利"等条；逸文卷一有"僧怀濬书吉凶"、"公乘通投生为驴"等条；逸文卷二有"僧惠照梦相国寺中铁塔"、"蜀王先主礼僧"等条；逸文卷三有"大慈寺佛光"、"大轮咒术"等条；逸文卷四有"僧子朗祈雨"、"赵廷隐家莲花"等条。这里仅仅列举了一部分题目，至于其内容与佛教相关者，自然要多得多。

洪迈是南宋著名学问家和文言小说家。他的《夷坚志》据说有420卷之巨，但现存最全的辑本仅200余卷，不及原书之半。即便如此，此书仍是中国小说史上最大的一部文言小说集，存有小说2 700余篇。不过，《夷坚志》中也辑录有前人的成品，至少有700人为他提供了素材，而大部分作品是他根据各种民间传闻写成的。从中可以明显地看出佛教的影响。仅以第一、二卷为例：第一卷有故事22则，其中有8则故事可明显看出与佛教影响有关；第二卷有故事28则，其中有9则与佛教影响有关。其他诸卷，情况与此相类。在这些与佛教影响有关的故事中，有的是写僧人的故事，有的是写塔寺的灵异，有的写菩萨、金刚（Vajrasattva）、阎罗、夜叉（Yaksa）、龙女等，有的则写善恶报应、轮回转生等。

当然，宋代的笔记小说还有许多，我们这里仅选了几部有典型意义的略加证明。

第四节　元明清时代的小说和寓言

元明清三代，中国的宗教信仰情况虽然与以往有所不同，但佛教的地位仍然是巩固的。元朝的统治者是蒙古族，其民族文化受佛教影响很深；明代的统治者中虽然有大力崇尚道教的，但对佛教也未极力排斥；清朝的统治者则多崇尚佛教。统治者的态度决定了这三个朝代的文化必然受佛教的影响。从小说的情形看，正是如此。

一、文言小说

元明清三代的文言小说上继唐宋遗风，仍然兴盛不衰。下面选一些具有代表意义的作品作粗略分析。

1. 无名氏的《湖海新闻夷坚续志》

元代无名氏的《湖海新闻夷坚续志》共分前后两集，十七大门类，500余条，是继宋人洪迈《夷坚志》和金人元好问《续夷坚志》之后出现的一部大型志怪小说集。值得注意的是，在这部书的十七大门类中，专辟有"佛教门"。"佛教门"下又分"佛像"、"佛化"、"圣僧"、"佛谴"、"水陆"、"佛经"、"证悟"七类，共47条故事。此外，在"人事门"、"符谶门"、"珍宝门"、"艺术门"、"警戒门"、"报应门"、"文华门"、"神明门"、"怪异门"、"精怪门"、"灵异门"等。绝大多数门类中都有涉及佛教或受佛教影响的故事。其中，"报应门"中的故事更是条条都宣扬了佛教善恶报应的思想。下面试举一例。

前集卷三《放鳖报恩》：

> 叶三大解元，槐苍人。有馈大鳖者，投之水。数日又再进，熟视之，即前日所放之鳖，遂于腹下刺一"佛"字，放生济川桥下。壬子，诏父子同应乡举，洪水骤涨，舟过金水滩，几覆。须臾复止，若有物扶其舟。及至安流，鳖现"佛"字，始知即所放鳖也。是夜，梦一皂衣妪曰："尔子今秋领乡举。"是年果然。

这个故事中，出现了"佛"字，讲的又是放生获善报，显然是与佛教有关。

问题还不止于此，类似的故事在南朝刘义庆的《幽明录》中已出现过，其文如下：

> 晋咸康中，豫州刺史毛宝守邾城。有一军人于武昌买得一白龟，长四五寸，置瓮中养之。渐大，放江中。后邾城遭石氏败，赴江者莫不沉溺。所养人被甲入水中，觉如堕一石上。须臾，视之，乃是先放白龟。既得至岸，回顾而去。

然而，《幽明录》的这则故事仍然不是《放鳖报恩》的源头。《六度集经》卷三有一则本生故事，讲的是一个人花重金买了一只鳖放生，后来鳖为了报恩，在洪水到来之前通知那个人准备好船只。《经律异相》卷四四引《阿难变现经》故事同此。显然，这类买龟放生又获得报答的故事是受了佛经故事的启发。

2. 瞿佑等人的《剪灯三话》

明代的文言小说很多，其中最有代表性的是《剪灯三话》。《剪灯三话》是三部小说集的合称，即瞿佑的《剪灯新话》、李昌祺的《剪灯余话》和邵景詹的《觅灯因话》。书中的佛教影响随处可见，总结一下，主要表现为以下四种情况：①书中经常使用佛教的词语、典故。②佛教的寺庙时常是故事的发生地或男女主人公的避难所。③僧尼、普通信众和坚决反佛者成为故事的主人公。④佛教的教义成为小说的思想内容。

归结以上四点，可知《剪灯三话》从语言到内容，从取材到构思，都曾得益于佛教的影响。这影响的产生可能是直接的，即作者本人信佛或读过佛书，但更可能是间接的，即社会上佛教的现实反映到了小说中。

3. 蒲松龄的《聊斋志异》

《聊斋志异》受佛教影响的情况，也可以按前文所述《剪灯三话》中的四个方面来加以总结。这里不必重复。《画壁》是《聊斋志异》的名篇之一，作者蒲松龄在这个故事的后边还发表了一通议论，说："幻由人生，此言类有道者。人有淫心，是生亵境；人有亵心，是生怖境。菩萨点化愚蒙，千幻并作，皆人心所自动耳。"由此可知，蒲松龄对佛理知之颇深，就难怪他书中多有与佛教相关的故事。

4. 纪晓岚的《阅微草堂笔记》

纪昀，字晓岚，是清代居于高位的文化人。他学识渊博，精通儒、佛、道三教，晚年写出文言笔记小说《阅微草堂笔记》。此书24卷。前6卷总名为

《滦阳消夏录》，共297则故事；第7~10卷总名为《如是我闻》，共256则故事；第11~14卷总名为《槐西杂志》，共285则故事；第15~18卷总名为《姑妄听之》，共215则故事；第19~24卷总名为《滦阳续录》，共143则故事。由于作者是精通三教的著名学者，所以他的这部小说集中必然反映出佛教对他的影响；而且，他写的这些故事大多比较短小，故事后往往都有他的评论，这是这部小说的显著特点。下面请看两则实例：

卷一最末一则讲的是一书生月夜见女鬼，女鬼请书生写《金刚经》的故事。从这则故事中，可以明显看出佛教的影响。尤其是关于转《金刚经》的事，屡屡见于唐以来的文言小说，直到清代仍未衰竭。

卷二第42则讲的是庙中泥塑化为人，与老儒生谈论儒佛教义的故事。在这个故事里，作者把儒家和佛家理论融合起来，宣扬了因果报应思想。作者对于儒佛两家的看法，可从此书卷十四的一段话看出些端倪："余谓各以本教而论，譬如居家，三王以来，儒道之持世久矣，虽再有圣人弗能易，犹主人也。佛自西域而来，其空虚清净之义，可使驰骛者息营求，忧愁者得排遣；其因果报应之说，亦足警戒下愚，使回心向善，于世不为无补。故其说得行于中国……夫佛自汉明帝后，蔓延已二千年，虽尧、舜、周、孔复生，亦不能驱之去。儒者父子君臣兵刑礼乐，舍之则无以治天下，虽释迦出世，亦不能行彼法于中土。本可以无争……然两家相争，千百年后，并存如故；两家不争，千百年后，亦并存如故也。各修其本业可也。"

二、白话小说

到元明清三代，中国的白话小说已经崛起，并且很快便登上了一座高峰。特别是到了明代，短篇白话小说出现了"三言"、"二拍"那样的优秀小说集，长篇小说也异军突起，出现了《水浒传》、《三国演义》和《西游记》等名著。清代的长篇小说《红楼梦》则达到了一个更高的境界。同样，佛教对中国白话小说的影响也是十分深刻的。在这里，只能择比较突出的几部小说作简要的说明。

1. 吴承恩的《西游记》

《西游记》应当被列为中国神魔小说之首。但是，可以这样说，没有佛教便没有《西游记》。这道理很简单，因为《西游记》所描写的内容是以唐僧师徒去西天取经的故事贯穿起来的，假如佛教不传入中国，历史上便没有唐玄奘去西天取经的事；没有唐玄奘取经的史实，便演义不出唐僧、沙僧、猪八戒、孙悟空的故事。这是从总体来说的。如果具体地看一看《西游记》的内容，看一下它的语言、结构、人物和一些故事情节，更会使我们深信不疑：《西游记》确实是佛教影响的产物。

语言方面：

《西游记》的语言生动活泼，而且十分丰富。既然是以佛教史实作为演义的出发点，以取经故事作为故事的主线，那么《西游记》的语言也必然要受佛教影响，采用许多佛教语汇。关于这一点，只要翻开《西游记》看一看就知道了，在这里不必举例。

结构方面：

《西游记》在结构方面有两点与佛教的影响有关，一是它韵散相间的文体结构，二是它用一个大故事把若干小故事串联起来的编排结构。从文体结构看，叙事是用散文体，但中间不时地穿插有诗词，如经常出现的"有诗为证"等。前面说过，唐代变文经常采用韵散相间的形式，把讲和唱结合起来，以引发听众的兴趣，这种情况是受了佛经文体形式的影响，与讲经说法的方式有关。《西游记》是这样，《三国演义》、《水浒传》也是这样。从编排结构看，《西游记》是以西天取经为故事主线，中间串联了许多小故事，这些小故事都可以独立成篇。唐代王度的《古镜记》是受了佛经故事编排结构的影响，用一枚古镜把几个故事串在了一起。《佛本生经》实际上也是这种结构，以菩萨转生为线索，把许多故事有机地联系在一起，而实际上，每一个故事又都是独立的。《西游记》的结构正是如此。

人物方面：

《西游记》中的主角有4个，都是佛门中人物。其中唐僧是由历史上的真实人物玄奘演化来的，这一点已经没有疑问。而关于孙悟空形象的来源，学者们曾有一番争论，诸家各执一词，长期无有定论。中国的一些著名学者，如胡适等，都认为孙悟空的形象是源于印度古代史诗《罗摩衍那》中的神猴哈奴曼。而另外一些学者，如鲁迅等，则认为孙悟空是中国的土产。1986年，赵国华曾在《南亚研究》上撰写长篇论文，详细地考察讨论了孙悟空形象的来源。他认为，孙悟空形象的最后定型，经过了一个漫长的过程。在《西游记》成书之前，民间早已经有了关于唐僧西天取经的传奇故事，《大唐三藏取经诗话》便是一个不可忽略的中间环节。他抓住了这一中间环节中的猴行者形象，广征博引，最后得出结论："《西游记》中孙悟空的神猴形象，直接继承于《大唐三藏取经诗话》的猴行者；猴行者的神猴形象，不是来源于中国古代神话和中国古代的猿猴故事；猴行者的神猴形象出于佛典……作为《西游记》中孙悟空的前身，猴行者的神猴形象虽然源出印度，但他既不是简单的照搬，也不是生硬的模仿，而是对印度文学的营养经过自己的消化和吸收后，所创造的中华民族的神猴。"①

此外，关于猪八戒和沙僧的形象来源，中国著名学者陈寅恪曾考证过，也是在佛经故事的基础上演化来的②，这里不再细说。

情节方面：

在具体情节上，《西游记》中受佛经故事影响的例子也很多。这里只举一例。孙悟空在大闹天宫以后，有一段与二郎神斗法的故事。二人各自变化形体，忽而在空中斗，忽而在地上斗，忽而在水中斗，最后，终因孙悟空七十二变，二郎神七十三变并多了一条哮天犬，孙悟空落败。这一情节与佛经故事有关。唐代《降魔变文》讲到佛的弟子舍利弗与六师外道斗法，与此相似。《降魔变文》斗法故事的依据，是《贤愚经》卷十的《须达起精舍品》。另外，关于孙猴子与二郎神斗法，季羡林也已指出其佛经来源，他引了《佛说菩萨本行经》卷中的佛与龙（Naga）斗法的故事：佛为民除害而到龙泉，龙化现为罗刹，佛化为毗沙门天王（Vaisravana）。龙化为大象，佛即化为狮子。龙现出本相，佛化为金翅鸟（Garuda）王……佛最终降服了龙。他说："我们拿这一段同《西游记》孙猴子大闹天宫时同杨二郎斗法的故事比一比，立刻就可以发现，这两个故事简直太相似了。"③

此外，通天河悟空与八戒变童男童女的故事、孙悟空大闹龙宫的故事、如来将手化为五行山的故事、大龟驮经的故事等，都有其佛经来源。

2. 许仲琳的《封神演义》

《封神演义》是中国小说史上地位仅次于《西游记》的一部长篇神魔小说。它在民间亦有广泛的影响，尤其是其中哪吒闹海的故事，更是脍炙人口、久传不衰。《封神演义》的主要线索是在历史上武王灭商事件的基础上编织而成的，

---

① 赵国华：《论孙悟空神猴形象的来历》，《南亚研究》1986年第2期。
② 陈寅恪：《金明馆丛稿二编》，上海：上海古籍出版社，1980年版，第192~197页。
③ 季羡林：《中印文化关系史论文集》，北京：生活·读书·新知三联书店，1982年版，第174页。

而在它成书之前，民间早已有了《武王伐纣平话》，一般认为，许仲琳只是在此基础上做了编辑加工的工作，使《封神演义》最后定型为今天这个样子。在这部小说中，作者把佛家和道家融合为一体，然后又分成阐教和截教两大阵营。因此，佛教对此书的影响也随处可见。这里不打算一一讨论其细节，仅就其中的几个人物作简单说明。

（1）托塔李天王

托塔李天王这一人物不仅出现于《封神演义》，而且也出现于《西游记》，这说明民间早已有这样一位神。《封神演义》中，托塔李天王姓李名靖，是陈塘关总兵。这就给了我们两个方面的信息，两个考察方向：一是要考察一下天王的来历，二是要考察一下李靖其人。天王是佛教中所常说的护法神。据《长阿含经》卷一八，天王有四个，被称为"四天天王"，分掌四方：东方天王名多罗吒（Dhritarastra），统领乾达婆（Gandharva）、毗舍遮（Pisaca）诸小神；南方天王名毗琉璃（Virudhaka），统领鸠槃荼（Kumbhanda）及薜荔神（Preta）；西方天王名毗留博叉（Virupaksa），统领龙及富单那（Putana）；北方天王名毗沙门，统领夜叉、罗刹。北方天王毗沙门影响最大，在中国最受尊崇，原因很可能与中国地处印度北方有关。到唐代，由于印度佛教的密宗大举传入中原，关于毗沙门天王的故事在中国民间更是层出不穷。密宗推崇毗沙门天王，密宗经典中经常提到他。唐代开元年间，善无畏、金刚智和不空来华译经传教，号称"开元三大士"，都是密宗人物。也正是在这一时期，关于毗沙门天王的密宗经典被大量翻译成汉语；也正是在这一时期，民间信仰毗沙门之风大盛。

《古今图书集成·神异典》卷九一引唐人卢弘正《兴唐寺毗沙门天王记》曰："毗沙门天王者，佛之臂指也。右扼吴钩，左持宝塔，其旨将以摧群魔，护佛事。斯人在开元则玄宗图象于旗章，在元和则宪皇交神于梦寐，佑人济难，皆有阴功。自时厥后，虽百夫之长，必资以指挥，十室之邑，亦严其庙宇。"这段话清楚地反映了唐代自皇帝至平民崇信毗沙门天王的现实。

毗沙门天王手中有塔，这在不空译的密宗经典《北方毗沙门天王随军护法真言》中已经提到。而据《茶香室三钞》卷一九，六朝时的天王图中即有托塔天王的形象。但直到唐朝，托塔天王指的仍是佛教中的北方毗沙门天王，而不是李靖。李靖是唐代初期的名将，著有兵书，《旧唐书》和《新唐书》有传。《太平广记》卷四一八引《续玄怪录》一故事，说李靖年轻未成名时曾入山行猎，迷路而得入龙宫，遂代龙行雨。卷二九又引《原仙记》曰，一人得恶疾入深山寻死，遇一老人，老人自称李靖，以药丸治好他的病。据后一个故事，其事发生在"大历中"，即770年前后，而其时李靖已死一百余年。由此可知，李靖死后已被神化，似乎是仙人，为道家所尊崇。然而，后来李靖怎么忽然和毗沙门天王混合而成为托塔李天王的，目前尚未发现有关记载。

（2）哪吒

哪吒（Nalakubara）一名来自佛典。《毗沙门仪轨》中说，"天王第三子哪吒太子，捧塔常随天王"。可见密宗的典籍中已明确说出哪吒是毗沙门天王的第三子，而且是由他代父捧塔的。但《封神演义》中却说他与托塔李天王反目成仇，后由太乙真人使他复活。北京大学教授金鼎汉考证，哪吒一词是那罗鸠婆的简译。《佛所行赞》的《第一生品》中说道："毗沙门天王生那罗鸠婆，一切诸天众皆大欢喜。"说的就是哪吒出世。此外，金鼎汉还指出，《封神演义》常把佛教中的一些名字略加变化使之成为道教中人物，例如，把密宗的准提观音（Candi-avalokitesvara）变为准提道人，把普贤菩萨变为普贤真人，把燃灯佛（Dipamkara）说成是燃灯道人，把文殊菩萨说成是文殊广法天尊等。

3. 曹雪芹的《红楼梦》

《红楼梦》是中国最受推崇的小说之一。作者曹雪芹是一位博学多才的人，他对人生、对社会、对历史、对中国文化，都有非常深刻的了解和认识，这中间当然也包括佛教。佛教的影响在《红楼梦》中有充分体现，下面仅谈《红楼梦》第一回中的几点情况。

《红楼梦》第一回开头部分有这样一段话："一日，正当嗟悼之际，俄见一僧一道，远远而来，生得骨格不凡，丰神迥异，来到这青埂峰下，席地坐谈。""又不知过了几世几劫，因有个空空道人访道求仙，从这大荒山无稽崖青埂峰下经过，忽见一块大石，上面字迹分明，编述历历。空空道人乃从头一看，原来是无材补天、幻形入世，被那茫茫大士、渺渺真人携入红尘、引登彼岸的一块顽石，上面叙着堕落之乡，投胎之处，以及家庭琐事，闺阁闲情，诗词谜语，倒还全备。只是朝代年纪，失落无考。后面又有一偈云：无材可去补苍天，枉入红尘若许年；此系身前身后事，倩谁记去作奇传？"这里，首先出现了一僧一道，作者把他们说成是茫茫大士、渺渺真人，使故事带上了宗教神秘色彩。一僧一道联袂而来，这非常说明问题：中国封建传统文化基本上是以儒家文化为主体，以佛家和道家文化为两翼，这一格局维持了一千余年。虽然儒佛道三家历来不免有门户之见，但这一格局却始终没有被打破，只是近代以来，西方思潮的渐渐渗透，才使它渐渐趋于瓦解。作者深知佛、道在中国的影响，所以才虚构出这样两个人物，并使之相辅相成，共同引出《红楼梦》的故事。到后来，书中每到关键时刻，总有一僧一道出现，起着画龙点睛的作用。此外，这段话中尚有几个佛家语，如"几世几劫"、"幻形入世"、"引登彼岸"、"投胎"等，都很自然地运用于文中，人们已不感到格格不入，可见佛教思想已经进入中国文化的骨髓。

下面还有一段话，也颇能说明问题："空空道人听如此说，思忖半晌，将这《石头记》再检阅一遍。因见上面大旨不过谈情，亦只是实录其事，绝无伤时诲淫之病，方从头至尾抄写回来，闻世传奇。从此空空道人因空见色，由色生情，传情入色，自色悟空，遂改名情僧，改《石头记》为《情僧录》。"在这段话里，充满了佛家的玄机，充分反映了作者对人生对世界的看法，说明作者世界观人生观受佛教理论影响之深。正因为如此，作者才能站在一个更加超脱的高度，来描写人世间所发生的悲剧。另外，这里所说的空空道人，读者已很难判断出他是僧是道。诚然，古代人有时也把僧人称为道人，但作者在本书中也常常把僧人和道人分得很清楚，故有一僧一道之说，说明作者对佛教和道教的区别是清楚的。如果说这里的空空道人是道士的话，那么他似乎不应当改名为情僧；如果说空空道人本来指的就是和尚的话，那么本书中常出现的跛足道人则分明不是和尚而是道士。这一矛盾情况怎样解释呢？曹雪芹会搞错吗？显然不会。唯一合理的解释应是，曹雪芹之所以这样写，是有意识的。或者说，在他看来，不管是僧是道，在本质上都是一样的。他显然已经跳出于宗教门户之上，大彻大悟，将二教贯通，使佛道浑然一体。在他看来，佛教的"色"与"空"就同道教的"有"与"无"一样，也可以通俗地解释为"好"和"了"。所以，在第一回中间，作者引出了"太虚幻境"入口处的一副对联："假作真时真亦假，无为有处有还无。"而在第一回行将完结的时候，作者又特地安排了一段《好了歌》和《好了歌解》，并借道人之口说："可知世上万般，好便是了，了便是好；若不了，便不好；若要好，须是了。"人们可以不赞成曹雪芹的人生观和世界观，但我们却不能不佩服他对人生对世界的深刻理解和他对佛道二教的融会贯通。

我们不能说《红楼梦》是中国与南亚文化交流的产物，也不能说它受了佛经故事的影响，但它确实受到佛教的影响，而佛教则是中国与南亚文化交流的产物。因此，说《红楼梦》受到南亚文化的间接影响，恐怕并不为过。

三、寓言与笑话

中国寓言的历史悠久，早在先秦就已形成了一个辉煌的高峰。当时的诸子百家在著述中常用寓言故事来说明哲学道理，生动而深刻，给人们留下难以忘怀的印象。至今，有许多寓言故事已被简化为成语，时常出现在人们的口头和笔下，例如，刻舟求剑、狐假虎威、揠苗助长、守株待兔等，它们都将作为宝贵的精神财富永远流传下去。古代的印度也是一个寓言的高产国，佛教也继承了这笔遗产，并把它们传入了中国，使之对中国后期的寓言和笑话发生影响。

中国寓言到明清时代又出现了一个新的高峰，而且还出现了与笑话合流的趋势。这种情况的出现，有社会政治的原因，也有文化的原因。从社会政治的原因讲，有统治阶级的腐败、元末和明末的战乱、文字狱的不断兴起等；从文化原因讲，一方面是小说大潮的带动和促进，另一方面是部分文人看破人生，戏谑人生。明清寓言和笑话从内容到形式，都受到佛教的影响。可参见拙著《中印文学比较研究》的有关章节，此处从略。

总之，从魏晋南北朝到明清时代，中国小说的发展过程中，每一步都可以看出佛教的影响。来自印度的佛经故事对于中国小说，起到了丰富和推动的作用。在魏晋南北朝时期，中国小说受佛经故事的影响主要表现为模仿和照搬；唐宋时代主要表现为改造和吸收；元明清时代则主要表现为对佛教义理的融会贯通。

第八章
中国与南亚的文学交流（下）

本章将谈论五个方面的问题：①佛教与中国诗歌；②佛教与中国诗论；③近现代中国与南亚的文学交流；④泰戈尔与中国；⑤鲁迅在南亚。戏剧的问题将在第九章再谈。

第一节　佛教与中国诗歌

中国是一个诗的国度。从文学史的角度看，这话确实有道理。从上古的《诗经》开始，直到当代，不管中国这块大地上发生什么样的变化，诗歌的创作始终没有停息。自《诗经》而下，楚辞、汉赋、唐诗、宋词、元曲，乃至明清古体诗词、近代现代的新体诗歌，是一个源远流长、波澜叠起的诗歌长河。在中国诗歌的漫漫长河中，也融汇有佛教的微妙教义，成千上万的诗人受到了佛教的影响，成千上万的诗作，辐射出佛教的灵光；更有许多僧人居士，或引吭高歌，或把卷低吟，为这条奔腾不息的长河献上一朵朵色彩缤纷的浪花。

佛教起源于古印度，而印度也是一个诗歌的国度，从古经"吠陀"而下，"梵书"、"奥义书"、"史诗"、"往世书"等，无不以诗体写成。梵音不断，如恒河的涛声。佛教的典籍，也多以韵文著成。两个诗歌国度的文化碰撞，就必然在诗歌的长河中掀起一簇簇新的浪峰，必然在诗歌的神坛上奏出新的旋律。以下分为四个阶段，大略地考察一下佛教对中国古代诗歌的影响。

一、汉魏晋南北朝

中国的诗歌在魏晋南北朝时期获得了长足的发展，所以才孕育出后来灿烂夺目的唐诗。而佛教亦在魏晋南北朝时期获得了长足的发展，所以才有唐代佛教的鼎盛。然而，作为儒家重点教育内容之一的诗歌，接受佛家影响的过程是较长的，其进程也是相对缓慢的。尽管如此，我们仍然可以找到许多例证，以证明其接受佛家影响的事实。

1. 桑门见汉赋

《文选》卷二有张衡《西京赋》，其中在描绘了乐舞伎人之美之后，又有这样两句："展季、桑门，谁能不营？"李善注曰："桑门，沙门也。《东观汉记》，制楚王曰：以助伊蒲塞桑门之盛馔。"张衡是东汉时人，他所写的是西汉时的事情。据此，饶宗颐曾提出："象教东传，不始于东汉明帝……实则汉初已有浮屠。"[①]此说姑且不论。桑门出现于汉赋说明，至少佛教在传入中国之初即已引起人们的关注。虽然汉赋中这种例子极少，但它毕竟宣告了佛教对中国诗歌影响的开始。

2. 浮屠入魏诗

三国时期，中国文学史上出现了一个所谓"建安时代"（公元196~219年）。这一时期的突出文学成就是以三曹（曹操、曹丕、曹植）为首的一批文人所创作的诗歌。人们有时称这批诗为魏诗。

魏诗中，我们经常能发现一些有关探讨人生的作品，而这些作品又常常与老庄或神仙相联系。这说明，当时佛教传入中原不久，文人们仍以儒家为正统，以老庄为道术，尚来不及在诗歌中对佛教思想做出反应。诗中每谈人生，要么是荣华富贵，要么是长命百岁。凡是涉及荣华富贵的，都与扬名有关；凡是想长命百岁的，多与仙道有关。即使是一些隐逸诗，也多攀比老庄、神仙，而决不扯上佛教。

但是，佛教毕竟已传入中原，就不可能一点影响也留不下，因此，便有了浮屠入魏诗的例子。有这样一首诗：

> 少壮面目泽，长大色丑粗。
> 丑粗人所恶，拔白自洗苏。
> 平生发完全，变化似浮屠。
> 醉酒巾帻落，秃顶如赤壶。

---

① 饶宗颐：《梵学集》，上海：上海古籍出版社，1993年版，第52页。

这首诗的作者是应璩，魏明帝时曾做过散骑常侍，后曾为大将军曹爽的长史。此诗是他所作《百一诗》中的一首。其中提到浮屠。浮屠是佛陀的另一译法，当时也称佛教为浮屠教，后来有时也称塔为浮图或浮屠。在这首诗里，浮屠是指僧人。

3. 佛教入晋诗

到了晋代，佛教的发展使自身影响日益扩大，与佛教相关的诗也就多了起来。那情景自然要比魏时红火得多。

《广弘明集》卷三〇收有张君祖杂诗若干。考张君祖其人，当是晋穆帝时的东海太守张翼。张翼善书法，又常与僧人来往。

晋代还有一个叫王齐之的，是晋朝王姓大家族的一员，写过《念佛三昧诗》四首，亦载于《广弘明集》卷三〇。类似的诗在晋代还有一些。

4. 僧人作诗

自晋代以来，每每有僧人作诗。晋代僧人的诗已有不少被保存下来。这些僧人中，既有中国人也有外国人，他们的诗都被收入了中国的诗歌宝库，成为中国文化的一个部分。晋代的僧诗，以支遁的诗为突出。其诗作流传下来的有18首，如《四月八日赞佛》、《咏八日诗》三首、《五月长斋诗》、《八关斋诗》三首、《咏怀》五首、《述怀》二首、《咏大德》、《咏禅思道人》、《咏利城山居》等。这一类的僧诗与晋代隐逸诗人的诗已经大有相通之处了，把佛家弟子的独特体会贯注于自然景色之中，从而开辟了后世山水诗人空寂、飘逸的诗风。

南北朝时期，也有一批僧诗被保留下来。如梁释智藏有《奉和武帝三教诗》等。

梁武帝萧衍是信佛的，这在历史上闻名。但同时他又是个会作诗的皇帝，曾经写过《会三教》等诗。《广弘明集》卷三〇有北周沙门释亡名《五苦》诗，分别为《生苦》、《老苦》、《病苦》、《死苦》和《爱离苦》，以形象的艺术语言诠释佛祖如来的基本教义。

这一情况表明，南北朝的僧诗已经开始汇入中国传统诗歌的洪流。

5. 名家举例

佛教在晋代已风行，当时的文人名士经常与僧人往来。晋末的庐山莲社，是一个包括僧儒道俗的100多人的隐士大集团，以名僧慧远为首。《陶渊明集》中提到晋朝中期"八达"中，僧人亦被列入。孙绰在《道贤论》中则以七位僧人比拟"竹林七贤"。文人名士与名僧交游，必然要受到佛教的影响，而这种影响也势必在诗中或多或少地反映出来。到了南北朝时期,这种情况仍在继续。下面选出南朝四位大诗人——谢、鲍、江、沈,分别说明。

谢灵运对佛教非常熟悉,且非常推崇。他与佛教名僧交游,受影响颇深。谢灵运一生虽然不满半百,但留下了不少著作。他的诗赋中都有受佛教影响的痕迹。在《石壁立招提精舍》中,他对人生的空幻、时间的流逝发出慨叹。尽管他对佛教多有了解,但他并没有成为一个真正的佛教徒,所以才有后来被杀的事。只有到了最后关头,当他将被处以极刑时,才有所觉悟,在《临终诗》里才真正表示要"送心正觉",并把希望寄托于来生,颇有忏悔之意。

鲍照与佛教的关系不像谢灵运那样密切,但也与僧人常有往来,所以在他的诗中,也可以看到佛教思想的影响。他的诗绝大多数都充满了宛转悱恻的悲凉气氛,许多诗中都用了"苦"和"空"。尤其是他对生老病死以及离愁别恨的描述,更让人想到佛教的教义。他的《拟行路难》18首中有不少句子都与佛教有关。他的《从拜陵登京岘》是一首为边疆将士鸣不平的边塞诗,但诗中充满了对人生易老的慨叹。而他的《松柏篇》是病重时所作,全篇96句,句句悲凉,更是一首病与死的苦歌。

江淹的诗留下来的不少,其中有两首可以选出来,作为受佛教影响的明显例证。一是《吴中礼石佛》,是写他礼拜石佛像的,表现了他对佛教的推崇和了解。二是《构象台》,是其《杂三言五首》中的第一首,充满了对佛教的赞赏,其后各首则均洋溢着仙道之气,与此不同。值得注意的是,他以楚辞的风格来写佛家的事,将古今中外熔于一炉。

沈约与谢灵运一样,与佛教关系十分密切,并有许多撰述,《广弘明集》中收录他的文章20余篇。如《佛知不异众生知义》、《六道相续作佛义》、《因缘义》、《论形神》、《神不灭论》、《难范缜神灭论》、《述僧中食论》、《述僧设会论》、《究竟慈悲论》、《齐皇太子解讲疏》、《舍身愿疏》、《南齐皇太子礼佛愿疏》,等等。从这些文章的题目可以看出,沈约对佛家理论的研究是很深的,对佛教理论的阐扬也是相当有贡献的。在这方面,他比谢灵运更胜一筹。尤其在同无神论的论争当中,他一马当先,首先向范缜的《神灭论》发难,以维护佛教的利益。沈约的诗不少,明显与佛教相关的并不太多,主要有《八关斋》、《和王将军讲解》、《游钟山诗应西阳王教》五首等。

二、唐代

唐代的佛教发展到了盛极一时的阶段，这一社会现象也必然要反映到唐诗中去。所以，唐代的大诗人几乎无一不受到佛教的影响，僧诗也比以往任何时代都多，民间也不乏与佛教有关的佳作。

1. 大家手笔

唐诗太多，如异峰突起，超过了此前数千年中国诗歌的总和。唐朝诗人也太多，其中许多诗人都可以被称为大家。这里仅列出少数几位。

（1）王维

据《新唐书》卷二〇二，王维"兄弟皆笃志信佛，食不荤，衣不文采"。因而，他的诗中也明显可见佛教思想的影响。他的诗中笼罩着一种禅寂，使佛教僧人所追求的清静活现于画面之中，读者如身临其境，不能不深受感染。

他的《山居秋暝》被传为千古绝唱。这首诗好就好在它以通俗平直的语言、工整的对仗、轻松的节奏画出一幅秋天清爽宜人的初夜图景，诗意中带着禅意。王维的另一首千古绝唱是《鹿柴》诗，他写空写静，常常以写有写声作为反衬。这首诗就是如此。那空山和人语相对，以人语反衬山空。日影投入深林中，又照到青苔上，这是再平常不过的景象，可是在诗人的笔下，它却带上了静谧和奥妙莫测的气氛。王维是魏晋以来山水诗的集大成者。其诗的特点之一便是以禅入诗，把佛家清静脱俗的理念注入自然景物之中，使如画的诗意带有无尽的空灵与禅思。

（2）李白

李白是与王维同时代的人。据《新唐书》卷二〇二，李白晚年信道教。确实，李白的诗中洋溢着仙道之气。他性格豪迈，被后人称为"诗仙"，被时人称为"谪仙"和"饮中八仙"之一，再加上他的诗作中每每涉及神仙事，更使人们确信他必然属于道家。其实，李白受佛教的影响也是很深的。

李白与僧人的交往要比一般人想象的多，他曾写过《僧伽歌》、《峨眉山月歌送蜀僧晏入中京》、《赠僧崖公》、《赠僧行融》、《别东林寺僧》，等等，再加上一些游览各地塔寺的诗，不下30首。李白除了写这类与僧人的应酬诗之外，还写过一些"赞"、"颂"、"铭"等，如《李居士赞》、《金银泥画西方净土变相赞》、《地藏菩萨赞》、《鲁郡叶和尚赞》、《崇明寺佛顶尊胜陀罗尼幢颂》、《化城寺大钟铭》等，从这些文字中可知，李白对佛教典故、义理的了解远远超乎常人。他在《金银泥画西方净土变相赞》的序言中写道："大难掩照，日月崩落。惟佛智慧大，而光生死雪；赖假普慈力，能救无边苦。独出旷劫，导开横流，则地藏菩萨为当仁矣。"在《崇明寺佛顶尊胜陀罗尼幢颂》的序言中说道："有我西方金仙之垂范，觉旷劫之大梦，碎群愚之重昏。寂然不动，湛而常存。使苦海静滔天之波，疑山灭炎昆之火，囊括天地，置之清凉。日月或坠，神通自在，不其伟与！"可见，李白对佛的赞美已无以复加。他虽信道教，对佛教却非但不排斥，反而同样奉为神明，这不能不说是他胸襟开阔、性情豪放所使然。

（3）杜甫

与李白一样，杜甫也是家喻户晓的大诗人。李白的诗中有不少关于佛教的东西，而杜诗中的有关内容却不像李诗那样突出。即便如此，杜诗中仍有30余首诗是与佛教相关的。他在《游龙门奉先寺》中，承认佛教具有发人深省的力量；在《同诸公登慈恩寺塔》中，通过写塔称赞了佛教深邃的义理；在《游修觉寺》中，他认为通过游佛寺可以得到"神助"，激发诗情。

杜甫与僧人也有交往，写过一些赠僧人的诗，但他与僧人的交往不如李白同僧人的交往多。

（4）白居易

白居易也是中国唐代的大诗人，与李、杜不同，他的官做得大，而且还信佛教。据《新唐书》卷一一九，白居易因得罪了权贵，被贬为江州司马。"既失志，能顺适所遇，托浮屠生死说，若忘形骸者。""暮节惑浮屠尤甚，至经月不食荤，称香山居士。"正因为如此，白诗受佛教影响更深。

白居易的诗多，现存近3 000首，在唐代诗人中居第一。因他信佛教，所以他的诗中与佛教相关的亦很多，其数量已远远超过了李、杜的几十首，而是数以百计了。他的不少诗禅意十足，若不注意，还以为他只是咏物抒情，而忽略了其中的禅机。例如，他有《问鹤》和《代鹤答》各一首。作为一般的解释，这两首诗是通过自然界鸟类的争斗来影射社会上弱肉强食的现实，从而得出消极避世的结论。或者，作者在这里暗示了自己在官场的斗争中受到打击后的退隐心情。但这还不够，这中间还包含着他对佛家禅理的理解。类似的例子还有一些，不一一列举。总之，白居易可以称得上唐代以禅入诗的第一大家。

（5）韩愈

后人都知道韩愈是反对佛教的。其实，韩愈不但反对佛教，也反对道教，更确切地说，他并不反对佛教和道教中他认为可取的东西，而是反对迷信，反对劳民伤财和铺张浪费。如果不这样说，他诗中受佛教影响的或与佛教有关的内容便无法解释。

从韩愈的诗看，他同佛教人物也有相当多的交往，而态度有时是截然不同的。例如，《全唐诗》卷三四五末首为《赠译经僧》。诗中，他对西域来的译经僧十分不客气，对佛教传入中国也持否定态度。但是，他并不是对所有僧人都如此。他写过一首《送僧澄观》的诗，较长，其中虽然对佛教仍有贬义，但对澄观本人却并不反感，反而有钦慕之情。他写的《别盈上人》诗也显得很有感情。其他如《送无本师归范阳》、《送惠师》、《送灵师》等，从中不难看出，他对佛教始终有看法，但与僧人交往却十分重感情、重才华。韩愈还写过一首《听颖师弹琴》，这位颖师是位印度和尚，韩愈对他的琴艺予以高度赞扬，态度完全不同于前文所说的"译经僧"。另外，韩愈的《山石》诗也很典型。从这首诗中，我们看到，韩愈曾在寺中连夜看佛画，并在那里住宿。对佛画、对寺中的简朴、对夜晚的静寂，他都发有感叹。第二天临去，他又不由得对人生发出感叹。所有这些感叹，不能不说是受了佛寺当晚氛围的影响而发自内心的，即不能不说是佛教对他是有影响的。

2. 僧家梵响

唐代诗多，和尚作的诗也多。翻开一部《全唐诗》，可以看到许多僧人的诗，从卷八〇六至卷八五一，共46卷之多。而这些还不是全部。在众多的诗僧中，有些也可以被称为大家。下面仅选出几位诗僧，看看他们的作品是如何壮大了唐代百花盛开的诗坛。

（1）寒山

寒山，一称寒山子，据说是唐代贞观年间的人，但也有说他是晚些时候的人。他的诗传下来的有300多首。他的诗风格独特，语言通俗，但极富哲理。他的《杳杳寒山道》写的是山中的景物及作者的心境。他的《人生不满百》也很有趣，是劝人解除烦恼的。诗人站在佛教的立场上，认为人生中尽是苦恼，并为一些人醒悟太迟而感到遗憾。

总之，寒山的诗中多有佛教的劝诫的内容。

（2）拾得

拾得，唐代贞观年间的诗僧，与寒山齐名，有"寒山文殊，拾得普贤"之说。他的诗没有寒山的多，艺术成就也不如寒山的大，但仍是唐代有影响的诗僧。他经常与寒山来往，诗的风格与寒山的也相似。拾得的诗中直接宣扬佛教的较多，如宣扬不杀生、不饮酒、不贪财、不淫欲等。尽管拾得的诗在艺术上的成就不大，而且他所宣扬的都是佛教观点，但在劝世警俗方面，还是有其教育意义的。

（3）无可

无可俗姓贾，是贾岛的从弟，诗名亦与贾岛齐。与前二位诗僧不同，无可的诗显得更有文采。他留下的诗不太多，但都写得生气勃勃，与其说他是个僧人，不如说他更具备诗人的情怀。

（4）皎然

皎然俗姓谢，字清昼，浙江湖州人。他自幼有才华，早年出家于杭州灵隐寺，后居吴兴杼山妙喜寺。除通习佛典外，他还兼攻诸子学说和史书。他擅长作诗，后人评他的诗"在唐诸僧之上"。他还有一项重要贡献是在诗歌的理论方面，这将在下文介绍。这里只谈他的诗。

皎然的诗收在《皎然集》（即《杼山集》）中。在《全唐诗》中，他的诗占有7卷，可见其多。皎然的诗多属应酬诗，同时也有一些感怀和仿古之作。他的《寻陆鸿渐不遇》是常被人们提起的一首。这首诗写的是皎然去寻访好友陆羽（字鸿渐）而没有见到的情景，通过写景物和邻人的回答暗示陆羽的性格爱好。可以说是一篇上等的咏人之作。

皎然身为僧人，但也写一些仿古诗、边塞诗，如《昭君怨》、《从军行》、《咏史》、《塞下曲》、《长门怨》等。他的这类诗似乎与他的僧人身份不大吻合。其实，这是唐代整个诗歌大势所裹挟的结果。在唐代前期，这类诗很多，很有影响，皎然是个博学的诗僧，作些这类诗，也算是追逐当时的潮流，他很可能把这类诗当作习作，而不见得在诗中寄予更多的情怀。还有一种可能是，他通过这类诗来表现人间的苦难和忧烦，这就与他的僧人身份不矛盾了。

（5）贯休

贯休，俗姓姜，字德隐，浙江兰溪人。他7岁出家，生活在唐朝末期和五代初期，有自编诗集《西岳集》（后改名为《禅月集》），但后来散佚了。今《全唐诗》中收了他的诗，在卷八二六至卷八三七，共12卷。

贯休作为僧人，经常与名人往来，也经常与权贵交往。但他对封建统治阶级的骄奢淫逸很看不惯，有时写诗讽刺他们。和皎然一样，贯休除了写一些与佛教和佛教人物、佛教思想关系密切的诗以外，还有一些仿古之作，为数可观。

（6）齐己

齐己，五代时僧人，大约生活在9世纪后期至10世纪前期，湖南益阳人，俗姓胡。出家后居衡山东林，自号"衡岳沙门"。《全唐诗》卷八三八至卷八四七收其诗，共10卷。

以上我们仅列举了六位诗僧，并对他们的一些诗作了简介。这里需要强调的是，僧人作诗，肯定要宣扬佛教，这是不用怀疑的，但更重要的是，他们的诗也是对唐代社会现实的反映，是对中国诗歌的丰富，是中国文化的一部分。

3. 民间杂咏

这里主要谈敦煌发现的一些唐代诗歌，别的内容暂不涉及。

（1）王梵志的诗

王梵志是什么人，史书上没有记载，但各种传说却不少。这些传说可能有一定根据，但并不可靠。现只能大致判断如下：第一，他可能是河南人；第二，他大约生活在隋末唐初的一段时期；第三，他的诗在唐代很有影响，传到了西北边地及四川一带；第四，他家早先可能很富有，后来渐渐衰败了；第五，他大约于50岁前后因家境贫困而思想大变，皈依了佛门。

从内容上讲，王梵志的诗大体上可分几大类：一类是反映社会现实的，如贫富悬殊、社会动荡、穷人生活等；一类是劝诫诗，如告诉人们如何行善积德、如何杜绝恶习等；一类是宣扬佛教的。王梵志的诗在中国文学史上占有一席之地，是唐代白话诗的优秀代表。

（2）敦煌歌词

20世纪20年代，在敦煌发现了一批歌词。这些歌词的创作时间大体在唐和五代期间。敦煌歌词有一半以上是佛曲。这些佛曲无疑都是宣扬佛教思想的。由于敦煌歌词是一些无名作者的手笔，又因有强烈的民间风味，所以人们把它们当作民间诗歌来对待。如《太子十二时》是讲太子出家的佛传故事；《禅门十二时》是劝人修行的歌词，等等。

三、宋代

在唐代之后，经过五代十国的社会大动荡，到宋代时，中国的佛教仍然处在一个比较兴盛的时期。在封建士大夫阶层，信佛者仍然不少。也有许多人主张儒佛一致、佛道一致。而在诗歌方面，继唐代诗歌的鼎盛之后，宋代的诗歌成就也还是相当可观的，尤其是词的兴起，打破了诗歌创作的僵局，形成了中国诗歌史上的又一高峰。从此，中国诗苑中出现了唐诗宋词两枝争奇斗艳的奇葩。在此期间，佛教仍然对诗歌的发展起着重要的影响作用。

1. 宋诗

这里所说的宋诗不包括宋词，这是后代文学史家一致的认识。从宋诗的总体成就来说，不如唐诗，也不及宋词，这也是后代文学史家的一致的认识。尽管如此，宋诗在中国文学史上仍然占有很高的地位，宋诗中仍然有许多佳作，有许多流传千古的佳句。

在宋代的大诗人中，苏轼是受佛教影响最明显的人物。他与僧人了元（佛印）的友谊在他的生前和身后都被人们传为佳话。而他的诗中也不免对佛教有所反映。如他的《次韵述古过周长官夜饮》是一首应酬诗，是他在杭州时所作。诗中，作者以"奔轮"比喻时光的迅速流逝，显然是受了佛教的影响。这里不仅仅是用了一个比喻的问题，诗中的景象描写，诗中所蕴藏的人生观，都或多或少带有佛教的影响。那茫茫云烟中湖畔的佛寺，给人一种虚无缥缈之感；那劝东道主秉烛夜游的惜时慨叹，也包含着对人生的短暂与空虚的认识。正如他在另一首诗《登常山绝顶广丽亭》中所说："人生如朝露，白发日夜催。弃置当何言，万劫终飞灰。"

除了苏轼以外，宋代还有许多诗人写出了与佛教有关的作品。下面仅举陆游的《示儿》诗为例。陆游是南宋时代的爱国诗人，这首七绝是他的最后一首诗。他怀着亡国的悲愤之情面对死亡，对腐败的南宋朝廷收复北方失地仍抱着幻想。诗中"万事空"的含意很广。首先，它是从佛教中借来的词汇，不管他赞不赞成这样的观点，但这种观点对他都发生了影响。其次，它还包含一种遗憾情绪，自己努力一生，也没有看到北定中原，有些失望。

2. 宋词

宋代的诗人一般也都写词。笼统地讲，词也是诗。但词又毕竟是词，与诗还有些不同。宋词的成就很高，文学史家已有定评，这里不再说。宋代的词人多受佛教影响，这从他们当中一些人的名号中亦可以看出。下面让我们列一张名单（括号中是他们的号）：

欧阳修（六一居士）　　　张舜民（浮休居士）

苏　轼（东坡居士）　　　李之仪（姑溪居士）

秦　观（淮海居士）　　　陈师道（后山居士）

周邦彦（清真居士）	苏　过（斜川居士）
叶梦得（石林居士）	周紫芝（竹坡居士）
李清照（易安居士）	赵　鼎（得全居士）
蔡　伸（友古居士）	张元干（芦川居士）
朱淑真（幽栖居士）	张　抡（莲社居士）
范成大（石湖居士）	张孝祥（于湖居士）
赵长卿（仙源居士）	汪　莘（方壶居士）
刘克庄（后村居士）	宋自逊（万菊居士）

　　以上列了这么多人，也还是不完全的。他们未必都信佛，这居士的概念也未必即是居家的佛徒。但这说明在那个时代文人以居士为号是一种时尚，他们所追求的是一种风雅，而这种风雅无疑与佛教有关。这至少说明，宋代的一些文人是把佛学作为一门学问来看待的，同时，他们也追慕晋代以来的隐逸之风，对官场已经失去热衷，以居士自居，做自己喜欢做的事情。试想，在这种时尚中，他们的文章诗词怎么会不受到佛教思想的影响呢？

　　苏辙是苏轼的弟弟，与其兄一样，与佛教僧侣来往密切。从他的《渔家傲·和门人祝寿》中可知，他到中年即转而信佛，看透了人生。这是他在70岁时写的诗，此时的苏辙已经是大彻大悟，对人生忧患已不感到痛苦，而且心性已定，稳定而不可移。

　　晁补之在《临江仙·信州作》一词中，写出了自己贬官信州后贫穷无聊和思归的心情。以残僧野寺为背景，更突出了孤独和寂寞，突出了心地的荒凉凄苦。再加上那只幽禽的悲啼，更使这种情绪雪上加霜，不堪忍受。由此作者产生了强烈的归隐欲望。

　　蒋捷在《虞美人》这首词中写出了自己一生的三个阶段、三种精神状态。年轻时他浪漫放荡，看来是无忧无虑、高高兴兴。中年时他四处漂泊，心境已是凄凉而且多愁善感。而今大约已是他的晚年，在僧庐下听雨，任雨点滴到天明，似乎对人间的悲欢离合已经悟透。

3. 僧人诗词

　　宋代僧人诗词不少，如了元、清顺、可遵、德洪等都写过一些较好的诗词。特别是德洪，他的一些词写得很有世俗气息，如只看他的词，很难想到那是僧人的作品。

四、元明清三代

元明清三代的诗歌已经走上了下坡路。代之而起的是另外一些文学形式。元代,以元曲为突出,可以与唐诗和宋词并称。元曲的兴起,一方面是因为戏剧的发达,另一方面则是对宋词,特别是唐宋民间歌词的继承。我们现在说的元曲,包括元代杂剧,也包括散曲。元代的杂剧确实很发达,在元朝不到百年的统治时间里,杂剧的作家竟多达百余人。杂剧中间有许多歌词,这些歌词也是诗,但因为它们是戏剧的组成部分,所以这里不予介绍。这里要着重介绍的是元人小令。明代,由于小说的发展,诗歌显得比较平淡,佳作很少。清代的情况也同明代差不多,小说的成就要比诗的成就大得多。下面让我们分别说说元诗(包括小令)、明诗和清诗中受佛教影响的情况。

1. 元代诗歌

元代的正统诗歌成就虽不明显,但现存的诗中却不乏受佛教影响的例子。如元好问的《少林》、陈孚的《烟寺晚钟》、何中的《南居寺》等,都可作为代表。

小令是相对于大令而言的。大令通常被称为套曲,而小令则是可独立的一首歌词,像是一首短诗,或者说更像是一首词。小令中,刘秉忠的《干荷叶·无题》、关汉卿的《四块玉·闲适》二首、马致远的《寿阳曲·烟寺晚钟》等,都具有典型意义。

2. 明代诗歌

明代诗歌中受佛教影响的作品也不少,如刘基的《追和音上人》、张羽的《赠僧还日本》、沈周的《写怀寄僧》等,此外还有一些游佛寺的诗。明代僧人的诗则可以梵琦、通润、道源等人的诗为代表。这里要特别提一下道源的《早梅》:

万树寒无色,南枝独有花。香闻流水处,影落野人家。

这首五绝写得很好,既可以俗读,又可以禅解。俗读,此诗写出早梅默默无闻地花开花落,描绘出一幅水边山野的清寒画面;禅解,诗中的"色"、"香"、"影"都有禅意,言物之生灭,由有而空,由空而有。

3. 清代诗歌

比起明代的诗歌,清诗有所进步,但其成就仍然不理想,还是远不能与唐诗相比。但在受佛教影响这一点上,清诗一点也不比唐诗差。下面仅选二首僧诗。

戒显《登黄鹤楼》：

> 谁知地老天荒后，犹得重登黄鹤楼。
> 浮世已随尘劫换，空江仍入大荒流。
> 楚王宫殿铜驼卧，唐代仙真铁笛秋。
> 极目苍茫渺何处，一瓢高挂乱云头。

这首诗写得很有气势。因为唐代有关黄鹤楼的诗已非常有名，所以后人不大敢再作黄鹤楼的诗。戒显则站在一个新的历史层面上，纵写人世的变迁，翻出了新意。

成鹫《镜》：

> 爱尔本无我，虚明识故人。滞形还偶影，顾笑复怜颦。
> 虚室自生白，太虚谁写真？所嗟承弁髦，一见一回新。

这首诗是谈禅理的，但也写出镜子的特点。禅家常以镜中的影像比喻世界的虚幻，这首诗的主旨也在于此。但也借镜中影像的变化暗示了人生易老这一世俗命题，包含着主客观世界随时间发展而不断变化的深刻哲理。

在我们大致回顾了魏晋以至清代的中国诗歌发展史上各个时期受佛教影响的情形之后，大约可以得出如下结论：①佛教传入中国后，一旦站稳脚跟，便很自然地进入了中国的诗歌。②佛教精微的义理与中国传统诗歌的深邃意象相结合，进一步扩大了中国诗歌的境界。③僧人作诗为中国诗坛的繁荣做出了贡献。④佛教的理念丰富了中国的诗歌理论。此点我们将在下文谈到的。

第二节　佛教与中国诗论

中国古代关于诗歌理论的研究文章不少。在唐代以前，专门探讨诗歌理论的专著已经出现，那就是南朝梁人钟嵘的《诗品》，大约与之同时代出现的著名文艺批评专著《文心雕龙》中也有关于诗论的内容。到了唐代，由于诗歌的大量创作，相应的理论研究专著也应运而生，这就是中唐时期僧皎然的《诗式》。

一、皎然论诗

《诗式》共5卷，是一部系统的诗论专著。书中，皎然对诗的本质、诗的创作规律、诗的鉴赏、诗的风格等都做了探讨，并发表了深刻的见解。《诗式》在中国的诗歌批评史上占有崇高地位，在中国的文论史上、美学史上也都占有重要地位。它的产生，既有客观原因，也有作者的主观原因。从客观上讲，唐代的诗歌到中唐时发展到鼎盛时期，可以说，那时的唐诗既全面继承了中国上古以来的优秀诗歌传统，同时也经过了艰苦努力、刻意创新、全面开拓，积累了大量的实践经验，创作出一大批千古绝唱。在这种情况下，客观上不仅创造了《诗式》产生的条件，而且也迫切需要理论上的总结和提高。从主观上讲，皎然虽为僧人，但他除了研读佛经以外，还博读子史，同时自己也进行了大量的诗歌创作活动，从实践中积累起丰富经验。这就使他具备了写出《诗式》的能力。现在的问题是，为什么这样一部诗论专著不是出于某个大儒之手，也不是出于某个道士之手，而偏偏出于一个僧人之手呢？难道说这仅仅是一个巧合、一个偶然现象吗？恐怕不是。理由至少有两点：第一，我们前面已经讲过，魏晋以来，佛教的影响已渐渐深入到诗歌领域，僧人也纷纷步入诗坛，这是《诗式》产生于僧人之手的基础。晋代以来的许多高僧都很有学识，他们与文人名士间往来频繁，谈诗论画，下棋弹琴，构成高僧们与士大夫阶层聚会的重要内容。僧人们（如贯休）有时也以诗为媒介与当权者联络，以取得支持和赞助。当然，这些行动的总目的是弘扬佛法。但是，在积久成风以后，僧人与诗的关系也变得密切了。同样，以诗的形式传教，这是印度佛教的做法，在中国民间，这种做法仍然行之有效，敦煌发现的许多文学作品都能说明这一点。第二，佛教历来重视理论研究，这一点，在世界各大宗教中是最为突出的。佛教历代高僧大德都很重视著书立说，在印度佛教中是如此，在中国佛教中也是如此。他们苦思冥想，把佛理析解得精而又精，玄而又玄，这种精微玄妙的理论影响了中国文人，也影响了中国诗歌。皎然恰恰是个精研佛理的僧人，又是个卓有成就的诗人，他不仅重视诗歌的实践，也重视诗歌的理论，这是顺理成章的事。

那么，《诗式》是否有佛教思想的影响呢？有。只要我们仔细阅读，就不难发现。

古人把诗论称为"诗话"。明朝人胡震亨的《唐音癸签》中曾列出了唐代的一些诗话，如李嗣真《诗品》1卷、李峤《评诗格》1卷、王维《诗格》1卷、王昌龄《诗中密旨》1卷、白居易《金针诗格》3卷和《文苑诗格》1卷、贾岛《诗格》1卷、姚合《诗例》1卷，等等。其中自然少不了《诗式》。胡氏列完这些诗话之后，说："以上诗话，唯皎师《诗式》、《诗议》二撰，时有妙解。余如李峤、王昌龄、白乐天、贾岛……诸撰，所论并声病对偶浅法，伪托无疑。"胡氏在这里肯定了《诗式》"时有妙解"，而对另一些诗话则明确指出其为伪托之作。由此看来，真正出于唐代名家手笔的诗论专著几乎没有，因而《诗式》便显示了它的独尊地位。

在《诗式·序》中，皎然写道：

> 夫诗者，众妙之华实，六经之精英，虽非圣功，妙均于圣。彼天地日月、元化之深奥、鬼神之微冥，精思一搜，万象不能藏其巧。其作用也，放意须险，定句须难，虽取由我衷，而得若神授。至若挺拔之句，与造化争衡，可以意冥，难以言状，非作者不能知也。

在这段话中，皎然把诗看得十分神圣。他认为诗是"众妙之华实，六经之精英"，即最高深最微妙的学问，它虽然不一定是出自圣人之手，但它的美妙却是神圣的。他认为，宇宙间的深奥玄秘，万物万象，通过诗人精妙的思维，一下子就可以变为诗歌的内容，变成文字上的东西。诗人作诗时的思维（即序中之"作用"），一定要奇特险峻非同一般，而诗的文句则一定要经过千锤百炼不同凡响。诗意要从自己的内心发出，就像是神明所授予的一样。而那些不同凡响的高超而自然的诗句，可以与天神创造的万物作等同看待，只能够用思想去意会，不能用语言去形容，其奥妙只有作者自己知道，别人是很难体会的。皎然的这些论述，继承了前人的一些观点，同时又有他自己的创见。从这段话中，我们感到了一种佛家和玄学的神秘。文中还运用了佛家使用的语汇，如"作用"、"天真"等。也就是说，皎然自觉不自觉地将佛学的某些意念运用于诗歌的理论中。

虽然这段话说得神秘玄妙，但作者强调的"取由我衷"是正确的，他主张作诗要有感而发，不抄袭别人，也不落入俗套。他所说的诗歌创作过程是"得若神授"，这也是有道理的。这正如杜甫所说："读书破万卷，下笔如有神。""神授"乃是诗人功力的体现，而绝不是凭空就可以得到的。他强调"可以意冥，难以言状"也是有道理的，这就是俗话说的"只可意会，不可言传"。作者强调的不是诗的神秘，而是强调作诗要追求一种意境，追求文字以外的东西。

《诗式》卷一《诗有四离》中说："虽有道情，而离深僻；虽用经史，而离书生；虽尚高逸，而离迂远；虽然飞动，而离轻浮。"意思是说，作诗要有道情

（得道者之情），但也要避免太深太僻；作诗可以引用经典，但不能太书生气、学究气；诗要作得高妙洒脱，但不能荒诞而远离现实；诗要作得生动活跃而有气势，但不能轻飘飘的没有根基。这里开首一句便说出"道情"二字，这个词的意思是什么呢？根据皎然的诗句"为依炉峰在，境胜增道情"，"每笑石崇无道情，轻身重色祸亦成"等，可知皎然的"道情"乃是"禅心"的意思。

《诗式》卷一《取境》中说："取境之时，须至难至险，始见奇句。成篇之后，观其气貌，有似等闲不思而得，此高手也。"这里，"取境"的意思是追求和构想出诗的艺术境界，也是来自佛教的语汇。

《诗式》卷五中说："作者须知复、变之道，反古曰复，不滞曰变……复变二门，复忌太过，诗人呼为膏肓之疾，安可治也，如释氏有顿教，学者有沉性之失，殊不知性起之法，万象皆真。"在这段话里，作者以佛教的道理来解说作诗复古不要太过的原因。

皎然除了著有《诗式》5卷外，还有《诗议》1卷，其中写道："夫境象不一，虚实难明，有可睹而不可取，景也；可闻而不可见，风也；虽系乎我形而妙用无体，心也；义贯众象而无定质，色也。凡此等，可以对虚，亦可以对实。"从这段话里也可以看出皎然把佛教的思想和语汇融于诗论的痕迹。他所使用的"心"、"色"、"虚"、"实"等概念，都接近于佛经中的概念。

总之，唐代诗论中受佛教影响的情况也不少，这里仅举了皎然的《诗式》和《诗议》为例，已经足以说明问题。

二、以禅喻诗

宋代评论诗词的文章、专著不少。其中有一部专著对后世影响很大，也引起了长达数百年的争论，这就是著名的《沧浪诗话》。该书是一部重点谈论诗歌的形式特点及其审美意趣的著作，共分五个部分，即《诗辨》、《诗体》、《诗法》、《诗评》、《考证》。该书的作者是严羽。严羽字仪卿，又字丹丘，自号沧浪逋客，邵武（今属福建）人，生卒年不详。他既是诗论家又是诗人，有诗集《沧浪吟》传世。他的诗作成就不是很大，除了一些仿古的作品如《从军》、《塞下》、《出塞》、《闺中词》等外，还有些感怀诗、应酬诗等。他的诗中最突出的一点是抒发了爱国激情。他的诗论专著《沧浪诗话》更享有盛名，在明清时代影响极大，被认为是宋代最好的诗话。

《沧浪诗话》最大的特点是以禅喻诗，即用禅来论诗。严羽极力反对宋代以来的诗，极力推崇盛唐以前的诗。他反对"以文字为诗，以才学为诗，以议论为诗"，而主张把诗作到一个不可思议的境界。下面看看他的言论。他在《诗辨》部分开头说道：

> 夫学诗者以识为主：入门须正，立志须高；以汉魏盛唐为师，不作开元、天宝以下人物……故曰，学其上，仅得其中；学其中，斯为下矣。又曰，见过于师，仅堪传授；见与师齐，减师半德也。工夫须从上做下，不可从下做上。先须熟读楚辞，朝夕讽咏以为之本；及读古诗十九首、乐府四篇、李陵苏武汉魏五言皆须熟读，即以李杜二集枕藉观之，如今人之治经，然后博取盛唐名家，酝酿胸中，久之自然悟入。

这段话的主旨是"入门须正，立志须高"。也就是说，严羽认为作诗必须先学习正宗的诗，把它们读熟了，才能有所悟；作诗还要先学习上等的诗作，把它们学透了，才能出手不凡。他认为正宗的上乘之作是《楚辞》、汉魏五言诗、《古诗十九首》、李白和杜甫的诗，以及盛唐的名家之作等。接着，他进一步阐释"从上做下"说："谓之向上一路，谓之直截根源，谓之顿门，谓之单刀直入。"这里面的"向上一路"、"直截根源"、"顿门"、"单刀直入"，都是佛教禅宗高僧们常说的话。如《景德传灯录》卷七，宝积禅师曰："向上一路，千圣不传，学者劳形，如猿捉影"。卷三十，真觉大师《证道歌》："直截根源佛所印，摘叶寻枝我不能。"卷九，灵佑禅师曰："单刀趣入，则凡圣情尽，体露真常。"至于"顿门"，则是顿悟之门，禅家称速疾悟道为顿悟。

《诗辨》中还说：

> 禅家者流，乘有小大，宗有南北，道有邪正；学者须从最上乘，具正法眼，悟第一义。若小乘禅，声闻辟支果，皆非正也。论诗如论禅：汉魏晋与盛唐之诗，则第一义也。大历以还之诗，则小乘禅也，已落第二义矣。晚唐之诗，则声闻辟支果也……大抵禅道唯在妙悟，诗道亦在妙悟。

这段话中主要讲了两点：一是"论诗如论禅"，即禅有大小乘之分，诗也有高低级之分；二是"诗道在妙悟"，即前一段所说的"久之自然悟入"。严羽的这些观点虽然受到不少人的攻击或批判，但也不能说完全没有道理。诗道与禅道虽说是两回事，但也不是没有可比性。如果说禅道可以妙悟，那么诗道也可以妙悟。作诗需要有一个学习积累的过程，这是严羽强调了的。只有在学习积累的基础上才能妙悟，才能出灵感，写出好诗，这还是对的。

第三节　近现代中国与南亚的文学交流

一、1949年以前

印度文学在中国近代的反响最初发生在20世纪的头20年里。在这一时期，有三个重要人物与印度文学有关，他们是鲁迅、苏曼殊和梁启超。下面分别来谈。

早在1907年，鲁迅就说："天竺古有《韦陀》四种，瑰丽幽夐，称世界大文；其《摩诃婆罗多》暨《罗摩衍那》二赋，亦至美妙。厥后有诗人加黎陀萨（Kalidasa）者出，以传奇鸣世，间杂抒情之篇。"[1]他还说过："尝闻天竺寓言之富，如大林深泉，他国艺文往往蒙其影响。即翻为华言之佛经中，亦随在可见……佛藏中经，以譬喻为名者，亦可五六种……"[2]

1908年5~8月，苏曼殊在《民报》上连载了他选辑的《岭海幽光录》和他翻译的印度作家瞿沙（Kusha）所著的小说《娑罗海滨遁迹记》。这可能是中国近现代翻译介绍印度新体小说的先声。柳无忌说："曼殊把这个印度故事介绍给中国读者的用意是很明显的。他从英国对印度的征服看到了满族征服中国的通用情况。"[3]同年夏天，他在东京出版了《文学因缘》一书。在书的序言中，他特别提到印度的梵语文学的优美，提到了印度的两大史诗和《沙恭达罗》。1909年春天，苏曼殊在东京为两个从印度来的婆罗门僧当翻译，不久便开始学习梵文并阅读《摩诃婆罗多》。同年，他到南洋，逗留到1912年。据柳无忌说，苏曼殊在南洋时"也翻译了迦梨陀娑的诗剧《沙恭达罗》。我们记得，他高度赞美过这个梵文诗剧，并曾翻译了歌德为它写的赞歌。他在用英文写的《〈潮音〉自序》里，曾向读者许过愿：'此后，我将竭尽所能，把诞生于我佛释迦圣地印度的著名诗人迦梨陀娑所著世界闻名的诗剧《沙恭达罗》，翻译出来呈献给

---

① 《鲁迅全集》第一卷，北京：人民文学出版社，1973年版，第56页。
② 《鲁迅全集》第七卷，北京：人民文学出版社，1973年版，第458页。
③ 柳无忌：《苏曼殊传》，北京：生活·读书·新知三联书店，1992年版，第59页。

读者.'尽管这个译本现在已不存在，但曼殊在1911年底出版《潮音》不久之前，可能已经完成了《沙恭达罗》的翻译。"[1]在《潮音》中，收有他翻译的印度女诗人陀露哆的诗《乐苑》。1913年，他在《燕子龛随笔》中说："印度《摩诃婆罗多》、《罗摩衍那》两篇，闳丽渊雅，为长篇叙事诗，欧洲治文学者视为鸿宝，犹《伊利亚特》、《奥德赛》二篇之于希腊也。此土向无译述，唯《华严疏钞》中有云《婆罗多书》、《罗摩延书》，是其名称。"[2]

梁启超曾作《翻译文学与佛典》一文，其中有《文学的情趣之发展》一节，说："吾为说于此，曰：'我国近代之纯文学——若小说、若歌曲，皆与佛典之翻译文学有密切关系。'闻者必以为诞。虽然，吾盖确信之。吾征诸印度文学进展之迹而有以明其然也。"接着他举出一些例子来证明他的论点，提到了马鸣的《佛所行赞》和《孔雀东南飞》，还说"其《大乘庄严论》，则直是'《儒林外史》式'之一部小说。其原料皆采自四《阿含》。而经彼点缀之后，能令读者肉飞神动"。"此等富于文学性的经典，复经译家宗匠以极优美之国语为之移写，社会上人人嗜读。即不信解救理者，亦靡不心醉于其词缋。故想象力不期而增进，诠写法不期而革新。其影响乃直接表现于一般文艺。我国自《搜神记》以下一派之小说，不能谓与《大庄严经论》一类之书无因缘。而近代一二巨制《水浒》、《红楼》之流，其结体运笔，受《华严》、《涅槃》之影响者实甚多。即宋元明以降，杂剧、传奇、弹词等长篇歌曲，亦间接汲《佛本行赞》等书之流焉。"[3]

20~40年代，有下列事实值得注意。

据林承节总结：1921年，滕若渠在《东方杂志》上发表《梵文学》一文，对印度两大史诗及其他著作作了介绍。1924年《小说月报》第5期上，郑振铎发表《印度的史诗》一文，较详细地介绍了两大史诗的内容，并评说："在事实上说来，这两篇史诗可算是最变幻奇异的，在文学艺术上说来，他们又是可惊异的精练的，在篇幅上说来，又是世界上所有的史诗中最长的……他们都是世界文学中最伟大的作品。"1925年，许地山在英国牛津大学读研究生时，写了一篇《梵剧体例及其在汉剧上的点点滴滴》，这是他研究印度古典梵文剧作的心得，发表在1927年的《小说月报》上。1931年，他又写了《印度的戏剧》一

① 柳无忌：《苏曼殊传》，北京：生活·读书·新知三联书店，1992年版，第94页。

② 转引自林承节：《中印人民友好关系史：1851~1949》，北京：北京大学出版社，1993年版，第428页。

③ 梁启超：《饮冰室佛学论集》，扬州广陵古籍刻印社，1990年版，第179、180页。

文，发表于《晨报》。30年代起，迦梨陀娑的一些名著开始被翻译过来。1933年出版了王维克译自法文的《沙恭达罗》，1936年又出版了他译的《时令之环》，他还译出《云使》的一部分登在《逸经》杂志上。王衍孔也自法文译出《沙恭达罗》，1947年出版。1945年，卢前自英文译出《沙恭达罗》，并将它改为南曲，以《孔雀金女环重圆记》的书名出版。这一时期，中国翻译出版的梵语文学作品还有：刘北茂译的《印度寓言》（1931）、汪原放译的《印度七十四故事》（1932）、谭达年译的《印度童话集》（1933）、卢前译的《五卷书》（1941）。中国学者编译的有：郑振铎的《印度寓言》（1933）、王涣章的《印度神话》（1934）、万邦怀的《印度童话》（1934）等。中国学者介绍和研究印度文学的成果有：许地山的《印度文学》（1931）、柳无忌的《印度文学》（1944年）等[①]。

季羡林在谈到这一时期印度文学在中国的影响时说："熟悉汉译佛典的人都会发现，鲁迅在运用词汇的时候很受佛典的影响。"并举出《〈华盖集〉题记》里的话作为例证："我知道伟大的人物能洞见三世，观照一切，历大苦难，尝大欢喜，发大慈悲。"接着，季羡林又提到三位学者，说："另外一个民主斗士同时也是白话诗人和古典文学研究者的闻一多也很重视印度文学。在他的文章里，他也曾着重指出了印度文学对中国文学的影响。他还曾译过印度爱国女诗人奈都夫人（Sarojini Naidu）的诗。""小说家和梵文学者许地山对印度文学有特殊的爱好。他的许多小说取材于印度神话和寓言，有浓重的印度气息。他根据英文翻译过一些印度神话，象《太阳底下降》和《二十日夜》等等。他也曾研究过印度文学对于中国文学，特别是中国戏剧的影响……他还写过一部书，叫做《印度文学》。篇幅虽然不算多，但是比较全面地讲印度文学的书在中国这恐怕还是第一部。""小说家沈从文有时候也取材于印度的寓言文学。他利用这些材料主要是通过汉译的佛经……在他的一部叫做《月下小景》的短篇小说集里，除了第一篇以外，其余的都取材于汉译佛典。供他取材的书有：《长阿含经》、《杂譬喻经》、《智度论》、《法苑珠林》、《五分律》、《生经》、《大庄严论》、《太子须大拿经》等。"[②]

---

① 林承节：《中印人民友好关系史：1851~1949》，北京：北京大学出版社，1993年版，第420页。

② 季羡林：《中印文化关系史论文集》，北京：生活·读书·新知三联书店，1983年版，第132~134页。

二、1949年以后

1949年10月1日，中华人民共和国建立。此后的数十年间，中国大陆与南亚的文学交流空前活跃，学界译介的南亚文学作品多得不胜枚举，对南亚文学的研究工作也取得很大进展。限于篇幅，这里只能介绍其中最主要的一部分。

1. 人员往来

中国去印度的文学工作人员主要有：由丁西林任团长、李一氓任副团长的中国文化代表团（1951年这是中华人民共和国派往印度的第一个文化代表团，其阵容庞大，访问时间长，团员有郑振铎、季羡林等），由团长郑振铎、副团长周而复率领的中国文化代表团（1954），由茅盾、周扬和老舍任正副团长的中国作家代表团（1956），戏剧作家孙维世和阿甲（1957），鲁迅问题专家王士菁（1981），吴晓铃、石真夫妇（1981），刘国楠、金鼎汉组成的印地语学者代表团（1983），学者季羡林等3人（1985），中国作家代表团（1986）。这一时期访问印度的中国著名作家、诗人还有谢冰心、袁水拍、夏衍、杨朔、萧三、适夷、韩北屏等，他们回国后都在报刊上发表过访印观感。

来华的印度文学工作者主要有：印度诗人、国会议员哈林德拉纳特·查托巴迪雅亚（1953），印度作家代表团（1957），著名孟加拉文作家梅特拉耶·戴维夫人（1978），剧作家杜特夫妇（1979）。此外还有一些未见报道。

去斯里兰卡访问的中国文学工作者主要有：杨朔（1960）、杜宣（1962）、以严文井为首的中国作家代表团（1963）等。斯里兰卡来华的有：由全锡兰作家协会主席马丁·魏克拉马辛诃任团长的锡中友好协会代表团（1959）、锡兰作家协会秘书长（1961）、斯里兰卡作家（1962）、斯里兰卡著名诗人（1985）等。

去巴基斯坦的中国文学工作者主要有：诗人闻捷（1963）、作家杜宣（1964）、杨沫任团长的中国作家代表团（1978）、诗人袁鹰（1979）、诗人纪鹏（1984）等。巴基斯坦来华的文学工作者主要有：著名作家艾·纳·卡斯米（1965）、著名诗人米鲁丁·阿里夫妇（1983）、以穆罕默德·汗为团长的巴基斯坦作家代表团（1985）等。80年代，根据中巴文化协定，双方隔年派作家代表团互访，即今年你来、明年我往。

去尼泊尔的中国作家主要有：著名诗人邹荻帆（1982）等。来华的尼泊尔文学人士主要有：尼泊尔文学协会主席沙阿（1963）、皇家文学院副院长拉因·辛格·班德尔（1974）等。

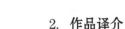

2. 作品译介

在中国译介的南亚文学作品中，以翻译印度的作品为最多。1950~1985年，共翻译出版印度文学作品100多种。这期间有两个译介高峰。第一个高峰在20世纪50年代，第二个高峰在80年代。50年代共出版了59种，主要涉及印度的五大语言文学，即梵语、英语、印地语、孟加拉语和乌尔都语文学。其中多数是从英语转译的，也有几种是从俄语转译的。译自梵语的主要有《沙恭达罗》（季羡林译，1956）、《云使》（金克木译，1956）、《龙喜记》（吴晓铃译，1956）、《小泥车》（吴晓铃译，1957）、《五卷书》（季羡林译，1959）。从英语转译的梵语文学作品有《莎毗妲萝》（糜文开译，1950）、《古印度两大史诗（片断）》（糜文开译，1951）等。直接译自印度英语作家的作品主要是安纳德的《安纳德短篇小说选》（侯浚吉译，1954）、《不可接触的贱民》（王科一译，1954）、《两叶一芽》（黄星圻等译，1955）、《苦力》（施竹筠等译，1955）、《印度童话集》（谢冰心译，1955）、《石榴女王》（谢冰心译，1955）等。从英语转译的印地语和乌尔都语作家的作品主要有克里山·钱达尔的《火焰与花》（冯金辛译，1953）、《钱达尔短篇小说集》（冯金辛等译，1955）、《我不能死》（严绍端等译，1958），克·阿·阿巴斯的作品有《阿巴斯短篇小说集》（冯金辛等译，1957）、《小麦与玫瑰》（孙敬钊译，1959），普列姆昌德（Premchand）的作品有《普列姆昌德短篇小说集》（懿敏等译，1957）、《戈丹》（严绍端译，1958）、《一把小麦》（懿敏等译，1958）。直接从印地语译出的有普列姆昌德的《妮姆拉》（索纳译，1959）。直接从乌尔都语译出的有印度巴基斯坦现代诗集《牢狱的破灭》（北京大学乌尔都语专业同学译，1958）。译自俄文的印度文学作品有普列姆昌德的《变心的人》（正秋译，1956）、钱达尔的《黑太阳》（红燕译，1956）等。译自孟加拉文的有萨拉特·钱达·查特吉的《嫁不出去的女儿》（石真译，1956）。泰戈尔的作品在这一时期也被大量译介，多数是译自英文，少数译自孟加拉文，具体情况见下文。

20世纪60、70年代译介的作品很少。主要有迦梨陀娑的《优哩婆湿》（季羡林译，1962年）和《印度现代短篇小说选》（黄宝生等译，1978）等五六种。

20世纪80年代前半期，中国出版的印度文学作品在50种以上。与第一个高峰期不同的是，这一时期对印度文学作品的译介有以下四个特点：①既有鸿篇巨制的译介，也有许多零散单篇的介绍（不在统计数内，其数量恐怕是空前的）；②从英文和俄文转译的情况减少，直接从梵文、巴利文、印地文、乌尔都文、孟加拉文、泰米尔文等文种翻译的情况有明显增加；③所译介的作品不仅有诗歌、剧本、小说等，还出现了文学理论及文学史著作的翻译；④所涉及的作家面更加宽阔。这段时间从梵文直接译出的作品主要有史诗《罗摩衍那》（季羡林译，共七卷，1980~1984 年出齐。1984 年 9 月 15 日，中国人民对外友好协会、人民文学出版社、中国印度文学研究会在北京举行招待会，庆祝《罗摩衍那》中译本全部出版，对外友协副会长楚图南、人民出版社社长韦君宜、印度驻华大使和北京大学教授刘安武等到会祝贺并讲话，首都印度学界数十人与会祝贺）、《古代印度文艺理论文选》（金克木译，1980）、《那罗与达摩衍蒂》（史诗《摩诃婆罗多》节选，赵国华译，1982）、古典诗集《伐致呵利三百咏》（金克木译，1982）、跋娑（Bhasa）的剧本《惊梦记》（韩廷杰译，1983）、《印度古诗选》（金克木译，1984）。从巴利文直接译出的有《佛本生故事选》（黄宝生等译，1985）。从英文译出的除泰戈尔的作品外，主要有安纳德的小说《村庄》（王槐挺译，1983）。从印地文译出的主要有普列姆昌德的小说《舞台》（庄重译，1981）、《如意树》（刘安武译，1983）、《新婚》（刘安武译，1983）、《仁爱道院》（周志宽等译，1983）、《一串项链》（庄重译，1983）等。自乌尔都文译出的主要有密尔·阿门的小说《花园与春天》（李宗华等译，1982）。自孟加拉文译出的主要有萨拉特·钱达·查特吉的小说《斯里甘特》（石真译，1981）和《玛尼克短篇小说选》（石真译，1984）。自泰米尔文译出的有《阿基兰短篇小说选》（张锡麟译，1984）。

中国对其他南亚国家文学作品的译介要比印度少得多。

自 20 世纪 50 年代开始，中国的一些报刊上曾陆续发表一些巴基斯坦的小说和诗歌等，但都很零碎。如 1956 年 9 月号的《译文》上发表了孙用译的费兹·艾哈迈德·费兹的 8 首诗，1958 年 3 月号《世界文学》上又发表了邹荻帆译的费兹诗 3 首，1961 年《诗刊》第 3 期和又有韦苇译的费兹诗。50 年代中国还曾译介过著名作家艾·纳·卡斯米的小说。此后，《人民日报》、《解放日报》等也曾发表过巴基斯坦诗人的作品。再如，《译文》、《世界文学》、《作品》等杂志都曾发表过一些巴基斯坦小说家的作品。另外，伊克巴尔的著作曾被较多地译介过来，但伊克巴尔既被巴基斯坦人认为是巴基斯坦的诗人，又被印度人认作印度的诗人，原因是他生活的时代是在印巴分治以前。

20世纪80年代初期，人民文学出版社出版了山蕴等译的《巴基斯坦短篇小说选》，1983年出版了巴基斯坦女作家哈蒂佳·玛斯杜尔的长篇小说《庭院》（杜立升译），1984年出版了阿卜杜勒·侯赛因的长篇小说《悲哀时代》（袁维学译），1986年，出版了巴基斯坦当代著名小说家肖克特·西迪基的长篇小说《真主的大地》（刘曙雄、唐孟生译自乌尔都文）。1990年，又出版了《巴基斯坦短篇小说选》（山蕴等译），其中收有21位作家的42篇小说。这些都是直接译自乌尔都文的作品。

20世纪五六十年代，中国出版的斯里兰卡的小说有《魏克拉玛辛诃短篇小说集》、《蛇岛的秘密》和《西里西瓦利短篇小说集》三种，都译自英文。80年代前期，中国出版了译自僧伽罗文的两部中篇小说《密林里的村庄》（黎炳森译）和《逃亡者》（林海与范为纲译），还首次发表了斯里兰卡西格利亚石壁上的古诗11首（邓殿臣译）。1987年，中国出版了斯里兰卡的中篇小说集《月光下的爱情》（邓殿臣译自僧伽罗文），其中收有4位作者的4种作品。此前，在《译文》、《人民日报》、《诗刊》、《世界文学》、《外国文学》、《百花洲》、《儿童文学》、《东方文学作品选》等书报杂志上还零星地译介过一些斯里兰卡的诗歌和小说等。

1958年9月号的《译文》上发表有赵朴初译的尼泊尔诗歌《笼中鹦鹉》，1961年10月6日的《人民日报》上发表了谢冰心译的马亨德拉的诗歌三首。此后，《世界文学》、《人民日报》上都发表过一些尼泊尔的诗歌和短篇小说。

孟加拉国立国时间不长。但也有短篇小说被译介过来。只是数量很少而已。

南亚诸国译介中国文学作品的资料较少，现只能作简单介绍。中国于1850年1月创办了英文杂志《人民中国》，此后又陆续创办了《北京周报》、《中国文学》、《今日中国》、《中国画报》等。其中《中国画报》有印地、乌尔都等南亚文种的版本，专向南亚发行。英文版杂志也发行于南亚。南亚知识界一般都精通英语，从这些杂志上读到中国文学作品是情理中事。另外，中国外文出版社翻译介绍了许多中国古今名著，这些在南亚各国都有一定影响。例如，作家周明曾随中国作家代表团访问过巴基斯坦，他在文章中写道："巴基斯坦的作家、诗人们更多地熟悉我们的过去，而对当代创作状况了解甚少。比方谈起来，他们知道中国的孔子、李白、杜甫、白居易，还有鲁迅、郭沫若、茅盾、冰心、老舍、巴金……中国的古典名著《水浒》、《西游记》、《三国演义》、《红楼梦》，这些作家和作品他们都还熟悉，因为有翻译、出版。而当代作家作品的翻译、出版就很薄弱。他们也熟悉我们的严文井、袁鹰、闻捷、杨沫、曲波、纪鹏等诗人、作家，这些同志曾访问过巴基斯坦，便自然地引起他们的关注。"①在斯里兰卡，科伦坡有家专门经营中国书刊的黎明书店。巴基斯坦亦有类似书店。在印度，中国外文出版社有代理机构，一些大城市的书店里往往能见到中国外文出版社出版的书籍被出售。

此外，我们还从一些报道得知，印度的一些文学杂志不时地出版中国文学专号，介绍中国现代文学家及其作品。巴基斯坦曾于20世纪70年代在乌尔都文杂志上译介过《毛泽东诗词》，80年代出版过乌尔都文和普什图文的《中国民间故事》等。尼泊尔曾在20世纪60年代出版过郭沫若的历史剧《屈原》。斯里兰卡在20世纪60年代出版过小说《高玉宝》。尼泊尔进步书店在20世纪80年代翻译出版过《青春之歌》等三部著作及《中国短篇小说集》。

第四节　泰戈尔与中国

一、20世纪20年代的"泰戈尔热"

泰戈尔是近代中国与南亚文化关系史上具有特殊地位的人物。"直到1924年，中印两国人民重建友谊的努力主要集注于政治方面；在文化方面，虽然中国知识界已开始翻译介绍印度文学作品，两国文化人士间仍无正常交往。1924年，印度著名诗人泰戈尔访华是个转折点。这次访问打开了两国文化交往的通道。自此以后，两国人民发展友谊的内容大大拓宽了。"②

泰戈尔于19世纪80年代开始写作，20世纪初创作进入黄金时代。1912年，由诗人自译为英文的《吉檀迦利》轰动欧洲，1913年获诺贝尔文学奖。对此，中国文学界立即做出反响，1913年《东方杂志》第10卷第4号上刊登出钱智修的文章《台莪尔氏之人生观》，是为中国最早介绍泰戈尔生平和思想的文章。1915年，陈独秀在其主编的《青年杂志》第1卷第2期上译介了泰戈尔诗4首，是为中国对泰戈尔著作之最早译介。1917年，《妇女杂志》第3卷第6~9期上连载了天风、无我译的3篇小说。1918年，《新青年》第5卷第3期上刊出刘半

---

① 袁鹰等编：《巴基斯坦的山山水水》，北京：中外文化出版公司，1990年版，第106页。

② 林承节：《中印人民友好关系史：1851~1949》，北京：北京大学出版社，1993年版，第150页。

农译的泰戈尔诗2首。1920年以后，泰戈尔的诗歌、小说、戏剧、论文、书信、讲演、自传等被大量译介过来。据张光璘统计，当时"登载泰戈尔著作的杂志约有三十余种。其中主要有：《小说月报》、《东方杂志》、《文学周报》、《晨报》副刊、《少年中国》等。译者主要有：郑振铎、赵景深、施蛰存、刘大白、叶绍钧、沈泽民、沈雁冰、许地山、徐志摩、瞿世英等。从一九二〇年至一九二五年，短短的五六年时间里，泰戈尔的主要著作几乎都有了中译本，包括诗集：《吉檀迦利》、《采果集》、《新月集》、《园丁集》、《游思集》、《飞鸟集》及其他诗歌杂译。戏剧：《齐德拉》、《邮局》、《春之循环》、《隐士》、《牺牲》、《国王与王后》、《马丽尼》等。小说：《太谷尔小说》、《泰戈尔短篇小说集》等四十余篇短篇小说；长篇小说《家庭与世界》、《沉船》。自传、论著：《我底回忆》、《人格》、《创造与统一》、《国家主义》、《海上通信》、《欧行通信》等。我国评论家写的介绍泰戈尔生平、思想的文章和作品评论，在刊物上比比皆是。其中重要的论文有：瞿菊农：《泰戈尔的思想及其诗》、王统照：《泰戈尔的人格观》、郑振铎：《泰戈尔传》、张闻天：《泰戈尔对于印度和世界的使命》、愈之：《泰戈尔与东西文化之批判》等。泰戈尔的重要作品有三种甚至五种以上的译本。"①

当时的中国思想界和文坛上之所以出现这股"泰戈尔热"，主要是由外部世界和中国国情决定的，其直接的原因则是他于1924年来华访问。在其来华之前，他曾到欧洲和日本访问过，并萌生了访华的想法。1923年，他先派恩厚之来华联系，得到中国学界的热情邀请。于是，当年的《小说月报》于9月、10月刊出"泰戈尔专号"（上、下），刊载了汉译的他的一些作品，并登出了10余篇欢迎和介绍性文章。其中，文章有郑振铎的《欢迎泰戈尔》、《泰戈尔传》、《关于泰戈尔研究的四部书》，徐志摩的《泰山日出》、《泰戈尔来华》、《泰戈尔来华的确期》，王统照的《泰戈尔的思想及其诗歌的表象》，周越然的《给我力量》，得一的《泰戈尔的家乘》，樊仲云的《音乐家的泰戈尔》，徐调孚的《泰戈尔的重要著作介绍》等。1924年4月8日，泰戈尔乘船抵达香港，孙中山派专使带去其欢迎信。12日，船抵上海，受到文学研究会等团体的欢迎，前来欢迎的还有郑振铎、瞿世英、徐志摩等若干社会名流。《小说月报》专辟《欢迎泰戈尔临时增刊》。泰戈尔在中国逗留近50天，去过7个城市，会见了许多人，其中有溥仪、梁启超、胡适、沈钧儒、梅兰芳、汪大燮、熊希龄、范源廉、张逢

---

① 张光璘：《印度大诗人泰戈尔》，北京：蓝天出版社，1993年版，第116页。

春、杨丙辰、梁漱溟、林长民、张相文、梁思成等。他于5月30日离华赴日。

泰戈尔这次来华在中国的思想界引起了一场争论。张光璘对这场争论总结道："关于泰戈尔访华的争论，是从他访问前夕开始的。大家知道，一九二四年前后，我国文化战线上正在进行一场新文化阵营同封建复古派和资产阶级右翼文人的斗争……他此时此刻来到中国，自然会给这场争论带来一些影响。复古派妄图利用他的唯心主义思想为自己张目；革命文化界的先进人物，为反击复古派，就不能不对泰戈尔的思想局限有所批评，从而在客观上就不由自主地站到了反对泰戈尔访华的一边去了。当然，还有一些人，他们出于对泰戈尔艺术的崇拜而热烈欢迎他。这样一来，对泰戈尔访华这件事，当时我国思想文化界大体上就形成了三种不同的态度，即：欢迎、反对、利用。"①林承节认为，当时中国正处在军阀混战时期，帝国主义趁机扩张在华势力；孙中山在南方改组国民党，提出"三大政策"，准备北伐。泰戈尔对此不了解，讲话中对爱国主义、民主主义突出不够，再加上一些人的利用，于是引起争论。当时的一些进步的人物（如陈独秀、瞿秋白、恽代英、萧楚女、沈雁冰等）主要对泰戈尔提倡东方精神文明，反对西方物质文明不赞同，因而提出质疑和批评。②

泰戈尔这次来华对中国文学界的影响是深远的。张光璘在举例证明了泰戈尔对郭沫若和谢冰心文学创作所产生的影响之后，说："泰戈尔对我国现代作家的影响，从郭沫若和冰心两位作家身上可见一斑。除他们两人外，郑振铎、王统照、徐志摩等人也程度不同地受过泰戈尔的影响。"③

二、20世纪50年代的作品译介

在20世纪20年代的泰戈尔热之后，三四十年代仍有泰戈尔作品的译介，有的是重译，有的是新译，有的是再版。到了50年代，由于中印关系的密切，译介泰戈尔作品之风再度兴起。同样，这次译介高潮中也有重译、新译和再版三种情况。

诗歌：1954年，郑振铎译的《新月集》再次出版。1955年，谢冰心重译的《吉檀迦利》出版。1956年，石真译的《两亩地》发表，吴岩译的《园丁

---

① 张光璘：《印度大诗人泰戈尔》，北京：蓝天出版社，1993年版，第121、122页。
② 林承节：《中印人民友好关系史：1851~1949》，北京：北京大学出版社，1993年版，第169~172页。
③ 同①，第129页。

集》出版。1957年，石真译的《一对孟加拉夫妇的情话》、高梁译的《山塔尔族的一个妇女》及《婆罗门和不可接触者》发表，汤永宽译的《游思集》出版。1959年郑振铎译的《飞鸟集》再版，石真译的《自悼》发表，石真、谢冰心合译的《泰戈尔诗选》出版，石真译的《两亩地》出版。

戏剧：1958年，石真译的《摩克多塔拉——自由的瀑布》出版。1958~1959年，《泰戈尔剧作集》（1~4册，分别由瞿菊农、冯金辛、林天斗、谢冰心译）出版。

小说：1956年谢冰心译的《喀布尔人》、《弃绝》、《素拔》发表。1957年，石真译的《生日》发表，黄雨石译的《沉船》出版。1959年谢冰心译的《夜中》、《吉莉巴拉》发表，黄星圻译的《戈拉》出版。1961年，唐季雍译的《摩诃摩耶》发表。

自传、散文等：1954年，金克木译的《我的童年》出版。1955年金克木摘译的《俄国书简》发表。1961年，谢冰心摘译的《孟加拉风光》发表。

在泰戈尔著作的汉译本臻于完备的情况下，1961年又出版了10卷本的《泰戈尔作品集》，其中诗歌2卷、短篇小说2卷、中篇小说1卷、长篇小说3卷、戏剧1卷，是19位译者共同劳动的结晶。

20世纪50年代到60年代初对泰戈尔作品的译介情况告诉我们：①新中国读者对泰戈尔的著作非常喜爱；②译介者们在经过时代的变迁之后，对泰戈尔的作品有新的认识；③孟加拉文的学者参与了翻译工作。

三、20世纪80年代的研究

应当说，进入20世纪80年代以后，中国对泰戈尔作品的译介工作仍在进行，而且在数量上要超过50年代（包括再版和重译）。但相比之下，中国在这一时期对泰戈尔的研究却显得更为突出。下面介绍几篇有代表性的论文和著作。

继1961年发表《纪念泰戈尔诞生一百周年》、《泰戈尔短篇小说的艺术风格》和1979年发表《泰戈尔与中国》之后，季羡林于1981年又发表了《泰戈尔的生平、思想和创作》一文。在这篇文章中，他从泰戈尔的哲学思想入手，追根溯源，找到了理解泰戈尔思想和作品的关键：首先是印度古代从"吠陀"到"奥义书"的"梵我统一"思想，即我与非我的关系问题；其次是人与自然的关系问题。然后指出："既然梵我合一，我与非我合一，人与自然合一，其间的关系，也就是宇宙万有的关系，就只能是和谐与协调。和谐与协调可以说是泰戈尔思想的核心，他无论观察什么东西，谈论什么问题，都是从和谐与协调出发。"但是，泰戈尔的思想中又有一些东西是自相矛盾的，"这种思想上的矛盾也必然反映到他的性格上。我觉得，他是有双重性格的：一方面是光风霁月，宁静淡泊，慈祥肃穆；但是另一方面却是怒目金刚，剑拔弩张，怒发冲冠。这种情况表现在各个方面：表现在文艺创作上，表现在待人接物上"。[①]

1981年，金克木的论文《泰戈尔的〈什么是艺术〉和〈吉檀迦利〉试解》发表[②]。文中，他认为，《什么是艺术》是泰戈尔的艺术理论，而《吉檀迦利》则是其艺术实践。"泰戈尔的这篇论艺术的讲演和这本诗集透露出他的思想感情中心是，在分歧中求统一，在对立中求和谐，企求以人的感情来创造艺术，解决世间的矛盾。"

继1979年在《哲学研究》上发表《略论泰戈尔的哲学和社会思想》之后，1989年黄心川在他的《印度近现代哲学》一书中辟出专章，更加全面地论述了泰戈尔的哲学、美学和社会思想[③]。他认为，泰戈尔虽然自谦地说自己不是一个哲学家，"他的哲学虽然没有形成完整的纯理论体系，但是他对哲学问题一直保持着美学的探索，带着艺术的情趣，是从艺术的大门进入哲学殿堂的"。接着，他分析了泰戈尔对世界和人的认识。在美学思想方面，他分析了泰戈尔关于美感的来源、对真善美的看法、艺术的任务、艺术的形式和内容的关系等问题。在社会思想方面，他着重分析了泰戈尔对殖民主义和封建主义、未来社会、民族主义、民众的历史作用、东西方文化关系等问题的看法。

宫静的《泰戈尔》一书定稿于1986年，1992年方由台湾东大图书公司印行。这是一部全面介绍和分析论述泰戈尔哲学思想的专著。全书分12章，第一、二章介绍泰戈尔的生平和著作，第三至第十一章分别论述泰戈尔哲学的思想来源及特点、世界观、方法论、真理观、人生观、爱国主义、教育思想、宗教观和美学观。最后一章讲泰戈尔与中国的关系。这部书是在大量阅读泰戈尔的各种著作和尽量占有国内外各种重要研究资料的基础上写成的，它标志着中国80年代对泰戈尔思想研究的整体水平。正如作者在书的前言中所期望的那样，通过她的研究，可以加深对泰戈尔文学作品的理解和研究；可以通过泰戈尔的思想透视出印度传统思想与西方思想的交流和融合。

完成于80年代的另一部有代表性的泰戈尔研究专著是张光璘的《印度大诗

[①] 《社会科学战线》1981年第2期。

[②] 《南亚研究》1981年第3、4期合刊。

[③] 黄心川：《印度近现代哲学》第九章，北京：商务印书馆，1989年版。

人泰戈尔》。此书亦由于种种原因，至1993年方由蓝天出版社出版。这是一部着重从文学的角度去研究泰戈尔的著作。全书分三大部分：第一部分介绍泰戈尔的生平、思想和著作，第二部分是对泰戈尔的思想和创作、泰戈尔与中国文学的因缘、泰戈尔作品的反封建主题等的评论，第三部分是对泰戈尔诗歌的鉴赏。书中客观公允地评价了泰戈尔和泰戈尔作品的审美价值、思想意义。

第五节　鲁迅在南亚

近代以来的中国作家中，鲁迅在南亚的影响最大。

中国外文出版社曾将鲁迅的作品如《鲁迅全集》（共4卷）和《鲁迅短篇小说选》翻译为英文，也曾将鲁迅的一部分作品翻译成印地、乌尔都、孟加拉、泰米尔、僧伽罗、尼泊尔等南亚文字，使其在南亚诸国流传。南亚国家派到中国来学习中国文学的留学生一般都要学习鲁迅的作品，有些学生的毕业论文就以鲁迅的作品为研究对象。南亚出版的一些文学杂志也时常译介一些鲁迅的作品或介绍鲁迅的生平和创作。

此外，我们还可以从一些事件中看到鲁迅在南亚的影响：

1977年12月1日，斯里兰卡—中国友好协会在科伦坡举行纪念鲁迅图书、摄影展览和报告会。

1981年9月25日，为纪念鲁迅诞辰100周年而举办的鲁迅著作和照片展览会在孟加拉国艺术学院开幕。26日，纪念鲁迅诞辰100周年的学术讨论会及中国书刊展览在拉瓦尔品第开幕。

1981年11月9日，印度纪念鲁迅诞辰100周年学术讨论会在新德里尼赫鲁大学开幕。会议共进行了3天，宣读论文40篇。从这一情况看，印度不仅是读鲁迅著作的大有人在，而且研究鲁迅的也大有人在。

1982年3月，尼泊尔戴维进步书店出版了鲁迅的小说《阿Q正传》。

1982年10月18日《人民日报》刊登巴基斯坦诗人尼扎姆丁的诗《鲁迅颂》。

1984年2月，巴基斯坦出版了乌尔都文本的《鲁迅小说集》。

1985年，王允唐在斯里兰卡进修期间，利用有利条件，将鲁迅5篇短篇小说译为僧伽罗文，分上下两册，题为《鲁迅短篇小说选》。其上册于1993年由斯里兰卡黎明出版社出版。此前已有一些鲁迅的作品被译为英文和僧伽罗文在斯里兰卡出版。

1986年3月，尼泊尔进步书店翻译出版了王士菁撰写的《鲁迅传》。

下面举两个具体例子。

1985年，印度国莲出版社出版了一部印地文剧本《昌德拉马辛赫别号查马库》（Chandramasinh Urf Chamaku），剧本版权页标题下尚有一行字："有感于鲁迅的世界著名小说《阿Q正传》"。这个剧本是印度著名戏剧家巴努·巴拉提撰写的。他1947年7月出生于拉贾斯坦邦的阿贾梅尔，青年时代毕业于印度国家戏剧学院。后曾去日本学习日本传统戏剧。曾发表诗歌和短篇小说，执导过话剧和电影，在若干大学从事过戏剧艺术研究，还曾发表过由日本一小说改编的剧本《一棵燃烧的树讲述的故事》。1982年，由他执导的话剧《查马库》被派往农村演出，给人们留下深刻印象。同年5月9~12日在新德里作首次演出，获得成功。剧本的前面有鲁迅简介，其中写道："在读了《阿Q正传》之后，任何人都会觉得，我们大家就是阿Q。鲁迅无情地揭露反人民的势力，向那些人民的压迫者发起进攻。同时又满怀热情地描写人们的向往、追求和他们的创造力。'改造社会是唯一的出路'，这就是鲁迅著作的根本旨意。"在剧本的前言中，作者写道："最后，我想明确地说，这部作品不是鲁迅小说的话剧改编，而是受了他的启示所写成的我的工作剧本，是我的演员和舞台工作者的集体创作。"该剧本反映的是印度农村的故事，从其主人公查马库的身上，我们可以看到阿Q的影子。

20世纪80年代末在北京大学读书的巴基斯坦研究生写有一篇毕业论文《时代·人格·思想——鲁迅与普列姆昌德的比较研究》[①]。她以一位南亚人的目光对鲁迅和普列姆昌德的著作进行了考察，分析他们在人格和思想上的共同点和不同点。她认为，鲁迅和普列姆昌德两人的人格都是以善良为基础的，"他们对人类无比热爱的感情潜入他们所有的文学作品和艺术中"，然而他们又都对社会上的恶人和恶势力无比痛恨，斗争时毫不留情，毫不妥协和让步。她写道："普列姆昌德和鲁迅的思想里理性的精神同样地发挥着作用。两人都十分憎恶剥夺人的地位和阻碍社会进步的陈规陋习、迷信及造成社会地位有尊卑之分的传统观念。他们的区别在于，普列姆昌德的思想尽管有理性的一面，但主要成分是灵性。鲁迅的思想的基本是唯物主义。所以两人对理性的艺术表现采取了不同的形式。"

---

① 发表于《南亚与东南亚资料》1992年第一辑。

第九章

中国与南亚的艺术交流（上）

第一节 建 筑

中国古代建筑在世界建筑史上独树一帜。在汉代以后，中国的建筑艺术在不断发展与演变中吸收了大量外来文化的影响，形成了今天这种纷繁复杂、花样众多的绚丽局面。在诸多的外来文化影响中，即有来自南亚建筑艺术的因素，以致中国出现了佛教建筑这一独特的艺术形式，它作为中国建筑文化的一部分，将永载于中国艺术史册。中国的佛教建筑以寺、塔和石窟等为主，因此这里将着重介绍这三种类型的建筑形式。

一、寺

1. 汉魏两晋南北朝

中国最早的佛寺据说是洛阳的白马寺。东汉明帝永平十年（公元67年），天竺僧人摄摩腾和竺法兰到洛阳，次年建了白马寺。据说白马寺是由当时接待外宾的衙门鸿胪寺改建的。但到底是什么样子已不得而知了。据《魏书·释老志》："自洛中构白马寺，盛饰佛图，画迹甚妙，为四方式。凡宫塔制度，犹以天竺旧状而重构之，从一级至三、五、七、九。世人相承，谓之'浮图'，或云'佛图'。"这说明，中国最初的寺院是按照印度的建筑形式和风格重新构筑的，特别是塔。这种建筑形式后来成了典范，一直影响之后的历朝历代。

据《三国志》卷四九，大约在公元2世纪末，一个叫笮融的人在徐州建佛寺，"垂铜盘九重，下为重楼阁道，可容三千许人"。《后汉书·陶谦传》的记载大体相同。由此可以推知当时寺院的大体形制与规模。据估计，"上累金盘，下为重楼"可能即是后世塔的前身，而那些堂阁则可能是佛堂、僧房等礼佛、学经、起居的场所。

据《洛阳伽蓝记·序》载，晋时洛阳的寺庙仅有42所。但到了北魏时，已增加到1 300余所。又据《魏书·释老志》，北魏境内的佛寺竟达3万余所。这是北方的情况，而南方信佛的程度不比北方差，因此可以推知江南一带的佛寺也一定为数不少。所以说，唐人杜牧的著名诗句"南朝四百八十寺，多少楼台烟雨中"，恐怕不是夸张之辞。《洛阳伽蓝记》卷一记载了洛阳最大寺院永宁寺的布局情况，大体是前方有寺门，门内的主体建筑是塔，塔的后面是佛殿。刘敦桢主编的《中国古代建筑史》第四章第四节说："据记载早期中国佛寺的平面布局大致和印度的相同，以塔藏舍利（佛的遗骨），是教徒崇拜的对象，所以塔位于寺的中央，成为寺的主体。以后建佛殿供奉佛像，供信徒膜拜，于是塔与殿并重，而塔仍在佛殿之前。永宁寺正是这个时期佛寺布局的典型。"并指出："这种平面方形，四面开门，中央建主体建筑的布局方法，是从印度的佛寺得到启示，同时结合汉以来的礼制建筑而发展起来的。"[1]

这一时期，南亚来华的僧人中有不少人懂得建筑艺术，他们在中国的寺院建筑中发挥了一定的作用。晋代来华的天竺僧人佛图澄就是一例，《高僧传》卷九《佛图澄传》记曰："澄自说生处去邺九万余里，弃家入道一百九年……所历州郡，兴立佛寺八百九十三所，弘法之盛，莫与先矣。"《续高僧传》卷十《僧妙传》也提到"邺古城中白马寺，此是石赵时浮图澄所造"。到隋代，还有天竺工匠参加营造寺院的事，如《续高僧传》卷一四《道判传》记曰："开皇七年，敕遣度支侍郎李世师将天竺医工就造精舍，常拟供奉。"这样，那个时期的中国寺院就不可避免地受到印度古代佛教建筑的影响。

另一方面，在这一时期，中国去西天取经的僧人们很注意印度的建筑形式和风格，不仅留意观察，有文字记载，而且还画有图样。其例一，《法显传》记达嚩国伽叶佛僧伽蓝时写道："穿大石山作之，凡有五重：最下重作象形，有五百间石室；第二层作师子形，有四百间；第三层作马形，有三百间；第四层作牛形，有二百间；第五层作鸽形，有百间。最上有泉水，循石室前绕房而流，周围回曲，如是乃至下重，顺房流，从户而出。诸层室中处处穿石，作窗牖通明。室中朗然，都无幽暗。其室四角头穿石作梯蹬上处。"其例二，《洛阳伽蓝

---

[1] 刘敦桢：《中国古代建筑史》，北京：中国建筑工业出版社，1984年版，第87页。

记》卷五记惠生、宋云至乾陀罗国见雀离浮图，所记其形制、规模甚详。"宋云以奴婢二人奉雀离浮图，永充洒扫。惠生遂减割行资，妙简良匠，以铜摹写雀离浮图仪一躯及释迦四塔变。"这些去西天的僧人们回国后，自然会将所见所闻印度佛教建筑的风格、模式介绍给中国的建筑师，中国的建筑师也会尽力在其所设计的寺院中努力创造一种西天佛教的气氛。这是不言而喻的。

应当说，从后汉到南北朝时期，中国的寺院建筑是在"舍宅为寺"、"舍庙为寺"的基础上吸收印度佛教建筑风格建成的。但由于缺乏实物例证，印度建筑风格的影响程度到底有多大，则很难估计。

2. 唐宋时代

到了唐代，随着佛教的发展，佛教寺院建筑也变得规模宏大和富丽堂皇了。从布局来看，唐代寺院主要有两种，一种是凹字形布局，一种是院落式布局。凹字形布局是指中间一个大殿，两旁各一较小的殿，三殿组合呈凹字形。这种布局中，三个殿之间经常是由回廊连接起来，形成即相互独立又相互连接的整体建筑群。在隋代、初唐、盛唐都有这种布局。在这一布局中，尚有更多楼阁殿堂组合在一起的情况，但其分布仍大体呈凹字形。盛唐以后，佛寺的布局多呈院落式。院落式布局比凹字形布局更为复杂多变，有时是单院，有时是前后排列为二院，有时是横向排列的三院，大寺甚至可多达十院。不管怎样排列，都有主次之分，其中最突出的部分为佛殿，而这时的佛殿常常是楼阁式的建筑。这一时期的佛寺布局情况已无实例可供观摩，只有一些历史文献，如敦煌壁画等，可提供给我们文字和绘画的资料。至于殿堂建筑，唐代作品较完整保存下来的只有山西五台山的南禅寺正殿和佛光寺正殿两处。而这两处大殿在唐代还算不上最大的一类。

唐代寺庙的典型布局影响到宋代。敦煌壁画中有关宋代寺院布局的描绘给我们提供了例证。现存宋代寺院整体布局的实例是河北正定隆兴寺。该寺是一个由三部分构成的长方形院落，前有山门，门内左右为钟楼和鼓楼，中间为大觉六师殿。其后是一条路直通摩尼殿，路的两旁为左右配殿。再向北是第二道门，门内是佛香阁，为全寺最主要建筑。佛香阁两侧是各种辅助的殿阁楼亭。这一建筑群自成一院，其后又有一条路直通弥陀殿。隆兴寺的布局大体呈南北狭长的长方形，主要建筑都在中轴线上，给人以深邃、庄严、错落有致之感。这一时期的古佛寺遗存还有天津蓟县的独乐寺、山西大同的华严寺和善化寺等处的部分建筑构。

　　唐宋时代来华的僧人中有的也懂建筑，也曾参与过寺院的修建。如《全唐文》卷二五七苏颋《唐河南龙门天竺寺碑》曰："天竺寺者，天竺王子避位出家、三藏法师宝思惟之立也……爰创方丈，邻于咫尺，坚持愿力，善诱檀心……更于其侧，造浮图精舍焉。飞观遥峙，仙茎崛起。远而趋之，虚空飘渺于其间；近而察之，岑蔚青荧于表里。羌难得而名也。景云岁辛亥月建巳日辛卯，制以法师所造寺，赐名曰'天竺'。"《宋高僧传》卷三《宝思惟传》则曰："释阿尼真那，华言宝思惟，北印度迦湿蜜罗国人，刹帝利种……后于龙门山请置一寺，制度皆依西域，因名天竺焉。"这说明，唐代前期的寺院建筑还有印度僧人参与勘察设计，也有"制度皆依西域"的情况。所谓"制度"，乃是指布局、样式、风格等而言。在此期间去南亚的中国僧人也有不少人很注意那里佛教建筑的技法和风格。本志第四章所提到的义净有关那烂陀寺的记载便可以证明。

　　这里需特别提及西藏的寺院建筑。唐代以后，南亚的佛教走向衰落，而西藏地区的佛教却逐步兴盛。这期间西藏所修建的佛教寺院也在很大程度上受了南亚建筑风格的影响。例如，著名的大招提寺在建立之初就是尼泊尔的尺尊公主请来尼泊尔的工匠建造的。约建于779年的桑耶寺则是由印度莲花生大师亲自勘察、印度著名佛学家寂护亲自设计的，"它是以古代印度波罗王朝高波罗王在摩揭陀所建的欧丹达菩黎寺为蓝本，实际上是用佛教徒想象中的所谓世界的结构做建筑的基本概念的。中心主殿是一座三层大殿，代表所谓须弥山，四方有四个殿，代表所谓四大洲。四方四殿的附近又各有两个小殿，代表所谓八小洲。主殿两旁又建两个小殿，代表日、月。还有一些其它的建筑，如杂用房屋和塔等。全部建筑围以圆围墙，代表铁围山。佛教密宗的'戒坛'（即曼陀罗，一般是平面彩绘，也有立体的）也往往采取这种形式，所以也有人说它是仿照密宗的曼陀罗建造的"[①]。这种由南亚僧人来勘察、设计和由南亚工匠参与修建西藏佛寺的情况后来也时有发生。

3. 元明清三代

　　元明清三代，中国内地佛寺的典型布局与唐宋时代的院落式布局差不多，一般都是一个由南往北的长方形院落，前有山门，进入山门后是前院，然后为前殿，穿过前殿进入后院，后院的北面是正殿，后院的东西两侧为配殿。山门、

---

　　① 王森：《西藏佛教发展史略》，北京：中国社会科学出版社，1987年版，第9页。

前殿和正殿都在一条中轴线上。前殿通常是天王殿，中有四大天王像；正殿是大雄宝殿，供佛像、菩萨像，是僧俗礼佛的主要场所；山门又叫三门，通常有三个并排的门，也常盖成殿堂式，中有金刚力士像；东配殿一般是伽蓝殿，供奉当年供养释迦牟尼的三位护法神及寺庙守护神；西配殿通常又叫祖师殿，供奉本宗祖师像。除了以上这些以外，通常在正殿的正后方还有法堂，是讲经说法的地方。此外还有藏经阁、药师殿、观音殿，以及供僧人日常饮食起居的僧房、斋堂、茶堂、职事堂等，这些建筑都在中轴以外，有时甚至另辟院落。总之，各寺的规模不同，地理条件不同，其布局情况也各有不同。

元代尼泊尔人阿尼哥来华建塔的事迹也是这一时期中国与南亚建筑艺术交流的很好例证。

自唐代以后，中国寺院建筑的格局逐渐定型，形成中国特有的佛教建筑风格，但其间也不时有南亚建筑风格的浸润。

二、塔

中国早期的塔是与寺在一起的，而且是寺的主体部分。例如，三国时期笮融所建的浮图祠，上垂铜盘九重，下为重楼，可能即是中国塔的前身，若是，则其主体部分显然是塔。又如，《魏书·释老志》所说的浮图，是依天竺式样建成的，有一级至三、五、七、九级各种。显然也是居于寺院的主要位置。再如，《洛阳伽蓝记》卷一记永宁寺曰："中有九层浮图一所，架木为之，举高九十丈。有刹复高十丈，合去地一千尺。去京师百里，已遥见之……刹上有宝瓶，容二十五石。宝瓶下有承露金盘三十重，周匝皆垂金铎，复有铁锁四道，引刹向浮图。四角锁上亦有金铎，铎大小如一石瓮子。浮图有九级，角角皆悬金铎，合上下有一百二十铎。浮图有四面，面有三户六窗，户皆朱漆。扉上有五行金钉，其十二门二十四扇，合有五千四百枚。"这里不仅说浮图居永宁寺之中，位置显要，而且详细描绘出了该浮图的建筑样式和规模。这就使我们对当时的中国塔有了一个初步印象。

中国的塔是从印度的塔演化来的。印度的塔称窣堵波（stupa），是藏佛或高僧舍利的。如《魏书·释老志》说："佛既谢世，香木焚尸。灵骨分碎，大小如粒，击之不坏，焚亦不焦，或有光明神验，胡言谓之'舍利'。弟子收奉，置之宝瓶，竭香花，致敬慕，建宫宇，谓为'塔'。塔亦胡言，犹宗庙也，故世称塔庙。于后百年，有阿育王，以神力分佛舍利，役诸鬼神，造八万四千塔，布于世界，皆同日而就。"阿育王一日一夜造八万四千塔显然是神话传说，但它说明印度在佛陀去世以后出现了许多舍利塔。如《法显传》记载，法显在印度就看到了许多塔，除了释迦牟尼塔外，他还提到那竭国"有罗汉、辟支佛塔乃千数"，他还见过中印度的舍利弗塔、目连塔、阿难塔等。

印度的塔在早期多是"覆钵"或"覆盆"式的。如著名的印度桑奇大塔，约建于公元前2世纪，就是一个圆形的半球；再如印度瓦拉纳西鹿野苑的古塔，也被认为是覆钵式的。印度古代也很早就有了多层的高塔，如《洛阳伽蓝记》卷五讲迦腻色迦王造的雀离浮图时引《道荣传》云："其高三丈……凡十三级。"其中"高三丈"可能有误，《魏书》卷一〇二曰"高七十丈"。《水经注》卷二曰："又按道人竺法维所说，佛钵在大月氏国，起浮图高三十丈，七层，钵处第二层。"

下面举一些中国塔的实例：

河南登封嵩岳寺塔是中国现存最古老的砖塔。嵩岳寺初创于北魏永平二年（509），11年后又行扩建，遂建此塔。此塔高约39.5米，底层直径为10.6米，塔身部分全由砖砌成。下部台基是石头砌成。此塔呈十二边形平面。塔身上部有15层密檐。每层檐之间每面有3个小窗。此塔在工艺上十分讲究，因此在一千多年后看上去仍然非常精美。

山西应县佛宫寺释迦塔是中国现存最早的木塔。中国早期的塔都是木结构，直到南北朝中期才出现砖石结构的塔。但由于年代久远，早期的木塔都无法保存下来。应县的这座木塔建于辽代（1056），距今已近千年。此塔为八角形平面，高9层，其中有4个暗层，所以外观上只有5层。这是座阁楼式塔，高67.3米，底层直径30.27米。此塔庞大而优美，可见其设计与施工都是第一流的。

玄奘塔在西安兴教寺，是玄奘圆寂后5年（669）所造，为玄奘的墓塔。此塔的平面为方形，共5层高约21米。这是中国现存最早楼阁式砖塔。内蒙古宁城辽中京城遗址内有座大明塔，始建于辽代，是现存辽代所建塔的最大一座。此塔筑于一约6米高的夯土台基上，高74米，为13层八角密檐式砖塔。塔座为须弥座，塔身每面都镶有浮雕，浮雕中间为佛坐像，两侧有菩萨、力士像、飞天像等。

山东济南历城四门塔，建于隋大业七年（611），是中国现存最古的石塔之一。此塔仅有一层，高15.04米，四角形，边宽7.4米。塔身用青石砌成，四面开有拱形门，室内有方形塔心柱，四面各有石雕佛像一尊。

开封铁塔位于今河南开封市东北角，建于北宋（1049）。塔平面呈八角形，

13层，高54.66米。因塔的外壁镶着深褐色琉璃砖，颜色如铁，故俗称铁塔。塔内有阶梯可供登临；塔身外的琉璃砖瓦雕饰花样达50余种，工艺精湛。

云南大理市旧城西北有崇圣寺，寺有三塔，一大二小。大塔名为"千寻塔"，建于公元9世纪上半叶，为方形中空密檐式砖塔。塔高69.13米，16层檐，是现存唐代最高的砖塔之一。二小塔分南北立于千寻塔后侧，形成鼎足三立布局。二小塔均高42.19米，约建于11世纪，实心，砖砌，十级八层。三塔浑然一体，相辅相成，既壮观又秀丽。

河北定州有开元寺塔。此塔建成于1055年，高84米，11层。塔的平面为八角形，以一高台平基座，显得十分挺拔，是中国最高的砖塔。各层四面都有门，塔的外壁皆涂以白色，塔内两壁有龛，龛内原有佛塑像、壁画等。

以上各例，从建筑材料看有砖、木、石、琉璃等数种；从外部造型看，有单层、多层、四角、八角、阁楼式、密檐式等多种；从内部结构看，有实心、中空，有的内部设有阶梯等；从装饰看，有的带有佛的雕像、壁画，有的则有各样花纹雕饰。此外，古代有单个的塔，也有双塔、三塔、五塔以及成群的塔林。可以说，中国的塔各种各样，实在是一大建筑奇观，具有很高的审美价值。而这些塔都是在印度古代建筑艺术的影响下出现的。

到元代以后，中国仍有一些新建的塔直接与南亚的建筑艺术有关。例如：

北京妙应寺白塔位于北京市西城区阜成门内。此塔由尼泊尔来华的工艺家阿尼哥主持设计并建造，时在元代（1217）。此塔与西藏的藏传佛教塔在外观上相似，砖石结构。塔基为须弥座，三层方形，高9米，面积810平方米，全塔高度为50.9米，塔身全白，故俗称白塔。这是中国现存最大元代覆钵式佛塔。

北京真觉寺金刚宝座塔位于北京西直门外白石桥东真觉寺遗址。真觉寺与此塔均建于明代永乐年间，清朝末年，真觉寺被毁，唯塔尚存。此塔系模仿印度菩提伽耶大窣堵波而建，其基座为方形金刚宝座，南北长18.6米，东西宽15.73米，高7.7米。宝座上建塔5座（故真觉寺又称五塔寺），中间一座略大，高8米，13层，其余4座分立于宝座四角，高各7米，11层。5座塔均为内砖外石构筑，相互呼应，与基座共为一体，极严整端庄。这种塔被称为"金刚宝座式"佛塔。

中国的古塔并不都是佛塔，但百分之八十以上是佛塔，还有一个体系叫文峰塔，是中国民间为象征风水而建造的。不过，文峰塔也是在佛塔的影响下而产生的，考其先祖，乃在印度。

三、石窟寺

中国佛教建筑的又一大类是石窟寺。石窟寺是开凿于山崖上的佛寺，最早出现于印度，约3世纪传入中国新疆地区，继而又传入内地。中国石窟寺大约可按用途分为四种类型：僧房窟、佛殿窟、塔庙窟和大像窟。僧房窟是供僧人居住和修行的地方，一般都不大，里面有的有雕饰，有的没雕饰。佛殿窟通常较大，一般都雕有佛像，是供僧人礼佛的地方。塔庙窟是佛殿窟的一种，即在佛殿窟内雕中心塔，故又称为中心塔柱窟。塔内收藏舍利，塔柱多为方形，四面雕有佛像，供僧人绕塔礼佛。大像窟是雕有巨大佛像的石窟，也是供僧人礼佛的场所。

中国的大石窟寺群分布很广，除新疆外，甘肃、河南、山西、四川等地均有分布，可以说，从南到北，从东到西，多数省份都有石窟寺。从3世纪开始，直到明清时期，都陆续有开凿。不过，开凿石窟寺的全盛时期为南北朝时期。

在印度，佛陀时代就已有了石窟的开凿。晋代法显到印度以后，看到了一些石窟寺，《法显传》中有多处记载。"那竭城南半由延，有石室，搏山西南向，佛留影此中。"在讲到阿育王的弟弟修炼佛法时说："又于山底以大方石作一石室，可长三丈，广二丈，高丈余。"讲到王舍城时说："入谷，搏山东南上十五里，到耆阇崛山。未至头三里，有石窟南向，佛本于此坐禅。西北三十步，复有一石窟，阿难于中坐禅……又诸罗汉各各有石窟坐禅处，动有数百。""搏南山西行三百步，有一石室，名宾波罗窟，佛食后常于此坐禅。又西行五六里，山北阴中有一石室，名车帝。佛泥洹后，五百罗汉结集经处……搏山亦有诸罗汉坐禅石窟甚多。出旧城北，东下三里，有调达石窟。"在伽耶城，"到一石窟。菩萨入中，西向结跏趺坐，心念：'若我成道，当有神验'。石壁上即有佛影现，长三尺许，今犹明亮"。在鸡足山，"大迦叶今在此山中，劈山下入，入处不容人，下入极远有旁孔，迦叶全身在此中住"。从法显的记载可知，佛陀时代的石窟已经很多，当时的石窟主要是供坐禅用的，其中较大的石窟可用于僧人们的集会，也有供居住用的石窟，但还没有佛殿窟，后来的佛殿窟与当时的"佛影窟"可能有一定关系。

印度最著名的石窟寺是阿旃陀石窟。中国研究印度艺术的著名学者常任侠曾在《新建设》1955年第1期上发表《印度的阿旃陀石窟艺术》一文，详细介绍了阿旃陀石窟的地理位置、发现经过、分布情况、艺术价值等。他说："阿旃陀石窟寺，位置在印度德干高原的一端，丘陵蔓衍，山路幽寂，中有溪流，弯环作马蹄的形状。此山古时称为文达雅山，在临流的悬崖，开凿石窟，作为佛殿僧房，排列在谷中。"阿旃陀石窟是一个石窟群，其中最早的开凿年代大约是在公元前2世纪，最晚的是在公元7世纪。从最早的一些石窟看，当时已经分为两种形式：一种是支提窟，梵文作caitya，又译为塔庙窟；一种是毗诃罗窟，梵文作vihara，又译为僧房窟。这说明，佛陀时代以后的印度佛教徒仍保持着到山中开凿石窟寺进行修炼的习惯，其僧房窟即主要是供他们坐禅和起居用的；又由于此时佛陀已经过世，僧人们要礼拜佛陀，供养其舍利，于是又有了塔庙窟。晚些时候开凿的僧房窟也有雕出佛龛和佛像以供礼拜的。

下面看看中国的几个著名石窟群。

中国新疆地区目前存有大量的石窟寺。其中以拜城附近的克孜尔石窟群最为驰名。克孜尔石窟群现存石窟共236座，其开凿年代在3~8世纪，也有人认为最晚可能到11世纪。克孜尔石窟中最早被开凿出来的可能是些僧房窟，其形制多种，但一般都大同小异：分为两个部分，即内室和外室。内室有石床，有炉灶，有时还凿有小窗口。外室一般即是过道。内室和外室一般都呈正方形，没有雕像和壁画。其支提窟（塔庙窟）开凿的时间比僧房窟晚些，但规模要大，窟中设有佛龛和佛像。

敦煌石窟的最早开凿时间要比克孜尔石窟晚一些，大约在4世纪中叶。此后，经历代开凿和修缮，直到清代。敦煌石窟群现有石窟492座，同时还存有大量的壁画和彩塑等，是一座名副其实的艺术宝库，在世界影响很大。敦煌隋代以前的石窟大体上分为两种形制：一种是人字坡顶的中心柱窟，一种是覆斗式顶的正方形窟。这两种石窟的内部一般都分前后两部分，都雕有佛龛，设置佛像，窟壁上绘有壁画。唐代的窟室大多呈正方形，分前后室，后室的佛龛相当庞大，安置大型佛像。窟顶一般多是覆斗式。

位于甘肃永靖的炳灵寺石窟群现存石窟183座，其中第169号窟的建窟题记记载其开凿年代为西秦建弘元年（420年）。此窟的特点是在一个天然溶洞的基础上雕凿龛室。

甘肃天水市东南的麦积山石窟的开凿时间至迟不会晚于5世纪20年代。其石窟建筑的特色主要表现在西魏和北周时期开凿的"阁崖式"石窟上。这种石窟一般很大，模仿中国古代传统的建筑风格。

山西大同云冈石窟开凿的时间主要在北魏。5世纪中期，由昙曜主持开凿的5个大窟最为突出。其主要特点是：窟的平面呈椭圆形，没有后室，以巨大的佛像为主体，两侧的空间显得很狭小。此后于465~494年开凿的石窟则分前后二室，平面一般呈方形，大型的造像已减少，大体分为佛殿窟和僧房窟两种类型。

河南洛阳市南的龙门石窟群最早开凿于北魏孝文帝太和十七年（493），此后的400年间，开凿工作一直未停。现存窟龛达2 100个以上。古阳洞开凿的时间最早，洞内造像多，题记多，小龛数量多。唐代高宗上元二年（675）完成的奉先寺大卢舍那佛像尤其著名。龙门石窟群中除了有大像窟外，还有僧人的坐禅窟和存放僧人舍利用的瘗窟。

晚唐以后，佛教密宗在重庆、四川的影响很大，于是出现了以密宗题材闻名于世的大足石窟群。大足石窟的开凿时间从晚唐开始，以两宋为盛。这一石窟群的艺术特色主要表现在造像上。

从中国的这些主要石窟寺的建造时间看，其最先出现者，与印度阿旃陀石窟的中期相当；从地理分布看，自新疆克孜尔石窟往后，随着时间的推移，沿着河西走廊，即古代丝绸之路渐次向东蔓延；从建筑艺术看，越是早期的石窟越接近印度的风格，越往后，中国人自己的艺术风格越突出。总的说，石窟寺这一建筑形式的本身即来自印度，到中国后虽有所发展变化，但仍离不开印度的影响，这是因为，石窟寺是佛教的建筑，而佛教起源由印度，中国佛教徒在建造石窟寺时就不能不时时以印度为榜样。至于具体的石窟，或因地制宜，或临时变化，或奢或简，皆由当时条件而定。

第二节 雕 塑

中国雕塑艺术的历史十分悠久，可以追溯到原始社会。那时的人们需要制作工具和器皿，便开始了最原始的雕塑活动。随着社会的发展，人们的工艺水平不断提高，雕塑品也由简到繁，由粗到精，越来越具有审美价值。最早的雕塑材料是木头、动物骨角、泥土和石头，因为这些都是容易得到的，后来才是金属。石头是其中最容易得到并可长久存留的材料，因此我们的先民很早就开始用石头进行雕刻活动。在辽宁省东港市的后洼遗址曾出土一批石雕艺术品，有人头像、鸟兽鱼虫像等。据考古学家推断，它们距今约有五千年。殷商时期，不仅在建筑中采用石雕艺术品，日常生活中也使用大量的玉石制品。到了汉代，中国的石雕艺术又发展到了一个新时期，汉阙、石制华表、石人、石兽等，都有较多的发现。也就在后汉的晚期，当中国石雕艺术开始大发展的时候，佛教在中原地区已产生了影响。也就是说，佛教进入中原后不久，就给中国的雕刻艺术带来了新的内容和新的形式，促进了中国传统雕塑艺术的发展。

一、石雕

从后汉开始，佛寺的建筑在中国连绵不断，许多建筑都采用了石雕。这里不能面面俱到地介绍，而只重点介绍石像和石柱（包括经幢）两种。

1. 石像

佛教石雕像艺术的最突出代表是石佛像的雕刻。在中国雕刻石佛像之前，印度已经开始了大规模的雕造佛像的运动。印度石雕艺术的历史也相当悠久，早在公元前3世纪的阿育王时期，印度的石柱雕琢技艺已发展到相当高的水平，留存至今的阿育王石柱便是证明。但当时还没有佛的雕像，大约到了公元前1世纪，由于受了西方希腊雕刻艺术的影响，印度人才开始雕刻佛像。此后不久，在古印度的西北地区，即今之巴基斯坦北半部，出现了所谓"健陀罗艺术"。健陀罗艺术是印度传统建筑、雕刻艺术与古希腊艺术相结合的产物，其建筑物有塔等，雕刻的艺术品则主要是佛像、菩萨像及各种与佛有关的浮雕等。健陀罗艺术中的佛像有突出的特点，即身材匀称，面部像希腊人，甚至有的佛头像与希腊的太阳神阿波罗头像很相似。几乎与健陀罗艺术同时，印度马图拉风格的艺术也出现于印度的北部。马图拉式的雕刻也以佛像为突出代表，佛穿的袈裟袒露右肩，纹理细密，紧贴于身，显得很薄，像水纹一样，富有透明感。健陀罗和马图拉艺术风格影响了印度后来的雕刻，也通过丝绸之路影响了中国的雕刻。

根据现代考古资料，东汉桓、灵帝时期及其以后的墓葬中，如内蒙古和林格尔东汉壁画墓、山东沂南东汉画像石墓、四川乐山城郊麻濠墓、四川彭山东汉墓等都有佛教图像。

据《三国志》卷四九记：笮融大起浮图祠时，曾"以铜为人，黄金涂身，衣以锦采"。说明那时中国已经有了铜的佛雕像。又据《高僧传》卷一《康僧会传》，康僧会于"吴赤乌十年初达建邺，营立茅茨，设像行道"。说明在传播佛教时一定要设像。

从晋代开始，中国西去取经的僧人一般在取回经书的同时也要带回佛像。早期带回的多是画像，后来则多有雕像。法显回国时带有佛像，唐代玄奘也带有佛像。《大慈恩寺三藏法师传》卷六对玄奘所取回的佛像有详细记录："摩揭陀国前正觉山龙窟留影金佛像一躯，通光座高三尺三寸；拟婆罗疮斯国鹿野苑初转法轮像刻檀佛一躯，通光座高三尺五寸；拟憍赏弥国出爱王思慕如来刻檀写真像刻檀佛像一躯，通光座高二尺九寸；拟劫比他国如来自天宫下降宝阶像银佛像一躯，通光座高四尺；拟摩揭陀国鹫峰山说《法华》等经像金佛像一躯，通光座高三尺五寸；拟那揭罗曷国伏毒龙所留影像刻檀佛像一躯，通光座高尺有三寸；拟吠舍厘国巡城行化刻檀像等。"南亚诸国使者和僧人来华也不时地带来佛像作为献礼。如《梁书》卷五四记："晋义熙初，（师子国）始遣献玉像，经十载乃至。像高四尺二寸，玉色洁润，形制殊特，殆非人工。此像历晋、宋世在瓦官寺，寺先有征士戴安道手制佛像五躯，及顾长康维摩画图，世人谓为三绝。""天监……十八年，（扶南国）复遣使送天竺旃檀瑞像"。那个玉像虽不一定是佛像，但毕竟是南亚来的雕刻艺术品；而那个旃檀像虽不是天竺人送来，却说得自天竺。

以上例子说明，佛教传入后的各个时期，不断有南亚的雕像直接输入中国，这就使中国的雕像家不仅有第二手的画像可供参考，而且还有南亚直接带来的实物可供观摩。

下面让我们看看中国古代石窟的一些著名雕像，并附带谈谈有关雕刻。

山西大同云冈石窟开凿于北魏时期，其第20窟中的大佛像具有典型的代表意义。从这尊佛像的身上可以看出印度健陀罗艺术的影响。这座佛像高13.7米，是佛的坐像，其胸部、肩部显得十分厚壮有力，这与印度的古佛像很相似。佛像的鼻子高高地隆起，鼻梁上的轮廓分明，鼻梁上端自然与眉毛平齐相连，这也接近于健陀罗和马图拉艺术中的佛像容貌。另外，佛的袈裟紧贴于身，带有水纹状绉褶，给人以透明感，这又与健陀罗与马图拉佛像的特点接近。这些情况说明，大同云冈石窟佛像的雕刻，不仅有中国传统的工艺，同时也吸收了印度、希腊的某些雕刻技艺，其意义已不仅仅局限于佛教艺术，而且还涉及东西方的文化交流。温玉成在谈到大同云冈的"昙曜五窟"（即第16~20号窟）后，说："总之，昙曜五窟造像艺术表明：尽管它的'粉本'是来自犍陀罗，又受到'凉州模式'的影响，但它毕竟是北魏艺术家的再创造。"[1]

云冈第10窟开凿于5世纪末期，其前室的正面有两根石雕柱，如同三个开

---

[1]　温玉成：《中国石窟与文化艺术》，上海：上海人民美术出版社，1993年版，第141页。

间的房屋。其中的雕刻琳琅满目，令人目不暇接。那些佛像虽然都呈盘腿端坐的姿势，但手势和表情却各不相同。佛像的周围还雕有各种人物，如菩萨、飞天等，还有各种装饰花纹，这一切都令人想起印度佛教雕刻的烦琐手法，其细腻与繁杂是无法用语言表达的。

河南洛阳龙门石窟的古阳洞位于龙门西山南部，是龙门石窟群中开凿最早的，也是内容最为丰富的。此洞原先是一个石灰岩溶洞，借以开凿成窟。古阳洞的主像为释迦牟尼坐像，面部丰满，略带微笑，袈裟从双肩自然垂下。主像两侧为二胁侍菩萨，左胁侍菩萨手提净瓶，右胁侍菩萨手持摩尼珠，二菩萨表情庄严文静。古阳洞分南北二壁，每面洞上都有三层横排造像龛。北壁有488年僧人慧成的造像龛，是该洞中最早的造像龛。此龛呈尖拱形，龛额雕有缀满莲花和珠串的花纲，两侧各有一四臂力士头顶龛额两端。龛底部中央是一个熏炉，炉两侧各有两个供养人像。龛中心是释迦牟尼坐像，坐像的袈裟是从左肩向右下方斜穿的，袒露右肩，背后的光是由小坐佛、飞天和火焰纹样组成的图案浮雕。佛的两边是左右二胁侍菩萨。该龛内的佛、菩萨、力士和供养人像均接近于圆雕，而其余图案装饰均为高浮雕。从这些情况不难看出，古阳洞中的人物雕像是与印度雕刻艺术相关联的。

古阳洞壁上还有表现佛传故事的浮雕连环画。这些浮雕连环画构图和选景都十分讲究，雕刻也十分细腻生动。例如，南壁有一龛的龛额上，刻有"白象入胎"、"太子降生"、"婆罗门占相"、"太子苦思"和"释迦牟尼成道"等场面。这些画面连成一长串，各场景之间自然相连，并无隔断，所以看上去像一幅长卷，有整体感，但仔细区分，又可以看到相对独立的画面。这种表现佛传故事的浮雕早在公元前2世纪的印度佛教雕刻中就已出现，此后在健陀罗艺术和马图拉艺术中都反复出现。

宾阳洞区位于龙门西山上，以宾阳三洞为主。三洞中又以中洞为主。中洞是一座三佛窟，雕有过去、现在、未来三世佛像。中洞窟内平面略呈马蹄形，进深9.8米，宽11.1米，高9.3米。主像释迦牟尼坐像高8.4米，脸部略微显长，眼睛如纤月，眉作半弧形，嘴角带着微笑；两肩宽厚，袈裟自双肩垂下，胸部系有宽带，考古界称此种装束为"褒衣博带式"。主像座前左右各一个蹲狮，由于残损而面目不清。主像两侧为大迦叶、阿难侍立于莲台上，其外侧又有文殊、普贤二菩萨侍立于莲台上。主像身后为拱形背光，火焰纹。背光中央为圆形头光，光环内为莲瓣花纹，光环外圈为藤蔓图案。宾阳中洞窟内壁有上下四层浮雕，最上层刻画的是《维摩诘经·问疾品》中的故事场面。通常称表现《维摩诘经》中故事的画面为"维摩变"，以壁画为多，此处的浮雕亦属此种。第二层是"太子须达拿本生"和"舍身饲虎本生"两则本生故事的画面。第三层是北魏孝文帝和文昭皇太后礼佛图，制作精美。第四层为十神王像，有狮王、龙王、象王、鸟王、山王、河王、树王、火神王、风神王、珠神王。以上这些，虽然已经可以看出中国雕刻的一些特点，佛的眉眼带有中国人的容貌特征，但在许多细节上还离不开印度的影响，佛传故事也好，本生故事也好，以及那些神王、装饰花纹等，都是印度雕刻艺术影响下的产物。

龙门石窟群中规模最大的是奉先寺大卢舍那像龛。此龛位于龙门西山南部山腰，其设计与工艺均精细优美，是中国美术史上的杰作。此龛凿成于武则天当政时期。唐代，大像龛前曾有木结构的奉先寺，大像龛仅为该寺的一个组成部分。后来寺毁龛存，人们便常把此龛也称为奉先寺了。大像龛的主像大卢舍那坐佛从头顶到座底高17.14米，螺形发髻，身披通肩水纹袈裟。佛的面容文静秀美，轮廓分明，嘴角略带笑意，鼻梁高而直，上与双眉自然平齐相连。佛身后的头光和背光都雕刻得精美而且烦琐，在艺术上起着衬托佛像的作用。此像的雕造虽在唐代，但仍反映出印度健陀罗艺术和马图拉艺术中佛像的某些特点。这一时期所雕造的一些天王、力士像等，仍能看出印度古代雕像的"三道弯"式的影响。所谓"三道弯"式，是指印度笈多王朝时期的雕像特征。如常任侠所说："此派喜好的身体姿势，尤其女性的，则是三道弯式（Tribhanga）——即头向右倾侧（女像），胸部则转向左方，由于印度人偏好臀部向旁耸出的姿势，两腿遂又转向右方；男像则与此相反，即头向左侧等等。这些美学的标准，在印度著名的画师阿邦宁德拉纳特·泰戈尔所著《关于印度艺术解剖学上的几点注意》中，有很可宝贵的说明。"[①]而此时的一些菩萨像，也有印度的影响，正如道宣在《集神州三宝感通录》中所说，五十二身菩萨像"又称五十二尊曼陀罗，原为印度鸡头摩寺五通菩萨感得之瑞像"。

2. 石柱、经幢

从现存的遗物看，中国雕刻石柱的历史可上溯到东汉时期，由于西汉丝绸之路的开通，东汉石雕艺术受到西方的影响，尤其是佛教艺术的影响，中国石雕艺术开始进入了一个蓬勃发展的时期。这一时期的石柱雕刻以陵墓华表为典

---

① 常任侠：《印度与东南亚美术发展史》，上海：上海人民美术出版社，1980年版，第27页。

型。20世纪60年代，北京西郊出土了一座东汉秦君墓华表，表柱圆形，柱身是凹槽直上直下的长条纹，长条纹上端有莲瓣纹饰。这座华表柱身的纹饰表明它受到西方雕刻艺术的影响，其中有印度雕刻艺术的因素。到了南北朝时期，由于石窟寺的大量开凿，石窟寺中有许多石柱被雕刻出来，这些石柱有的立于窟口，支撑着窟楣，使石窟的外观像大殿的大门一样。例如山西太原的天龙山石窟群中第16窟门前的立柱，柱身平面为六角形，柱础部分为倒垂的莲花瓣，这种纹样是佛教艺术中经常使用的。而有些石窟寺中的石柱则带有烦琐的花纹，也体现了印度古代佛教雕刻艺术的特点。

南朝帝王陵墓多用石刻华表，如南京郊区南齐萧景墓华表，与东汉墓表有一脉相承的关系，但雕刻的纹饰更为复杂多样，并具有受佛教雕刻影响的更明显痕迹，其最突出的地方是表柱顶部为一个倒扣的莲花座，莲花座的顶部蹲有一兽，这和印度古代阿育王石柱有某些相似之处。河北省定兴县还有一个著名的古石柱，叫"义慈惠石柱"。该柱建于北齐天统五年（569），是座纪念性华表。表柱下半截八角，柱础为莲瓣纹饰，柱上一平板，板上为一小石亭，亭中间刻有佛像。可见，这座石柱也深受佛教雕刻的影响。

从东汉以后，直至清代，石制的华表越来越多，有的竖立于陵墓前，有的竖立于桥头，有的竖立于宫门内外，有的竖立于庙门口。现在人们熟知的天安门前华表，雕饰十分华丽，但仍能看出基座上的莲瓣、上端的莲台等部分属佛教艺术影响的遗迹。

随着佛教密宗大举传入中国，中国唐代出现了一个新的佛教雕刻艺术品种，这就是经幢。幢本来是伞形的，由丝织品缝合而成，上有伞状盖，盖下是一圈下垂的布，中间由一根长竿挑起。佛教密宗僧人把《佛顶尊胜陀罗尼经》书写于幢上，供于佛前，据说幢影映于身上可防止尘垢污染。密宗僧人又仿照幢的样子刻出石幢，在石幢上刻写《佛顶尊胜陀罗尼经》。此经仅一卷，全是咒语。中国现存的石刻经幢都是唐代以后的作品，以宋代的经幢最为精美。石经幢的样子有些像塔，分成若干层，只是每层都不一样。一般的石经幢常常有须弥座或莲花座，座上是幢身。幢身为实心石雕柱，有四角、六角、八角、十角等形状，八角为多。幢身有时还加上须弥座或莲花座束腰，使幢身分出若干层，幢身的上端为幢顶，幢顶有盖，盖顶为宝珠形石雕。经幢一般都立在寺中，多数都刻《佛顶尊胜陀罗尼经》，但也有只刻佛名或六字真言的，还有刻其他经文的。中唐以后，除密宗外，净土宗也雕造经幢，而且数量不少。

中国现存经幢中年代最早的雕造于689年，时值初唐，现在陕西省富平县。中国最大的经幢建于1038年，现在河北省赵县城内。河北赵县的经幢是宋代经幢的杰出代表，不仅高大，而且雕刻精美。当地人都把它称作"石塔"。此经幢原系开元寺内的建筑物之一，后来寺毁，仅余此幢。它通体由雕石堆砌而成，高15米余。底层为6平方米的须弥座，座上又叠加八角须弥座二层。这三层须弥座的腰部均雕有生动的人像，有力士、乐伎、仕女等，还雕有蟠龙、莲花等纹样，三层须弥座之上是一个参差不齐的宝山，宝山承托着幢身。第一层幢身的上端是宝盖，宝盖上方有一莲台，宝盖与莲台之间雕狮、象等动物。莲台上方为第二层幢身，比第一层幢身要细一些。第二层幢身上端又是宝盖和莲台，然后是第三层幢身。第三层幢身的上端刻成八角形城墙状，有城门。第一、二、三层幢身都刻有陀罗尼经咒，第四、五、六层幢身逐渐变矮，上刻佛像、佛传故事及各种花卉图案等。其宝顶现为铜制火焰珠，是近代重修才加上去的。

经幢的雕刻是佛教的产物，这中间有印度雕刻的影响已不足为怪。特别是在我们看了印度古代的一些石柱，如笈多王朝时期及其以后的一些佛教、婆罗门教、耆那教的石柱以后，更能得出这样的结论。

二、塑像

中国古代塑造人像的历史相当悠久。从新石器时代，人们制作陶器时，就已经塑出了人像，甘肃省广河县出土的三件人形陶器盖就是例证。春秋时代贵族死后的墓中常以俑作陪葬，以代替人作殉葬品。这种情况一直延续了很久，秦汉时期的俑出了不少。秦始皇墓的兵马俑是最为突出的例证。从这些兵马俑看，当时的人像塑造技艺已达到了很高的水平。在佛教传入后，中国的塑像艺术又出现了一个新的局面，不仅题材上更加广阔，技艺上也不断提高。

下面重点谈谈敦煌莫高窟的塑像艺术。

印度佛教艺术传入中国主要是通过丝绸之路逐步深入到中国内地的。因此，接受佛教影响最早的地区是新疆。著名的克孜尔石窟开凿于3世纪后期，相当于中原西晋时期。此后，由以克孜尔石窟为代表的古龟兹地区进一步向东延伸，便到了古高昌地区，再往东，便到了甘肃的敦煌。敦煌位居玉门关和阳关附近，处于古代西域通往中原地区的要道口上。因此在那里出现佛教艺术的宝库是情理中的事。

敦煌莫高窟的部分洞窟开凿于十六国时代的前秦，但是，敦煌莫高窟的兴旺发达，当从北魏开始，中经隋朝，到唐代达到鼎盛。中唐以后，莫高窟渐渐走了下坡路，直到元代中止了开凿，历时约一千年。

莫高窟的艺术品中有两类最为突出，一类是壁画，一类是塑像。壁画我们将在后面介绍，这里只谈塑像。

现在的莫高窟有490多个洞窟，其中有110个窟中尚保存有古代的塑像，总共有2415躯。塑像中，属北魏时代的早期塑像有318躯。莫高窟北魏时期的塑像受印度佛像影响较大。其佛与菩萨像一般都体形高大；前额较宽；鼻梁高而直，上与额下眉头相连；眉细而长；眼睛亦细长；嘴唇薄；头发和髻呈波纹状，有些则呈螺旋状；佛像身着长衣，菩萨则袒露上身；衣服及带饰都如印度人；衣服像水浸过一样紧贴于身。这些情况都与印度健陀罗艺术中的佛雕像很相似。

莫高窟有隋代开凿的窟95个，其形制大体与北魏相似。隋窟中大体保存完好的隋代塑像约140躯。这一时期的塑像除了佛和菩萨外，还有阿难和迦叶的像。隋代塑像的特点是在吸收印度造像特点的基础上加进了更多的民族特色。例如佛像，面相显得更为丰满，鼻梁也不如北魏塑像那样高了。耳朵显得更长大，衣服的皱褶和纹路变得更加柔和了，衣着装饰也显得较为华丽。

莫高窟唐代的塑像遗存较多，达670多躯。其中有半数基本保持了原样。在塑造的人物方面，唐代所塑造的佛像更符合人体的比例，而不像北魏时那样显得头大身体小。佛的面部也显得慈祥、温和，而且更真实生动。佛的袈裟纹路自然，使人看上去像丝绸一般。佛的位置一般在龛的最深处，其两侧分别是大弟子迦叶和阿难。两大弟子的外面是普贤、文殊二菩萨。菩萨的外面又有天王、力士等护法神像。唐代的菩萨像最有特色，他们的面部和身形都酷似女性，这就是所谓"宫娃如菩萨，菩萨如宫娃"。唐代的塑像艺术家用当时审美标准塑造了这些菩萨像，把他们塑得像美丽娴淑的女性，不仅身段优美，姿态文静，而且眉眼间也流露出一股温柔善良之气。他们的嘴角带着微笑，嘴巴较小；裸露出的肩臂部分也都显得十分润滑细腻，仿佛是真人的肌体。他们的衣饰也显得相当华贵，自然垂下，像真的一样。与菩萨塑像形成强烈对比的是天王和金刚力士的塑像。他们身穿铠甲，威风凛凛，刚毅而雄健。这些，都给人们留下深刻的印象，并使人们由衷地赞叹唐代塑像工匠们的技艺。

从五代到宋、元时期，莫高窟的塑像工艺只是模仿唐代而已，已经没有什么发展可言了。

应当说，莫高窟唐代塑造的佛像充分显示了中国的风格，已经不大容易看出印度雕塑影响的痕迹了。

除了敦煌以外，在中原各地，对佛像的塑造一直在进行。早期的塑像因年代久远而难以得到保存，因而我们现在很难在寺庙中看到唐以前的实例。但我们可以从文字的记载中得到一些古代著名塑像家的信息。唐人张彦远在他的《历代名画记》中也记载了有关塑像的内容。例如，他提到当时长安敬爱寺的雕塑情况时说："敬爱寺佛殿内菩提树下弥勒菩萨塑像，麟德二年，自内出自王玄策取到西域所图菩萨像为样，巧儿、张寿、宋朝塑，王玄策指挥，李安贴金。东间弥勒像，张智藏塑，即张寿之弟也，陈永承成。西间弥勒像，窦弘果塑。以上三处像光及化生等，并是刘爽刻。殿中门西神，窦弘果塑；殿中门东神，赵云质塑，今谓之圣神也。此一殿功德，并妙选巧工，各骋奇思。庄严华丽，天下共推。"从这段话里我们得知，当时是有一批雕塑家在从事寺庙塑像工艺的，而且他们都是"天下共推"的能工巧匠；而王玄策从西域取回的图样是他们雕塑的规范，这中间自然少不了印度古代雕塑艺术的影响。

唐代最著名、最杰出的雕塑家恐怕要数杨惠之了。杨惠之生活在盛唐时期的开元、天宝年间，与当时的著名画家吴道子是画友。但因为吴道子的名气很大，杨惠之便开始主攻雕塑。在经过勤奋努力之后，他果然取得了很大成就。他所塑的佛像遍于京城长安的寺院，他还创造性地塑出了五百罗汉像，而且还努力以自然景象衬托人物。除佛教塑像外，杨惠之还为现实生活中的人塑像，并且取得极大成就。据说，他曾为当时的歌舞伎人塑像，放到大街上，京城中的人能从背后叫出被塑者的名字。可见他的功力。杨惠之不仅注重实践，也注重理论，他曾写出《塑诀》一书，可惜已经失传了。由杨惠之的事例可知，盛唐时期的雕塑家已在竭力发扬民族风格，印度来的影响已经越来越小了。

自盛唐以后，特别是密宗传入后，中国寺庙中的塑像种类也越来越多。后世的佛寺塑像一般都有一定的模式，佛、菩萨、天王、力士、韦驮、罗汉等的塑像大小都有一定的比例。容貌衣饰和姿势也都相对程式化，以便观者区分其身份。

总之，近世佛寺中的塑像配制要看寺院的规模、所属宗派及寺院传统等情况而定。而在雕塑艺术方面，虽然难说有印度的影响，但作为佛教的艺术，表现的乃是印度传来的神明，表现的是佛经中的传说，因而必然要带有一些印度的气味。

第三节 绘 画

中国与南亚的绘画交流是从佛教传入中国开始的。《后汉书》卷八八《西域传》记载："世传明帝梦见金人，长大，顶有光明……帝于是遣使天竺问佛道法，遂于中国图画形像焉。"《高僧传》卷一《竺法兰传》则进一步记载，明帝派使者去天竺，其使者之一蔡愔"又于西域得画释迦倚像，是优田王旃檀像师第四作也。既至洛阳，明帝即令画工图写。置清凉台中，及显节陵上。旧像今不复存焉。"说明当时汉宫中即供有佛像，佛像一是直接得自西域，二是由中国画工模仿而来。

印度佛教文化在中国的传播和普及使中国的绘画艺术扩大了领域，甚至可以说，在相当长的一个时期，中国绘画艺术的发展是受佛教推动的。特别是两晋南北朝和唐代，中国的一大批著名画家，大多都与佛教有关。这一时期的绘画作品，凡是保留至今的，也大多与佛教有关。而且，在这一时期，中国与南亚始终保持着绘画艺术的交流。《法显传》记载，法显在多摩梨帝国居住二年，"写经及画像"，后来他把这些经像都带回国内。据《魏书·释老志》记："太安初，有师子国胡沙门邪奢遗多、浮陀难提等五人，奉佛像三，到京都。"其中难提尤其擅长绘画。南朝姚最的《续画品》记载，梁时有几位外国比丘善画，他们是释迦佛陀、底俱、摩罗菩提，"既华戎殊体，无以定其品。光宅威公雅耽好其法，下笔之如，颇为京洛所知闻"。从名字看，这几位外国比丘当是南亚人，他们的画法在中国已有了影响。唐代张彦远《历代名画记》卷三提到这三位的名字是：僧吉底俱、僧摩罗菩提和僧迦佛陀，还记有隋唐南亚画师僧昙摩拙义和僧金刚三藏。卷七说僧迦佛陀是天竺人。卷九说金刚三藏是师子国人，"善西域佛像，运笔持重，非常画可拟。东京广福寺木塔下素像，皆三藏起样"。这都说明那个时期不时有南亚画家来华。

一、魏晋南北朝

魏晋南北朝时期，佛教在中原迅速传播，对当时的绘画产生了巨大影响，这影响突出表现于人物画方面。正如张光福在《中国美术史》中所说："人物画的兴盛，是这一时期绘画中的重要特点。首先就题材来说，由于佛教的东传而改变了中国人物画的内容，佛教人物画到南北朝时代大大的盛行起来。除广大民间画工被奴役、被雇用给僧侣、地主绘制佛教壁画外，统治阶级知识分子专业画家，亦莫不画佛，从曹不兴开始，卫协、顾恺之、陆探身、张僧繇、展子虔等，几乎可以说，只要是画家，无不善长佛教人物画。"[1]

下面具体谈谈几位画家。

曹不兴是三国时代吴兴（今浙江湖州）人。他的画在当时被认为是东吴的一绝。曹不兴的人物画画得非常好，后世说他画人的衣服皱褶很逼真，称为"曹衣出水"。也就是说，他画的衣服像刚出水的一样紧贴人身，带有一种透明感。"曹衣出水"，不少美术史家都认为是受了健陀罗风格的影响。清康熙敕撰的《佩文斋书画谱》卷十一引后蜀僧仁显《广画新集》曰："昔竺乾有康僧会者，初入吴，设像行道。时曹不兴见西国佛画佛，范写之，故天下盛传曹也。"看来他与南亚的佛画艺术的确有关。

卫协，西晋时人，是曹不兴的徒弟。他擅长画佛教人物画，在当时很受推崇。后世都认为他比老师曹不兴更有成就，谢赫在《古画品录》中说："古画皆略，至协始精。"顾恺之称赞他的人物画为"伟而有情势"。也就是说，他画的人物不但有气势，而且具备精神。

戴逵，字安道，安徽濉溪人，生于326年，卒于396年。戴逵自少年时代就已成名，是个多才多艺的艺术家。他博学多闻，能作文章，还通乐理，擅长琴艺。他的画画得非常好，而且还善于雕塑。他终生隐居不做官，画过《竹林七贤图》《高士图》，还画过不少佛像。他少年时就曾在瓦官寺作画，很受时人推崇。他还曾雕刻无量寿佛（Amitayus）木像，高丈六。他在瓦官寺所雕塑的五尊佛像、菩萨像被时人叫绝。

顾恺之，字长康，东晋时期无锡人。他出身于官宦名门，自己也做官。他博学多才，是中国美术史上具有现实主义和浪漫主义精神的大画家，而且也是中国早期的绘画理论家。他的画师承卫协。正如他在画论中所提出的那样，他作画主张"以形写神"和"迁想妙得"，即主张通过描绘人物的外表来表现其内心世界，主张长时间地构思和联想然后着笔。他每画人像，先画外形，只留下眼睛不画。相传东晋哀帝时南京瓦官寺和尚化缘募捐，当时的官员捐钱没有超过十万的，而顾恺之大笔一挥，写了个百万，人们对他能捐这么多钱表示怀疑。而他则要求和尚在寺内大殿为他留出一堵空墙壁，他关起门来在墙壁上作《维摩诘》画，一个月后，他要点眼睛时，对和尚说：第一天来看我画的人要捐

---

① 张光福：《中国美术史》，北京：知识出版社，1982年版，第130页。

十万；第二天来的可捐五万；第三天来的可根据惯例让他们捐施。结果，当打开殿门时，艳丽的画彩光照全寺，来看画的施舍者争先恐后，不一会儿便捐钱百万。他的这幅壁画和戴逵塑的佛像及师子国的玉像成为瓦官寺的"三绝"。

张僧繇，南朝梁代苏州人。梁武帝天监年间为武陵王萧纪的侍郎，后历任右将军、吴兴太守。他擅长画道教和佛教人物像。梁武帝崇信佛教，大兴佛寺，经常让他去画壁画。他画的定光如来像、维摩诘像都出神入化，备受赞扬。江陵天皇寺内有柏堂，他画了卢舍那佛像，又把孔子像也画了上去。梁武帝看了，觉得佛像旁画孔子像有点不合适，张僧繇却说："将来还得靠他。"果然，到了后周时，世宗皇帝大灭佛法，毁掉天下若干佛寺，天皇寺因为有孔子像而未被毁。传说，他在苏州昆山华严寺的殿基上画龙，此龙一遇阴雨天气就要跳跃，于是他又画了一把锁把龙锁上，龙不再动。又传，润州兴国寺有斑鸠、鸽子栖息梁上，每有粪落佛像上，寺僧便请张到寺，于东壁上画一鹰，西壁画一鹞，从此斑鸠、鸽子不敢再来。据《建康实录》卷一七记，丹阳的一乘寺"寺门遍画凹凸花，代称张僧繇手迹。其花乃天竺遗法，朱及青绿所成，远望眼晕如凹凸，就视即平。世咸异之，乃名凹凸寺"。因为他有独特的绘画风格和技巧，被称为"张家样"，用今天的话说，就是张氏画派或张氏画法。

曹仲达，生卒年不详，生活在北齐时代。《历代名画记》卷八说他是中亚曹国人。曹国在今撒马尔罕。那时，从中亚、南亚来中国的艺术家不少，其中不少又以画闻名，曹仲达即为其一。宋代郭若虚的《图画见闻志》中说："曹之笔，其体稠迭，而衣服紧窄。"认为这就是"曹衣出水"的来源。但也有人认为"曹衣出水"的"曹"是指三国时的画家曹不兴。两说都有一定的依据。如果他真是从西域来的侨民，自然更容易受健陀罗艺术的影响，因为当时中亚地区受佛教艺术影响也很大。不管怎样，曹仲达擅长画佛像是公认的。张彦远在《历代名画记》中说他画的佛像独具特色，是"曹家样"。可见，他也是一位自创流派的画家。《法苑珠林》卷二三也说："时有北齐画工曹仲达者，本是曹国人，善于丹青，妙画梵迹，传模西瑞，京邑所推，故今寺壁正阳皆其正范也。"

展子虔，山东人，生活于北齐、北周和隋代。他是中国唐代以前最杰出的画家之一，以画人物、车马、山水见长。他曾经在长安、洛阳、扬州、镇江以及四川等地的寺庙中作壁画，因此画过许多佛教题材的画。其中《法华经变》、《授塔天王阁维摩像》等都很著名。

二、隋唐五代

中国的绘画由六朝经过隋代的过渡，在唐代形成了一个生机勃勃、丰富多彩的局面。大画家辈出，新画派不断出现，民族风格的确立，外来技巧的吸收，这些都是唐代绘画繁荣的标志。在此期间，佛教题材仍在绘画中占有很大比重，许多大画家都与佛教有关，几乎都画佛教题材的画，这一点和六朝时的情况差不多。

郑法士，苏州人，北周时已做官，隋代曾做中散大夫。唐人李嗣真对他的画给以很高评价，认为他在当时是"独步江左"。唐代人见过他的《阿育王像》、《隋文帝入佛堂像》以及《游春图》等，李嗣真认为他的画是属于上品之作。他经常到寺庙去作画，并虚心好学，很受时人推崇。

阎立本，唐代雍州万年人（今陕西西安），约生于601年，卒于673年。其父阎毗，在隋朝为官；其兄阎立德是唐初著名画家、工艺家和工程专家，指挥舟桥、宫室、陵墓建筑，身居高位。唐高宗时，阎立本以将作大匠的身份代替阎立德为工部尚书，后升任右丞相，是中国历史上第一位宰相画家。阎立本以画人物像见长，他的《步辇图》真迹现藏中国历史博物馆，画的是唐太宗接见吐蕃松赞干布的使者禄东赞的场面。这幅画极受历代美术家赞誉。现存的另一幅真迹《历代帝王图》在美国波士顿博物馆，此图以高超的技巧，写实的手法描绘了13个帝王的精神风貌。他受佛教影响，主要表现在他的虚心好学，广收博取上。有一个故事，阎立本曾到荆州去看张僧繇的画，第一天看了，说"虚得名"；第二天又看，说是"近代佳手"；第三天再看，说"名下无虚士"。于是他留宿画下，观赏研究了十多天。我们知道，张僧繇以画佛画见长，他在荆州看的画多半是指天皇寺中的佛像。

尉迟乙僧，新疆和田人，其父在隋朝做官，是隋代名画家之一。尉迟乙僧青年时代被当时的于阗王推荐进京，其时在唐代初年。其后，他深受唐王朝重视，被封官晋爵，地位显赫。他的画主要以佛画见长。当时长安、洛阳一带的大寺院，如慈恩寺、光宝寺、兴唐寺、大云寺等，都能见到他画的壁画。他善画佛、菩萨像，也善画人物肖像、花卉鸟兽等。《历代名画记》对他的绘画活动有较详细记载：677年以后，在长安光宝寺东菩提院内画《降魔变》等壁画，702年前后，在慈恩寺塔下南门画过《千钵文殊》壁画，705年以后在长安兴唐寺作画，710年前后在长安安国寺作画，等等。尉迟乙僧曾多次绘制过《西方净土变》，此画以阿弥陀佛为中心，左右有观音和大势至两菩萨，有喧闹的乐舞场面，又有菩提树、楼台殿阁、七宝莲池、花鸟树木等。那景象十分热烈，又十分圣洁，既是理想中的西方净土，又是现实盛世的生活写照。他的画在当时非常有名，据说他画一幅屏风就"值金十万"。他的画又自成一派，朱景玄在《唐朝名画录》中说："凡画功德人物、花鸟皆外国之物象，非中华之威仪。"可见，他在传播西域画技巧方面所做出的贡献。

吴道子，河南禹州人，唐玄宗为他更名为道玄。他的生卒年有多种说法，但一般认为他生活在玄宗朝的盛唐时代。他少年时家境贫寒，曾向大书法家学习书法，未成，改学绘画，遂成为大家。关于吴道子的事迹，唐代《历代名画记》、《唐朝名画录》、《唐画断》等书中有较详细的记载，此外，在唐宋的笔记和僧传中也多有提及，而且有些传说讲得很神奇。这说明，吴道子确实是当时最受推崇、最有成就的画家，所以，在他死后百年左右，便被尊为"画圣"。他经常在寺庙中作画，据唐人朱景玄《唐朝名画录》说："凡画人物、佛像、神鬼、禽兽、山水、台殿、草木，皆冠绝于世，国朝第一。"又说："《两京耆旧传》云：寺观之中图画墙壁凡三百余间，变相人物，奇踪异状，无有同者。上都唐兴寺御注金刚经院，妙迹为多，兼自题经文。慈恩寺塔前文殊普贤，西面庑下降魔盘龙等壁，及景公寺地狱、帝释、梵王、龙神，永寿寺中三门两神及诸道观寺院，不可胜记，皆妙绝一时。"又说："景玄元和初应举住龙兴寺，犹有尹老者，年八十余，尝云：吴生画兴善寺中门内神，圆光时长安市肆老幼士庶竟至，观者如堵。其圆光，立笔挥扫，势若风施。人皆谓之神助。"吴道子的画没有保存下来，有一幅《天王送子图》是后人对他手笔的临摹。这幅画画的是释迦牟尼降生后，其父净饭王和其母摩耶夫人抱着他去大自在天神庙的故事。图中净饭王和摩耶夫人的形象都已汉化，完全是汉人帝王与王后的形象和装束。

此外，唐代的孙位、王维及五代的周文矩、王齐翰、荆浩等也都以佛画见长。

三、宋元明清

中国画发展到宋元时代，已发生了明显的变化。这一时期的壁画已经不像唐代那样占重要地位；山水画、花鸟画以及世俗人物画，都向卷轴的方向发展，开始占主导地位。宋代的画院体制健全，形成了官办的绘画组织，也形成了"院体画"派；不靠绘画吃官饭的文人们也在作画，他们形成了"文人画"派。"文人画"与"院体画"形成了一种竞争，各有所长，推动了中国画的发展。尽管世俗化的倾向在不断加强，但宋元时代毕竟也还有佛教存在，有佛教的影响。北宋时期，画院中对佛道人物画仍十分重视；南宋至元，佛画仍然层出不穷，不仅"院体"派画之，文人也画之，僧人画家也出了不少。这一时期曾以佛教为题材的著名画家有李公麟、梁楷、武宗元、僧巨然、僧法常、王蒙、吴镇，等等。

宋元时代均有南亚画师到中国来作画，中国人也注意南亚的画风和技巧。清《佩文斋书画谱》卷一二引宋代郭若虚《图画见闻志》曰："大中祥符初，有西域僧觉称来，馆于兴国寺之传法院。自言酤兰左国人，刹帝利姓，善画。尝于译堂北壁画释迦面与此方，所画绝异。"又引宋邓椿《画继》曰："西天中印度那烂陀寺僧多画佛及菩萨、罗汉像，以西天布为之。其佛相好，与中国人异，眼目稍大，口耳俱怪，以带挂右肩，裸袒坐立而已。先施五藏于画背，乃涂五彩于画面，以金或朱红作地，谓牛皮胶为触，故用桃胶合柳枝水，甚坚渍，中国不得其诀也。邵太史知黎州，尝有僧自西天来，就公廨令画释迦，今茶马司有《十六罗汉》。"元代一起引人瞩目的事件是尼泊尔人阿尼哥来华作画并传播画艺。据《元史》卷二〇三，阿尼哥"长善画塑，及铸金为像"，"两京寺观之像，多出其手"，"有刘元者，尝从阿尼哥学西天梵相，亦称绝艺"。

明清时代，中国画进入了一个百家争鸣的新时期，各个流派竞相争奇斗艳，使中国画走上了一个繁荣的高峰。这一时期佛教对绘画的影响不像宋代以前那样主要表现在佛画的绘制、佛寺的壁画上，而主要表现于画家宗教信仰和对画的意境的追求上。这一时期固然也有寺庙壁画的绘制，但一般文人画家极少参与；画家中有一批僧人或信仰佛教的人；在画论方面，也出现了以禅品画的倾向。有关的著名画家有董其昌、陈洪绶、僧弘仁、僧髡残、八大山人、僧原济（石涛）、金农、黄慎、罗聘，等等。

四、石窟壁画

前面已涉及寺院壁画，这里则单独谈谈石窟壁画。

1. 古龟兹壁画

公元2世纪，印度和西亚的佛教艺术已经传入了中国新疆的龟兹地区。3世纪，龟兹佛教艺术已相当发达。克孜尔等石窟保存有早期的壁画。

克孜尔石窟的"涅槃图"很多，画的是释迦牟尼涅槃时的情景。同一题材的浮雕画面在印度的健陀罗艺术中已有表现，而龟兹的涅槃图则在健陀罗艺术的基础上有所发挥，透视出一种中亚地区的民族风格。如温玉成所说，"克孜尔的'涅槃图'常常和弥勒菩萨组合在一起……可知龟兹的'涅槃图'与弥勒信仰的结合，既有佛典的依据，又有民间崇拜的基础"。①

龟兹石窟壁画中的佛本生故事画也很多。这种题材的浮雕早已出现于印度公元前2世纪时巴卢特（Bharhut）大塔的围栏浮雕中，也出现于公元前1世纪的桑奇（Sanci）大塔塔门浮雕上。可见，这是印度古代佛教艺术的传统题材。龟兹石窟壁画则是在这一传统基础上的发展。

龟兹石窟中还有一些全裸和半裸的人物画，很引人注意。温玉成认为："推崇裸体美，是希腊文化的一个因素。希腊人认为，裸体可以把人的有机体的美感充分表现出来。而完美的心灵只能寄寓在强健的体魄中。印度地处热带，人们平时都是半裸的。反映在古代印度雕刻或绘画中的神（如树神、夜叉等等）也是半裸的。接受了印、希文化影响的龟兹，采用了许多裸体或半裸体的形象是有这类艺术的渊源的。"总之，"玉门关以西的'西域画风'，虽然承受了印度、波斯、希腊乃至汉族文化的余绪，但它毕竟是西域人民的特有的艺术。从画面上我们可以清晰地看出当时艺术匠师们已纯熟地把握住了人体的结构，但他们又不是纯自然主义地去描绘。他们用富有旋律的装饰线条，准确而生动地刻画出人体的美"。②

2. 敦煌壁画

公元4世纪，甘肃敦煌莫高窟开始开凿，经北魏、隋唐、宋历代积累，莫高窟的壁画成为中国古代绘画艺术的博物馆。在这里，我们可以看到人物画像、神佛的画像、动物及草木花卉的图案、山水楼阁的画面，等等。可以说，天上、人间、地下的各种景物，都在敦煌莫高窟的壁画中反映出来了。作画的工匠虽然绝大多数属民间艺人，是"无名之辈"，但其中仍有许多神来之笔，与古代名家的作品相媲美、相印证、相辅相成、交相辉映。学者们通常把莫高窟的壁画分成若干类，主要有经变类、佛传本生类、尊像类、供养人像类、中国传统神话类和图案类等。

尊像类壁画主要表现佛、佛弟子们以及各种佛教神明的形象，这些表现对象是印度的；经变类壁画所表现的是佛经当中描写的内容，这内容也是印度的；本生类壁画表现的是佛本生故事，这些故事也是印度的。这就规定了这些佛教

① 温玉成：《中国石窟与文化艺术》，上海：上海人民美术出版社，1993年版，第78页。
② 同上，第88、90页。

壁画一定要画出印度人的形象，画出异国风情。但事实上这是不可能完全做到的。一方面，中国的画工们是进行艺术创作，即创作出新的意象，他们必然要按照自己的想象去作画，去尽可能地发挥；另一方面，当时当地的文化氛围、民众生活等对画师们的创作思路起着限制和引导作用，使他们必然要反映出民族风格。

敦煌地处丝绸之路的要冲，在古代内地和西域交接点上，东西方文化在这里汇聚、冲撞和融合，都在这里留下自己的痕迹。这样，这些壁画也必然要反映出这种文化上的融合。

潘絜兹说："莫高窟壁画，乃是中国艺术家在自己民族绘画传统的基础之上，吸取外来艺术，创造出来的作品。这外来的东西，除了佛经内容以外，表现在技法上为'凹凸法'和'铁线描'。我们在大部已经变色了的北魏壁画上，看到以浓重的灰黑色的弧线分层描出的颜面、躯体、手足部分，立体感很强，这就是从印度传来的'凹凸画法'，也叫'晕染法'或'天竺画法'……这是过去中国绘画所未见的。又在北魏以后的壁画上，我们看到朱及黑色的描线，都是粗细一律、屈如铁丝的。这和汉画中描线自由奔放，变化很大，是两个不同的体系。这种描法在印度和西域地方，想是因为工具的关系……"在谈到莫高窟唐代的图案画时又说："唐代图案有它独特的风格，和魏隋时代不同。它吸收了波斯萨山朝、东罗马和中印度的影响，在自己民族图案的传统基础上，完成了伟大的创造。"①温玉成也指出："北周突出之点是西域式佛画的再度输入。菩萨造型，面相丰圆，头大腿短。面部晕染特殊，出现了白鼻、白眼、白连眉、白齿、白下巴的五白形象……这种'五白'晕染法应是来自龟兹壁画……""隋代及唐初，画风为之一变……在技法上，既有精细的铁线描，也孕育、发展着豪放的兰叶描；晕染方法，将凹凸法与中原式染色法熔于一炉……"②

常任侠指出，敦煌壁画的"初期作品，有些与西域各地所发现的早期佛教艺术相似，追溯源流，则犍陀罗时代艺术与笈多时代艺术都曾扇被一些影响。如第二五七窟北魏释迦坐象，即系犍陀罗姿势。早期北魏的壁画，其粗放的笔触与强烈的色调，又与阿旃陀早期的壁画有其相同之点"③。

① 潘絜兹:《敦煌莫高窟艺术》，上海：上海人民出版社，1981年版，第87页。
② 温玉成:《中国石窟与文化艺术》，上海：上海人民美术出版社，1993年版，第235页。
③ 常任侠:《常任侠艺术考古论文选集》，北京：文物出版社，1984年版，第76页。

在敦煌壁画中，我们也可以见到一些身体裸露较多的人物造型，如飞天、伎乐天等。如前文所说，这和印度的古代风俗有关，也与印度古代的造型艺术中所表现的人物形象有关。另外，敦煌壁画中许多人物的身段，特别是那些舞蹈者的姿势，在很大程度上表现出古印度的三道弯式审美原则。

第四节　近现代中国与南亚的美术交流

一、泰戈尔与徐悲鸿

1924年泰戈尔访华时，徐悲鸿先生已是中国成名画家，但由于他远在法国，二人没有相见。1938年8~9月，徐悲鸿接到诗人泰戈尔访印的邀请，10月即带上一批作品自重庆奔香港，1939年1月到新加坡，又在新加坡、吉隆坡、槟榔屿等地举办画展，辗转达一年之久，于冬季到达印度，12月在印度国际大学举办中国近代画展。这一年，他在印度创作了油画《印度牛》和素描《印度人像》等。

1940年1月间，徐悲鸿多次为泰戈尔画像，并画马赠泰戈尔。2月17日，圣雄甘地到国际大学，徐悲鸿在欢迎会上为甘地画速写像二幅，并经泰戈尔介绍会见了甘地先生。同月在加尔各答举行作品展览会。4月，到大吉岭，8月回国际大学。11月向泰戈尔辞行。这一年，他在印度所作的画有油画7幅、国画24幅和素描14幅，是他空前高产的一年。

徐悲鸿在印度作的画中，有几幅特别著名。他为泰戈尔画的肖像，有一幅至今仍挂在泰戈尔故居的墙上；为泰戈尔画的马，上题"哀鸣思战斗，迥立向苍苍"，也一直挂在那里。他的代表作之一《群马》完成于1940年5月，他为此画的题词是："昔有狂人为诗云：'一得从千虑，狂愚辄自夸，以为真不恶，古人莫之加。'悲鸿时客西马拉雅之大吉岭。鄂北大胜，豪兴勃发。"从中可体会其抗日爱国的情怀，又可以看出他到印度后对马更有认识，画马更加成熟。《愚公移山》是他的另一代表作，1937年着手创作，在印度完成。在这幅作品里，他用了印度人作模特儿。画面上有5人是中国人的形象，其余多数都是印度人的形象。他对此的解释是："艺术但求表达一个意思，不管哪国人，都是老百姓。"

徐悲鸿在印度结识了许多朋友。他曾与阿邦宁·泰戈尔一起谈论艺术，欣赏绘画，有着深情厚谊。他与当时国际大学美术学院院长、印度著名画家南达拉尔·鲍斯也有很深交往，二人曾合作用两天时间将诗人泰戈尔的绘画作品一一检选，得精品300余幅，最精者30余幅，拟由国际大学出版，泰戈尔对此表示满意。[①]

二、现代的美术交流

1. 中国与印度

1951年11月，中国文化艺术展览会在新德里举行。

1952年5月，印度艺术展览在北京展出，周恩来总理亲自主持开幕式。

1954年6月15日，中印友好协会主办的印度艺术图片及手工艺品展览会在北京开幕。

1955年2月5日，中国人民对外文化协会和全印美术工艺协会联合举办的中国工艺美术展览会在德里开幕。6月26日，印度艺术品展览会在北京开幕。9月11日，北京各界人民隆重举行印度阿旃陀壁画一千五百周年纪念；在此前后，吴作人、郑振铎、常书鸿、刘开渠、常任侠等纷纷在《人民日报》、《光明日报》、《美术》等报刊发表文章。10月，印中友好协会主办的中国美术工艺展览会在新德里全印美术工艺协会大厅展出。

1956年9月4日，中国古代石窟、庙宇、墓穴艺术图片和其他复制品的展览会在全印美术协会大厅揭幕。

1977年12月12日，10幅中国画和木刻参加了在新德里举行的第七届国际现代美术展览。

1978年1月，联合国教科文组织在印度尼赫鲁大学俱乐部举办中华人民共和国绘画展览。2月9日，中国在新德里第四届印度美术展览会和美术品博览会上展出中国绘画20幅。

1981年5月，印度举办为期一周的中国画展览会。11月，中国国画展览在新德里艺术馆展出。展出的有郭熙、石涛、郑板桥、任伯年、徐悲鸿和齐白石等古代和现代画家的作品80多件。此后又到孟买、班加罗尔和马德拉斯等地展出。

1982年7月，印度国际中心和中国驻印度大使馆在新德里联合举办了中国

---

① 本小节参见李松：《徐悲鸿年谱》，北京：人民美术出版社，1985年版；廖静文：《泰戈尔与徐悲鸿的友谊》，《南亚研究》1982年第1期；廖静文：《徐悲鸿对印度的美好回忆》，《南亚研究》1985年第2期。

民间剪纸展览。

1984年2月，印度为纪念柯棣华大夫，出版了名为《柯棣华大夫在中国》的连环画册。4月，中国对外展览公司在中国美术馆举办印度传统手工艺品展览，展品由印度文化关系委员会和新德里工艺品博物馆提供。5月，中国工艺美术展览会在新德里举行，24日印度总理英迪拉·甘地参观并赞扬了这次展览。10月2日，全印美术工艺协会在新德里举办中国文化周，展出了中国工艺美术品、中国画及图片。10月19日，印度艺术家南达拉尔·鲍斯的绘画作品在中国美术馆展出。鲍斯是印度著名画家，与中国画家徐悲鸿有旧。他一生创作近万幅作品，此次展出了120余幅精品。

1985年11~12月，徐悲鸿画展在新德里现代艺术国家画廊作为期一个月的展出。12月21日，印度总理拉吉夫·甘地和夫人参观了展览，被徐悲鸿的《野马图》所吸引，对徐悲鸿的作品表示赞赏。中国驻印度大使李连庆将徐悲鸿的一幅《骏马图》赠送给拉吉夫·甘地。

2. 中国与巴基斯坦

1955年3月15日，中国艺术品展览会在巴基斯坦拉合尔开幕。8月17日，巴基斯坦艺术协会主办的中国工艺美术展览在卡拉奇开幕；12月，该展览又在拉合尔举行。

1974年5月11日，由卡拉奇巴中友好协会举办的中国美术展览会在卡拉奇开幕。

1976年10月，中国工艺美术展览会在卡拉奇举行。

1977年12月，巴基斯坦民间工艺美术展览在广州举行。

1978年，中国画家林墉到巴基斯坦访问。

1980年4月16日，中国国画展览在伊斯兰堡开幕。

1982年5月10日，中国画展在拉瓦尔品第开幕。6月29日，巴基斯坦画展在中国美术馆开幕。

1983年5月6日，中国雕刻和绘画展览在拉瓦尔品第开幕。9月，为表彰中国画家林墉对中巴友谊的贡献，巴基斯坦总统齐亚·哈克在巴独立日时授予他独立大奖。林墉自1978年访问巴基斯坦后，创作出许多表现巴基斯坦风情的作品。他的画、文章，以及有关他事迹的报道自1979年以来多次见于报刊。[①]

---

① 见1979年第1期《花城》、1981年6月13日《羊城晚报》、1981年第3期《文汇月刊》、1982年创刊号《文化交流》等。

1984年3月29日，林墉访问巴基斯坦画展在北京开幕。10月13日，中国摄影和艺术展览会在拉瓦尔品第开幕。

1985年9月29日，为庆祝中国国庆，由巴基斯坦艺术委员会主办的中国青年画、灯笼和剪纸展览在伊斯兰堡开幕。

3. 中国与斯里兰卡等国

1955年10月10日，中国艺术和手工艺品展览会在科伦坡开幕，锡兰总理班达拉奈克出席开幕式并讲了话。

1961年5月，锡兰绘画展览会在北京举办。

1976年2月，斯里兰卡—中国友好协会在科伦坡举办中国绘画展览。

1978年8月31日，斯中友好协会和中国驻斯大使馆联合举办的中国画展在科伦坡开幕。

1979年5月25日，孟加拉国文学研究院和中国驻孟加拉国大使馆联合举办的中国木刻展览在达卡开幕。

1981年8月8日，孟加拉国绘画展览在中国美术馆开幕。这是孟加拉国在中国举办的第一个文化艺术展览。

1983年7月27日，由孟加拉国儿童学会主办的中国儿童画展在达卡开幕。12月，由尼泊尔美术协会主办的中国画展在加德满都展出。

1984年4月2日，由斯中友好协会和科伦坡图书馆联合举办的中国剪纸艺术展览会在科伦坡开幕。9月，中国手工艺品展览在加德满都展出。9月27日，斯中友协和中国驻斯使馆在科伦坡举行中国手工艺品展览会。10月，为庆祝中华人民共和国成立35周年，孟加拉国美术学院同中国驻孟加拉国大使馆联合举办"中国周"活动，展出了中国图片和工艺美术品。

1985年9月，为庆祝中国国庆，尼中友好协会在加德满都皇家学院举办中国手工艺品展览会，斯中友协与中国对外友协在科伦坡联合举办中国工艺美术展览。10月，中国儿童绘画作品展览在科伦坡举行。

1986年9月，为庆祝中国国庆，尼中文化协会举办中国艺术挂屏展览。

第十章
中国与南亚的艺术交流（下）

第一节　乐　舞

同其他艺术领域一样，中国与南亚的音乐、舞蹈交流也开始得很早。据记载，这种交流从汉代就已经开始了。

一、汉魏时代

中国的音乐发展到汉代，基本上保持了上古的传统，但也吸收了西域的某些因素，其中包括南亚的因素。

东汉蔡邕在《礼乐志》中说："汉乐四品，其四曰'短箫铙歌'，军乐也。"说明中国在汉代已经有了军乐。这看来很早，但在世界上却不是最早的。事实上，在古代的战争中最先使用乐队的是印度人，其乐队中使用的乐器既有打击乐又有管弦乐，也就是说，印度古代的军乐才是真正的军乐。而同时期（公元3世纪以前）的其他古老民族，如希腊人、罗马人、埃及人、波斯人、中国人等，都没有在作战时使用过完整的乐队[1]。所以说，世界各地的军乐，都比印度的军乐晚起，而且在一定程度上受了印度军乐的影响。

崔豹《古今注》曰："短箫铙歌，鼓吹之一章尔，亦以赐有功诸侯。"《乐府诗集》卷一六也说："然则黄门鼓吹、短箫铙歌与横吹曲，得通名鼓吹，但所用异耳。"杜佑《通典》卷一四六曰："北狄乐皆马上乐也。鼓吹本军旅之音，马上奏之。"这都说明了"短箫铙歌"与"鼓吹"间的关系，即说明了军乐用途的扩大。崔豹《古今注》又说："横吹，胡乐也。张博望入西域，传其法于西京，

---

① 参见拙文：《从两大史诗看印度古代音乐》，《南亚研究》1985年第2期。

286

唯得《摩诃兜勒》二曲，李延年因胡曲更造新声二十八解。乘舆以为武乐，后汉以给边将军。和帝时，万人将军得用之。"

西汉张骞通西域后，从西域得到《摩诃兜勒》二曲。据日本学者考证，"摩诃兜勒"是个梵文词，即 Mahaturya[①]。其词根 maha 是"大"的意思，turya 是一种喇叭形乐器，合起来是"大喇叭"的意思。那么，《摩诃兜勒》二曲便是一种以大喇叭为主旋律乐器的乐曲。既然这乐曲是"武乐"，为"边将"所用，那就是军乐。所以说，从张骞通西域以后，中国才有了真正意义上的军乐。而"鼓吹铙歌"作为中国的军乐，形成于汉代，而且吸收了印度音乐的因素。

印度音乐向中国的传播，主要始于佛教的东流。最初佛教所传播的印度音乐则主要是所谓"梵呗"。据《高僧传》卷一三《论》："天竺方俗，凡是歌咏法言，皆称为呗。至于此土，咏经则称为转读，歌赞则号为梵呗。"

后汉来华的天竺僧人来华传道可能唱过"梵呗"。这是印度佛教音乐传入中国的序幕。如《高僧传》卷一《安清传》记，安世高于汉灵帝末期到江南，遇神，"高向之梵语数番，赞呗数契"。三国时则梵呗之声广被华夏。梁僧佑《出三藏记》卷一二提到《陈思王感鱼山梵声制呗记》，《高僧传》卷一三《论》曰："原夫梵呗之起，亦兆自陈思。始著《太子颂》及《睒颂》等，因为之制声。吐纳抑扬，并法神授。今之《皇皇顾惟》，盖其风烈也。其后居士支谦，亦传梵呗三契，皆湮没而不存。世有《共议》一章，恐或谦之余则也。唯康僧会所造《泥洹梵呗》，于今尚传。"又曰："始有魏陈思王曹植，深爱声律，属意经音。既通般遮之瑞响，又感鱼山之神制。于是删治《瑞应本起》，以为学者之宗。传声则三千有余，在契则四十有二。其后帛桥、支龠亦云祖述陈思"。卷一《康僧会传》则记，康僧会在东吴时曾"依《无量寿》、《中本起》制菩提连句梵呗三契"。由此可知，三国时流传的梵呗至少有"鱼山梵呗"、"泥洹梵呗"、"连句梵呗"等数种。

二、两晋南北朝

两晋之际，中原已多有佛寺，西域来到中原的僧人已经很多，而中原也出现了不少高僧大德。这些僧人的活动重点是译经、求法、解义和宣教。因为只有先做好这些工作，才能使中原广大民众更多地了解佛法，也才能使佛教在中

---

① 常任侠：《丝绸之路与西域文化艺术》，上海：上海文艺出版社，1981年版，第53页。

土扎下根。另外，印度的语言、文字、音韵与中国的不同，印度的音乐也与中国的不同，其间的差异，是要经过一个很长时间才能弥合的。正如《高僧传》卷一三《论》中所说："大教东流，乃译文者众，而传声盖寡。良由梵音重复，汉语单奇。若用梵音以咏汉语则声繁而偈迫，若用汉曲以咏梵文，则韵短而辞长。是故金言有译，梵响无授。"自曹植、支谦、康僧会而后，两晋时期的僧人也多有传授和制造梵呗的，如西晋时的帛尸梨蜜和东晋时的支昙籥等。前者以"高声梵呗"见长，后者以"六言梵呗"著名，佛教典籍中多有记载。

当时宣讲佛法既讲究转读和呗赞，又有所谓"唱导"。如《高僧传》卷一四《论》中所说："唱导者，盖以宣唱法理，开导众心也。"并说，当时佛法初传，听众聚在一起时，只宣唱佛名。庐山著名高僧慧远在法会上经常是亲自当"唱导"，后来遂成定则。到了南朝宋、齐两代，出了一些专门研习唱导的高僧。唱导的时候，有乐器伴奏，即所谓"响韵钟鼓，则四座惊心"。但也有的唱导师只顾唱导而轻视鼓乐，如《高僧传·法愿传》中说，齐文惠太子曾到寺中见法愿，问他："葆吹清铙，以为供养，其福云何？"法愿回答："昔菩萨八万伎乐供养佛，尚不如至心。今吹竹管子，打死牛皮，此何足道？"

南北朝时期，有这样几条材料值得注意：

《南齐书》卷四〇《萧子良传》："竟陵文宣王子良……招致名僧，讲论佛法，造经呗新声。"这和《高僧传》中的说法相印证：要使梵音适合讲唱汉语经文，是要经过改造的。萧子良做的正是这一工作。

《出三藏记》卷一二提到"齐文皇帝制法乐梵舞"，"齐文皇帝令舍人王融制法乐歌辞"。王融的歌词流传了下来，道宣《广弘明集》卷三〇录有其全部十二章《法乐辞》，题目分别为《歌本起》、《歌灵瑞》、《歌下生》、《歌在宫》、《歌四游》、《歌出国》、《歌得道》、《歌双树》、《歌贤众》、《歌学徒》、《歌供具》、《歌福应》。可知其"法乐"唱的是佛传故事，只是不知当时的"梵舞"是什么样子。

《隋书·音乐志》载，（梁武帝）"即位之后，更造新声，帝自为之词三曲，又令沈约为三曲，以被弦管。帝既笃敬佛法，又制《善哉》、《大乐》、《大欢》、《天道》、《仙道》、《神王》、《龙王》、《灭过恶》、《除爱水》、《断苦轮》等十篇，名为'正乐'，皆述佛法。又有'法乐'童子伎，童子倚歌梵呗，设无遮大会则为之。"梁武帝登位以后对宫廷音乐实行了改革，把"述佛法"的歌曲列为"正乐"，把无遮大会所用的童子伎歌梵呗作为"法乐"。在宫廷礼仪中，梁武帝也将以往所使用的乐舞旧制推翻，重新设定，其中有"须弥山伎"、"金轮幢伎"、"猕猴幢伎"、"啄木幢伎"、"五案幢咒愿伎"、"辟邪伎"等，似乎是一些同佛教有关的表演。

以上是关于南朝的几条材料，说明南朝时印度的佛教音乐对宫廷音乐有很大的影响。同时，"梵舞"和"童子伎"已配合"法乐"出现，虽然很难判断其与印度舞蹈的关系，但它们至少是以印度佛教传说为表现内容的。

《洛阳伽蓝记》卷一《景乐寺》："至于大斋，常设女乐。歌声绕梁，舞袖徐转，丝管寥亮，谐妙入神，以是尼寺，丈夫不得入。"

《洛阳伽蓝记》卷二《景兴寺》："有金像辇，去地三尺，施宝盖，四面垂金铃七宝珠，飞天伎乐，望之云表……像出之日，常诏羽林一百人举此像。丝竹杂伎，皆由旨给。"

《洛阳伽蓝记》卷三《景明寺》："伽蓝之妙，最为称首。时世好崇福，四月七日，京师诸像皆来此寺。尚书祠部曹录像凡有一千余躯。至八日节……于时金花映日，宝盖浮云，幡幢若林，香烟似雾。梵乐法音，聒动天地。百戏腾骧，所在骈比。"

以上三条材料并出《洛阳伽蓝记》，说明北魏寺院中的乐舞活动已很具规模。而这些与印度佛教乐舞艺术的影响是分不开的。

在两晋南北朝时期甚至更早，现属新疆的西域诸国，如于阗、疏勒、焉耆、龟兹、高昌，以及现属甘肃的敦煌、凉州等地的佛教信仰甚为流行，而其乐舞也相当发达并有特色。例如疏勒，据《隋书·音乐志》载，后魏通西域，"因得其伎"，"歌曲有《亢利死让乐》，舞曲有《远服》，解曲有《盐曲》"。再如龟兹，《隋书·音乐志》载："吕光灭龟兹，因得其声。吕氏亡，其乐分散，后魏平中原，复获之。其声后多变易。至隋有西国龟兹、齐朝龟兹、土龟兹等，凡三部。"再如凉州，《隋书·音乐志》载："西凉者，起苻氏之末，吕光、沮渠蒙逊等据有凉州，变龟兹声为之，号为秦汉伎。魏太武既平河西得之，谓之西凉乐……其歌曲有《永世乐》，解曲有《万世丰》，舞曲有《于阗佛曲》。"这些地方古代有许多印度移民，又处于中印交通的要道，受印度乐舞艺术影响比内地更为明显。我们从新疆、甘肃现存的两晋南北朝时期的石窟壁画中也能看出当地乐舞的发达，也可以看出其受印度乐舞艺术影响的印记。

北周武帝时（561~578年），有龟兹人苏祇婆将龟兹音乐的七调传入北周。当时的龟兹受印度文化影响颇深，这从龟兹乐的七调名称即可知道。据《隋书·音乐志》，这七调名称为婆陀力、鸡识、沙识、沙侯加滥、沙腊、般赡、俟利建，都是梵语的译音。这一点，中外学者都曾做过考证，其起源于印度的结论是一致的①。龟兹音乐为什么会以梵语为七调的名称呢？原因很简单，那里的音乐基本上是从印度传来的，因为那里的居民很多都是印度的移民。据《大唐西域记》卷一记龟兹国曰："文字取则印度，粗有改变。管弦伎乐，特善诸国……经教律义，取则印度，其习读者，即本文矣。"这里，"文字取则印度"说明当地人的语言与印度的梵语相似，只是略有改变而已，所以那里的佛教徒可以直接读梵文经卷。若不是古代有一批印度居民迁移至此，则绝不可能存在这种语言现象。

三、隋唐五代

《隋书·音乐志》载："太祖辅魏之时，高昌款附，乃得其伎，教习以备飨宴之礼。及天和六年，武帝摆掖庭四夷乐。其后帝娉皇后于北狄，得其所获康国、龟兹等乐，更杂以高昌之旧，并于大司乐习焉。采用其声，被于钟石，取《周官》制以陈之。"又载："始开皇初定令，置七部乐：一曰国伎，二曰清商伎，三曰高丽伎，四曰天竺伎，五曰安国伎，六曰龟兹伎，七曰文康伎。""及大业中，炀帝乃定清乐、西凉、龟兹、天竺、康国、疏勒、安国、高丽、礼毕，以为九部。"从这些记载可以看出，隋代的宫廷乐舞是东西方乐舞的大融汇，而且在短短的30年间发生了很大变化，在九部乐中，西域方面的竟占一大半。这说明，隋朝是在一次民族大融合的基础上建立起来的，它兼收并蓄了东西方各民族的文化艺术。把西域的乐舞引入宫廷，并使之占主导地位，这是中国音乐史上的一次巨大变革，其来势凶猛，不可阻挡。正如《隋书·音乐志》所记载的，当时的所谓中原"正声"受到了巨大的冲击，颜之推发出了"礼崩乐坏"的呼声，开皇二年（582年），他向皇帝杨坚上言，说"今太常雅乐，并用胡声"，要求按梁朝的旧制"考寻古典"。他忘记了，梁武帝时宫廷音乐已进行了改革，加进了不少佛教的内容。而杨坚则认为梁乐是"亡国之音"，不可为凭。其后又有郑译、牛弘、辛彦之、何妥等大臣讨论"正声"，讨论了好几年都没有结果。到了开皇中（590年前后），龟兹乐大盛于民间，当时有曹妙达、王长通、李士衡、郭金乐、安进贵等人，"皆妙绝弦管，新声奇变，朝改暮易"，使

---

① 常任侠：《丝绸之路与西域文化艺术》，上海：上海文艺出版社，1981年版，第81页。

王公贵族"争相慕尚"。文帝杨坚认为这是不祥之兆，告诫群臣："闻公等皆好新变，所奏无复正声，此不祥之大也。自家形国，化成人风……存亡善恶，莫不系之。"可是，这股音乐变革的新风终究没有止息。隋炀帝则进一步改七部乐为九部乐，使西域乐在宫廷乐舞中占了主导地位。

到了唐代，中国的乐舞文化发展到了一个新的时期，佛教对于乐舞的影响也愈加明显，下面仅谈四点。

1. 唐代佛曲

《隋书·音乐志》在提到西凉乐时，曾说西凉的歌曲中有《于阗佛曲》，而且说西凉部起自苻秦之末，吕光、沮渠蒙逊据有凉州之时。这就告诉我们：第一，西凉乐中有佛曲；第二，西凉乐中的佛曲来自于阗（今新疆和田）；第三，于阗佛曲在公元4世纪末以前已在凉州一带流行；第四，佛曲已进入了隋代宫廷。

《册府元龟》卷五六九说，天宝十三载（754），将《龟兹佛曲》改为《金华洞真》，将《急龟兹佛曲》改为《急金华洞真》。这说明古龟兹地在盛唐以前已有佛曲，盛唐时仍然袭用；而将它改名为《金华洞真》则说明它可能被道教所吸收利用。据北宋陈旸《乐书》卷一五九，唐乐府曲调有《普光佛曲》、《弥勒佛曲》、《日光明佛曲》、《大威德佛曲》、《如来藏佛曲》、《药师琉璃光佛曲》、《无威感德佛曲》、《龟兹佛曲》、《释迦牟尼佛曲》、《宝花步佛曲》、《观法会佛曲》、《帝释幢佛曲》、《妙花佛曲》、《无光意佛曲》、《阿弥陀佛曲》、《烧香佛曲》、《十地佛曲》、《大妙至佛曲》、《摩尼佛曲》、《苏密七俱陀佛曲》、《日光腾佛曲》、《邪勒佛曲》、《观音佛曲》、《永宁佛曲》、《文德佛曲》、《婆罗树佛曲》、《迁星佛曲》等。

唐代南卓的《羯鼓录》中也列了一些佛曲，如《卢舍那仙曲》、《四天王》、《阿陀弥大师曲》、《无量寿》、《九色鹿》、《大燃灯》、《婆娑阿弥陀》、《恒河沙》、《大乘》、《毗沙门》、《观世音》、《悉迦牟尼》等，有一些可能和《乐书》中所列的是一回事，只是名称稍有出入。

向达在《论唐代佛曲》一文中指出："佛曲者，是由西方传入中国的一种乐曲，有宫调可以入乐。内容大概都是赞颂诸佛菩萨之作，所以名为佛曲。大约为朝廷乐署之中所有，不甚流行民间。"[1]由于资料有限，唐代佛曲只存一些

---

① 向达：《唐代长安与西域文明》，北京：生活·读书·新知三联书店，1987年版，第179页。

曲目，内容只能据名目推断。至于唐代佛曲在民间的流行情况，向达的结论可能是正确的。不过，唐代之所以能出现这么多佛曲，恐怕并不都是由西域传来的，唐人的创作一定不少。之所以要创作这么多佛曲，显然是有某种需要，要么是宫廷中需要，要么是寺院中需要，要么是民间需要，而不会是仅仅为了在掌管音乐的官方部门备个案而创作的。另外，《羯鼓录》中所列的佛曲名目与《乐书》中所列的名目在风格上有所不同。前者所录的名目多少要显得土气一些，错别字也多一些，还有的纯属音译，如《多罗头尼摩诃钵》《地婆拔罗伽》等；而后者所列的名目则整齐得多、规范得多。这或许可以说明前者是采自民间（包括寺院），而后者采自乐府。

唐代佛教的发展盛况必然在寺院的乐舞中反映出来。那时的寺院很多，寺院中的乐舞也很多。

2. 寺庙中的乐舞活动

据《大慈恩寺三藏法师传》卷七，贞观二十二年（648）十二月戊辰，唐太宗敕命太常卿王道宗率九部乐、万年县令宋行质和长安县令裴方彦"各率县内音声"于次日"迎像送僧入大慈恩寺"。"……庄严宝车五十乘坐诸大德，次京城僧众执持香华，呗赞随后，次文武百官各将侍卫部列陪从，太常九部乐挟两边，二县音声继其后，而幢幡钟鼓匒磕缤纷，眩目浮空，震耀都邑，望之极目，不知其前后。""经像至寺门，敕赵公、英公、中书褚令执香炉引入，安置殿内，奏九部乐、《破阵舞》及诸戏于庭，讫而还。"这是唐代宫廷乐舞施之寺庙的首例。《旧唐书·曹确传》说："可及善音律，尤能转喉为新声，音辞曲折，听者忘倦……尝于安国寺作《菩萨蛮舞》，如佛降生。"可及姓李，是唐懿宗时的宫廷伶官。这也是唐代宫廷乐舞施于寺庙的例子。

唐代晚期，长安一带寺僧有所谓"俗讲"，即以通俗易懂的方式为普通民众演说佛法。俗讲时往往有讲有唱，生动活泼，使听众易于理解接受。敦煌文献中也有一些供俗讲用的作品，如变文、讲经文等。孙楷第在《唐代俗讲轨范与其本之体裁》一文中把敦煌的讲经文称为"讲唱经文"，并说："讲唱经文之体，首唱经。唱经之后继以解说，解说之后继以吟词。吟词之后又为唱经。如是回还往复，以迄终卷。"①这就使俗讲带有了某些音乐色彩。

这些例子可以间接说明中印间的音乐文化交流情况。

---

① 周绍良、白化文编：《敦煌变文论文录》（上册），上海：上海古籍出版社，1982年版，第78页。

3. 与南亚有关的乐舞

据《大慈恩寺三藏法师传》卷五，戒日王在见到玄奘时问起："师从支那来，弟子闻彼国有《秦王破阵乐》歌舞之曲，未知秦王是何人？"当然，这只是印度人听说中国有这样的乐舞，谈不上什么深刻的影响。但由此可以推断，当时的中印交往是频繁的，乐舞艺术受到双方的重视。

据崔令钦《教坊记》记载，唐代的大曲和杂曲中有《菩萨蛮》、《南天竺》、《望日婆罗门》、《苏合香》、《狮子》等。这些曲子可能都与印度有一定关系。

常任侠说："《霓裳羽衣曲》为《婆罗门曲》。并见《唐会要》及杜佑《理道要诀》。《唐会要》说：'天宝十三载改《婆罗门曲》为《霓裳羽衣》。'杜佑《理道要诀》说：'天宝十三载七月改诸曲……'内《黄钟商婆罗门曲》，改为《霓裳羽衣曲》……可知其与天竺乐《婆罗门曲》关系至深。"常任侠还说："健舞、软舞之名，常见载籍，但其意义不甚确切明了，唐代或从印度译入。中国古有文舞和武舞，或者可以相比附……至于健舞的意义，在梵语中亦有相同的。南印度有湿婆舞王庙（Shiva, Nataraja），壁上石刻健舞姿态一百零八种，名之为Tandava Laksanam，意即健舞。其中舞姿与中国相同的颇多，唐舞与天竺舞关系如此密切，两者殆亦有相互传播学习的关系。"《苏合香》，"《大日本史礼乐（十五）》说是新乐大曲……旧云唐朝大曲，但其起源，据《教训抄》、《体源抄》二书，都说是天竺乐。传天竺阿育王病脑，服苏合香而愈，王喜，因命育竭作此乐。冠苏合草而舞……此为新乐，盖由印度入唐，由唐传入日本"。[1]

据《旧唐书·音乐志》："《太平乐》，亦谓之《五方师子舞》。师子鸷兽，出于西南夷天竺、师子等国。缀毛为之，人居其中，像其俯仰驯狎之容。二人持绳秉拂，为习弄之状。五师子各立其方色，百四十人歌《太平乐》，舞以足，持绳者服饰作昆仑象。"

《旧唐书·音乐志》记曰："《拔头》出西域。胡人为猛兽所噬，其子求兽杀之，为此舞以象之也。"常任侠说："拔一作拨，一作钵，一作发，又作'马头'。据高楠顺次郎博士的考证，说此舞出于印度，并据《印度古圣歌》（梨俱吠陀）有《拔头舞赞歌》二首，即为此舞的本事……"[2]

---

① 常任侠：《丝绸之路与西域文化艺术》，上海：上海文艺出版社，1981年版，第154、163、182、188页。

② 同上，第194页。

4. 与南亚有关的乐器

中国古代有多种乐器是从西域传入或受外来影响改制的。这些乐器中又有许多是汉代或其以后传入的。对此，19世纪末至20世纪中就有一些外国学者进行了专门研究。日本学者林谦三曾著《东亚乐器考》一书，以中国和日本古代的乐器为重点，广泛探讨了亚洲各种主要乐器的起源、传播、演变等问题。探讨中，林谦三参考了西方诸多学者的著作，大量运用了文献和考古资料，提出的见解大多是站得住脚的。现根据其考证和结论，结合常任侠的一些观点，就中国古代，尤其是隋唐及其以前与南亚相关的乐器，作简要介绍。

据《隋书·音乐志》："天竺者，起自张重华据有凉州，重四译来贡男伎，天竺即其乐焉。歌曲有《沙石疆》，舞曲有《天曲》。乐器有凤首箜篌、琵琶、五弦、笛、铜鼓、毛员鼓、都昙鼓、铜钹、贝等九种，为一部。"《旧唐书·音乐志》："天竺乐，工人皂丝布头巾，白练襦，紫绫裤，绯帔。舞二人，辫发，朝霞袈裟，行缠，碧麻鞋。袈裟，今僧衣是也。乐用铜鼓、羯鼓、毛员鼓、都昙鼓、筚篥、横笛、凤首箜篌、琵琶、铜拔、贝。毛员鼓、都昙鼓今亡。"比《隋书·音乐志》少一五弦，多羯鼓与筚篥。《新唐书·礼乐志》记天竺乐乐器同《旧唐书》，唯多一五弦。

以上三书对传入中国中原的天竺乐乐器的记载基本一致，可以说，这一记载基本反映出那个时期印度乐器的正统。

对于以上乐器中的铜鼓，林谦三经过细密的考证后指出：唐代天竺乐的铜鼓与中国南方所谓'蛮夷'系铜鼓毫无关系。唐时有两种铜鼓：一是圆筒形的铜框鼓，属天竺乐部；二是细腰形的铜框鼓，虽所属不明，但其紧绷革面的方法有着印度系鼓的特征，在印度考古资料中可以发现其证迹，故也是印度系鼓[①]。

关于铜钹，林谦三说：考这一乐器的起源，本出自西亚，中国古籍里也都说是西域传来的；在东方首先见于印度，既而见于中亚，然后传到中国；健陀罗的浮雕里有其形象，鸠摩罗什译的《法华经·方便品》里也有提及，而且中国古籍中，先称为拔，亦作跋，唐代以后又称为钹，无疑是外来词的音译；其为六朝中期以来由西域传入中原而成为隋唐时的宴享之乐[②]。

关于羯鼓：其直接源流可以上溯于印度，古者可见于印度桑奇大塔的浮雕；

---

① 林谦三：《东亚乐器考》，北京：人民音乐出版社，1962年版，第104页。

② 同上，第27~30页。

传入中国内地的时期很可能在东晋；隋唐时用于天竺乐以及与天竺乐关系密切的疏勒乐、龟兹乐、高昌乐等①。《新唐书·礼乐志》记："（明皇）帝又好羯鼓，而宁王善吹横笛，达官大臣慕之，皆喜言音律。帝常称：'羯鼓，八音之领袖，诸乐不可方也。'"南卓的《羯鼓录》就是在这种背景下写出的。今传世的羯鼓曲名有92种之多，相传都是唐玄宗所作，其实不止92种，而且其中有许多曲名都是外来语，从语源看，大多为西域传来。

关于凤首箜篌：原本是由印度古代的维那（vina）演变来的。在笈多王朝以前，维那是指一种弓形竖琴，《杂阿含经》卷四五把维那译为琴，其形象在健陀罗及之前的雕刻中已可见到。其最初传入中国是在六朝的后半期，以头上有鸟形的装饰，故称为凤首箜篌；中唐时传入中国的骠国乐中亦有之，也是由印度传去②。

关于五弦和琵琶：五弦，一名五弦琵琶，其颈直，上有五弦；琵琶，其颈曲，上有四弦。五弦琵琶和伊朗系四弦琵琶的远古发源地同在中亚；由于传播路线的原因，四弦琵琶的生长完成在西亚，而五弦琵琶的生长发育则在印度，它们传入中国的时间在六朝后半期③。

关于筚篥：相传中国汉代就有，但并无确实的根据。从其名字的语音看，其起源当为古龟兹。其传入中国内地的时间当在东晋初。其名称初为比栗或悲篥，周隋间始称筚篥。筚篥又叫作管子，不仅用于龟兹乐，也用于其他一些西域乐舞。据《乐书》所记，有一种漆筚篥用于唐朝的九部乐中，尤其是婆罗门乐中④。

关于贝：古代又称螺、螺贝、贝蠡，即海中大螺。印度土著、东南亚海边及岛上居民，在上古的时候就使用。雅利安人进入印度后即继承下来，也是很古的事，在古印度神话和佛教的文献中都提到。今南海居民还使用来自梵文的螺字⑤。螺在印度的两大史诗中常作号角使用于作战同上，在婆罗门—印度教和佛教中都被认为是圣洁的法器，所以随佛教传入中国后，被称为"法螺"。

关于横笛：有人说其最早的发源地在南美，但印度至少是其"有力的发育

① 林谦三：《东亚乐器考》，北京：人民音乐出版社，1962年版，第92页。
② 同上，第213页。
③ 同上，第283、293页。
④ 同上，第395页。
⑤ 同上，第444页。

地"，在桑奇大塔的浮雕里有所表现，佛教文学中也屡次见到。因地缘的关系，骠国乐中的笛与印度的因缘最深。

除了见于天竺乐的乐器外，还有一些乐器也与南亚有关，如梵钟、金刚铃等。

宋、元、明、清各代，中国与南亚的乐舞交流日益减少，资料少而零碎，故不论。

四、现代的交流

现代，中国与南亚的乐舞艺术交流呈现出新的繁荣局面。以下按国别作简要介绍。[①]

1. 中国与印度

20世纪50年代，中国北京舞蹈学校开办了专门的东方舞班，向印度舞蹈家学习引进了印度的《拍球舞》。

1953年7~8月，由萨钦·森·古普塔（Sachin Sen Gupta）率领的印度艺术代表团在中国访问演出。7月26日，毛泽东主席观看了演出并接见代表团成员。

1954年12月至1955年1月，以郑振铎为团长的中国文化代表团访问印度并演出歌舞。

1955年6~8月，以外交部副部长阿尼尔·库马尔·钱达为团长的印度文化代表团在中国访问演出。6月16日，中印两国艺术家举行座谈联欢会，交流艺术经验。这次演出引起中国文艺界的强烈反响。

1957年3月底，印度著名舞蹈家卡玛拉·拉克希曼姊妹来华访问演出。7~8月，印度乌黛·香卡舞蹈团在中国访问演出。这两次演出在中国的反响也很强烈。

1978年11月底，印度舞蹈团来华访问演出。这是时隔20年的又一印度舞蹈团来华。

1980年10月，中国舞蹈家张均、刘友兰两女士应印度对外文化协会的邀

---

① 本小节以下部分主要资料来源：郭书兰编《国内主要报刊有关南亚问题目录索引》（中国南亚学会，1986年）、《中印关系大事记》、《中国与南亚各国关系大事记》及中华人民共和国文化部对外文化联络局编《中国对外文化交流概览》（北京：光明日报出版社，1993年）等。

请去印度学习印度的古典舞蹈和民间舞蹈。1981年4月，两人与印度舞蹈家在新德里同台演出。至此，张均已去印度访问和学习多次，也在国内培养出一批印度舞的弟子。1980年10月，印度舞蹈家访华演出。

1982年11月，中国中央歌舞团前往印度参加第九届亚运会艺术节。

1983年6月，印度卡塔卡里和曼尼普利舞蹈团一行十三人来华演出印度古典舞蹈。8月29日，印度著名音乐家拉维·香卡在北京人民剧场用印度的古代乐器演出古典和民间乐曲，受到热烈欢迎。

1984年5月22日，应中国文化部邀请来华的印度喀拉克什特拉舞蹈团在北京人民剧场举行首场演出，演出的主要节目有古典的婆罗多舞、卡塔卡利舞以及各种民间舞蹈。6月27日，应中国音乐家协会和舞蹈家邀请，印度音乐舞蹈考察组到达北京。

1985年2月12日，由中国音乐研究所杨光率领的中国乐器展览和演奏代表团到达新德里。该团参加在新德里举行的国际打击乐演奏节，并到孟买、马德拉斯等地巡回展出和演奏。15日，中国乐器展览在新德里开幕。展品有各种鼓、铙、弹拨乐器和吹奏乐器等80多件。7月26日，印度玛玛塔·香卡芭蕾舞团在北京民族文化宫演出印度民间舞蹈。此次演出的节目除一些短小的舞蹈外，还有泰戈尔的舞蹈《旃陀罗的少女》和舞剧《阿耶格·埃格拉布亚》。

1986年10月，印度喜马偕尔邦舞蹈团来华访问演出。同月，印度民族乐器展览在北京开幕，首都近百名音乐界人士参观了展览。这次展出的20件古典弦鸣、气鸣和膜鸣乐器代表了印度南北方的主要乐器流派。27日，1 000多名观众在北京音乐厅欣赏了印度音乐大师们的弦乐、吹奏乐和打击乐演奏，这些大师分别代表着南印度的卡纳塔克乐派和北印度的印度斯坦乐派。

2. 中国与巴基斯坦

1957年11月，由马玉槐任团长的中国艺术团访问巴基斯坦。

1964年4月，由中央民族歌舞团和东方歌舞团组成的中国民族艺术团到巴基斯坦访问演出。

1965年3月，巴基斯坦民间舞蹈团来华访问演出。

1966年3月，巴基斯坦文化艺术团到中国访问演出。11月，中国民间歌舞团在巴基斯坦访问演出。

1968年1月，由山东歌舞团组成的中国东方红歌舞团访问巴基斯坦。

1973年4月，巴基斯坦国家舞蹈团来华访问演出。

1975年12月，中国辽宁歌舞团到巴基斯坦进行访问演出。

1976年11月，中国新疆歌舞团到巴基斯坦访问演出。

1980年3月，巴基斯坦普卡舞蹈团到中国访问演出。

1982年3月，由王昆率领的中国东方歌舞团到巴基斯坦访问演出，巴基斯坦新闻媒介予以多方报道。

1983年12月，中国东方歌舞团再度到巴基斯坦访问演出，巴总统齐亚·哈克观看了演出。12月29日至1984年1月15日，巴基斯坦国家艺术团到中国访问演出。

1986年5月，巴基斯坦艺术团来华访问演出。6月，以苏尔塔拉图为团长的中国内蒙古歌舞团到巴基斯坦参加中巴建交庆祝活动。10月，中国新疆歌舞团访问巴基斯坦。

3. 中国与斯里兰卡

1958年1月，由马玉槐任团长的中国艺术团访问锡兰。

1960年7月，锡兰舞蹈团访问中国。9月，锡兰舞蹈家瓦山塔·库马尔访问中国。

1962年，中国东方歌舞团成立以后，曾从锡兰学习引进《罐舞》。

1979年8月，斯里兰卡希维西音乐舞蹈团访华并演出。

1982年1月，斯里兰卡钢琴家在中国访问演出。2月，应斯里兰卡文化部邀请，由王昆率领的中国东方歌舞团在斯里兰卡访问演出，20日，斯里兰卡总统贾亚瓦德纳和夫人观看了演出。11月，中国东方歌舞团两名演员赴斯里兰卡学习舞蹈。

1983年1月，斯里兰卡钢琴家在中国访问演出。

4. 中国与尼泊尔和孟加拉国

1960年9月，由文菲率领的中国青年艺术团访问尼泊尔。

1965年4月，中国西藏歌舞团访问尼泊尔。9月，尼泊尔文化代表团访华。

1967年5月，中国艺术团在尼泊尔访问演出。

1977年7月，孟加拉国文化代表团访问中国。12月28日至1978年1月16日，以张束为团长的中国广州歌舞团访问孟加拉国。

1979年11月，孟加拉国儿童艺术团在北京访问演出。

1982年2月，中国东方歌舞团在孟加拉国访问演出。12月，中国中央歌舞团在尼泊尔访问演出。

1985年7月，尼泊尔歌舞团来华演出。11月，中国文学艺术代表团在尼泊尔访问。

1986年9月26日，孟加拉国艺术团在首都剧场举行访华首次演出，表演了具有浓厚民族风格的民间歌舞。

第二节 戏 剧

一、中国戏剧的孕育

中国古代戏剧的鼎盛时代是元代。但是，它的渊源却非常深远。唐代可以说是中国戏剧正式诞生之前的一个孕育时期。在这个时期，中国与南亚的文化交流对中国戏剧的诞生起到了积极作用。当然，这一作用是通过佛教的传播而发挥的。

我们前面曾引用过《洛阳伽蓝记》中的材料，以说明北魏时洛阳的寺院中已有热闹的乐舞活动。其实，当时寺院中还有其他表演，如幻术、杂技等。如卷一《长秋寺》："四月四日，此像常出，辟邪师子，导引其前；吞刀吐火，腾骧一面；采幢上索，诡谲不常。奇伎异服，冠于都市。"《景乐寺》中又说："召诸音乐，逞伎寺内。奇禽怪兽，舞抃殿庭，飞空幻惑，世所未睹。异端奇术，总萃其中。剥驴投井，植枣种瓜，须臾之间皆得食。士女观者，目乱睛迷。"这些杂技百戏在寺庙表演，说明当时的寺院对文化娱乐的发展是起过重要推动作用的。

到了唐代后期，寺庙再次成为文化娱乐的场所。据钱易的《南部新书》记载："长安戏场多集于慈恩，小者在青龙，其次荐福、保寿。"唐代长安寺院的戏场吸引了许多百姓，连贵族也被吸引去了。《资治通鉴》卷二四八记载：唐宣宗的女儿万寿公主嫁给了起居郎郑颢，郑颢的弟弟郑顗病重，皇上派人去看望，派的人探视回来复命，皇上问："公主何在？"回答说："在慈恩寺观戏场。"这就说明，当时的戏场是很有意思的。那么，戏场是什么呢？据推测，无非是一些乐舞百戏之类的表演。据《旧唐书·音乐志》："歌舞戏，有《大面》、《拨头》、《踏摇娘》、《窟礧子》等戏。玄宗以其非正声，置教坊于禁中以处之。"由此可知，唐代的歌舞戏是不大被看重的，但仍保留在官方办的教坊中。而教坊是培训歌舞戏艺人的场所。这是长安的情况，外地的寺院也有类似情形。李绰的《尚书故实》说："章仇兼琼镇蜀日，佛寺设大会，百戏在庭。有十岁童儿舞于竿杪。"

百戏和歌舞戏都不是真正意义上的戏剧，但它们为戏剧的产生孕育了胚胎。

唐代的俗讲对教坊也有影响，如唐赵璘《因话录》中说："有文淑僧者……寺舍瞻礼崇奉，呼为和尚。教坊效其声调，以为歌曲。"与俗讲有关的变文也与戏剧有关，正如周绍良所说："中国戏曲唱白兼用，此体裁也可上推，受于变文之启示与影响。"①

二、宋代的戏剧

在安史之乱以后，唐代的寺院中出现了"戏场"，"戏场"上表演的有音乐舞蹈、杂技幻术等，也有优人的滑稽表演。到了宋代，寺院中的戏场便消失了，人们的娱乐场所转移到了"瓦舍"（又叫瓦子、瓦肆）之中。北宋时宫廷中还设有歌舞杂剧的班子，可是到了南宋，宫廷中的班子也被取消了。宋人吴自牧的《梦粱录》中记有南宋都城临安（今杭州）的瓦舍，说"瓦舍者……不知起于何时……招集妓乐，以为军卒暇日娱戏之地。今贵家子弟郎君，因此荡游，破坏尤甚于汴都也"。宋人孟元老《东京梦华录》中则记载了北宋都城汴梁（今开封）的瓦舍，说当时京城的瓦舍很多，有桑家瓦子、中瓦、里瓦、朱家桥瓦子、州西瓦子、州北瓦子等。

瓦舍的样子，现在只能根据一些记载推断：它大约是一块很大的场地，可能有棚也可能露天，每个瓦舍中又有许多"勾栏棚"，多的可达50座。每个勾栏演出不同品种的节目，人们可以自由选择观看。这样，瓦舍便是各种文化娱乐节目汇集的场所。艺人们是长年在瓦舍的勾栏中演出的，而看的人也日日不断。瓦舍中的节目既有歌舞、杂耍，也有讲故事、滑稽戏等。

宋代的戏剧处在成长发育阶段。北宋讽刺时事的幽默戏最为突出。演员扮成不同身份的人物，进行对话和表演，所演的内容具有一定的情节，但规模并不很大。宋人洪迈的《夷坚志》卷七有《优伶箴戏》条，说到北宋优人演戏的情形。其中有一个演儒、道、释的"三教"戏，设三个角色，分别扮演儒者、道士和僧人。其文如下：

> 设三辈为儒、道、释，各称诵其教。儒曰："吾之所学，仁义礼智信，曰五常。"遂演畅其旨，皆采引经书，不杂媟语。次至道士，曰：

---

① 周绍良、白化文编：《敦煌变文论文录·序》，上海：上海古籍出版社，1982年版。

"吾之所学，金木水火土，曰五行。"亦说大意。至释，僧抵掌曰："二子腐生常谈，不足听。吾之所学，生老病死苦，曰五化。藏经渊奥，非汝等所得闻，当以现世佛菩萨法理之妙为汝陈之。盍以次问我。"曰："敢问生？"曰："内自大学辟雍，外至下州偏县，凡秀才读书者，尽为三舍生。华屋美馔，月书季考，三岁大比，脱白挂绿，上可以为卿相。国家之于生也如此。"曰："敢问老？"曰："孤独贫困，必沦沟壑。今所在立孤老院，养之终身。国家之于老也如此。"曰："敢问病？"曰："不幸而有病，家贫不能诊疗，于是有安济坊，使之存处，差医付药，责以十全之效。其于病也如此。"曰："敢问死？"曰："死者人所不免，唯穷民无所归，则择空隙地为漏泽园；无以敛，则与之棺，使得葬埋，春秋享祀，恩及泉壤。其于死也如此。"曰："敢问苦？"其人瞑目不应，阳若恻悚。然促之再三，乃蹙额对曰："只是百姓一般受无量苦。"徽宗为恻然长思，弗以为罪。

这是宫廷中优伶在御前演戏，虽然对朝廷的某些做法予以颂扬，但最后毕竟借僧人之口、佛家之辞，道出了百姓所遭受的无量苦难，引起了统治者的深思而不获罪，可见优伶的大胆和机智。从这个宫廷剧的例子可以推知，民间瓦舍中的戏剧内容也必定有涉及佛教的内容。《东京梦华录》中记中元节时说："构肆乐人，自过七夕，便般《目连救母》杂剧，直到十五日止，观者倍增。"可见，北宋瓦舍中已有了比较完整的佛教题材的杂剧，而且还很受欢迎。

北宋后期，北方的女真人所建的金国逐渐强大起来，后攻下汴京灭了北宋，形成了中国北方为金国所占，南方为南宋统治的局面。这一时期，北方发展形成了"北杂剧"，南方发展形成了"南戏"。从这时开始，一直到明代，中国的戏曲形成了南北两大系统。

从南宋和金代存留下的剧目看，当时仍有一些与佛教相关涉的内容，如金代留下的剧目中有《唐三藏》、《玉环》、《张生煮海》等。可以肯定，《唐三藏》表现的是唐僧取经的故事，属于中印文化交流的题材，也属佛教题材；《玉环》后来发展成《玉箫女两世姻缘》，可知其内容受佛教思想的影响；《张生煮海》的故事与唐代传奇有关，亦受佛经故事的影响。这些都是只有剧目而无剧本。当时的南戏中有一个《西厢记》剧目，金代的剧目中有一个《红娘子》，都无剧本。但有一个金代的说唱本《西厢记》存留下来。现存说唱本《西厢记》影响很大，作者是董解元。此《西厢记》是在唐传奇《莺莺传》的基础上演变成的，中间可能还有民间艺人增饰敷衍的过渡阶段。董解元的《西厢记》被后人称为《董西厢》，以区别于其后王实甫所加工改写的《西厢记》(《王西厢》)。在《董西厢》中，增加了诸如佛殿奇遇、张生闹道场、兵围普救寺等《莺莺传》中所没有的情节，使故事的发展与佛教挂上了钩。另外，剧中也有佛教思想影响的痕迹，如卷四所说"寸心间，愁万叠，非是今生，尽是前生业"，"顿不开眉尖上的闷锁，解不开心头愁结。是前生宿世负偿伊，也须有还彻"，"不走了，厮觑者，神天报应无虚设"，等等。从这个说唱本《西厢记》可推知当时杂剧《红娘子》的大体情节。

三、元明杂剧

到了元代，中国的戏剧发展到了一个高峰，出现了一大批著名的戏曲作家和优秀作品。这个高峰是经过数千年的蓄积而形成的。之所以这样说，是因为戏曲是一门综合性艺术，其中有音乐的成分、表演的成分、文学的成分以及绘画的成分等。而这诸多的成分在中国都有着十分古老的历史，都有着与南亚交流的遗痕。这些因素逐渐的聚合凝结，日积月累，终于在元代这一特定的历史条件下达到了空前发展的程度。到了明代，中国戏剧虽不像元代那样令人瞩目，但出现了一些著名的戏剧家和著名的剧作。下面我们介绍一下元明杂剧受佛教影响的情形，并借此透视南亚佛教文化对中国戏剧的深远影响。

元明杂剧受佛教影响，主要表现在剧作的内容上，我们这里重点介绍几部受佛教影响较明显的著名剧作。

关汉卿是元代最享盛名的剧作家，他的《窦娥冤》表现的是一个年轻寡妇窦娥遭恶人陷害，被错判极刑而冤死的故事。剧中窦娥不向恶势力低头，临刑前发下三大誓愿以示冤屈：①砍头时血溅白练而不洒地面；②六月天降下大雪；③当地大旱三年。果然，窦娥死后，三桩誓愿一一应验。临刑前，窦娥有一段唱词："有日月朝暮悬，有鬼神掌著生死权，天地也，只合把清浊分辨，可怎生糊突了盗跖颜渊？为善的受贫穷更命短，造恶的享富贵又寿延。天地也，做得个怕硬欺软，却元来也这般顺水推船。地也，你不分好歹何为地？天也，你错勘贤愚枉做天！"这里，窦娥对天和地的斥责，实际上是对黑暗现实的控诉。她对佛家善有善报恶有恶报的理论表示怀疑和否定。剧中在另外一些地方也反映出一些佛家思想，如第一折中"莫不是前世里烧香不到头，今也波生招祸尤，劝今人早将来世修"，第二折中"空悲戚，没理会，人生死，是轮回"。相信前生来世、生死轮回，这是当时民众的普遍情况，是佛教教义深入人心的结果。另外，窦娥的三大誓愿——应验这一内容，也在一定程度上受了佛教的影响。佛教讲究发誓愿，如本生故事《尸毗王割肉贸鸽》的尾部，尸毗王将身上的肉割尽后，为表示自己毫无悔恨之意，曾发誓愿，誓毕，身体平复如初。

李好古的《张生煮海》（全名《沙门岛张生煮海》）共四折：第一折，东华上仙首先出场，介绍金童玉女下凡投胎始末，金童托生为张羽，玉女托生为龙女琼莲。继而石佛寺法云长老出场，秀才张羽来到石佛寺见法云，在石佛寺弹琴。龙女出游，听张羽弹琴，二人相见倾心，互赠信物。第二折，张生到海边寻找龙女，遇仙姑，仙姑将龙女身份告诉张生，并给他三件法宝：银锅、金钱和铁勺。第三折，张羽在沙门岛支锅煮海水，海水翻滚，龙王求石佛寺长老帮助劝说。法云带张生入海。第四折，张生与龙女再度相见，并见到龙王，得成良缘。这个杂剧的一个突出特点是三教合流。其中既有儒生张羽，又有道教仙人和佛教僧侣，大家和平共处、互相帮助，显得十分和谐。这显然是宋代以后三教合流社会现象的反映。此外，从语汇上、思想上，都能看出佛教的影响。除了三教合流这一点外，还有"人龙联姻"这一特色。元代还有尚仲贤写的《洞庭湖柳毅传书》杂剧，讲的也是书生与龙女恋爱结婚的故事。这个故事来源于唐代传奇《柳毅传》。这类凡人同龙女相恋的故事，也是多多少少受了佛经故事的影响，因为佛经故事中时常有龙女出现。其煮海的情节也是受了佛经故事的启发。

郑德辉《倩女离魂》共四折，前有"楔子"。"楔子"中讲王文举出生之前，其父母与张家指腹为婚，现王文举饱读诗书，长大成人，赴京赶考，顺便去张家提婚。张家女名倩女，亦已长大，见文举一表人才，心生爱慕。第一折写倩女自见到文举后心神驰荡，文举赴京前与倩女告别，并保证求取功名后便回来完婚。第二折写倩女因相思而病倒，其灵魂离开身体去追赶王生。王生见倩女，劝她回去，她坚决要随王生一起进京。第三折，王文举中了状元，写信报平安。倩女的魂体在京陪伴他三年，而家中的倩女一卧不起。送信人见有两个倩女，产生了误会。第四折，王文举被委任衡州府判，带着倩女（魂体）衣锦还乡。众人见家中躺着一倩女，而外面又来了个倩女，不禁惊呼鬼魅。倩女魂进房中与倩女体合而为一。举家欢庆。剧中除了使用了佛教语汇外，这种离魂的表现方法也是受了佛教故事的影响。

杨景贤的《西游记》共六本，二十四出，为杂剧中的巨制。从剧情看，它与后来吴承恩的小说《西游记》有许多不同处，但二者都是借佛教题材演义神魔故事。杂剧《西游记》中夹杂着儒家和道家的一些思想、典故和传说，但佛教思想、佛教掌故是大量的。

《龙济山野猿听经》杂剧是无名氏所撰，共四折：第一折写野猿化一打柴儒生入龙济山与修公禅师见面；第二折写野猿时常在兽光寺听经，又到佛殿僧房等处玩耍，山神将猿猴赶走；第三折写猿猴又扮作一秀才，自称姓袁名逊，到寺中与禅师谈话，禅僧导之以佛理；第四折写袁逊又来寺中听经，终于悟道而坐化，升入西方极乐世界。这个杂剧完全是宣扬佛教的，尤其是第三折，教人舍去功名利禄而信佛，旨意非常明显。而第四折对西方极乐世界的描绘，与佛经相一致，又与佛教壁画西方净土变有异曲同工之妙。

我们列出的这些作品仅仅是一些具有某种代表意义的著名作品，以说明元明两代杂剧在思想、语汇、角色、背景、剧情等方面受佛教影响的情形。除了上述杂剧以外，元明两代尚有不少杂剧，从其名目即可知其与佛教有关，如吴昌龄的《唐三藏西天取经》，张国宾的《相国寺公孙合汗衫》、《罗李郎大闹相国寺》，李行道的《包待制智勘灰栏记》，孔文卿的《地藏王证东窗事犯》，乔吉的《玉箫女两世姻缘》，刘君锡的《庞居士误放来生债》，朱有敦的《李妙清花里悟真如》、《惠禅师三度小桃红》、《豹子和尚自还俗》、《文殊菩萨降狮子》，陈沂的《善知识苦海回头》，徐渭的《玉禅师翠乡一梦》，王衡的《再生缘》，冯惟敏的《僧尼共犯》，叶宪祖的《北邙说法》，谌然的《金渔翁证果鱼佛》，傅一臣的《生死冤报》，祁麟佳的《错转轮》，以及无名氏的《摩利支飞刀对箭》、《月明和尚度柳翠》、《释迦佛双林坐化》、《观音菩萨鱼篮记》、《猛烈哪吒三变化》，等等。

我们以上所列举的都是北杂剧中的例子，而在同一时期，南戏也有很大发展，特别是到了明代，已发展出了四大声腔流派，即昆山腔、弋阳腔、海盐腔和余姚腔。其中昆山腔从明代中期开始显得比较突出，出现了汤显祖这样的中国戏剧史及文学史上的名人，他的戏曲代表作"临川四梦"（即《紫钗记》、《牡丹亭》、《南柯记》和《邯郸记》）十分有名，特别是《牡丹亭》（又名《还魂记》），更是脍炙人口、影响深远的佳作。由于汤显祖深受佛教影响，晚年又皈依佛门，所以他的作品中也有明显的佛教因素，这里仅提一笔，不作具体分析。

20世纪20年代初，许地山曾发表论文《梵剧体例及其在汉剧上底点点滴滴》①，文中，他将梵剧的体例与中国剧的体例作了细致的比较，得出结论说："我们知道自汉唐以来中国与近西诸国海陆交通底繁密，彼国文物底输入是绝对可能的。中国底乐舞显然是从西域传入，而戏剧又是一大部分从乐舞演进底。从这点说来，我们不能不注意到印度伊兰底文学上头。末后所说梵剧底体裁，我们古时虽没有专论戏剧底书籍，但将印度底理论来规度中国戏剧，也能找出许多相符之点……"文中他还特地指出和论证了中国傀儡戏与印度傀儡戏的关系，谨慎地说："以上所说，只是印度歌剧风尚无意中流入中土底零碎印迹，虽然其中或有些偶合之点，但其大致总不能说没关系。"在此基础上，常任侠又进一步补充材料加以论证，指出："总之自唐代以来，我国文学艺术甚受印度文学艺术的影响，傀儡戏是民俗艺术的一种，自亦不能例外。由于海上及陆路的交通，文化互相传播，两国的傀儡戏，暗中也结了血缘，多样变化，而生出异彩。"②

四、现代的交流

中国与南亚现代的戏剧交流不是很多，但仍然有一些重要的事件③。

1954年12月，中国文化代表团访问印度期间曾演出京剧。

1957年5月19日，印度驻华大使举行酒会，庆祝中印友好协会成立五周年，并祝贺中国青年艺术剧院上演《沙恭达罗》获得成功。同年，中国戏剧家协会代表团访问印度。12月，中国戏剧家孙维世、阿甲访问印度。

1958年11月，中国青年艺术剧院院长、中国戏剧家协会常务理事吴雪访问印度，并参加纪念迦梨陀娑的活动。

1959年12月，锡兰罗哈纳剧社在科伦坡用僧伽罗语演出中国歌剧《白毛女》。

1960年12月，锡兰民族戏剧托拉斯上演《孔雀东南飞》。

1979年2月，印度剧作家杜特夫妇访问中国。

1981年10月斯里兰卡宝塔厅剧团来华演出斯里兰卡宗教历史剧《桑格坡国王》。

1983年12月，中国烟台京剧团在印度访问演出。26日，英迪拉·甘地总理观看了演出，并对中国艺术家的精彩表演表示赞赏。

---

① 载《小说月报》1921年第七卷。

② 常任侠：《东方艺术丛谈》，上海：上海文艺出版社，1984年版，第78页。

③ 据郭书兰：《国内主要报刊有关南亚问题目录索引》（南亚研究所内部资料）等。

第三节　电影电视

影视艺术是近代以来的新兴艺术，其发展迅速，影响极大。现当代中国与南亚诸国在这方面的交流很多，这里只能举其要者略作介绍[①]。

一、中国与印度

中国自20世纪50年代初开始介绍印度影片。1950年4月20日《人民日报》发表张默的文章《介绍印度影片〈人间地狱〉》。此后，随着印度故事片《两亩地》、《流浪者》和《暴风雨》，纪录片《印度历代艺术》、《印度的石洞庙宇》等的上映，1955年在中国兴起了第一次印度电影热。当时各种报刊刊登许多介绍和评论印度电影的文章，中国不少著名的文艺家都投入了这一热潮，广大观众也是异常兴奋，《流浪者》的插曲弥漫于大街小巷。1956年和1957年，随着电影《旅行者》和《章西女皇》等上映，中国又出现了第二次印度电影热。70年代晚期和80年代初期，随着中国"文化大革命"的结束和中印关系的好转，《流浪者》再度上映，加上新片《大篷车》等的放映，中国出现了第三次印度电影热。80年代，中国报刊发表了许多介绍和评论印度电影业、电影艺术及电影工作者的文章，出现了从宏观上审视印度电影的倾向。

1951年9~12月，中国文化代表团在新德里、孟买和加尔各答举办中国文化艺术展览会期间放映了中国电影。

1952年1月，由吴印咸任团长的中国电影代表团访问印度。中国参加第一届印度国际电影节，纪录片《中国民族大团结》获得奖状。此后，中国参加了十余次印度国际电影节。

1955年2月，中国电影工作者张水华、张瑞芳和汤晓丹访问印度，并列席印度电影座谈会。10月，由普利特维拉杰·卡普尔率领的印度电影代表团访问中国。

1957年8月，应邀参加亚洲电影周的印度电影代表团来华。

1958年，印度电影制片人来华拍摄了大型纪录片《中国在前进》。

1976年，中国参加了第六届印度国际电影节，参加的影片有故事片《白毛女》和《渡江侦察记》、纪录片《北京业余体校武术班》、科教片《熊猫》。

---

① 本节主要依据郭书兰：《国内主要报刊有关南亚问题目录索引》（南亚研究所内部资料）等。

1978年7月，印度电影协会联合会和西孟加拉邦印中友好协会在加尔各答联合举办中国电影节。同月，印度著名电影导演M. 森和夫人访问中国。

1980年1月，中国参加了在印度班加罗尔举行的国际电影节。参加的影片主要有故事片《小花》、《白求恩大夫》、《大浪淘沙》，纪录片《神奇的长江源》和《春雷》。6月，应中国电影进出口公司的邀请，印度电影工作者G. 阿那德访华。

1981年11月，中国参加第二届印度国际儿童电影节，故事片《苗苗》获得最佳儿童片奖。

1983年11月，在第三届印度国际新青年电影节上，中国儿童影片《泉水叮咚》获得最高奖——金像奖和印度各族儿童评委最佳奖，王佳莹获最佳儿童女演员二等奖。

1984年5月，印度广播电视代表团访问中国。10月，为庆祝中国国庆，全印美术工艺协会在新德里举办中国文化周，放映了中国电影。

1985年1月，为庆祝印度国庆，北京长城饭店、印度航空公司、印度驻华使馆和印度旅游部在长城饭店联合举办印度食品节和文化节，放映了印度故事片《宙凌西路36号》、《塔戈·帕娜娅》和《安克尔》。2月，由中国广播电影电视部副部长马庆雄率领的中国广播电视代表团访问印度。8月，在第四届印度国际儿童电影节上，中国影片《月光下的小屋》获最佳故事片奖。11月，中国电影周在新德里举办。以吴贻弓为团长的中国电影代表团访问印度。

1986年3月，印度电影周在北京举行，放映电影有《情暖盲人心》、《搅乳》、《名妓》和《丈夫的家》。这四部影片还在上海、天津和重庆放映。

1987年1月，在第十一届印度国际电影节上，中国影片《野妈妈》获评委会特别奖和印度影评协会授予的评论家奖，《良家妇女》获国际评论家奖。4月，印度广播电视代表团访问中国。中国在印度拍摄了电视片《爱德华——柯棣华》。

二、中国与南亚其他国家

中国与南亚其他国家（主要是巴基斯坦、斯里兰卡、尼泊尔和孟加拉国）在电影电视方面的交流相对要少一些。这主要是因为这些国家的电影和电视业不如印度发达。就电影来说，中国影片在这些国家仍然放映了不少。如尼泊尔，从20世纪70年代末开始，几乎每年都要举办中国电影节。另一方面，中国也曾从巴基斯坦和斯里兰卡进口过影片。20世纪50年代，中国曾购买过巴基斯坦的《叛逆》，后来又购买过《永恒的爱情》、《生命》、《人世间》等，都给人留下了很好的印象。中国还曾进口过斯里兰卡影片《横冲直撞》等。

1957年8月，巴基斯坦电影代表团来华参加亚洲电影周。

1975年5月，中国广播电视代表团访问巴基斯坦。

1977年1月，巴基斯坦电视代表团访问中国。4月，尼泊尔中国友好协会和尼中文化协会联合举办中国图片展览会，放映了中国电影。

1979年6月，中国电影节在伊斯兰堡举行。9月，为庆祝中华人民共和国建立30周年，尼泊尔中国友好协会和尼中文化协会联合举办了中国电影节。

1983年2月3日，中国对外友好协会举行电影招待会，以庆祝斯里兰卡独立35周年。9月30日，斯里兰卡电台和电视台为庆祝中华人民共和国成立34周年举行专题座谈会，放映了中国电影《丝绸之路》。10月，尼泊尔皇家电影公司在加德满都主办了中国电影节。11月和12月，中国电影节分别在伊斯兰堡和拉合尔举行。

1984年9月，中国电影节在加德满都举行。10月，为庆祝中华人民共和国建立35周年，孟加拉国举办中国周活动，放映中国影片。

1985年2月，马庆雄率领的中国广播电视代表团访问孟加拉国。9月，尼泊尔中国友好协会在加德满都举办中国电影节。同月，斯里兰卡中国协会在科伦坡举办中国电影节，放映了约10部中国影片。12月，中国电影周在巴基斯坦伊斯兰堡举行，放映了《城南旧事》等4部影片。

1986年9月，尼泊尔中国友好协会在加德满都举办中国电影节。

第十一章

中国与南亚的民俗文化交流

中国的社会累经变迁，不断的改朝换代和不断的民族融合，使中国的民俗文化既保持着传统的连续性，又带有多变性；既有其特殊性，又有其多样性。自佛教传入中国后，佛教文化渐渐深入到中国社会各阶层民众的日常生活中，使中国的民间习俗蒙受了广泛而深刻的影响。这些影响与中国的传统文化有机而完美地黏结在一起，以至于人们如果不翻翻历史的旧账，就难以发现它们的来龙去脉，难以发现它们与中国传统文化的差异。

第一节　中国史籍关于南亚民俗的记载

一、隋代以前

中国古代到南亚去的使者、僧人等旅行家们都对当地民俗做有意识的观察与记录。因此在中国古代的史书和一些游记中，有许多南亚民俗方面的记载。

《汉书》卷二八记黄支国："民俗略与珠崖相类。"卷九六记乌秅国："山居……累石为室。民接手饮。"罽宾国："冬食生菜。其民巧，雕文刻镂，治宫室，织罽，刺文绣，好治食。"《后汉书》卷八八记天竺国："其人弱于月氏，修浮图道，不杀伐，遂以成俗。"晋代法显亲游南亚诸国，其书中记载更详。《法显传》重点记载了中印度的民俗特点："举国人民悉不杀生，不饮酒，不食葱蒜，唯除旃荼罗。""国中不养猪、鸡，不卖生口"。又记摩竭提国巴连弗邑"年年常以建卯月八日行像……可有二十余车，车车庄严各异。当此日，境内道俗皆集，作倡伎乐，华香供养。婆罗门子来请佛，佛次第入城，入城内再宿。通夜然灯，伎乐供养。"《魏书》卷一〇二记焉耆："文字与婆罗门同。俗事天神，并崇信佛法。尤重二月八日、四月八日，是日也，其国咸依释教，斋戒行道焉。"说的是当时印度民俗对中国新疆一些地区的深刻影响。

二、唐代以后

唐代对南亚民俗的记叙，以玄奘为最详。他每到一地都细致观察当地民俗，如《大唐西域记》卷一记屈支国："气序和，风俗质。文字取则印度，粗有改变。管弦伎乐，特善诸国。服饰锦褐，断发巾帽。货用金钱、银钱、小铜钱……其俗生子以木押头"。卷一二记瞿萨旦那国："气序和畅，飘风飞埃。俗知礼仪，人性温恭，好学典艺，博达技能。众庶富乐，编户安业。国尚乐音，人好歌舞。少服毛褐毡裘，多衣丝绸白氎。仪形有体，风则有纪。文字宪章，聿遵印度，微改体势，粗有沿革。语异诸国，崇尚佛法。"从气候、民族气质，直到文字、艺术、服饰等，都一一记录，同时也反映出当时当地民族的风俗与印度民俗的密切关联。对于五印度，书之卷二则专门列出有关民俗的若干方面，如岁时、邑居、衣饰、馔食、族姓、敬仪、病死等。在记印度人的衣饰时，玄奘不仅记载了一般男女服饰在式样和穿法上的差别，还记载了头发、胡须的样式，南北衣服的不同，衣服的不同质料，僧人、外道、国王、大臣、商人衣服饰物的主要特点，以及冠、履、染齿、穿耳等有别于中国的奇风异俗。在记载印度的种姓时，除了介绍印度四大种姓的名称、职业外，还说："凡兹四姓，清浊殊流，婚嫁通亲飞伏异路，内外宗枝，姻媾不杂。妇人一嫁，终无再醮。自余杂姓，实繁种族，各随类聚，难以详载。"在记载印度的敬仪时，玄奘谈到了九种见面礼："一发言慰问，二俯首示敬，三举手高揖，四合掌平拱，五屈膝，六长跪，七手膝踞地，八五轮俱屈，九五体投地。"并对这九种礼仪的使用场合做了说明。在谈到印度人的丧葬时，玄奘写道："终没临丧，哀号相泣，裂裳拔发，拍额椎胸。服制无间，丧期无数。送终殡葬，其仪有三：一曰火葬，积薪焚燎；二曰水葬，沉流漂散；三曰野葬，弃林饲兽。"还特别介绍了国王死后无谥无讳，以及送葬者沐浴、将死者自溺、僧人丧仪等民俗。同样，在记载印度人的饮食、器用等时，也都很详细准确。

唐代义净的《南海寄归内法传》，虽然主要记的是南亚僧人日常行仪法式，但其中有些内容也与南亚的民俗有关，如衣食、沐浴、服饰、丧葬等。

《旧唐书》卷一九八记泥婆罗国（今尼泊尔）风俗说："其俗剪发与眉齐，穿耳，揎以竹筒牛角，缀至肩者以为姣丽。食用手，无匕箸。其器皆铜。多商贾，少田作。以铜为钱，面文为人，背文为马牛，不穿孔。衣服以一幅布蔽身，日数盥浴。以板为屋，壁皆雕画。俗重博戏，好吹蠡击鼓。颇解推测盈虚，兼通历术。事五天神，镌石为像，每日清水浴神，烹羊而祭。"又记天竺国风俗说："百姓殷乐，俗无簿籍，耕王地者输地利。以齿贝为货。人皆深目长鼻。致敬极者，舐足摩踵。家有奇乐倡伎。其王与大臣多服锦罽。上为螺髻于顶，余发翦之使拳。俗皆徒跣。衣重白色，唯梵志种姓披白叠以为异。死者或焚尸取灰，以为浮图；或委之中野，以施禽兽；或流之于河，以饲鱼鳖。无丧纪之文。"

宋代周去非的《岭外代答》、赵汝适的《诸蕃志》等书中都有南亚国家民俗的记载。如《岭外代答》记故临国："其国人黑色，身缠白布，须发伸直，露头撮髻，穿红皮履，如画罗汉脚踏者……国王身缠布，出入以布作软兜，或乘象。"记注辇国："父子兄弟不同釜而爨，不共器而食，然甚重义。"又记西天南尼华罗国："其人早晚必浴，以郁金涂身面，效佛金色。国人多称婆罗门，以为佛真子孙。屋壁坐席，涂以牛粪。家置坛，崇三尺，三级而升，每晨以牛粪涂，焚香、献花供养。"《诸蕃志》卷上记细兰国："其王黑身而逆毛，露顶不衣，止缠五色布，蹑金线红皮履，出乘象，或用软兜，日啖槟榔，炼真珠为灰。屋宇悉用猫儿睛及青红宝珠玛瑙杂宝装饰……国人肌肤甚黑，以缦缠身，露顶跣足，以手掬饭，器皿用铜。"同时又记南毗、胡茶辣、麻罗华、注辇、鹏茄罗、南尼华罗等印度诸国民俗。可贵的是，书中还记有安达曼群岛土著的民俗。

《宋史》卷一一九说："注辇、三佛齐使者至，以真珠、龙脑、金莲花等登陛跪散之，谓之'撒殿'。"这是南亚礼仪在宋朝宫廷的再现。此外，《宋史》还记有一些南亚民俗片断。

元代汪大渊《岛夷志略》对南亚诸国民俗也有记载，如"明家罗"条："俗朴。男女衣青单被。民煮海为盐。"再如"特番里"条："俗淳。男女椎髻，系青布。煮海为盐。酿老叶为酒，烧羊羔为食。"如是，书中以简洁的文字记下了南亚各地的民俗概况。明代《瀛涯胜览》、《星槎胜览》和《西洋番国志》三部书均记有南亚诸国的风土人情。今仅举《瀛涯胜览》中的几条为例。如记安达曼岛土著人："彼处之人巢居穴处，男女赤体，皆无寸丝，如兽畜之形。土不出米，惟食山芋、波罗蜜、芭蕉子之类，或海中捕鱼虾而食。"记锡兰国："人将牛粪烧灰，遍搽其体；牛不敢食，止食其乳；如有牛死，即埋之；若私宰牛者，王法罪死，或纳牛头大金以赎其罪。王之居址、大家小户，每晨将牛粪用水调稀，遍涂屋下地面，然后拜佛，两手直舒于前，两腿直伸于后，胸腹皆贴地而为拜……男子上身赤膊，下围色丝手巾，加以压腰。满身毫毛俱剃净，止留其发，用白布缠头。如有父母死者，其须毛即不剃，此为孝礼。妇人撮髻脑后，下围白布。其新生小儿则剃头，女留胎发不剃，就养至成人。无酥油牛乳不食饭。人欲食饭，则于暗处潜食，不令人见。平居，槟榔老叶不绝于口……椰子至多，油、糖、酒、酱皆以此物借造而食。人死则火化埋骨，其丧家聚亲邻之妇，都将两手齐拍胸乳而叫号哭泣为礼。"记柯枝国相当详细，先记国王、富人衣饰，次及民居建造，再次及五等国民身份、道人生活等。记古里国民俗与柯枝相似而更详。其中，柯枝国的五等国民是："一等名南毗，与王同类，内有剃头挂线在颈者，最为贵族；二等回回人；三等人名哲地，系有钱财主；四等人名革令，专与人作牙保；五等人名木瓜。"这与印度传统的四大种姓有异，很值得注意。南毗大约是婆罗门的一支，佩有婆罗门的圣线标志；二等回回人，是此时伊斯兰教徒已在南印度取得很高地位的反映；哲地大约是吠舍的一支；革令大约是首陀罗的一支；木瓜则是当今所谓不可接触者。记古里国五等国民的次序稍有变化，即回回人被列在最前面。书中记榜葛剌国说："举国皆是回回人，民俗淳善……男子皆剃发，以白布缠之，身服从头套下圆领长衣，下围各色阔手巾，足穿浅面皮鞋。其国王并头目之服，俱奉回回教礼，衣冠甚整丽。国语皆从榜葛里，自成一家言语，说吧儿西语者亦有之……民俗冠丧祭婚姻之礼，皆依回回教门礼制。"这说明其时北印度已在穆斯林的统治之下，从语言到服饰、婚丧等都带有伊斯兰教的特点。此三书之后的《西洋朝贡典录》、《皇明四夷考》、《殊域周咨录》、《咸宾录》、《续文献通考》、《四夷广记》、《皇明象胥录》等书中有关南亚各国民俗的记载，多据此三书。

以上所列有关南亚民俗的记载足以说明：①中国古人很注意南亚各国的民俗；②这些记载反映了南亚民俗的变迁；③其中有些民俗事项对中国有一定影响。

下面谈谈佛教传入中国后对中国民俗的影响。

第二节　民间信俗

在上古时代，中国民众即有许多相当原始的信仰习俗，如自然崇拜、生殖崇拜、图腾崇拜、祖先崇拜、英雄崇拜等。与这些信仰和崇拜相对应的是，出现了大量的祭祀、巫术等民俗活动。到了汉代，虽然儒家学说占了统治地位，但是民间仍存在着那些上古遗留下来的原始崇拜。而在佛教传入以后，特别是南北朝以后，中国民众逐渐接受了西域传来的佛教文化，并把它们改造吸收，使自己的头脑中增加了新观念和新的崇拜对象。就这样，诸如"六道轮回"、"因果报应"等思想逐渐变成了民众的共识，而诸佛菩萨、天王阎罗、金刚罗汉等也在中国民间的万神殿里确定了自己的座位。由于这种种新观念和新崇拜对象的确立，直至今天，这种民间信仰仍在起着作用，仍在规范着许多人的日常生活习俗和伦理道德观念。

一、崇法礼佛

佛教自身的特点和中国社会的特定现实使中国人很快地接受了佛教文化。佛教的系统理论适合魏晋时代士大夫阶层的口味，佛教的世俗性和可操作性又适应了中国下层大众的口味。因此，佛教得以在民众中广泛传播和普及，上自帝王贵胄，下至平头百姓，崇法礼佛之风日盛。

中国老百姓的拜佛习俗是从僧人那里学来的。在礼拜的动作姿势上，既受到印度礼仪的影响，同时又有中国传统的因素。例如，中国古代的普通见面礼节是作揖，即拱手于前，举至头面或胸部，表示问候。汉代把这一礼节叫作"长揖"。印度古代的普通见面礼节是"合十"，即将双掌合起立于前胸或更高一些的位置。佛教徒也用这一姿势礼佛。这一姿势与中国的长揖大体一致，因此很容易被中国人接受。中国古代还有所谓"长跪"和"拜"。长跪在汉代以前非常普遍，是日常生活中的常用姿势。拜是在长跪的基础上弯身叩首，又叫"稽首"。而古印度的"顶礼"也被佛教吸收，如《因果经》卷四所说"五体投地，顶礼佛足"。如今，"五体投地"和"顶礼膜拜"都成了中国的成语。五体投地即是将四肢和头着地，这是印度人与长者见面时所行的大礼，要点是要将前额触到长者的脚上，以表示崇敬。《法显传》中说的"头面礼足"、"头面作礼"正是这个意思。这一礼节与中国的磕头也很接近，所以佛经中有时把五体投地直接译为"稽首"，如《经律异相》卷一五引《欢豫经》："悲喜交集，稽首于地。"佛在世时，弟子们可以顶礼佛足，但在佛像前不能顶礼佛足，所以信徒们只好做些象征性动作，如将双掌朝上放在前方，然后叩头，表示以手承接佛足。中国民众拜佛通常采取合十和跪拜两种姿势，但动作往往不很规范。民众拜佛一般都有功利目的，即祈求佛的保佑，或者祈求佛满足某种心愿，那种纯粹出于虔敬而礼佛的情况较少。不管怎样，这种拜佛的行为表示着人们头脑中的信仰，是由观念所支配的一种民俗活动。

念佛是僧众日常生活中的功课之一，据《智度论》卷二一："念佛神德无量，拔苦与乐也。"所以念佛被认为是一项很重要的修行措施。一般认为，念佛主要有两种：一种是心念，一种是口诵。心念是用心观想佛的容貌功德；口诵是用口念诵佛的名号，如"南无阿弥陀佛"等。中国的净土宗创始于北朝，昙鸾是创始人，他认为通过称名念佛可以往生净土，故大力提倡念佛号。隋唐之际的高僧道绰更是净土宗的积极倡导者，他极力劝人称念阿弥陀佛名号。如今，"阿弥陀佛"几乎成了人们的一句口头禅，不管信不信佛，时常有人念上一句。

念经和转经也被认为是一种崇法奉佛的功德，因而在中国民众的信仰中形成了一种顽强的力量，出现了大量令人震撼的事例。念经本是佛门弟子修行的必要课程，通过念经而了解经文的内容，理解佛祖的教义。但是，到了民间，念经的目的发生了变化，许多人把念经当成功德，当成获取佛的保佑和获取来世善报的手段。因此，念经也就流于有口无心的机械诵读，只管念，念即是功德，念即得神助。所以古代有许多关于念经得福的记载。

至于转经，它之所以被认为是一种功德，恐怕是因为这一行为直接为宣传佛教、弘扬佛法做出了贡献。与念经的意义在民间发生转变一样，转经的意义也发生了变化，其功德也被大加渲染。古代各种笔记小说中保存有许多转经获得功德的故事，这些故事固然都是编造的，但它们确实反映了当时民间的信仰。隋代曾经在全国上下掀起一股转经热。据《隋书·经籍志》记载，隋文帝杨坚曾下令京师、并州、相州、洛州等大都邑，"并官写一切经，置于寺内；而又别写，藏于秘阁"。这一声令下，"天下之人，从风而靡，竞相景慕，民间佛经，多于六经数十百倍"。唐代还曾风行过"刺血写经"。这些都充分说明了当时民间对转经功德的信仰。

在古代社会，民众生活太苦，各种灾难不断，许多人相信，通过对佛、菩萨等的虔诚信仰，可以求得护佑，可以得到幸福，而通过佛的法力，又可以解救生民于水火。于是，与这一信俗相关的祈福与禳灾活动很多，史不绝书。

民众向佛祈祷发愿，多是为了自身的利害，如求子、求雨、求康复、求富贵、求长寿等。这些例子在古籍中都不罕见。其中求雨一项十分引人注意。古时，求雨的事经常发生，直到近代还常常进行。佛教传入后，佛教徒也积极参与，所以有许多与南亚佛僧相关的求雨记载。《高僧传》卷九《佛图澄传》讲到后赵石虎时，命佛图澄求雨，佛图澄一到，"即有白龙二头降祠所，其日大雨，方数千里，其年大收"。《佛祖统记》卷四〇载，景云元年（710），唐皇李旦下敕，命菩提流支于崇福寺祈雨。《宋高僧传》卷一《金刚智传》载，金刚智祈雨有验，为玄宗所重。《不空传》载，天宝五载（746），不空祈雨有验；大历七年（772）京师春夏不雨，诏不空祈雨。

与祈福相对应的是禳灾。禳灾一般是指通过向神明祈祷以解除灾难，有时是通过法术、咒语等解除灾难。这灾难可以是已经发生的，也可以是尚未发生的，当然也应包括趋吉避凶。南亚来华僧人在这方面也有突出的表现。《宋高僧传》卷一《不空传》，大历五年，因为空中出现了彗星，皇上李豫以为不祥之兆，下诏令不空作法事，并让他到五台山去修功德，又在太原设万人斋。这都是为了趋吉避凶而采取的禳灾措施。

古时人们相信，避祸祈福要靠法力，念佛、诵经、持咒等都能获得法力，并迅速见效。在佛教传入后，尤其是密宗传入后，密咒的功力在民间影响很大。《高僧传》卷九《佛图澄传》载，石虎有个儿子叫石斌，一日暴病而死。佛图澄"取杨枝咒之"，不一会儿，石斌便起身，不久即康复。这个故事很神奇，说的是咒语的力量能使人起死回生。《酉阳杂俎》卷五说，有一条咒语"婆珊婆演底"，"持之有功德，夜行及寐，可已恐怖恶梦"。还有一条咒语叫"伊谛弥谛弥揭罗谛"，念满万遍以后，赌博就有赢无输。

念佛、念经、持咒都可得神效，以上诸例已足以说明这种信仰在民间的普遍性。

二、因果报应

佛教轮回转世、因果报应的思想在中国民间影响极大。特别是它与中国传统的伦理道德观念相结合以后，形成了一种无形的社会规范，处处制约着人们的一言一行。关于这方面的情况，前文已作介绍。下面，从三个方面大致谈谈佛教这一思想深入民间信仰的情况。

不杀生是佛教的戒律之一，其理论根据一是万物有灵论，一是轮回转世、因果报应思想。千百年来，不杀生的观念在人们头脑中影响很大，古往今来有许多事例可以证明这一点。《太平广记》卷一三一至一三三共55条，全记唐以前杀生遭报应的故事，而在其他卷，此类不杀生的故事亦随处可见。与杀生相对的是放生。杀生遭恶报，放生受善报。古代小说中关于放生受善报的例子也很多。据《佛祖统记》卷四〇，乾元二年（759），唐肃宗李亨曾下诏，命天下州郡临江带郭上下五里置放生池,凡八十所。这样,就在全国范围内掀起了一个放生运动。又据宋代《西湖老人繁胜录》:"圣寿作放生会,士民放生会亦在湖中。船内看经、判斛、放生;游人湖峰上买飞禽、乌龟、螺蛳放生。"这是南宋京城放生会的真实记录。

忠孝节义是中国儒家一贯提倡的伦理道德准则。佛教传入后,佛教的一些观念与这一中国传统逐渐结合,并在人们的日常生活中表现出来。打开中国的史书,历代都有忠臣、孝子、节妇、烈女及侠义之类记载,在这中间,佛教的影响也起了作用。《夷坚丙志》卷一○《黄十翁》写道:黄病危,魂游地府,因黄曾以二十贯钱救二人性命,又因平生戒杀生、造经像积下阴德,所以被放回阳世。冥王曾对黄说:"汝当再还人世,若见人,但劝修善,敬畏天地,孝养父母,归向三宝,行平等心,莫杀生命,莫爱非己财物,莫贪女色,莫怀嫉妒,莫谤良善,莫损他人。造物在身,一朝数尽,堕大地狱,永无出期。"冥王的这些话显然都是佛家劝善的教戒,与中国传统伦理道德准则相一致。其中有孝养父母一条。中国历代反佛的人都以不孝来指责佛教僧尼出家,认为僧尼出家是弃父母而不养。佛教徒为此也做出了许多解释,为适应中国伦理的规范,又大力主张在家佛教徒孝养父母,于是有了冥王的这段话。中国民间孝养父母的观念受了佛教影响后,出现了一些极端的例子,这里值得一提。宋人吴自牧《梦粱录》卷一七《后妃列女》中记:"唐孝女冯氏,少孤独,无兄弟共侍母,唯母子相依,誓不嫁以奉母。母病笃,刮股治之,不救,葬母,乃结草庐墓下,以供晨香夕灯,侍奉如生。又刺血书经,报劬劳之恩,以宅舍建梵宫荐母。仍不嫁,以死尽孝节。"卷一五尚有二例。这种割肉疗亲的极端做法,大约是佛教输入以后才逐渐多起来的。佛教表示虔诚有所谓舍身的做法,舍身有三种:一种是舍身为奴,如梁武帝曾三次舍身同泰寺;一种是献出生命,如自焚、自割等;一种是自残身体,如刺眼、割肢、炼指、挂灯(以铁穿臂挂灯)等。这后两种在唐五代时曾在僧俗中流行过,所以五代后期周世宗灭佛时曾下诏禁止。须指出,这些自残自杀的做法都是从印度学来的,古印度人修苦行者往往采取此类极端做法,后来影响了佛教,又影响到中国民间。

民间相信轮回报应之说,因此有许多人都广行善事以积阴德,一为今世的平安,二为来世的福泽,三为子孙的昌盛。出于这一信仰,人们采取了多种途径以期达到目的。有的济危扶贫,有的布施斋僧,有的念经拜佛,有的造像修寺,有的修桥铺路,有的治病救人,等等。其中有不少做法对社会福利是有所补益的。

据《神僧传》卷二载：东晋时，峡州程夷富有，曾梦游地府，见左廊下的男女都衣冠整齐，精神很好，而右廊下的人都带着枷锁悲哭。有人告诉他，左廊下的人是修桥筑路积下功德的，右廊下的人则是破坏桥梁道路之人。程夷回到阳间后发愿做左廊下人，拿出资财，对百里以内的桥梁道路加以整修，历数十年而不倦。后来活到92岁，子孙昌盛。其他如治病救人、扶危济贫、养老抚孤、掘井造林等项，都是佛教提倡的善举，在印度古代即已有之，如《法显传》中记摩竭提国时说："其国长者、居士各于城中立福德医药舍，凡国中贫穷、孤独、残跛、一切病人，皆诣此舍，种种供给。医师看病随宜，饮食及汤药皆令得安，差者自去。"魏晋以来，僧人在为百姓治病的公益事业中也做出了贡献。《太平广记》卷九十五引《记闻》说，唐代陕州洪方禅师"于陕城中选空旷地，造龙光寺，又建病坊，常养病者数百人"。唐代还有寺院创立的"悲田养病坊"，宋代又有官办而由僧人主管的"安济坊"，都是治病救人的机构。

三、民间诸神

中国民间所崇信的神明多种多样，为数甚伙。在中国民间诸神中，有两类与佛教相关的情况值得注意：一是佛教诸神的中国化，二是中国人物的佛教化。所谓佛教诸神的中国化，是指印度教所信仰的诸神到中国来以后在形象、功能、事迹等方面发生了变化，甚至与中国的神明或人物相结合，形成一种新的概念。而中国人物的佛教化则是指中国古代的名人被神化后为佛教所接纳，列入中国佛教寺庙的神殿，或者是中国的佛教徒被神化，被视为佛或菩萨的化身。

下面将罗列一些在民间影响大、有代表性的例子分别说明。

1. 观音

观音，又叫观世音，玄奘曾译为观自在。观音是中国民间最受崇拜的佛教神明，其影响比如来佛还大。观音的名号家喻户晓、人人皆知。直到今日，知道观音菩萨的人要比知道释迦牟尼的人多得多。后秦鸠摩罗什译的《妙法莲华经》在中国影响很大，其中的《观世音菩萨普门品》对观音作了两点介绍：第一，世间亿万众生受着各种苦恼，如果能一心称念观世音的名号，入大火的可不被烧伤，入大水的可不被淹死，入罗刹鬼国的可不被吃掉，披枷带锁的可得解脱，入贼国的可不恐怖，多淫欲的可以离欲，求子女的可生子生女，等等。第二，观世音普度众生能随方就便为众生说法，即变现各种身相为众生说法，这些身相是：①佛身，②辟支佛（Pratyekabuddha）身，③声闻身，④梵王身，⑤帝释身，⑥自在天身，⑦大自在天身，⑧天大将军身，⑨毗沙门身，⑩小王身，⑪长者身，⑫居士身，⑬宰官身，⑭婆罗门身，⑮比丘身，⑯比丘尼身，⑰优婆塞身，⑱优婆夷身，⑲长者妇身，⑳居士妇身，㉑宰官妇身，㉒婆罗门妇身，㉓童男身，㉔童女身，㉕天龙身，㉖夜叉身，㉗乾达婆身，㉘阿修罗身，㉙迦楼罗身，㉚紧那罗身，㉛摩呵罗迦身，㉜人非人身，㉝执金刚身。根据以上两点介绍可知，观音菩萨具有救度一切众生的神力，而众生要想从苦恼中解脱，只要念观音名号即可，因此格外受欢迎。其三十三身包罗了天地人三界中的一切身份和形象，既有男子的形象也有女子的形象，这是近世观音多呈女性形象的最初依据。《法华经》是大乘佛教的主要经典之一，中国早在西晋时即有了竺法护的译本《正法华经》，不久又出现了鸠摩罗什的译本，南北朝以后又出现了多种对该经的注释本，隋代又有新的译本问世。这使《法华经》在中国产生了巨大影响。而其中《观世音菩萨普门品》更为人们所熟悉。人们不一定亲自读过这一品，却都知道观世音是大慈大悲的菩萨，能救苦救难，有求必应。对观音名号的最普通解释是，世人只要念其名号，他就能立即听到世人的声音，所以称为观世音，即所谓"菩萨即时观其音声"。崇拜观音既有速效，又如此简便，受苦受难的百姓何乐而不为呢？而且，观音又可以化现出各种身相，男人信奉他就化为男身，女人信奉他就化为女身，女人不必因授受不亲而回避他（她），这又是何等的方便。

由于《法华经》的影响，从晋、南北朝时开始，民间就有许多观音显灵的故事。这些故事大多是据《普门品》中关于观音神力的内容加以具体化、情节化而敷衍出来的。如《太平广记》卷一一○引《法苑珠林》，晋朝徐荣坐船误入漩涡中，在船将沉时默念观音而得脱险。又引《辩正论》，晋朝竺长舒所居城邑起大火，火势蔓延极快，竺长舒一心念观音，大火未烧其家。又引《冥祥记》，刘宋人张兴的妻子被囚，因勤念观音而枷锁俱落，得以逃脱。又有刘宋时人孙道德，年过五十而无子，念观音而其妇产子。此外，尚有迷路受观音指引的（"毕览"条）、遇狮虎而得逃脱的（"释法智"、"昙无竭"条）、患重病而得痊愈的（"释道泰"条），等等。当时，观音多数以男身出现，但有时也以女身出现。《北齐书·徐之才传》载，观音变现为一美妇人自空中下，其身长数丈，亭亭而立。

到了唐代，由于密宗典籍的大量翻译，观音的形象发生了变化。原先，观音三十三身中有梵王身，其形象是四副面孔八只手臂。北周耶舍崛多译出《十一面观世音神咒经》，唐代玄奘译《十一面神咒心经》，不空又译《十一面观自在菩萨心密言念诵仪轨经》，由此，出现了十一面观音。菩提流支译出《千手千眼观世音菩萨姥陀罗尼身经》，智通译《千眼千臂观世音菩萨陀罗尼神咒经》，金刚智译《千手千眼观世音菩萨大身咒本》，不空译《千手千眼观世音菩萨大悲心陀罗尼》，等等，由此出现了千手千眼观音。不空译《圣贺野纥哩缚大威怒王立成大神验供养念诵仪轨法品》，又有《马头观音心陀罗尼》、《何耶揭利婆像法》、《何耶揭利婆观世音菩萨受坛法》等经，由此出现了马头观音。金刚智译《佛说七俱胝佛母准提大明陀罗尼经》，不空译《七俱胝佛母所说准提陀罗尼经》，善无畏译《七俱胝独部法》等，由是出现了准提观音。准提本是婆罗门教大神湿婆妻子雪山神女的一个称号。据传说，湿婆与准提虽为一男一女，却是分不开的，如同说男人的一半是女人一样，其神既表现为男性也表现为女性，是根据降魔的需要而变现形体的，这与《法华经》中对观音的说法近似，可见是古印度常有的观念。湿婆三只眼十只手，准提为女性形象，这两点特征移植到观音身上，便是三只眼十八只手的女性准提观音形象。唐代实叉难陀译《观世音菩萨秘密藏如意轮陀罗尼神咒经》，不空译《观自在菩萨如意轮念诵仪轨》，菩提流志译《如意轮陀罗尼经》，等等，由此出现了如意轮观音，其形象多为有六只手的男性。菩提流志尚译有《不空罥索神变真言经》，玄奘译有《不空罥索神咒心经》，宝思惟译有《不空罥索陀罗尼自在王咒经》，等等，由是出现了不空罥索观音，其像多为三头六臂，亦有十面十臂、三目四臂等形象。自唐代以后，观音的形象不断丰富、变化，在中国民间出现了各种名目的观音，如鱼篮观音、水月观音、送子观音、海岛观音，等等。这些观音常常是艺术家们绘画、雕塑的表现对象，作为艺术品走进千家万户。在诸多的观音形象中，杨枝观音最具代表性，其形象为女性，面目慈祥，手持净瓶和杨枝，长衣下垂，飘带飞逸，足下为一莲台。杨枝观音作为各种名目的观音形象的代表已为民间所普遍接受，以至今日一提起观音菩萨，人们首先想到的就是这一形象。

2. 弥勒

弥勒，又称"慈氏菩萨"，是佛教中所说的"三世佛"中的未来佛。《佛说弥勒菩萨下生经》载，佛祖释迦牟尼对弟子阿难说：很久的将来，阎浮提洲大地平整，人民炽盛，谷食丰足，时气和适，四时顺节。波罗捺国有一大臣名修梵摩，其妻极美。弥勒菩萨在兜率天观察，见其父母（即修梵摩及其妻）不老不少，便决定降生。弥勒从母亲右胁出生，像释迦牟尼当年降生一样，生下来后便具备"三十二相、八十种好"，身体呈黄金色。弥勒不久即出家学道，于龙华树下得成佛果。弥勒为众人说法，使八万四千众得阿罗汉果。后又有八万四千梵志和八万四千采女成阿罗汉。迦叶将辅佐弥勒劝化人民。弥勒以后将分别使九十六亿、九十四亿、九十二亿人得阿罗汉果。由《弥勒下生经》可知，在现在佛释迦如来之后，还有弥勒佛将出生于世，并传播佛法，化导众生。弥勒佛的形象与释迦牟尼的形象一样，他的居住地在兜率天。兜率天被佛教徒称为"弥勒净土"，凡是弥勒的信徒都以此为归宿。唐代玄奘圆寂，便被认为是归入兜率天弥勒净土。后来信弥勒的僧人很多，也影响到民间。元明清时期曾在全国引起很大反响的白莲教就曾以弥勒下生来号召起义。另外，中国佛教僧众与民间还曾有过"龙华会"，是一种法会，有时也接近于民俗性很强的庙会。例如，梁朝宗懔《荆楚岁时记》中说："四月八日，诸寺各设斋，以五色香汤浴佛，共作龙华会，以为弥勒下生之征也。"四月八日本是释迦佛诞日，一般认为弥勒诞日在五月五日，但在南朝时却把这两个诞日合而为一。其时的龙华会，肯定有不少百姓参加。到了唐代，龙华会似乎还存在，刘长卿诗《陪元侍御游支硎寺》中有"支公去已久，寂寞龙华会"的句子。不过，这里所说的龙华会也可能是一种泛指。龙华会的名称是由弥勒而来，因他成道于龙华树下，又曾在龙华林里三次度二百八十亿众生成阿罗汉果，人称这三次法会为"龙华三会"。

佛经中关于弥勒的说法不尽一致，上面举《弥勒下生经》中的说法仅为其一，还有些说法与此大同小异。但是，有趣的是，中国当今人们心目中的弥勒是一个袒胸露腹的胖大和尚，他笑口常开，十分可亲，俗称"大肚弥勒佛"。据学者们考证，这一形象的产生与五代的一个叫作"布袋和尚"的僧人有关。这位布袋和尚本名契此，号长汀子，经常用杖荷一布袋，日常用品尽数装在袋中。他卧雪不沾身，能预言人的吉凶祸福，每每灵验。他于后梁贞明二年（916年）圆寂于浙江奉化寺，临终作有一偈："弥勒真弥勒，化身千百亿，时时示世人，世人自不识。"从那以后，世人才知道他是弥勒化身，为他建塔。元符元年（1098年）宋哲宗赐号"定应大师"。后世即按布袋和尚的形象塑造弥勒佛供奉于寺庙中。近世有一种彩色瓷器工艺品，塑大肚弥勒坐像，其身上有五个童子爬上爬下与他嬉戏，颇具生机，亦深受不孕妇女崇拜。《西游记》中说弥勒有个口袋叫"后天袋子"，又叫"人种袋"，说明明代即有人向弥勒求子了。

3. 天王

根据佛经（如《长阿含经》等）所说，六欲天中有"四天王天"，位于须弥山山腰。四天天王分别守护四方人民。后来，中国寺庙把这四大天王塑造成四位护法神，而且手中各执一物，掌管风调雨顺，老百姓把他们叫作"四大金刚"。四大天王之中，北方毗沙门天王在中国最受重视，唐代曾在民间引起普遍崇拜。其中原因大抵有二：一是中国位于印度的北方，尤其是中国新疆和田，古称于阗，与印度接壤，位于喜马拉雅山之北，被认为是北方天王毗沙门的管辖区，而中原地区也被认为是属于北俱卢洲，也是毗沙门天王的管辖区。二是因为唐代密宗的兴盛。印度佛教密宗在北方比较兴旺，其中包括喜马拉雅山南侧的尼泊尔地区。密宗崇拜的毗沙门天王原型是印度古代神话中的财神俱比罗。据印度史诗《罗摩衍那》，俱比罗与楞伽岛罗刹王罗婆那是兄弟，而俱比罗的侍从又是一些药叉（夜叉），居住地也在喜马拉雅山上。这些神话传说被密宗吸收进来，塑造出毗沙门天王的形象。密宗典籍在唐代被大量译介过来，其中有不空译的《毗沙门仪轨》等。所以唐代刮起了一股崇拜毗沙门天王风。唐人段成式的《酉阳杂俎》卷八记载了民间信仰毗沙门天王的情况，说当时有人在背上刺毗沙门天王像。宋元以后，毗沙门天王进一步中国化，并逐渐与唐初名将李靖拉上了关系。所以，在《西游记》与《封神演义》中出现了托塔李天王。由于这两部书在中国影响很大，民间大都知道托塔李天王，而渐渐忘却了毗沙门天王。

4. 阎王

阎王又称阎罗、阎摩等。本是印度上古神话中的天神，掌管人死后的灵魂。佛教吸收了这一天神，让他去掌管地狱。正如《经律异相》卷四九引《问地狱经》："阎罗王，昔为毗沙国王，经与维陀始王共战，兵力不敌，因立誓愿，愿为地狱主。臣佐十八人，领百万之众，头有角耳，皆恶忿怒，同立誓曰：后当奉助，治此罪人。毗沙王者，今阎罗是，十八大臣者；诸小王是；百万之众，诸阿傍是。"《法苑珠林》卷七也引了这段话。中国民间受佛教影响，也把阎罗当作阴间的主宰，同时又有了"十八层地狱"的观念。中国古代关于地狱中具体景象的描述，全是受了佛教的影响。

中国古代曾把泰山府君视为冥王，后来又称泰山府君为东岳大帝，但民间常常把东岳大帝与阎王混在一起，更普遍地信仰阎王。因此，在中国历代的小说戏剧中常出现阎王，人们的日常口语中也时常说到阎王。俗话所说的"见阎王"已成为人人皆知的死的代名词。

阎王从印度传到中国后，也受到了中国人的改造。人们相信，人间的许多不平事到阴间后能得到公平的判决，在人们的心目中，阎王是铁面无私的。所以，后人经常把一些公平正直、威严勇猛的人附会成阎罗王。下面试看几例。《隋书》卷五二《韩擒虎传》：韩擒虎字子通，在北周时曾做过永州刺史。"擒少慷慨，以胆略见称，容貌魁岸，有雄杰之表。"入隋，被拜为庐州总管，后为先锋南征，敌人闻风丧胆，多有战功，进位上柱国。一次，突厥使者来朝，见韩擒虎，"擒厉然顾之，突厥惶恐，不敢仰视，其有威容如此"。后来，"其邻母见擒门下仪卫甚盛，有同王者，母异而问之。其中人曰：'我来迎王。'忽然不见。又有人疾笃，忽惊走至擒家曰：'我欲谒王。'左右问曰：'何王也？'答曰：'阎罗王。'擒子弟欲挞之，擒止之曰：'生为上柱国，死作阎罗王，斯亦足矣。'因寝疾，数日竟卒，时年五十五。"这是正史中记载的一则故事，说明当时已经有人把韩擒虎当作阎王了，原因大概是因为他魁岸威容又多有征战杀戮。

宋龚明之《中吴纪闻》卷五载："曾王父捐馆，至五七日，曾王姑前一夕梦其还家，急令开箧笥，取新公裳而去。因问之曰：'何匆促如此？'答曰：'来日当见范文正公，衣冠不可不早正也。'又问：'范公何为尚在冥间？'曰：'公本天人也，见司生死之权。'既觉，因思释氏书，谓人死五七，则见阎罗王。岂文正公聪明正直，故为此官也？"这个故事说范仲淹为阎罗王。范仲淹于北宋初期曾任宰相，名声很好，其散文《岳阳楼记》为千古不朽的佳作。龚明之认为他"聪明正直，故为此官"。自范仲淹以后，宋代寇准、包拯等名臣都曾以刚正不阿而被人们说成是阎罗王。其后直至清代，每每有某人死后做了阎罗王的故事。也就是说，民间已把阎罗王看成了一种官职，不时有人上任，有人离任，凡居此官的，其生前都须是刚直之士。

与阎王相关的，还有一个地藏王，有时又称地藏菩萨、地藏尊者等。据《地藏菩萨本愿经》，过去世无数劫时，有婆罗门女，其母不信三宝，死后魂神堕入无间地狱。由于婆罗门女于佛塔寺大兴供养，便得到佛的神示，念《觉定自在王如来经》一日一夜，忽见自身来到一海边，见到各种男女、恶兽、夜叉、鬼王。鬼王名叫"无毒"，告诉婆罗门女说，由于她的供养修福，其母已生天。婆罗门女遂发大誓愿，要使一切有罪的灵魂尽得解脱。"婆罗门女者，即地藏菩萨是。"这一段故事在中国民间不甚流行，更流行的是与此相似的目连救母故事。目连看到母亲死后在地狱受苦，便决心拯救其母，设盂兰盆会，救其母出饿鬼道。民间根据这一故事说目连即是地藏王（《三教源流搜神大全》卷七）。《宋高僧传》卷二〇《地藏传》记有新罗僧地藏的事迹，说他"姓金氏，新罗国王之支属也。慈心面貌恶，颖悟天然。七尺成躯，顶耸奇骨，特高才力，可敌十夫。"他来华后在九华山化成寺修道，年九十九坐化。后来有人认为他是地藏王（《历代神仙通鉴》卷一五）。

中国古代关于地藏王的故事也不少。《酉阳杂俎》后集卷七说：孙咸死了一夜又活转过来，原来他到冥间后，谎说写过《法华经》，被地藏尊者派一小吏送归。《江湖杂记》又说，秦桧杀害岳飞以后，地藏王在阴间审判此事。元杂剧《东窗事发》亦演此故事。《太平广记》卷一〇〇《李思元》（出自《纪闻》）中也讲到李思元入冥间见地藏菩萨事。由这些故事可知，地藏王也是掌管人死后的灵魂的，是冥官，这就容易把他与阎罗王弄混。

5. 龙王

龙王，在中国民间被普遍信仰。这一信仰一方面来自中国上古的龙崇拜，一方面又有佛教的影响。《左传·昭公十七年》记载："太皋氏以龙纪，故为龙师而龙名。"可知上古时中国很早就把龙当作氏族图腾而加以崇拜。殷商时期的甲骨文中也已经有了"龙"字。在春秋战国时期，中国江南的"瓯越之民"常常在身上刺出龙纹，并以此为尊荣；北方匈奴在汉代每逢正月、五月和九月的戊日要祭龙神，其祭祀的场所被称为"龙城"。《山海经》中，关于诸神的形体，许多都与龙有关。那么，龙到底是什么呢？是怎样发展演变的呢？简单地说，龙是上古人综合了蛇、鳄等动物的形象，并加以神化后而想象出来的一种动物神。在经过漫长的历史时期以后，龙的本来面目已经很难分辨，龙本身已经有各种各样的分化，出现了各色各样的龙，如螭、蛟、虬、应龙、黄龙，等等。至今，龙已成为中华民族的象征物，其形象也大体定型：长吻、巨齿、有须、隆起的额头、有角、身体细长而有鳞、有爪。

印度古代也有龙崇拜。其实，印度的龙是蛇、蟒之类。据史诗《摩诃婆罗多》，上古曾有蛇祭，其神话传说讲，鹰（鹏鸟）为蛇的天敌，互相结下怨仇。似乎是暗示两个敌对氏族的争斗。据印度古代的说法，龙（蛇）是居住在地界的，也有居住在水中的。龙有自己的国度，有自己的国王。梵文中，龙叫作 naga，音译为那伽；龙王叫 nagaraja，音译为那伽罗者。龙有善恶之分，也有男女之别，作为天神的下属，有时也常常出来作战。佛教典籍中有不少关于龙的说法，其中的龙亦有善恶男女的差别。佛教传入中国以后，印度龙的一些特征也传到了中国。例如，传说释迦牟尼刚出生时，有龙吐温凉水为之沐浴。于是，龙吐水便成了中国民间的一个信仰，有人将一些出水的地方命名为龙口、龙泉等，而天降雨水也被认为是龙吐水，更有一些寺庙、园林等处在出水口修一龙头，使水从龙口流出。再如，佛书中龙女的故事也传到中国，唐代出现了《柳毅传》之类著名龙女故事，人和龙女的恋爱翻开了中国龙史的新篇章。中国龙吸收了印度龙的若干特征，更加神奇、更加威风了。

宋人赵彦卫《云麓漫抄》中说："古祭水神曰河伯。自释氏书入，中土有龙王之说，而河伯无闻矣。"的确如此，中国古代的黄河之神叫河伯，海神叫海若，而佛书传来之后，这些水的世界都被龙王占领了。四海出现四海龙王，江河湖泊也各有龙王掌管。这都是中国人在吸收印度特色的基础上对中国龙的系统化创造。中国民间对龙王的崇拜也随之普及，许多地方都建起了龙王庙。俗话说："大水冲了龙王庙，一家人不认识一家人。"这正是龙王庙普及的例证。

以上所列民间崇拜诸神，只是比较突出的几个，还有不少佛教神明，如金刚、罗汉、韦驮，以及一些佛教所说的恶魔，如罗刹、夜叉等，在中国民间都曾有过相当广泛的影响。至于《西游记》、《封神演义》等长篇神魔小说中的角色，如二郎神、哪吒等，也在民间有很大影响，且与佛教有很大关系。

第三节　岁时节日

中国古代，一年四季有众多的节日。佛教从南亚传入中国后，中国的节日增加了，某些传统节日的内容也丰富了。

一、元宵燃灯

元宵节是中国的大节之一，又称上元节、灯节。这是个传统节日，起源较早。据《史记》卷二四："汉家常以正月上辛祠太一甘泉，以昏时夜祠，到明而终。"《太平御览》卷三〇以为："今人正月望日夜游观灯，是其遗事。"但有些学者认为，元宵节燃灯是受印度佛教的影响，与所谓"大神变月"燃灯有关[①]。

印度有灯节，是全国性的大节。古代印度人有在神像前燃灯的习俗，佛教徒也承袭了这一习俗。《僧史略》中说："西域十二月三十日，是北方正月望，

---

① 参见魏承思：《中国佛教文化论稿》，上海：上海人民出版社，1991年版，第308页。

谓之大神变。汉明帝令燃灯，表佛法大明也。"若记载可靠，则元宵燃灯之俗于东汉即与印度佛教习俗发生关联。玄奘《大唐西域记》卷八曰载，大菩提寺佛舍利"每岁至如来大神变月满之日，出示众人。此时也，或放光，或雨花"。文中夹注解释大神变月满之日"即印度十二月三十日，当此正月十五日也"。

今考唐代元宵节的活动，佛教节目所占的比例颇大。《旧唐书》卷七载，唐中宗景龙四年（710）"春正月乙卯，于化度寺门设无遮大会。丙寅上元夜，帝与皇后微行观灯"。玄宗先天二年（713）"上元日夜，上皇御安福门观灯，出内人连袂踏歌，纵百僚观之，一夜方罢……初，有僧婆陀请夜开门然灯百千炬，三日三夜。皇帝御延喜门观灯纵乐，凡三日夜"。唐人崔液《上元夜》诗云："神灯佛火百轮张，刻象图形七宝装。影里如闻金口说，空中似散玉毫光。"这三条材料都说明唐代灯节的繁盛，并且能证明其与佛教有关。或者可以这样说，唐代元宵燃灯习俗是中国传统习俗与印度佛教习俗的结合。

二、浴佛节

相传，农历四月初八是佛祖释迦牟尼的生日，民间称这一天为"浴佛节"。关于佛祖的诞辰，佛经中有不同记载，传到中国后亦有不同的说法，有二月初八、四月初八、腊月初八诸说。但多以四月初八为佛诞日，以此日为浴佛节。

浴佛节可以说是中国佛教的第一大节，因此在民间影响也很大。浴佛节来源于印度，依据佛经中太子降生时有龙吐温凉水为太子沐浴的传说而举行。浴佛节传入中国很早，大约是佛教传入后不久，中国便开始了浴佛活动。《后汉书》卷七三《陶谦传》："每浴佛，辄多设饭，布席于路，其有就食及观者且万余人。"《三国志》卷四九亦有类似记载，可见浴佛之举在后汉即有之。又据《邺中记》载，东晋时后赵石虎曾使巧匠制作一辆檀木车，上载佛像，其车"广丈余，长二丈，四轮，作金佛像坐于车上，九龙吐水灌之。又作木道人，恒以手摩佛心腹之间。又十余木道人，长二尺余，皆披袈裟绕佛行，当佛前辄礼佛，又以手撮香投炉中，与人无异。车行则木人行、龙吐水，车止则止。"这里说的是浴佛节尚有所谓"行像"的活动。行像，通俗地说，即是用车拉着佛像游行。此俗亦来自印度。《法显传》中讲到印度行像时说："年年常以建卯月八日行像。作四轮车，缚竹作五层，有承栌、揵载，高二疋余许，其状如塔。以白叠缠上，然后彩画，作诸天形像。以金银琉璃庄校其上，悬缯幡盖。四边作龛，皆有坐佛，菩萨立侍。可有二十车，车车庄严各异。当此日，境内道俗皆集，作倡伎乐，华香供养。婆罗门子来请佛，佛次第入城，入城内再宿。通夜然灯，伎乐供养。国国皆尔。"《魏书·释老志》云，北魏拓跋焘即位后，"于四月八日，舆诸佛像，行于广衢，帝亲御门楼，临观散花，以致敬礼"。

《洛阳伽蓝记》卷三《景明寺》条也记载："四月七日，京师诸像皆来此寺。尚书祠曹录像凡有一千余躯，至八日节，以次入宣阳门，向阊阖宫前，受皇帝散华。于时，金花映日，宝盖浮云，幡幢若林，香烟似雾。梵乐法音，聒动天地。百戏腾骧，所在骈比。名僧德众，负锡为群；信徒法侣，持花成薮。车骑填咽，繁衍相倾。时有西域胡沙门见此，唱言佛国。"这两条说的都是北魏时佛诞节行像情形。而据《高僧传》卷十《邵硕传》记载，刘宋时成都也在四月初八这天举行行像活动。

唐代，四月八日这天也有庆祝活动。苏鹗《杜阳杂编》卷上，记代宗皇帝时，新罗国献万佛山，高一丈，雕沉檀珠玉以成之，"四月八日，召两众僧徒入内道场，礼万佛山"。卷下又记，咸通十四年（873）春，"诏大德僧数十辈于凤翔法门寺迎佛骨……四月八日，佛骨入长安。自开远门安福楼，夹道佛声振地。士女瞻礼，僧徒导从。上御安福寺亲自顶礼，泣下沾臆……长安豪家，竞饰车服，驾肩弥路。四方耆老扶幼来观者，莫不蔬素以待"。由浴佛行像到迎佛骨，这是唐代末期的大事件。

宋代的浴佛节非常热闹，这一天不仅要举行浴佛的仪式，还要举行放生活动。孟元老《东京梦华录》卷八载，北宋开封大寺院于四月八日"各有浴佛斋会，煎香药糖水相遗，名曰浴佛水"。周密《武林旧事》卷三说："四月八日为佛诞日，诸寺院各有浴佛会。僧尼辈竞以小盆贮铜像，浸以糖水，覆以花棚，铙钹交迎，遍往邸第富室，以小勺浇灌，以求施利。是日，西湖作放生会，舟楫甚盛，略如春时小舟，竞买龟鱼螺蚌放生。"除了放生以外，人们还要在四月初八这天礼佛祈福，或做些别的善事。明清时代的北方，浴佛节这天买活物放生的活动不那么兴盛，代之而行的是以豆结缘的活动。而在南方水乡，特别是杭州西湖，放生的活动直到清代仍很兴盛。

三、盂兰盆节

农历七月十五日这天是中国古代的大节。道教徒称这天是"中元节"，佛教徒称这天是"盂兰盆节"，同时，佛教僧侣坐夏以后，在这一天解制，故又称为"自恣日"。民间大概是受了佛教的影响，又称这天为"鬼节"。盂兰盆节源于印度佛教。依据是《盂兰盆经》。据说，佛大弟子目连生于富有之家，其父死后，他出外经商，行前嘱其母在家行善。其母对佛僧不敬，种下恶果，不久即死。目连从佛学道，得神通力。出于孝心，想把父母度入佛门。但他以天眼通观得母亲堕入饿鬼道，在地狱受苦。目连悲伤，以钵盛饭送母，但饭未入口即化为火炭。目连只好回来告诉佛，佛说："你母亲的罪根深结，不是你一人之力所能解救的。需要众僧的威神之力才能使她解脱。"佛要目连在七月十五日这天准备盆器，装上"尽世甘味"，并准备床具、香烛等，供养十方大德，通过众僧的一致努力，便可使七世父母和五种亲属一并解脱。《盂兰盆经》宣扬的是布施和孝道。关于盂兰盆，据梵文的原意为"救倒悬"，并非是一种叫作盂兰的盆子。在印度的古代神话传说中，人们的祖先死后有时倒悬在一处受苦，这从《摩诃婆罗多》等古籍中可以得到例证。因此，"救倒悬"无疑是正确的。但这个经传到中国以后，许多人都把盂兰盆理解为一种盆器，如南朝梁代编的《经律异相》卷一四第十一条为"目连为母造盆"。可见这种理解很早就出现了。据《佛祖统记》卷三七，梁武帝大同四年（538）始设盂兰盆斋，这个时间也是相当早的。在唐代，皇家对此节相当重视，其程度超过了四月初八的佛诞节。据《旧唐书》卷一九〇《杨炯传》："如意元年七月望日，宫中出盂兰盆，分送佛寺，则天御洛南门，与百僚观之。炯献《盂兰盆赋》，词甚雅丽。"卷一一八《王缙传》："代宗七月望日于内道场造盂兰盆，饰以金翠，所费百万。又设高祖以下七圣神座，备幡节、龙伞、衣裳之制，各书尊号于幡上以识之……是日，排仪仗，百僚序立于光顺门以俟之，幡花鼓舞，迎呼道路。岁以为常，而识者嗤其不典，其伤教之源始于缙也。"卷一六又载：元和十五年（820）七月十五日，宪宗李纯"幸安国寺观盂兰盆"。唐代皇帝重视盂兰盆会，目的是为了表示孝顺，这无疑是向全天下推广了盂兰盆节。

宋代，关于盂兰盆节的记载较多。孟元老《东京梦华录》卷八《中元节》："七月十五日，中元节。先数日，市井卖冥器：靴鞋、幞头、帽子、金犀假带、五彩衣服，以纸糊架子盘游出卖……闹处亦卖果食、种生、花果之类，及印卖《尊胜目连经》。又以竹竿斫成三脚，高三五尺，上织灯窝之状，谓之盂兰盆，挂搭衣服冥钱在上焚之。构肆乐人自过七夕，便般《目连救母》杂剧，直至十五日止，观者增倍。中元前一日，即卖练叶，享祀时铺衬桌面；又卖麻谷窠儿，亦是系在桌子脚上，乃告祖先秋成之意；又卖鸡冠花，谓之洗手花。十五日供养祖先素食，才明即卖祭米饭，巡门叫卖，亦告成意也……城外有新坟者，即往扫拜。禁中亦出车马诣道者院谒坟。本院官给祠部十道，设大会，焚钱山，祭军阵亡殁，设孤魂之道场。"《武林旧事》卷三《中元》："七月十五日，道家谓之中元节，各有斋醮等会，僧寺则于此日作盂兰盆斋，而人家亦以此日祀先……而茹素者几十八九，屠门为之罢市焉。"这两条材料告诉我们，在两宋时期，政府和民间都很重视中元节。人们从孝道出发，拜佛、祭祖、吃素，但也没有忘记娱乐，还要看《目连救母》杂剧。《梦粱录》卷四还记载说，七月十五日这天晚上"放江灯万盏"。

到元明清三代，盂兰盆节中的放灯活动显得比较突出。《帝京景物略》中说到七月十五日夜要"于水次放灯，曰放河灯"。张翰《松窗梦语》卷七也说："七月望祀，释家谓之盂斋，俗云鬼节，谓地狱放假五日，则骄饰甚矣。时民间剪纸为花，燃硝磺为灯，以木板浮于湖上，多至数百，夜望如星，亦足娱目。"田汝成《西湖游览志余》卷二〇："七月十五日为中元节，俗传地官赦罪之辰，人家多持斋诵经，荐奠祖考，摄孤判斛，屠门罢市。僧家建盂兰盆会，放灯西湖及塔上、河中，谓之照明。"清人潘荣陛《帝京岁时纪胜》记中元节皇家于北海、中南海放灯情景曰："每岁中元建盂兰道场，自十三日至十五日放河灯，使小内监持荷叶燃烛其中，罗列两岸，以数千计。又用琉璃作荷花灯数千盏，随波上下。中流驾龙舟，奏梵乐，作神诵，自瀛台南过金鳌玉蝀桥，绕万岁山至五龙亭而回。"盂兰盆节放河灯，这恐怕也是中国人通过佛教接受了印度民俗的影响，这一习俗在古印度早已有之，东南亚亦有。

四、腊八与腊八粥

腊八节在腊月初八。古时称十二月为腊月。《初学记》卷四引《风俗通》曰："夏曰清祀，殷曰嘉平；周曰大蜡，汉曰腊。腊者，猎也，田猎取兽以祭。"又引《玉烛宝典》曰："腊者，祭先祖，蜡者，报百神，同日异祭也。"又引《礼记》："天子大蜡八，伊耆氏始为蜡。蜡也者，索也。岁十二月，聚万物而索享之也。"据此，可知上古人已开始腊祭，腊祭是用猎获的兽肉祭神。腊是汉代的说法，周朝叫蜡，二者是一回事，《玉烛宝典》区分为一祭祖一报神，实在勉强。汉代以十二月为腊月，以戌日为腊日。东汉许慎《说文解字》说："腊，冬至后壬戌，腊祭百神。"可知东汉已确定日期。晋人裴秀有《大蜡诗》，从中可知，当时的大蜡是皇帝向百神祈求丰年、吉祥、长寿的，同时也向百神报告一年来的成功。《大蜡诗》似乎是专为皇帝写的腊日祈祷辞。到南朝梁代，腊日在南方一些地区已被确定为腊月初八。宗懔《荆楚岁时记》说："十二月八日为腊日，谚言：腊鼓鸣，春草生。村人并击细腰鼓、戴胡公头及作金刚力士以逐疫。"这时民间的腊日活动已受到佛教的影响。

北宋时，腊月初八这天是僧人的节日。《东京梦华录》卷一〇《十二月》记："初八日，街巷中有僧尼三五人作队念佛。以银铜沙罗或好盆器，坐一金铜或木佛像，浸以香水，杨枝洒浴，排门教化。诸大寺作浴佛会，并送七宝五味粥与门徒，谓之腊八粥。都人是日各家亦以果子杂料煮粥而食也。"这里，北宋都城开封的大寺院举行的活动主要有两项：一是浴佛会，二是喝腊八粥。据通常说法，腊月初八是佛成道日。成道日浴佛、喝粥，都是有依据的。据佛典相传，释迦牟尼出家后，经过六年苦行，而毫无所获，便停止苦行，来到了尼连禅河沐浴，以涤六年积垢。沐浴完毕，其身体因苦行而变得精疲力竭，好歹上岸，已无力行动。这时，有一个牧女（实为古印度养牛种姓的女子）给释迦牟尼送来乳糜，释迦牟尼饮后体力稍复，便到毕钵罗树下静坐思惟，终于在启明星出现时悟道成佛。因他悟道之前有沐浴和喝粥的细节，所以说，北宋开封诸大寺举行浴佛会和喝腊八粥都是有来由的。北宋时京城大寺一年两度浴佛，一在佛诞日，一在佛成道日。南宋时，腊八这天似乎不再浴佛，而是只喝腊八粥了。周密《武林旧事》卷三《岁晚节物》中记曰："八日，则寺院及人家用胡桃、松子、乳蕈、柿、栗之类为粥，谓之腊八粥。"吴自牧《梦粱录》卷六《十二月》亦记曰："此月八日，寺院谓之腊八。大刹等寺，俱设五味粥，名曰腊八粥。"从北宋开始，腊八粥即有两个别称，即七宝粥和五味粥，合称"七宝五味粥"。元明清三代，民间腊月初八仍保留着喝腊八粥的风俗，至今犹然。

除上述节日，还有二月十五日（涅槃节）、二月十九日（观音诞辰）、二月二十一日（普贤诞日）、四月初四（文殊诞日）、七月十三日（大势至诞日）、七月三十日（地藏节）、八月二十二日（燃灯佛诞日）、九月三十日（药师佛诞日）、十一月十七日（阿弥陀佛诞日）等，均曾在民间有一定影响。

第四节　人生礼仪

一、生育

从新生命的孕育，到其长大成人，在人生的旅途中，中国古人有着一整套的礼仪和各种各样的禁忌。佛教在这些礼仪和禁忌中也发生了一定的影响。

1. 求子

人们渴望得到后代，但并不是人人都能够得到后代。旧时婚后无子者常千方百计寻求子嗣，便向观音、弥勒等佛教神明求子，古籍中往往记载。随着科学的倡明，近代以来这种情况已越来越少。

明人袁黄曾写过一本《祈嗣真诠》的书，专讲怎样怀孕生子，多是迷信之说。此书《祈祷第十》说："山川之英，鬼神之灵，凡可祈求，皆当致力。姑以祈祷之至灵，与鄙人所奉有验者，列之于后：《白衣观音经咒》……《准提咒》。"又说，《白衣观音经咒》"原出《大藏》，名《随心陀罗尼》，受持者一切祈祷，悉令满足，今祖师提出，专为人求男女，亦方便法也"。成书于宋元之际的《古杭杂记》中说："净慈寺，乃祖宗功德院侧，有五百尊罗汉……其第四百二十二位阿湿毗尊者，独设一龛，用黄罗为幕，幕之傍，置签筒一座。其像侧身偃蹇，便腹斜目，觑人而笑。临安妇人祈嗣者，必诣此炷香点祷。以手摩其腹，云有感应。日积月久，汗手如于泥粉之上，其腹黑光可鉴。"这里所说的阿湿毗尊者塑像有些像后世的大肚弥勒像，也许二者有所关涉。

2. 命名

古代礼仪，一般在孩子出生3个月时起名，叫"幼名"；男子在20岁时行冠礼，还要另起一个名字，叫作"字"；女子15岁左右出嫁，取字。佛教传入后，中国人在命名上受佛教影响。晋代，有不少人的名字中有"佛"、"僧"等字样，南北朝时亦然。据《古今佛道论衡》卷二，隋文帝杨坚幼时寄养于尼寺，以尼姑为师，取名为"那罗延"。《大慈恩寺三藏法师传》卷九载，显庆元年（656）十一月，武则天生皇子，据玄奘的请求提议，赐号为"佛光王"。满月后，又下诏，让玄奘在慈恩寺为皇子剃发受戒。民间这种情况更多，生下孩子后，为了好养活，请僧人给起个名字，俗称"寄生名"或"寄佛名"，认为这样做后，妖魔邪气便不敢侵害孩子。

3. 抚养

隋文帝幼时寄养寺院的例子，已说明古时有人把孩子放在寺院抚养。其实，在晋代已有这种事。《高僧传》卷九《佛图澄传》记载，后赵石勒的"诸稚子，多在佛寺中养之。每至四月八日，勒躬诣寺灌佛，为儿发愿"。1949年以前，这种情况还很多。胡朴安编《中华全国风俗志》下编卷一记天津北仓每年春夏之际有一种"小儿跳墙"的风俗。为了让儿子少生病，或者避免夭折，常常要"寄僧名"，然后着和尚装，直到12岁才跳墙换装。跳墙前，要选择吉日，买簸箕一只、毛帚一把，备下旧铜钱八枚，到时由父母领小儿到佛前烧香礼拜，然后由小儿持簸箕、毛帚拂拭香案，洒扫地下，再左右二手各持四铜钱，向后撒去，跳下板凳，不回头，直跑回家，算是还俗。同书下编卷五记安徽寿春风俗亦说，当地小孩体弱多病者，有舍于寺院寄养的，到12岁才领回。

二、婚姻

中国古代的婚姻有所谓"六礼"：纳采、问名、纳吉、纳征、请期和亲迎。中国二千多年的封建社会中，大体都是这么做的。从纳采到亲迎，都以男方为主，这体现了男尊女卑的观念。但民间的情况往往比较复杂，不一定按这个程序一丝不苟地执行。更有许多"不合礼教"的婚姻。佛教传入后，佛教的一些观念也渗透到中国民间的婚姻礼俗中。表现较为突出的是"因缘说"对民间婚姻的影响。即是说，男女双方的婚姻是否合适，要看双方是否有缘。而且，这种因缘是生前就已确定的，是前世的因缘。清代李光庭的《乡言解颐》卷三引《因果录》："今世为夫妻者，前世非大恩则大仇。"这就把婚姻说成是一种"定数"，即谁该与谁结婚都是命中注定。这样，因缘说便为中国旧有的宿命论婚姻观提供了一种似乎是无懈可击的解释。于是因缘二字在用于婚姻时便写作"姻缘"。在古代的小说、戏剧作品中，这种由前生因缘而决定今世婚姻的故事很多，民间也广泛流传。

三、丧葬

在先秦，中国就已经形成了一套整的丧葬礼仪。这套礼仪随着死者的身份地位和其亲属的经济条件等情况的不同而有不同的执行。但不管怎样，这套礼仪并不是仅仅为了操作而约定俗成的，它有着多种内涵。至少有下列三点很重要：①祖灵崇拜。即相信人死之后还有灵魂存在，灵魂会到另一个世界去；祖先的魂灵将保佑其子孙后人昌盛。②寄托哀思。即活着的人对死者确有感情，怀念其生前的品德行为及其业绩。③表示孝敬。即后代对长辈死者感恩戴德，以丧礼示孝，但这多半是做给活人看的。在佛教传入以后，中国人的丧礼大体上还是按老规矩办，但增加了不少新的节目。

1. 葬法

由于受佛教的影响，南北朝时已有在入殓时穿僧衣、持佛经的例子。《南史》卷三二《张融传》说，张融临终遗命："吾平生所善，自当陵云一笑。三千买棺，无制新衾。左手执《孝经》、《老子》，右手执《小品》、《法华经》。"同书卷四九《刘杳传》又记，刘杳入殓时身着僧服。

受佛教影响，南北朝时还有人提倡薄葬，前文所举张融即是一例。《南史》卷二五《到溉传》亦记，到溉临终遗嘱薄葬，"请僧读经赞呗"。同书卷五九《姚察传》又记，姚察将终，"曾无病恼，但西向坐念，云'一切空寂'"。并"遗命薄葬，以松板薄棺，才可容身，土周于棺而已。葬日，止粗车即送厝旧茔北。不须立灵，置一小床，每日设清水，六斋日设斋食菜果，任家有无，不须别经营也"。

宋朝洪迈《容斋续笔》卷一三《民俗火葬》条说："自释氏火化之说起，于是死而焚尸者，所在皆然。"也就是说，中国传统的葬法是土葬，而到了宋代，火葬已成为民间的风俗，究其渊源，是印度佛教的影响。《新唐书》卷一二六《杜鸿渐传》说，杜鸿渐晚年笃信佛教，"遗命依浮图葬，不为封树"。这里所说的"浮图葬"，据《旧唐书》卷一〇八本传的说法是"塔葬"，似乎葬后建塔，这便与"不为封树"相矛盾。其实，"浮图葬"的意思是按佛教的办法火葬。火葬习俗大约在五代至宋初时已经形成，据《东都事略·太祖纪》记载，建隆三年（962），宋太祖曾下诏："近世以来率多火葬，甚违典礼，自宜禁断。"这道诏书说明，五代时火葬已成风气，宋初为烈；火葬仍被认为是正统葬俗的异端，是违反礼教的。直到现代，国人才渐渐明确，火葬实在是一种处理遗体的好办法。

中国民间历来以土葬为主，但是，即使是土葬，也受到了佛教的影响。今举一例：明人沈榜《宛署杂记》卷一〇载，明代的北京有所谓浅葬的风俗，"谓得浅土，可速轮回"。不言而喻，如果埋深了，灵魂不容易钻出地面，也就不能很快转生。

2. 追冥福

由于受佛教影响，中国旧时在人死之后，常常采取多种多样的形式为死者追荐冥福。这些做法归纳起来大约有念经、转经、设斋、造像、舍寺、建寺等几种。如《魏书·胡国珍传》记："又诏自始薨至七七，皆设千僧斋。"《南史·到溉传》载，到溉"家门雍睦，兄弟特相友爱，初与弟洽恒共居一斋，洽卒后，便舍为寺。"《南史·张融传》载，新安王子鸾母"殷淑仪薨，后月八日建斋并浴佛。"《旧唐书》卷七二《虞世南传》载，虞世南死后数年，太宗念之，命于其家设五百僧斋。《唐会要》卷四八载，武则天死，中宗为造圣善寺追福，太平公主为立罔极寺。《旧唐书》卷九六《姚崇传》载，姚崇临终遗书，反对"缘死丧，造经像，以为追福"。卷一一八《王缙传》载，王缙妻卒，舍第为寺。《杜阳杂编》卷下载，同昌公主死，"尼及女道士为侍从"。类似的追福活动自南北朝以来多有发生，史书有记载，文学作品中也常常有反映。大约到宋代，那种千僧斋会、万僧斋会、无遮大会逐渐减少，而做道场功德的却仍然很多。南宋俞文豹《吹剑录外集》引司马光的话："世俗信浮屠，以初死七日至七七日、百日、小祥、大祥，必作道场功德，则灭罪生天，否则入地狱受刲舂烧磨之苦。"又曰："外方道场，唯启散时用铙钹，终夕讽吹讲说，犹有恳切忏悔之意；今京城用瑜伽法事，唯只从事鼓钹，震动惊撼，生人尚为头痛脑裂，况亡灵乎？至其诵念，则时复数语，仍以梵语演为歌调，如《降黄龙》等曲。"又曰："温公至不信佛，而有十月斋僧，诵经荐祖考之训。朱寿昌灼臂燃顶，刺血写经，求得其母，公及韩、苏诸公歌咏其事。"俞文豹的意思是说，宋代从上到下都受佛教的影响，在丧事中做道场，或采取其他办法追荐亡灵，连司马光这样不信佛的人也不能幸免，其他人就更顶不住这股风气了。另外，这几段引文还提到了两个概念，一是"道场功德"，一是"瑜伽法事"。道场功德即是为死者开道场作功德，后来逐渐发展完善并仪式化，成为人们常说的"水陆道场"。对此，白化文做过清楚说明："水陆法会又名'水陆道场'、'水陆斋'。水陆之义，因此会以供饮食为主，为超度水陆一切亡魂而设，故名。又有一说，说是所供饮食，供仙人等高级人物的最后致于流水，给鬼魂的则抛撒于陆地，故名。相传汉化佛教最早的水陆道场，是梁武帝为其亡妃郗氏而设。事实上，此种法会在北宋时才盛行起来。主要内容是诵经设斋，礼佛拜忏，追荐一切亡灵。"

"瑜伽法事"即是常说的"放焰口"。对此，白化文亦有解说："焰口本是密宗的一种行仪。它的全称是'瑜伽焰口'"。"现代放焰口，则常与丧事中追荐亡魂结合在一起。"[1]

第五节　饮食游艺

在中国民俗的其他方面，如饮食、游艺等也有来自南亚的影响。

---

① 白化文:《汉化佛教与寺院生活》，天津：天津人民出版社，1989年版，第175~179页。

一、饮食

在谈饮食问题以前，先谈谈与饮食有关的禁忌月和禁忌日。

佛教把正月、五月、九月说成是三长月，又叫三长斋月、神足月、神变月、神通月。之所以叫三长斋月，是指这三个月中要持长斋。《法苑珠林》卷八八引《提谓经》说，在这三个月中，天神将勘察下界帝王百姓及各种生灵的善恶行为，然后汇总到四大天王处，再由天神、阎罗反复考核，准确无误地定下每个人的福罪寿限。所以要在这三个月中好好表现，以灭罪增福。关于神足月，据《不空羂索神变真言经》，修行神变法力，要在正月、五月、九月三个月中修炼。佛教还有所谓"六斋日"，即每月的八、十四、十五、二十三、二十九、三十日。其原因与三长月差不多，也是为了在天神考察时得到好的结论。佛教的这些斋月斋日也给中国人带来了不少禁忌。如宋人洪迈《容斋随笔》卷一六《长三月》说："释氏以正五九月为三长月，故奉佛者皆茹素。其说云，天帝释以大宝镜轮照四天下，寅午戌月，正临南赡部洲，故当素食以徼福。官司谓之'断月'，故受驿券有所谓羊肉者，则不支。俗谓之'恶月'，士大夫赴官者辄避之。或人以为唐日藩镇莅事，必大享军，屠杀羊豕至多，故不欲以其月上事。"《能改斋漫录》卷一《正五九月不上任》所说与此相印证："本朝士大夫相传，正月、五月、九月不上任……其后见唐苹《唐书音训》，其注《高祖记》，正五九三月不行死刑，引释氏《智度论》曰：天帝释以大宝镜照四大神洲，每月一移，察人善恶，正月五月九月，照南赡部洲。故以此月省刑修善。予以是知正五九所以不上任者，政以此耳。又士大夫初到官，必施刑责。今之州郡，所以为供给者，此三月不支羊肉钱，盖沿唐故事。"这两段引文使我们得知三点：①受佛教影响，民间三五九月讲究素食，奉佛者尤甚；②士大夫在此期间不上任，是为了省刑修善；③此禁忌最迟自唐初就已开始流行。梁宗懔《荆楚岁时记》载，其时民间已经有杀生与行刑的禁忌，认为正月里的头七天：初一不杀鸡，初二不杀狗，初三不杀猪，初四不杀羊，初五不杀牛，初六不杀马，初七不行刑。宋朝赵与时《宾退录》卷三列出了素食日，这也是受佛教影响的结果（《地藏菩萨本愿经》）："今人以每月一日、八日、十四日、十五日、十八日、二十三日、二十四日、二十八日、二十九日、三十日不食肉，谓之十斋。"从以上的材料可知，南北朝时期民间已经开始有了禁杀生日，这些禁忌日只局限于某一天，而且仅局限于某种动物或人。到了唐代，禁忌日变成了禁忌月，宋代更盛行。除了三长月外，每个月还有六斋日和十斋日，这是一种逐步增加素食时间的态势，也是佛教对中国岁时饮食影响逐步扩大的表现。也就是说，受印度佛教的影响，中国的饮食习俗有了变化，这主要表现在素食上。

中国自古以来重视饮食。《礼记·礼运》中说："礼之初，始于饮食。"又说："饮食男女，人之大欲存焉。"所以，古人广开食源，有所谓"五谷"、"五菜"、"五果"与"五畜"之说。五谷、五菜、五果是素食品，五畜则是荤食品。也就是说，在上古时代，中国人是荤素并用的。但是，在服丧期间，古人却不进肉食。《礼记·檀弓下》："行吊之日，不饮酒食肉焉。"这是中国先秦的情况，秦汉时代也大致如此。

佛教刚刚传到中国时，佛教徒也并不是禁食一切肉食的。大约到了南朝齐梁时代，一些信佛的人们开始讨论佛经中禁肉和戒杀的内容，把佛家不杀生的慈悲心与儒家的"仁"相结合、相比照，提出了不食肉和不蚕衣（即不穿丝织品）的主张。到梁武帝萧衍执政时，曾下诏"去宗庙牺牲，修行佛戒，蔬食断欲"（《广弘明集》卷二六），又下敕"太医不得以生类合药"（同上），并写出了长篇论著《断酒肉文》（同上）。《断酒肉文》中写道："凡大慈者，皆令一切众生同得安乐。若食肉者，一切众生皆为怨对，同不安乐。"并说，僧尼食肉连外道和在家人也不如，是远离佛法远离菩提，而不食肉是大慈大悲，才能成就无上菩提。梁武帝身为帝王，写下此文晓喻天下僧尼，僧尼们虽有异辞而不能不遵行。在梁武帝的倡导下，一个素食运动首先在佛门展开。在这方面，梁武帝本人能够以身作则，每日只是粗菜淡饭。他对僧尼的要求是很严格的，《断酒肉文》虽然宣称他是一个普通佛教信徒，似乎是以一种谦恭的态度提出自己的见解与大德们商讨，但实际上口气强硬，并提出要对那些违反者予以惩罚。这样，梁武帝就不仅从理论上解决了僧尼素食的问题，而且在实践中予以坚决贯彻，身体力行，为后世中国佛教界的素食主义铺平了道路。从那以后，中国饮食文化中逐渐形成了一个素食流派。

二、游艺

在民间游艺方面，中国与印度曾有过交流。这里仅提出如下几项。

其一是象棋。常任侠说："象棋见于中国的时期，至迟不后于公元三世纪初年。晏殊《类要》说：'此戏始自天竺，即《涅槃经》之波罗塞戏。三国魏黄初间（公元二二〇至二二六年），流入中国。'《梵网法藏疏》六说：'波罗塞戏是西域兵法戏，二人各执二十余小玉，乘象或马，于局道争得要路以为胜。'

同智周疏：'波罗塞戏者，此翻象马斗，是西国象马戏法。''波罗塞'梵语原为Prasaka，即是象棋。晏殊说'波罗塞戏'是'双陆'，这是错误的。因象棋与双陆近似，故晏殊混为一谈。"接着，他考证了象棋在唐宋及其以后的情况，得出结论说："古代的中国与印度，各有创始象棋的传说，中国说是创始于舜，印度说是创始于拉完的妻子，现在都只能当作是悠久的传说。根据文献的记录，从三世纪魏黄初间，中国的古象棋，与印度有了传播的关系，大概是可信的。象棋在中国，由于社会的爱好，在唐、宋时丰富了它的内容，精心研究，有了很大的发展。它已与古象棋不同，增加了新的战斗力量。又随同中国文化，向东方和西方传播……象棋这种游戏艺术，可以说是中、印人民在古代文化合作中的产物。"[①]

其二是骰子和纸牌。常任侠根据考古资料，指出中国的骰子和纸牌在古代与印度可能有某种关系。他说："中国的骰子，与西方古文化也有关系，特别是同印度的关系很深。"又说："较古的叶子牌，考古学者在吐鲁番曾有发现。从这个玩具用品上，把中国的印刷术，从中央亚细亚传向印度，传向西方，也像从骰子的游戏上，可以看出中、印文化在古代交流的关系一样。"[②]美国学者T. F. 卡特曾经指出："纸牌和骨牌无疑都起源于中国，这两种游戏都以骰子为背景……据现存的某种迹象看，由骰子过渡到纸牌与由写本卷子过渡到印刷书籍，是同时发生的。由于印刷的出现，使生产和使用由叶片装成的书籍，比较方便；同样，制造采取纸牌形式的骰子，也比较简易。这种纸牌式的骰子，叫叶子格。"[③]由此可知，现在流行世界，包括南亚诸国的纸牌游戏本起源于中国，且与印刷术的发明有关。

其三是磨喝乐。在宋元时代，中国民间有一种很著名的玩偶，叫作磨喝乐，又叫摩侯罗、摩侯罗孩儿、魔合罗等。《东京梦华录》卷八、《武林旧事》卷三、《梦粱录》卷四、《西湖老人繁胜录》，以及元代杂剧《魔合罗》、《忍字记》、《任风子》等许多文献中都曾提到。近人许政扬说："魔合罗有广狭二义：狭义之魔合罗，乃泥塑执菏叶小小儿，七夕陈以乞巧；广义之魔合罗，则殆偶人而已。其制传自天竺。"[④]《东京梦华录》卷八注曰："磨喝乐本佛经摩睺罗。"对这一注

---

① 常任侠：《东方艺术丛谈》，上海：上海文艺出版社，1984年版，第131、134页。
② 同上，第134~138页。
③ T. F. 卡特：《中国印刷术的发明和它的西传》，北京：商务印书馆，1957年版，第159页。
④ 许政扬：《许政扬文存》，北京：中华书局，1984年版，第7页。

解后人虽议论纷纷，但磨喝乐受南亚方面影响的可能性是很大的。

第六节　杂技体育

一、古代的幻术杂技

幻术即今所谓魔术，是杂技的一种，在早期属于"百戏"的内容，百戏的概念大体相当于今天的杂技。但古代的百戏有时也与乐舞艺术关系密切。在汉代的百戏中，来自南亚的节目大多是幻术。但也有不属于幻术的，如张衡《西京赋》中说有一种叫作"水人弄蛇"的杂技节目，有学者推测，这个节目可能来自南亚；《史记·大宛列传》、《汉书·张骞传》注和《后汉书·西南夷传》所记之"吞刀"、"吐火"、"植瓜"、"种树"、"屠人"、"截马"、"自支解"、"易牛马头"等幻术，"大都来自印度"，其中种瓜"乃流行于印度及南亚的优秀节目，表现了下种、引蔓、结瓜于顷刻之间，为中国观众所喜好而流传至今"[1]。正如《通典·乐典六》"散乐"条所说："大抵散乐杂戏多幻术，皆出西域，始于善幻人到中国。汉安帝时，天竺献伎，能自断手足，刳剔肠胃，自是历代有之。"

魏晋南北朝时期，不时有南亚人来华表演幻术。据《高僧传》卷一《康僧会传》记载：康僧会于三国时来到东吴，见到孙权。为了取得孙权的信任，他从铜瓶中变出一枚舍利。其舍利坚不可摧，置砧上击而无损。孙权叹服，为建塔寺。如果拂去宗教神秘色彩，应当说，康僧会变舍利是一种幻术。

《高僧传》卷二《鸠摩罗什》载，鸠摩罗什曾以五色丝作绳结之，烧为灰末，投水中，须臾，灰聚浮出，复为绳。卷九《佛图澄传》载，后赵石勒召见佛图澄时，佛图澄从钵中变出青莲花。《搜神记》卷二《天竺胡人》条，说晋代有天竺胡人到江南，能割断舌头再接上，又能吐火，又能将剪断的绢布接上。天竺的幻术确实使中国人大开眼界。而那些来自天竺的佛徒们，则将幻术用于佛教宣传。《拾遗记》卷四《燕昭王》条：燕昭王七年，沐胥国来朝，有道人名尸罗，"荷锡持瓶"来至燕都。道人善幻术，"于其指端出浮屠十层，高三尺，及诸天神仙，巧丽特绝。人皆长五六分，列幢盖鼓舞，绕塔而行，歌唱之音，如真人矣"。尸罗吹风吐雾，"又吹指上浮屠，渐入云里。又于左耳出青龙，右耳出白虎。始出之时，才一二寸，稍至八九尺。俄而风至云起，即以一手挥之，

---

[1]　傅起凤、傅腾龙：《中国杂技史》，上海：上海人民出版社，1989年版，第67、68页。

即龙虎皆入耳中。又张口向日，则见人乘羽盖，驾螭、鹄，直入于口内。复以手抑胸上，而闻怀袖之中，轰轰雷声。更张口，则向见羽盖螭鹄相随自口中而出。尸罗常坐日中，渐渐觉其形小，或化为老叟，或变为婴儿，倏忽而死，香气盈空，时有清风来，吹之更生，如向之形。"这里的沐胥国，文中明确指出，"申毒国之一名也"，申毒即是印度。尸罗当即是僧人。燕昭王七年，即公元前305年。说那时即有僧人来华，显然是小说家的玄虚之笔。至于尸罗的幻术，亦不免夸饰。但是，印度僧人来华施展幻术技艺确属事实。

这一类幻术在隋唐时代的宫廷上仍有演出。据《隋书·音乐志下》记载：

> 隋文帝初年，遣散了"百戏"人员，炀帝时又召集起来，其中有"幻人吐火"等节目。隋代，还有印度训象的杂技节目传入中国，大业三年（607年），日本遣隋使者小野妹子记洛阳情形说："夜深而街衢依然热闹。大剧场和有印度象的杂技团等处人山人海，外国使者所到之处，饮食免费，据称隋是世界第一的物资丰富国家，故不收费。"[①]

唐代，中国的杂技艺术发展到一个高潮。据统计，盛唐时的杂技节目多达一百余个[②]。《旧唐书·音乐志》记幻术曰："大抵散乐杂戏多幻术，幻术皆出西域，天竺尤甚。汉武帝通西域，始以善幻人至中国。安帝时，天竺献伎，能自断手足，刳剔肠胃，自是历代有之。我高宗恶其惊俗，敕西域关令不令入中国。"与《通典·乐典》所记略同。又据《法苑珠林》卷九四："唐贞观二十年，西国有五婆罗门来到京师，善能音乐、祝术、杂戏、截舌、抽肠、走绳、续断。又至显庆已来，王玄策等数有使人向五印度，西国天王为汉使设乐，或有胜空走索，履屐绳行，男女相避，歌戏如常；或有女人手弄三伎，刀、槊、枪等，掷空手接，绳走不落；或有截舌自缚，解伏依旧，不劳人功。如是幻戏，种种难术。"这里不仅记载了初唐时印度来华的杂技艺人及其杂技，而且还记载了中国使者在印度所见的杂技幻术。又据《旧唐书·音乐志》："睿宗时，婆罗门献乐，舞人倒行，而以足舞于极刀锋，倒植于地，抵目就刀，以历险中；又植于背下，吹筚篥者立其腹上，曲终而亦无伤。又伏伸其手，两人蹑之旋身绕手，百转无已。"这里所说的杂技节目既新颖又惊险。

---

① 转引自傅起凤、傅腾龙：《中国杂技史》，上海：上海人民出版社，1984年版，第129页。

② 傅起凤、傅腾龙：《中国杂技史》，上海：上海人民出版社，1984年版，第144页。

高宗虽然禁止过残酷骇俗的幻术，但后来仍时有所闻。《酉阳杂俎》卷五
《怪术》中记有一个故事："有梵僧难陀，得如幻三昧，入水火，贯金石，变化
无穷。"难陀初入蜀地时，与三个年轻的比丘尼同行。遇到当地的戍将不让通
行，难陀就让三尼为戍将陪酒歌舞。席间，难陀舞刀砍倒三尼，血溅数丈。戍
将要捉拿难陀，难陀举起三尼，乃是三支竹杖，所浅血亦酒所变。难陀又尝与
人饮，席间令人断其头，钉在柱上，无血，尚能歌唱。宴散，自己将头按在脖
子上，竟毫无痕迹。这当然只能作为故事听，但从故事中难陀这个名字看，他
极可能是个印度人，他的幻术也与文献中所说的天竺幻术相类似。所以这个故
事至少说明，印度幻术在段成式的时代有很大的影响。幻术在民间并未停止发
展，中国后世的幻术（魔术、戏法）逐渐丰富发展，应与古代印度幻术的影响
有关。

二、现代杂技与体育交流[①]

1. 杂技

中华人民共和国建立以后，中国的杂技艺术得到很大发展，在世界上享有
很高的声望。中国杂技团曾多次到南亚国家演出，受到好评。

1957年3月2日，中国杂技团在印度新德里举行首场演出，尼赫鲁总理观
看了中国艺术家的表演。

1959年9月，由武汉杂技团组成的中国杂技艺术团访问锡兰。

1963年11月，由楚图南率领的沈阳杂技艺术团访问巴基斯坦。

1964年9~10月，中国前进杂技团在锡兰访问演出。

1966年9月，中国杂技艺术团访问巴基斯坦和尼泊尔。

1973年2月，中国武汉杂技团访问斯里兰卡；4月访问尼泊尔；12月访问巴
基斯坦。

1978年9~10月，以何良为团长的北京杂技团在巴基斯坦访问演出；10月
下旬，在尼泊尔访问演出。

1980年3月，中国北京杂技团在孟加拉国访问演出；3~4月，在斯里兰卡
访问演出。

1981年2~3月，由夏菊花率领的武汉杂技团在印度访问演出，先后在新德

---

① 本小节所依据的资料，除特别注明者外，皆参见郭书兰编《中国与南亚各国关系大
事记》，中国社会科学院南亚研究所内部资料。

里、斋普尔、海德拉巴和加尔各答等地演出16场，并受到印度总理英迪拉·甘地的接见。

1984年3月，中国江西杂技团访问印度。

1985年1月底，为庆祝印度国庆，北京长城饭店和印度航空公司等单位联合举办印度食品节，有一印度著名的魔术师参加。1月，中国江西杂技团在尼泊尔和斯里兰卡访问演出；2月到巴基斯坦访问演出；3月到印度访问演出。11月，中国杂技团访问孟加拉国。11~12月，中人民解放军杂技团在巴基斯坦演出。

1986年4月，中国安徽杂技团访问尼泊尔。

1988年1月，中国民乐魔术团访问巴基斯坦和印度。

2. 体育

体育是中国与南亚当代文化交流的一个大项目，来往频繁，名目众多。由于章节所限，权附于本章作简单介绍。

（1）中国与印度

新中国同印度的体育文化交流开始于20世纪50年代初期。1951年6月，中国体育观光团一行九人到印度访问观光，拉开了中印现代体育交流的序幕。此后，中印间体育交流的大事主要有下列诸端：

1952年12月，印度乒乓球队访问中国。

1955年10月，印度国家排球队来华访问。28日，毛泽东主席观看了印度队同中国体育学院排球队的友谊比赛，并接见了两国排球队员。

1971年8月，中国邀请印度乒乓球队来华参加亚非乒乓球邀请赛。

1975年2月，中国乒乓球代表团在加尔各答参加第33届世界乒乓球锦标赛，然后在印度各地进行友好访问。

1977年3月，印度政府批准印度羽毛球协会派三名代表到北京参加羽毛球教练训练班。10月，中国青年羽毛球队对印度进行友好访问。

1978年4月，印度羽毛球代表队到北京参加第三届亚洲羽毛球邀请赛。

1980年3月，应中国国家体育委员会的邀请，印度国家体育学院的一名教练参加了中国举办的"田径教练训练班"。5月，以李富荣为团长的中国乒乓球代表团参加在加尔各答举行的第五届亚洲乒乓球锦标赛后，应印度乒乓球协会的邀请访问了新德里。

1981年4月，中国体操代表团访问印度。11月，印度少年网球队来华访问。

这两次访问是1962年以来两国第一次互派体育队专程访问。11~12月，中国上海男子排球队访问印度。

1982年11月12日，印度驻华大使举行招待会，款待即将去印度参加第九届亚运会的中国体育代表团。

1983年2月，中国女子垒球队在印度进行友好访问。3月，中国青年足球队在印度南部城市科钦参加第二届尼赫鲁杯国际足球赛。10月，中国国际象棋队在新德里参加第五届国际象棋团体锦标赛。11~12月，中国羽毛球队在加尔各答参加第五届亚洲羽毛球锦标赛。

1984年1月，中国足球队在印度参加第三届尼赫鲁杯足球邀请赛。4月，中国乒乓球队员在加尔各答参加印度乒乓球大奖赛。

1986年1月，中国足球队参加第五届尼赫鲁杯足球邀请赛。

（2）中国与巴基斯坦

中国与巴基斯坦的体育交流开始于20世纪50年代中期，1956年即有巴基斯坦足球队来华参加比赛。1965年3月两国签订文化协定后，两国的体育交流不断增多，而在70年代中期以后形成高潮。据统计，1976~1980年，中国曾派遣排球、足球、羽毛球、田径、曲棍球、篮球、举重等体育代表队9次访问巴基斯坦；而巴基斯坦则曾派遣羽毛球、篮球、田径、举重、曲棍球、摔跤等体育代表队13次来华访问[①]。其中，1977年和1978年体育交流最多：1977年6月，巴基斯坦举重队来华访问；10月，中国青年羽毛球队访巴；11月，中国网球队和中国人民解放军沈阳部队足球队分别访巴。1978年3月，中国田径队访巴；4月，巴羽毛球队访华；5月，巴基斯坦青年曲棍球队访华；10月，巴羽毛球队访华，中国曲棍球队访巴；11月，中国曲棍球队再度访巴，中国辽宁男子篮球队访巴。在此期间，中巴两国政府还在文化协定中写进了互派体育教练员条文。中国派往巴基斯坦的主要是乒乓球、羽毛球、举重、体操等项目的教练员，巴基斯坦派往中国的主要有曲棍球和拳击等项目的教练员。

3. **中国与斯里兰卡、尼泊尔和孟加拉国**

1960年4月，尼泊尔乒乓球队访问中国。这是中尼建交后的第一次体育交流。

1961年10~11月，中国乒乓球队访问尼泊尔。

---

① 中华人民共和国文化部对外文化联络局编：《中国对外文化交流概览》（1949~1991），北京：光明日报出版社，1993年版，第114页。

1964年8~9月，锡兰羽毛球协会羽毛球队访问中国。

1970年6月，中国乒乓球队在加德满都参加马亨德拉国王五十寿辰的庆祝活动并进行友好访问。8月，中国驻尼泊尔大使王泽代表中国体委向尼泊尔体委赠送500打羽毛球。

1971年3月，尼泊尔乒乓球代表队访华。5~6月，尼泊尔全国体育协会代表团应邀访华。8~9月，由中华全国体育总会副秘书长郭连刚率领的中国乒乓球队在锡兰进行友好访问。

1972年5月，锡兰乒乓球协会代表团来华参加亚洲乒乓球联盟筹备会议并进行友好访问。9月，中国羽毛球代表团访问斯里兰卡，尼泊尔全国体育委员会代表团访问中国。10月，中国羽毛球队访问尼泊尔，尼泊尔足球代表团访问中国。

1973年5月，中国网球队在斯里兰卡访问。6月，斯里兰卡羽毛球代表团访华。7月，尼泊尔羽毛球协会代表团访问中国。

1974年2月，中国体育代表团访问尼泊尔。6月，斯里兰卡"文化"足球代表团访问中国。9月，中国江苏省男子排球队访问斯里兰卡。

1975年5月，斯里兰卡草地网球代表团访问中国。6~7月，尼泊尔乒乓球代表团访问中国。10月，中国青年羽毛球队访问尼泊尔。11月，中国辽宁省男子篮球队访问斯里兰卡。

1976年10月，中国青年足球队访问尼泊尔。11月，斯里兰卡排球队访问中国。

1977年2月，以王文忠为团长的中国青年乒乓球代表团访问孟加拉国。6~7月，尼泊尔男子排球队访问中国。

1978年4月，斯里兰卡羽毛球队、尼泊尔羽毛球代表队和孟加拉国羽毛球代表团分别前来北京，参加第三届亚洲羽毛球邀请赛。5月，中国登山协会代表团在尼泊尔参加登山运动周活动。7月，中国广西男子排球队访问尼泊尔。

1979年4月，中国登山协会考察团到尼泊尔考察。6月，中国西藏足球队到尼泊尔访问。

1980年11月，中国羽毛球队访问尼泊尔。12月，中国人民解放军足球队访问孟加拉国。

1981年1月，孟加拉国举办首届国际乒乓球邀请赛，中国派员参加。9月，尼泊尔登山旅游访华团在中国进行登山旅游活动。

1982年9月，中国国家体委向尼泊尔赠送了一批体育用品。

1983年2~3月间，中国乒乓球队参加了第二届孟加拉国国际乒乓球邀请赛。4月，中国四川足球队到尼泊尔参加第四届尼泊尔足球协会杯邀请赛。10月，孟加拉国体育代表团足球队来华访问。11月，尼泊尔男子排球队和羽毛球队访问中国。

1984年1月，中国国际象棋选手叶江川、叶荣光前往孟加拉国参加第四届侯赛因国际象棋邀请赛。4月，中国广东足球队访问斯里兰卡。

主要参考书目

冯承钧等:《西域地名》,北京:中华书局,1985年。

马金鹏译:《伊本·白图泰游记》,银川:宁夏人民出版社,1985年。

方豪:《中西交通史》,长沙:岳麓书社,1987年。

金克木:《中印人民友谊史话》,北京:中国青年出版社,1957年。

季羡林:《中印文化交流史》,北京:新华出版社,1991年。

饶宗颐:《饶宗颐史学论著选》,上海:上海古籍出版社,1993年。

张星烺:《中西交通史料汇编》,北京:中华书局,1979年。

耿引曾:《汉文南亚史料学》,北京:北京大学出版社,1990年。

《马可·波罗游记》,福州:福建科技出版社,1981年。

季羡林等:《大唐西域记校注》,北京:中华书局,1985年。

王宏纬:《高山王国尼泊尔》,北京:中国社会科学出版社,1980年。

〔锡兰〕尼古拉斯等:《锡兰简明史》,北京:商务印书馆,1972年。

康有为:《康南海自编年谱》,北京:中华书局,1992年。

唐文权:《东方的觉醒——近代中印民族运动定位观照》,长沙:湖南人民出版社,1991年。

林承节:《中印人民友好关系史——1851~1949》,北京:北京大学出版社,1993年。

李金明:《明代以后海外贸易史》,北京:中国社会科学出版社,1990年。

范铁城:《东方的复兴——中印经济近代化对比观照》,长沙:湖南人民出版社,1991年。

姚贤镐:《中国近代贸易史资料》,北京:中华书局,1962年。

杨端六等:《六十五年来中国国际贸易统计》,北平:国立中央研究院社会科学研究所,1931年。

中央银行经济研究处:《华茶对外贸易之回顾与前瞻》,商务印书馆,1935年。

《历年输出各国丝类统计表》,民国工商部,1929年。

王和英等:《中华人民共和国对外经济贸易关系大事记》(1949~1985),北京:对外贸易教育出版社,1987年。

耿引曾:《中国载籍中的南亚史料》,上海:上海古籍出版社,1994年。

李俨:《中国古代数学史料》,北京:中国科学图书仪器公司,1954年。

〔日本〕薮内清:《隋唐历法之研究》,东京,昭和十九年。

康有为:《诸天讲》,北京:中华书局,1990年。

张秀民:《中国印刷术的发明及其影响》,北京:人民出版社,1958年。

〔印度〕恩·克·辛哈等:《印度通史》,北京:商务印书馆,1975年。

〔印度〕哈里什昌德拉·瓦尔马等:《中世纪印度》,德里,1983年印地文版。

沈福伟:《中西文化交流史》,上海:上海人民出版社,1985年。

〔印度〕P. C. 马宗达等:《高级印度史》,北京:商务印书馆,1985年。

〔日本〕三上次男:《陶瓷之路》,北京:文物出版社,1984年。

王森:《西藏佛教发展史略》,北京:中国社会科学出版社,1987年。

〔意大利〕图齐等:《西藏和蒙古的宗教》,天津:天津古籍出版社,1989年。

罗常培:《汉语音韵学导论》,北京:中华书局,1956年。

饶宗颐:《梵学集》,上海:上海古籍出版社,1993年。

刘叶秋:《中国字典史略》,北京:中华书局,1992年。

王力:《汉语史稿》,北京:中华书局,1980年。

方立天:《中国佛教与传统文化》,上海:上海人民出版社,1988年。

马祖毅:《中国翻译简史》,北京:中国对外翻译出版公司,1984年。

吕澂:《中国佛学源流略讲》,北京:中华书局,1979年。

任继愈:《中国佛教史》第一卷,北京:中国社会科学出版社,1981年。

梁启超:《饮冰室佛学论集》,扬州:广陵古籍刻印社,1990年。

汤用彤:《隋唐佛教史稿》,北京:中华书局,1982年。

高振农:《佛教文化与近代中国》,上海:上海社会科学院出版社,1992年。

汤用彤:《汉魏两晋南北朝佛教史》,北京:中华书局,1983年。

季羡林:《中印文化关系史论文集》,北京:生活·读书·新知三联书店,1982年。

《因明新探》,兰州:甘肃人民出版社,1989年。

汤用彤:《汤用彤学术论文集》,北京:中华书局,1983年。

〔印度〕S. K. 查特吉:《古代中印关系:印度从中国得到了什么》,加尔各答,1961年英文版。

黄心川:《印度近现代哲学》,北京:商务印书馆,1989年。

季羡林:《佛教与中印文化交流》,南昌:江西人民出版社,1990年。

张锡厚:《敦煌文学》,上海:上海古籍出版社,1980年。

陈寅恪:《金明馆丛稿二编》,上海:上海古籍出版社,1980年。

柳无忌:《苏曼殊传》,北京:生活·读书·新知三联书店,1992年。

张光璘:《印度大诗人泰戈尔》,北京:蓝天出版社,1993年。

刘敦桢:《中国古代建筑史》,北京:中国建筑工业出版社,1984年。

温玉成:《中国石窟与文化艺术》,上海:上海人民美术出版社,1993年。

常任侠:《印度与东南亚美术发展史》,上海:上海人民美术出版社,1980年。

张光福:《中国美术史》,北京:知识出版社,1982年。

潘絜兹:《敦煌莫高窟艺术》,上海:上海人民出版社,1981年。

常任侠:《常任侠艺术考古论文选集》,北京:文物出版社,1984年。

李松:《徐悲鸿年谱》,北京:人民美术出版社,1985年。

常任侠:《丝绸之路与西域文化艺术》,上海:上海文艺出版社,1981年。

向达:《唐代长安与西域文明》,北京:生活·读书·新知三联书店,1987年。

周绍良等编:《敦煌变文论文集》,上海:上海古籍出版社,1982年。

〔日本〕林谦三:《东亚乐器考》,北京:人民音乐出版社,1962年。

常任侠:《东方艺术丛谈》,上海:上海文艺出版社,1984年。

魏承思:《中国佛教文化论稿》,上海:上海人民出版社,1991年。

白化文:《汉化佛教与寺院生活》,天津:天津人民出版社,1989年。

〔美国〕F.T.卡特:《中国印刷术的发明和它的西传》,北京:商务印书馆,1957年。

傅起凤等:《中国杂技史》,上海:上海人民出版社,1989年。

郭书兰编:《中国与南亚各国关系大事记》,中国社会科学院南亚研究所内部资料。

郭书兰编:《国内主要报刊有关南亚问题目录索引》,中国南亚学会内部资料,1986年。

郭书兰编:《中印关系大事记》,中国社会科学院南亚研究所内部资料。

中华人民共和国文化部对外文化联络局编:《中国对外文化交流概览》,北京:光明日报出版社,1993年。

外国人名译名索引

后　记

　　笔者学力微浅，深感撰写本书的艰难。幸有老师、同学和友人的关怀帮助，才增加了胆量和信心。首先要感谢季羡林先生。他关心本志的撰写，垂训再三；他赠送的《中印文化关系史论文集》、《佛教与中印文化交流》、《季羡林学术论著自选集》、《中印文化交流史》等书，对撰写本志具有指导意义。其次感谢耿引曾先生。在撰写本志的关键时刻，她的《汉文南亚史料学》和《中国载籍中南亚史料汇编》出版，及时的馈赠，使笔者省去许多检索之烦。此外，黄心川先生的赠书《印度哲学史》和《印度近现代哲学》对撰写本志宗教哲学部分极有帮助。林承节先生的赠书《中印人民友好关系史（1851—1949）》是撰写本志各部分有关近现代内容的最好参考书。宫静和张光璘先生的赠书《泰戈尔》和《印度大诗人泰戈尔》为撰写本志有关泰戈尔的内容提供了很大方便。葛维钧学兄提供了他多年摘录整理的有关翻译学卡片500余张，王邦维学兄所赠《大唐西域记校注》、《大唐西域求法高僧传校注》和《南海寄归内法传校注》，都是极有用的参考资料。农伟雄先生提供的近现代有关书刊资料，范铁城、唐文权先生分别赠送的《东方的复兴——中印经济近代化对比观照》和《东方的觉醒——近代中印民族运动定位观照》，都是撰写有关章节的必要参考。笔者还曾就印度、尼泊尔、斯里兰卡和巴基斯坦的有关问题分别请教过王树英、王宏纬、邓殿臣、张位均和唐孟生诸先生，均得到了诚恳热情的帮助。

　　由此可见，本志的撰成，实非一己之力。这是不能不由衷鸣谢的。